西牟田 靖

揺れ動いた
「日本のかたち」をたどる旅
令和版

誰も
国境を
知らない

清談社
Publico

北方領土の国後島。中心地区であるユジノクリリスク（古釜布）には戦勝記念碑がある。

上 ● 沖ノ鳥島の環礁。左は観測所基盤、一番右手前に見えるのが北小島、真ん中に東小島。
波消しブロックも手前に見える。
下 ● 上陸しても見えない沖ノ鳥島の東小島。島はチタンネットの下に(東京都庁提供)。

上●竹島（東島）の頂上にそびえ立つアンテナ塔と有人灯台。韓国国旗がはためいていた。
下●上陸船サムボン号から竹島（西島）を望む。断崖絶壁の下には韓国人夫婦が暮らす家がある。

上●対馬の北部、比田勝港には韓国人観光客用のハングルで書かれた看板がある。
下●八角形の韓国展望所。2001年、僕はここから釜山の街の明かりを見たことがある。

戦後が終わらない硫黄島。南海岸の米軍上陸地点から摺鉢山を望む。手前は米水陸両用車の残骸。

上●小笠原の歴史を象徴するように、欧米系の島民の墓(手前)と日系の島民の墓(奥)が共存している。
下右●1968年6月26日に行われた小笠原諸島返還式典。セーボレー孝さんは当時10歳だった。
下左●開拓者ナサニェル・セーボレーの子孫セーボレー孝さん。持っているのは米国の施政下時代の旗。

上●かつて人の住んでいた尖閣諸島・魚釣島。尖閣は現在、訪れることのできない政治的秘境だ。
下●魚釣島の西側海岸。船着き場跡(左)、灯台(右上)、岩に描かれた日の丸(右下)が確認できた。

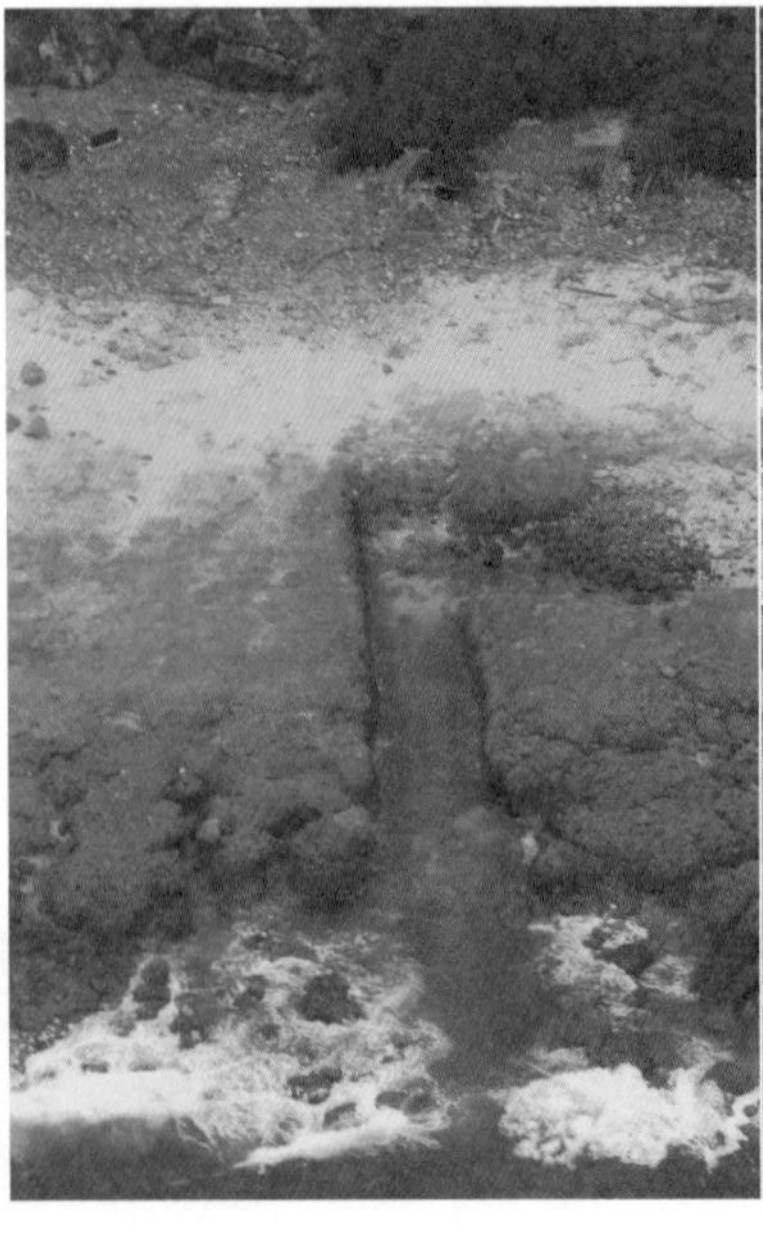

口絵撮影●筆者(特記以外)

誰も国境を知らない　令和版

本文写真撮影　筆者（特記以外）

本書の舞台となる地域

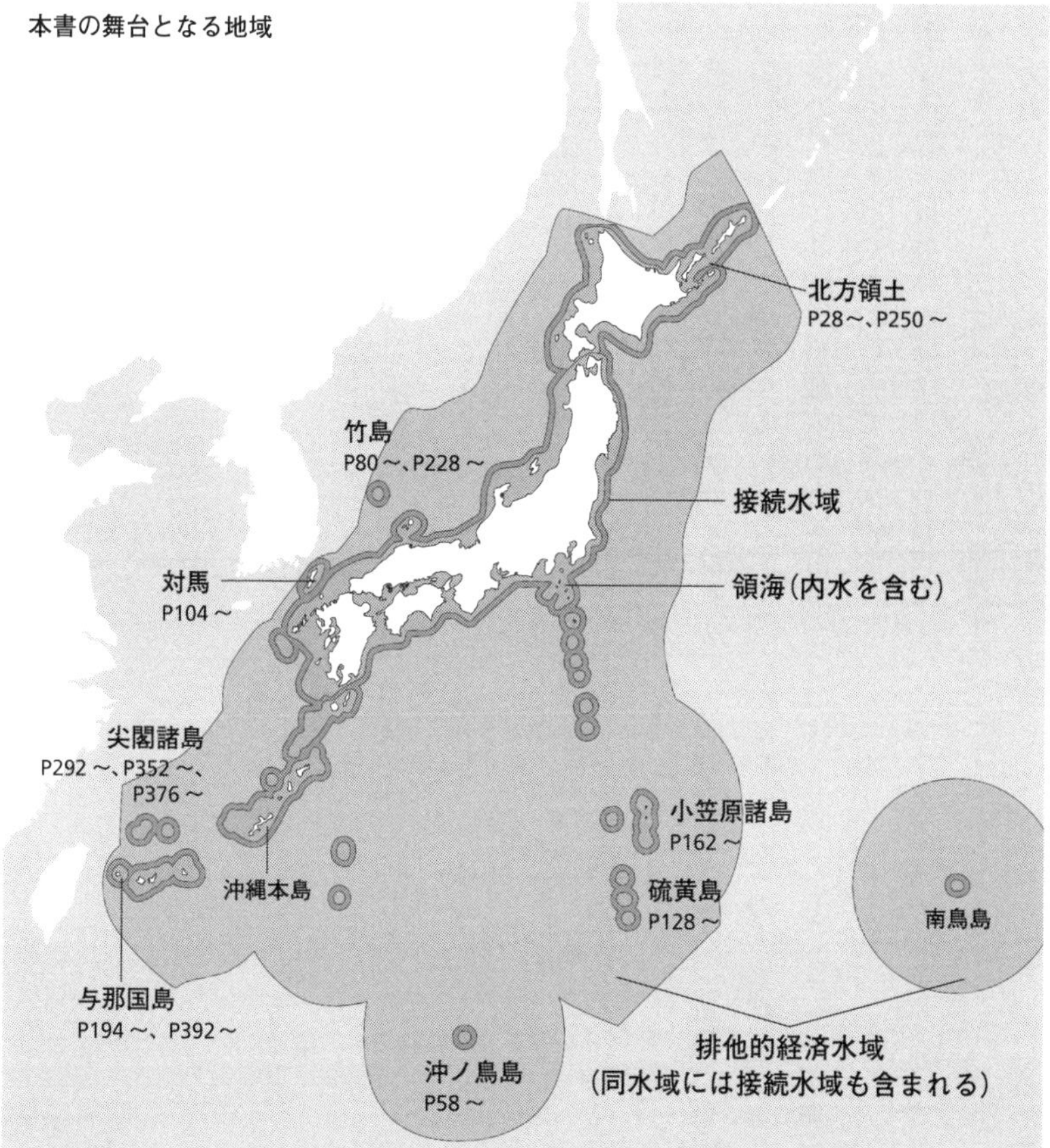
北方領土
P28〜、P250〜
竹島
P80〜、P228〜
接続水域
対馬
P104〜
領海(内水を含む)
尖閣諸島
P292〜、P352〜、
P376〜
小笠原諸島
P162〜
沖縄本島
硫黄島
P128〜
南鳥島
与那国島
P194〜、P392〜
排他的経済水域
(同水域には接続水域も含まれる)
沖ノ鳥島
P58〜

令和版まえがき

日本の国境が揺れている。

いくつかの島では、日本が領有している、というその事実ですら怪しくなりつつある。

もっとも危ういのは尖閣《せんかく》諸島だ。

中国海警局の艦船は二〇二〇年以降、年間三三〇日以上、島の接続水域（二四海里＝約四四・四キロ以内）に常駐するようになった。艦船はこの海域に待機し、その内側にある領海（一二海里＝約二二・二キロ以内）にしばしば侵入しているのだ。

それらの中国艦船は、海上保安庁の巡視船をはるかに上回る大きなもの。海保の巡視船が二〇〇トン前後の小型船を中心にした編成なのに対し、中国海警は数千トンの大型艦船ばかり。しかもその中には軍艦同様の七六ミリ砲を搭載するものも確認されており、こうした船が実力行使すれば海上保安庁の巡視船ではもはや太刀打ちできない。

実際、中国艦船の動きは強硬な態度をあらわにしている。島の周囲で操業する日本の漁船を追い回しながら撮影し、「ここは中国領だ。違法操業はやめろ」と警告するほどだ。今後、中国艦船の態度がさらにエスカレートし、海上保安庁の巡視船を攻撃し、沈没させたり、日本の漁船を拿捕《だほ》したり。もっといえば、中国軍が島に上陸し占領したとしても、もはや驚かない。

約一七〇〇人が住んでいる最西端の離島、与那国島《よなぐにじま》。ここも近い将来、危険にさらされる可能性が出てきた。

二〇二二年八月、中国は台湾有事の予行演習ともいうべき軍事演習を決行した。それは中国本土から日本方面へ六発のミサイルを発射、うち五発を与那国島のＥＥＺ（排他的経済水域。二〇〇海里＝約三七〇・四キロ以内）に着弾させるという、日本への威嚇を含んだものであった。さらにその年の秋、習近平《しゅうきんぺい》国家主席は「台湾統一のために武力行使を放棄しない」と台湾へ武力侵攻する可能性を暗に口にした。

台湾と与那国島は約一一〇キロしか離れていない。もし、開戦となった場合、何らかの形で戦火に巻き込まれる可能性が高い。それこそ中国が与那国島に直接、攻め込む可能性すら示唆されている。

そうした状況を受け、与那国町議会でシェルターの設置について、話し合いが持たれたり、町から政府に要望が出されたりした。また八重山《やえやま》諸島の各首長（石垣《いしがき》市、竹富《たけとみ》町、与那国町）による、住民避難をテーマにしたシンポジウムが開かれたりもした。

そのほか、平和的かつ合法的な手段を用いられ、島の自治が危うくなってきた島もある。

韓国に頼ることで島おこしをしようとした対馬《つしま》は今や様変わりしてしまった。ホテルや民宿、お土産店にツアー会社、そして船会社などの過剰とも思える参入により、経済やガバナンスが左右されるようになったのだ。

このように平和的かつ合法的な方法での〝乗っ取り〟は国境地域にかぎらず、過疎に悩む自治体ならば、日本全国どこにでも起こり得る問題として浮かび上がってきた。

国境に位置する日本の島々を可能なかぎり訪れた様子を記した本書。ベースとなる取材は二〇〇二年秋から二〇〇七年春において行われ、二〇〇八年秋に単行本として出版されたわけだが、振り返るとその当時、僕は今よりずっと呑気《のんき》だったことに気づかされる。日本の国境に関心が集まらないことに苛立《いらだ》ちながらも、今後もずっと日本が平和であることを信じて疑わなかったのだ。あれから一五年。冒頭に記したとおり、国境の島はもちろんのこと、この国のかたちですら危うくなってきた……。

この本の令和版を出すことを決めたのは、国境の島々が置かれた当時の状況と、現在の状況を比較することで、いかに事態が緊迫化してきたか。そのことを理解する格好の材料になると思ったからだ。

それでは、二〇〇二年秋の日本海での出来事に話をさかのぼることにしよう。なお『日本の国境２００２～２００７』に収められた文章（プロローグ～エピローグまでの文章）は、修正・要約した部分を除けば二〇〇八年の初版発刊当時のままだ。

誰も国境を知らない 令和版＊目次

令和版まえがき……12

日本の国境2002～2007

初版プロローグ――膨張と収縮のヒストリー……22
一　北方領土I　渡航を禁じられた島……28
二　沖ノ鳥島　国家が守る見えない島……58

三　竹島Ⅰ　民族的聖地への上陸記……80
四　対馬　隣国と向き合う交流の島……104
五　硫黄島　国家に裏切られた島……128
六　小笠原諸島　日米の間で揺れ続けた島……162
七　与那国島Ⅰ　国境の手前でもがく島……194
八　竹島Ⅱ　奪われた島をめぐる記憶……228
九　北方領土Ⅱ　歴史が止まったままの島……250

十　尖閣諸島Ⅰ　政治的な秘境となった島……292
初版エピローグ――日本の中心から遠く離れて……334
解説　日本の国境　東海大学海洋学部教授　博士（経済学）山田吉彦……342

日本の国境2012〜2023

十一　尖閣諸島Ⅱ　尖閣ツアーと国有化……352
十二　尖閣諸島Ⅲ　漁師たちが見た中国の尖閣侵略……376

十三　与那国島Ⅱ　台湾有事に巻き込まれるかもしれない島……392
十四　国境の島々がたどった一五年……414
令和版あとがき……422
参考文献……432

日本の国境

2002～2007

初版プロローグ――膨張と収縮のヒストリー

日本であるはずのその島の前で、数百人の韓国人たちが作る異様な興奮のなかに僕はいた――。

二〇〇二年一〇月、韓国側から出発した竹島《たけしま》（韓国名「獨島《ドクト》」）周遊のクルーズ船上でのことだ。

隠岐《おき》の北西約一六〇キロに位置する竹島は、日本と韓国それぞれが自国の領土だと主張している。ただし実効支配しているのは韓国で、日本側からは行くことができない。

このツアーでは、最寄りの鬱陵島《ウルルンド》から一時間一五分かけて竹島まで行き、島の周囲を約三〇分かけて二周して帰ってくる。二つ並んだ断崖絶壁の岩山を眺めるだけで上陸はできないという、それほど充実しているとはいえない航程の船旅なのに人気はかなり高い。定員八一五人の高速船は満席で、船内には通路に新聞紙を敷いて座っている人すらいた。ざっと見たところ乗客のほぼすべてが韓国人であり、中高年層が目立つ。日本人は僕一人のようだった。

出航して一時間あまりが過ぎたころ、和やかな雰囲気があふれる船内になにやら韓国語のアナウンスが流れると、乗客が席を立ち一斉に船の後方へと移動し始めた。デッキが開放されるらしい。島をひと目見てみたかった僕も、移動する群衆に揉《も》まれながらデッキへ向かった。

客席から移動してきた人でごった返すデッキに自分の立つ場所を確保したとき、すでに船はだいぶ島に近づいていた。右舷前方には二つの岩山が海面からそそり立っているのが見えた。それが竹島だった。西の島は高く険しく、東の島は西の島に比べると低く少し平坦だった。デッキに集まった乗客たちはみな同じ方向に体を向け、固唾を飲んで二つの島を凝視している。

船が二つの島を回り込むと、東の島の頂上付近にいくつかの建造物が確認できた。有人灯台や警備隊の宿舎、ヘリポートなどの施設が並んでいる。アンテナ塔の横にはポールが立っていて、太極旗《たいきょくき》（韓国の国旗）がはためいていた。島に常駐する三十数人の警備隊員は確認できなかったものの、島を見下ろすように設置された高射砲がひときわ目につき、韓国の実効支配の盤石さを物語っているように思えた。

さらに船が回り込み、建物が間近に見えるようになったそのころ、同時に、デッキの上のそこかしこで堰《せき》を切ったように乗客たちの行動が始まっていた。常駐している警備隊員たちへのエールなのか、体全体を使うようにして大きく手を振り、島に向かって必死に叫ぶ中高年のグループがいくつも目についた。巨大な韓国の国旗を嬉《うれ》しそうに掲げる揃《そろ》いのオレンジのベストを着た若者集団もいた。この瞬間を逃すまいと島をバックに記念写真を撮り合う姿も目立った。

デッキ全体が愛国心で躍っていた。韓国では「獨島」と呼ばれるこの島は、民族独立の象徴とされている。韓国人にとってこの島は自らの民族的な拠り所《よどころ》を確認する一種の「聖地」となっているのだ。「聖地」を目の前にした彼らの表情は一様に喜びにあふれていた。相変わらず島に人影はなかったが、彼らの感情表現は島を周回している間中飽きることなく続いた。

簡単な韓国語しかできない僕に、彼らの叫んでいることの詳細は理解できなかった。それでも彼らの愛国的な行動に僕は圧倒され、その場に居合わせたたった一人の日本人としていたたまれない思いで胸がいっぱいになっていった。そして、クルーズ船の周回も終わりにさしかかったころ、なぜだか突然使命感のようなものに駆られ、思わず声を振り絞って叫んでいた。
「島を返せー！」
「日本のもんじゃい！」
しかし、圧倒的多数の韓国人の歓声とエンジン音に僕の声は虚《むな》しくかき消された。興奮が収まると、なんとも言いようのない無力感が襲ってきた。

このときの気持ちをうまく説明するのは難しい。そもそも僕は、竹島の領有権をめぐる問題に特別関心が深かったというわけではない。ただ竹島という島をこの目で見てみたかっただけだ。にもかかわらず、まわりはほとんど愛国的な韓国人という特殊な状況のなかで、僕の気持ちは大きく揺さぶられ、一人の日本人として、竹島が「日本の領土」であることを主張せずにはいられなかった。たとえ無意味なことだったとしても、僕のなかの何かがそう叫ばせたのである。

それはひとえに竹島という場所が、日本と韓国の狭間《はざま》に存在する〝特別な場所〟であるからこそ起こったことだった。

この出来事を契機に、竹島のように海を隔てて外国と対峙《たいじ》している島や、日本の周縁部に位置する島——いわば「国境の島」とでもいうべき日本周縁の特別な場所——への興味が募っていった。僕の気持ちを揺さぶるような土地が、ほかにも日本にあるのかもしれないということに、期待が膨らんだ。

そうして「日本の領土」「日本の国境」について調べ始めてみたわけだが、調べていくうちに単純な、しかし興味深い事実に気がついた。地理的に特別な場所であるということは、その歴史においてもそれぞれ特別な場所であるという事実だ。

歴史的には、日本において「国境」や「領土」という概念が明確になったのはマシュー・ペリーの黒船《くろふね》来航によって徳川《とくがわ》幕府が鎖国を解いた江戸《えど》末期から明治以降のことだ。それまでは海を隔てて隣り合う国との境界を明確に画定することはなく、帰属が曖昧な地域もそのまま放置されていた。ペリー到来から数年後、蝦夷地《えぞち》の一部である千島《ちしま》列島に、幕府はロシアとの間で近代的な国境を初めて画定する。それを皮切りに、日本は「国境」「領土」という概念を明確にしていく。明治時代になるとその流れは本格化する。政府はヨーロッパ列強によるアジア侵略の脅威に備えて急速に国を「整備」していくのだ。国境の画定もその過程で行われていった。誰からも顧みられなかった無人島の測量が行われ、「日本の領土」だと示す標柱が立てられていった。

西洋諸国と肩を並べる国力をつけた日本は次第にアジアでの勢力を確固たるものにしていく。列強と同じくアジアの覇権をめぐって争う側にまわり、台湾、樺太《からふと》、朝鮮、中国東北部、南洋の島々へと実質的な植民地を拡大した。太平洋戦争中には、加えて東南アジア、中国沿岸部、南北太平洋の島々にまで支配地を拡大していった。日本はひたすら膨張の道を突き進んでいったのである。

敗戦後、一転して日本は収縮する。国土は北海道、本州、四国、九州といういわゆる本土とその周囲の島と限定された。一九五二年に日本が主権を取り戻したのちも、小笠原《おがさわら》や沖縄といった南の島々はアメリカの統治下に置かれ、日本に復帰したのは小笠原が一九六八年、沖縄が一九七二年だった。敗戦直後ロシアに不法占拠された北方領土はいまだ返還のめどが立たず、竹島は韓国による実効支配が続いている。対馬や与那国島は目の前に国境線を引かれることで最果ての島となった。

つまり日本の「国境の島」とは、歴史の流れのなかで、日本という国の膨張・収縮に、そして〝あの戦争〟に、大きく翻弄されてきた場所だといっていい。そこには、膨張と収縮をめぐるこの国のもう一つの歴史と記憶があり、「国境の島」ゆえの現実がいまもある。

島国である日本において、普段当たり前に生活しているかぎりでは領土の境界としての国境を意識する機会はほとんどない。ましてや日本の周縁部に存在する島々の歴史や現状について、僕たちが知る機会はあまりに少ない（そうした島々の多くは、一般人の現地への入域が何らかの形で制限されている）。実際、目の前に日本周辺の白地図を広げて「日本の領土ってどこまでだと思う？」とたずねてみても、正確なところを答えられる人はわずかだろう。

僕自身も、辺境を含む国内外の数多くの場所を旅してきてはいたが、竹島を訪ねるまで、敗戦を契機に線引きされてきた「日本の領土」「日本の国境」、あるいは「この国のかたち」というものについて厳密に考えてみたことはなかった。日本という国について、自分はどれだけのことを知っているのだろうか――そんな思いも込み上げてきた。

竹島という、日本と韓国の狭間に存在する「国境の島」を訪ねることで、不意に、自分が生きるこの国の国境や領土というものを意識することになり、そんな特別な場所である島々を訪れてみたいという気持ちが膨らんでいった。

歴史の流れに翻弄されてきた日本周縁部の島々――そこはいったいどんなところなのか。あの戦争によってどんな運命をたどることになったのか。日本の中心から遠く離れたその土地で、はたして僕自身は、日本について、あるいはアジアの隣国について、どんな感情を抱くことになるのだろうか。

国境や領土というものを通して、日本という国の姿を見つめ直すために、僕は、日本列島の周縁に「国境の島」を訪ねる旅を始めた――。

一　北方領土Ⅰ

渡航を禁じられた島

奪い取られた島へ

古びた小型旅客機で函館《はこだて》空港から北へ飛んだ。

秋が深まりつつある二〇〇三年一〇月一九日、向かったのはサハリン州の州都ユジノサハリンスクというロシア極東の都市だった。サハリンは北海道の真北に位置する島、その南半分はかつて日本の領土だったが、現在は実質的にロシアの領土となっている。

乗った飛行機は国際線なのにプロペラ機で、機内に入るとカビのような臭いがした。天井は頭をぶつけそうなほど低く、天井両脇の荷物格納スペースは電車の網棚のようにフタがなかった。シートは表面の生地が色あせ、背もたれを押すとバタンと将棋倒しのように前に倒れた。

三六人の定員のうち埋まったシートは約二〇人分、乗客のほとんどがビジネスマン風の日本人でロシア人は数人だけだった。機内サービスを担当するフライトアテンダントは二人、どちらも大柄な三〇歳前後の肌の白い金髪女性で、飲食物などのサービスはてきぱきとしていたが、愛想《あいそ》はなく氷のように態度が冷たかった。写真を撮らせてもらおうと笑顔を作ってカメラを向けてみたものの、きっぱり「ＮＯ」とにべもなく拒絶された。

離陸して一時間少し、宗谷岬《そうやみさき》を越えたらしく、眼下には海が広がった。そして、まもなくまた陸地となり紅葉が現れた。すでにサハリン上空を飛んでいるようだった。紅葉の様子は北海道と同じだったが、眼下に広がった蛇行する川に橋はなく、幹線以外の道は舗装されていなかった。

サハリンへ向かったのは、北方領土へ行くためだ。

北海道の東からカムチャツカ半島まで、約一二〇〇キロの間を点々と連なっている千島列島、その南端に北方領土は位置している。択捉島《えとろふとう》、国後島《くなしりとう》、色丹島《しこたんとう》、歯舞《はぼまい》群島（貝殻島《かいがらじま》、水晶島《すいしょうとう》、勇留島《ゆりとう》、秋勇留島《あきゆりとう》、志発島《しぼつとう》、多楽島《たらくとう》など）のことをさし、北方四島と呼ばれることもある。

日本政府は北方領土を「日本固有の領土」だと主張しているが、実際のところ、それらの島々はロシアが実効支配し、ロシア各地からの移住者やその子孫が住んでいる。日本の領土であるはずなのに、日本人は住んでおらず、北海道や本州から北方領土へ行くための飛行機や船といった公共交通機関もない。日本の携帯電話会社が作成した通話範囲を示した地図でも北方領土は通話範囲から外れている。

地図といえば、国土地理院発行の二〇万分の一の地図のうち、北方領土が分割され掲載されている北海道東部の地図にはロシアに実効支配されていることから生じる「しわ寄せ」が見られる。

国土地理院は国土交通省の特別の機関であるため、島々をロシアが実効支配しているという現状では現地の測量ができない。とはいえ、日本政府が「日本固有の領土」と主張しているからには地図に掲載せざるを得ない。そうしたジレンマのなか、国土地理院は苦肉の策をとっている。日本が最後に測量した大正時代の地図に衛星写真で得た情報を加え「最新版」として使っているのだ。結果、例えば国後島では、戦前に存在した小さな集落や町の郵便局と戦後に建設された滑走路が並記され、一枚の地図のなかに戦前と現代という半世紀以上の時間が二重写しになっている。

テレビの天気予報や気象庁のウェブサイトで北方領土の天気や気温は紹介されていない。国の機関である気象庁が島に観測所を置くことができず、観測ができないからだ。周辺の天気をＮＨＫが全国の天気概況で画面の隅に表示するのが精一杯である。

北方四島を含む千島列島は一八世紀に日露両国の歴史に登場する。シベリアを自国領にしていたロシアは一八世紀はじめに千島列島に到達し、さらに島伝いに南下、一八世紀末にはウルップ島にロシア人数十人が移住するまでに支配地域を拡大した。

一方、日本は一八世紀半ばに最上徳内《もがみとくない》らを派遣し島々の調査を実施、一九世紀初頭には交易所や哨所《しょうしょ》を国後・択捉両島に設けている。樺太や千島列島において、南と北からそれぞれ勢力範囲を拡大していたため、次第に両国の間で摩擦が生じるようになった。

幕末である一九世紀半ば、ロシアは幕府との間に通好条約を締結する。一八五五年の日露和親条約（日露通好条約）である。このとき両国は千島列島の択捉島とウルップ島の間で国境を画定する。日本が北方領土を自国の領土だと主張するのはこのあと、敗戦までの間、日本が統治していたからである。

明治時代に北海道開拓が本格化、北方領土への移住も開始された。教育や医療、輸送の事情は悪かったが島民たちの生活は豊かであった。というのも近隣の海は「世界三大漁場」と呼ばれるほどに豊かだったからだ。平和で豊かな島の生活が一変するのは一九四五年八月一八日のソ連による侵攻である。ソ連軍は諸島最北端の占守島《シュムシュとう》に上陸、九月五日に全千島を占領する。一万七〇〇〇人の島民は一九四九年までに一人残らず島を出ることになった。

一九五二年に発効したサンフランシスコ講和条約で日本は国際的な舞台に復帰する。この条約によって日本は千島列島を放棄させられたのだが、そのなかに四島が入るのかどうかは曖昧にされたし、ソ連はもちろん、どの国に返還されるかすら明記されていなかった。

綱渡りの渡航計画

二〇〇〇年初頭、僕は道東《どうとう》と呼ばれる北海道の東部を訪れた。その旅での体験が北方領土を旅の目的地として興味を持った最初のきっかけだった。

北方領土をすっぽり包み込むような地形をしている道東では、天気のよい日、北方領土に面する海岸に立つとどこからでも北方領土の島々が見渡せる。実際、根室《ねむろ》から二十数キロ東にある北海道の最東端、納沙布岬《のさっぷみさき》に立つと歯舞群島が間近に迫ってきた。なかでも貝殻島は泳いで渡れそうなほど近く、双眼鏡でのぞけば人の動きが把握できそうなほどだった。心理的にとても遠いイメージがあったロシアという国が、実は手にとるように近いという事実にハッとした。

数キロ先の島が外国に奪い取られ、不法に占領されているという事実がそこにあった。本来は日本の島々であるはずなのに、それらの島々へ日本から直接行こうとすれば、ロシアの国境警備隊に阻止されるか、拘束され罪に問われることになる。見えないが、越えることのできない壁がその海域には存在しているのである。

北方領土へ渡ってみたい、北方領土から北海道を見てみたい——。

しかし、それは容易には実現することではなかった。

北方領土が日本に返還されるまで、日本国民はロシアから北方領土へ渡るべきではない、行ってほしくない——そのような方針を日本政府が持っている、ということが北方領土について調べているうちにわかってきたのだ。

例えば、日本でパスポートを申請するときに書く必要がある「一般旅券発給申請書」の用紙左隅には、「わが国固有の領土である北方領土（択捉島、国後島、色丹島及び歯舞群島）は渡航先には含まれません」と書いてある。また、政府は「閣議了解」なるものを発表して、北方領土問題の解決までの間、ロシアの出入国手続きに従って北方領土に入域しないようにと国民に要請している。ロシアビザを使って入域するということは、北方領土がロシアの領土だということを認めることになるという理屈である。政府の閣議了解に法的拘束力はないが、日本の旅行会社は認可を取り消されるのを恐れているのか、北方領土地域の手配をやっているところはどこにもない。

政府のやり方に逆らわず、北方領土へ渡る抜け道的な渡航方法がないわけではない。それはビザなし交流というもので、日本人と現島民のロシア人が、パスポートとビザのかわりにそれぞれの政府の身分証明書を携帯して、団体で往来するというものだ。ソ連時代末期の一九九一年、来日した当時のミハイル・ゴルバチョフ大統領の提案により実現し、一九九二年以降、毎年、相互訪問が実施されている。これなら確かにロシアのビザやパスポートを使わないですむというわけだ。そのほかに北方墓参や自由訪問という方法もあるが、これらは旧島民やその親族だけが対象なのでここでは詳細を省くことにする。

納沙布岬から北方領土を見たあと、そのビザなし交流に参加しようと思い、関係団体に問い合わせてみたこともある。しかし返答には落胆させられた。参加資格が厳しく限定されていたのだ。旧島民とその子孫、返還運動関係者、一部の報道関係者、専門家、通訳などの同行者だけが対象だということで、「旅の本を書いています」と必死で言ってはみたが、ほとんどまともに取り合ってもらえなかった。返還運動に関係のない一般人には北方領土へ行ってもらいたくない、というのが政府の考えなのだ。

その後、二〇〇二年の竹島行きを経て、日本周縁の島々を訪ねてみようと決めた僕は、ロシアビザを使って入国する方法を探し始めた。二〇〇三年に入ってからのことだ。

出発から二時間二〇分後の午後四時二〇分、ユジノサハリンスクの空港にプロペラ機が着陸した（サハリンと日本では二時間の時差がある）。

入国審査を受けたあと、空港の外でタクシーを拾い、ユジノサハリンスクの街をめざす。街に着くと、少し北に来たことを実感した。函館ではまだ黄色かったナナカマドの葉はサハリンではすでに真っ赤で、枯れ葉もあちこちに落ちている。夜になると摂氏〇度ぐらいにまで気温が下がり、粉雪が降った。

駅前の安ホテルにチェックインはしたものの、このとき僕の旅行計画は破綻寸前だった。サハリンへ発《た》つ前々日、すべての現地手配をまかせていたモスクワの旅行会社が、手配を放棄していたことがわかったのだ。約三〇万円という旅行代金を払い込んでいたのだが、そのときはまだ戻ってくる見込みはなかった。しかし、幸いにもそのモスクワの旅行会社の下請けであるサハリンの旅行会社が同じ日に判明していた。そこにすべてを託すつもりで予定通りサハリンへとやってきたのだった。

サハリンに着いた翌日、さっそく現地の下請けの旅行会社を訪ねた。その会社は泊まっていたホテルの別の階に事務所があり、なかに入ると、僕が来ることを察していたらしく、すぐに奥の部屋へと案内された。そして日本語の話せるスタッフがつたない日本語で僕に挨拶をした。

「ニシムタさん、はじめまして。ユリアです」

そのスタッフは折れそうなほど華奢《きゃしゃ》な若い東洋系の女性だった。髪は黒く、彫りが浅いのに、睫《まつ》毛《げ》を太く強調したサハリンでよく見かける化粧をしていた。差し出された名刺には「リー・ユリア」とロシア語で書かれていた。「リー」というのは李氏朝鮮《りしちょうせん》の「李」と同じである。つまり彼女は日本統治時代に何らかの理由でサハリンにやってきた（または連れてこられた）残留朝鮮人の子孫なのだ。

「モスクワの会社は私たちの会社に旅行代金を払っていません。でもクリル（千島列島のロシア名）に渡る許可証はすでにできています」

貫禄たっぷりな体格の旅行会社の女社長が大事そうに金庫から許可証を取り出す横で、ユリアが女社長の言葉を訳した。北方領土はロシアにとっての「国境地帯」ということで、ビザ以外に上陸許可証がないと立ち入ることができない。北方領土への上陸はすべてこの上陸許可証がとれるかどうかにかかっていた。九〇年代初頭だとサハリン州の副知事以上のサインが必要で、現地有力者からの招待状がなければ取得は難しかったが、いまは以前ほどは難しくないようだった。

女社長から上陸許可証を見せてもらった。それはロシア語で書かれた、一見、なんの変哲もないビジネス文書だった。僕の名前がロシア語で書かれているから本物と信じていいのだろう。あとは僕が代金を支払いさえすれば島へ行くことが可能になる。仕方がない。費用が倍になるのを覚悟し、女社長に旅行代金を支払った。

許可証の申請をしてくれたユリアは、日本語で書かれたオリジナルの旅行予定表を作成していた。それによると、翌日の一〇月二一日にサハリン南部のコルサコフ港を出航、二二日に国後島着。三泊して二五日にまた船で出発、サハリンに戻るのは二七日、というスケジュールが組まれていた。

目的地を国後島だけに絞ったのにはいくつか理由がある。まず島が北海道に面していること、ロシアの公共交通機関を利用できること、島にじっくりまわれる広さがあることだ。また、島と島の間のアクセスがとても悪いので行き先を絞らないと日程的にも経済的にも無理、という事情も関係していた。島に渡る手段を船にしたのは、時間はかかっても飛行機に比べてより確実な交通手段だからだ。飛行機だと濃霧のため離着陸できないことが多く、欠航率は五割にものぼるのだという。もちろん船が一〇〇パーセント確実だというわけではない。船が無事に目的地である島の沖合まで航行できたとしても、上陸できない可能性もあるのだ。北方領土の港はたいてい浚渫《しゅんせつ》されていない。そのため船は沖に泊まり、上陸用の小さな船（自航式艀《はしけ》）に乗り換えて上陸する。しかし、艀が港から船までの間を航行できなければその島には上陸できず、船はほかの島へとスキップすることになる。つまり、船であれ飛行機であれ、安心できる方法などないのだ。最悪の場合、現地にたどり着けずに引き返すことになるかもしれない、そんな不確定要素の多い旅だった。

〈マリーナ・ツベターエワ号〉の旅

船は次の日に出航する予定だったが、案の定、時化《しけ》などの要因で延び延びとなり、結局、北方領土行きの船がコルサコフ港を出航したのは、予定から三日遅れの一〇月二四日のことだった。

出航当日の朝、ホテルを出てユリアとともにコルサコフへ移動し、港の近くで食料の買い出しをしてから、出航を待つ北方領土行きの船に向かった。ユリアは僕のツアーのガイド兼通訳もつとめてくれるのだという。船は〈マリーナ・ツベターエワ号〉（四五七五トン）。択捉島、国後島、色丹島とサハリンを月に何度か往復している貨客船だ。船体には錆《さび》が目立ち、酷使されているさまが見てとれた。貨物船としての役割も担っているため、デッキにはコンテナや建築資材が積まれていた。この船が悪天候でしばらく島に行けなければ、島の商店の棚から商品が消え、島の工事が進まなくなるのだろう。

ユリアと二人で船のタラップをのぼっていった。大部屋がなく四人部屋ばかりのゆったりとした造りの船で、四五〇〇トン以上もあるのに旅客の定員はたったの一二〇人だった。

あてがわれた一〇畳ほどの船室は小さくて円い窓が横に二つ並ぶだけの殺風景な空間だった。部屋の備品は二つの二段ベッドとその間にある小さなテーブル、二つの腰掛け、木製のクローゼット……それだけだった。建造コスト削減のためかシャワールームはなく、部屋は不自然に広い。

無事、北方領土行きの船に乗船できたという現実に安堵《あんど》したのは正味三〇分か一時間ぐらいのものだった。すぐにタラップを上げて出航するものだと思い込んでいたのだが、船は何時間たっても動かなかった。次第に手持ちぶさたになり、ベッドに横になってウトウトした。

出航したのは結局、午後三時半だった。遅れたことについて謝罪したり、理由を説明したりするアナウンスはなく、突然、船は動き出した。国後島到着までは二三時間かかるというから、またほぼ丸一日がつぶれることになるが、待ち疲れていたので、ようやく出航したときにはそんなことはどうでもよくなっていた。

コルサコフから一路南へ針路をとり、外海であるオホーツク海に出ると船は木の葉のように揺れた。時折船体に波がボコッとあたる音がし、そのたびに立っていられないほどの衝撃を体に感じた。


翌朝、揺れるベッドからなんとか這《は》い出し、デッキに出ると、オホーツク海越しに北海道が遠くのほうに見えた。さらにしばらくすると北海道は視界から消え、国後島と択捉島が同時に見えるようになった。船はそのとき二つの島の間、国後水道にさしかかっていた。

午後になると、柔らかい曲線を描く丘陵状の断崖がデッキの外に続くようになる。草原の広がるなだらかな丘が崖で途切れ、その先は海になっている。予定通り航行していれば一〇〇〇メートル級の国後島の峰々が見えるはずなのに、目の前にあるのは妙に柔らかな女性的風景だった。

カメラを持っていなかったので、カメラをとりに船室へ戻ろうと、デッキとデッキの間をつなぐ階段を下りる。その途中、二人のおばさんに話しかけられた。

「コンニチハ」

カタコトの日本語だった。ビザなし交流で訪れた日本人訪問団に教えてもらった日本語なのだろうか。一人は栗色《くりいろ》の髪に青い瞳の痩せた白人女性だったが、もう一人は焦げ茶色の髪に緑の瞳の太った東洋系の女性だった。東洋系のおばさんは瞳や髪の色が西洋的なのに、目は一重《ひとえ》で顔は東洋人そのものだった。彼女は朝鮮系ロシア人とスラブ系ロシア人（つまり白人）とのハーフなのかもしれない。

二人はかたわらに置かれた中古洗濯機を指さし、困った様子で何か訴えてきた。

「ちょっと待って」

ジェスチャーでそう伝えると、僕は急いで船室に戻り、ユリアを連れて再びデッキまでとって返した。ユリアはすぐおばさんたちにロシア語で事情を聞き始めた。

「この洗濯機はどこで買いましたか？」

「小樽《おたる》です」

よく見ると洗濯機は日本製の全自動タイプで、フタの裏側に日本語の説明が書いてあった。ユリアがその内容をロシア語に翻訳して伝えたところ、おばさんたちの問題が解決した。洗濯機の使用法がよくわからなかったようだ。僕はついでにユリアの通訳で質問してみた。

「どこから来ましたか？」

「択捉です。国後のあと到着する択捉で下ります」

つまり、彼女たちは択捉島から小樽まで行き、買い物をして帰ってきたところだった。通常、日本の外務省は北方領土の現島民にはビザを出さないことにしている。ビザを出してしまうと「北方領土はロシアの領土」だと日本政府が認めてしまうことになるからだ。とすると、彼女たちは何らかの抜け道を利用して日本ビザを取得したのだろうか。

日本ビザをどうやって取得したのか、また領土問題についてどう考えているのか、聞いてみたいことはいろいろあった。

ところが、ユリアは「その質問は聞いても意味がありません」と言って、僕の質問を通訳してくれなかった。今回の北方領土訪問は（書類の上では）あくまで観光が名目だったから、ユリアは僕がこうした政治的な質問をすることに納得がいかないようだった（やっかいなことに、このあとも何度か同じような経験をすることになる）。


午後三時、船が入港したのは国後島ではなく、色丹島だった。急遽《きゅうきょ》予定を変更して色丹島に寄港したのだ。船は沖に錨《いかり》を下ろし艀で港との間を結ぶのだと思っていたら、そのまま桟橋に直付《じかづ》けした。桟橋には石が乱雑に放置してあり、まるで採石場のようなありさまだった。桟橋の反対側には比較的大きな漁船らしき船が係留されていた。

島に上陸したかったが、それはかなわなかった。タラップの上と下には国境警備隊員らしき、ツバの広い制帽をかぶった制服の男性がそれぞれ立っていて、書類をチェックしていたのだ。僕たちの上陸許可証には色丹の上陸許可は記載されていなかった。だからこのときはデッキから色丹島を眺めることしかできなかった。

桟橋のまわりには出迎えの人たちが乗ってきた中古の日本車が多数停《と》まっていた。桟橋から先はすぐ斜面になっている。波板を張り合わせた作業小屋のような建物が斜面に沿って張りつくように

上●コルサコフ港に停泊するマリーナ・ツベターエワ号。
小樽との間も結んでいるため、船内には日本語表記が目立つ。
下●船内で出会った択捉島民。小樽まで行って買い物をして、島へと帰るところだった。

立っていた。手持ちの地図には「軍関係建物群」となっていたが、朽ちかけたプレハブのような外観は廃屋に見える。プレハブの横や奥には二～三階建ての古びた集合住宅が立っていた。そこで集落は途切れていて、建物群のさらに奥の斜面には林や草原が広がる。そうした島ののどかな自然は北海道の根室半島の風景ととてもよく似ていた。

タラップから現島民らしき人たちが下りていき、出迎えの人たちとの再会を喜び合っていた。紙パックのジュースばかりが入った段ボール箱を持って下りた一人が、下で待っていた国境警備隊員らしき人物に段ボール箱を渡すのが見えた。滑走路がなく飛行機の来ないこの島にとって、この船こそがやはり物流の大動脈であり生命線なのだ。

桟橋とは反対側の左舷にまわると、少し離れたところに別の桟橋があり、ロシアの国境警備隊のものらしき巡視艇が数隻停泊しているのが見えた。大きいものが二隻、小さいものが数隻、係留されていた。なかには、船首にタイヤがぶらさげてあり、小さな砲台が備え付けてある珍妙な武装タグボートもあった。「領海侵犯」した日本の漁船に船ごとぶつかり、湾内へと運ぶための船なのかもしれない。何らかの形でその船が日本との「国境」を守る任務に一役買っているだろうことは推察できた。

一番上のデッキにのぼるとマロクリリスク（斜古丹《しゃこたん》）の港が一望できた。ところが、僕がカメラを港に向けシャッターを押そうとすると、数十メートル離れたブリッジから、たちまち熊のように逞《たくま》しい体つきをした船員がいきりたった様子で走ってきた。

「○×★△※§□!!」

何を言っているのかわからなかったが、ロシア語で怒鳴られ、体当たりで撮影を阻止された。

マロクリリスクは国境警備隊の最前線基地の町である。基地の撮影が御法度というのは、特に社会主義国では常識だった。しかし、ソ連が崩壊し、もはや冷戦はない。冷戦時代に一万人いたという駐留ソ連（ロシア）軍はボリス・エリツィン時代に撤退が完了している。いまや国境警備隊しか残っていないはずだ。なのにいまさら何を隠そうとしているのだろうか。

国後島に住む人びと

日が暮れてから船は色丹島を離れ、その日の夜のうちに国後島の沖に到着していた。しかし、港の底が浅いため、こんどこそ艀を待つ必要があった。艀を闇夜のなかで使うのは危険だということなのだろう、艀による国後島上陸は翌日に持ち越された。

出航して三日目の朝。本来なら所要二三時間で到着する予定だったが、すでに出発から四〇時間あまりがたっていた。この調子では上陸を期待してもいつになるかあてにならないので、僕はユリアと二人、ひとまず船内の食堂で朝食をとることにした。

フリルつきのセクシーなエプロンをまとい、冷たいトーンの濃い化粧をした白人の女性船員が、無表情なままささっとテーブルに料理を並べた。そうめんのようなものが入った白くて甘いスープ、硬いサラミ、ぱさぱさのパン、冷たい紅茶……いかにもロシア的な朝食だった。

食事をとっていると、二歳くらいのかわいい幼児が叫び声を上げながら近寄ってきた。緑色の瞳に栗色のおかっぱ頭、肌は白く、まるで人形のようだ。握手を求めてくるので差し出された小さな手を軽く握ると、こんどは若い母親が申し訳なさそうな表情であわてて幼児を連れ戻しにきた。白い肌にそばかす顔、亜麻色《あまいろ》のソバージュ髪を後ろに結んだ素朴な雰囲気の女性だった。

食事を終えて船室に戻り、上陸に備えて待機していた午前一〇時ごろ、ノックの音がして数人の白人が入ってきた。船室に入ってきたのは男性一人と女性三人の四人組だった。僕は彼らが突然入り込んでくる様子に少し面食らったが、彼らは二人の東洋人を見ても平然としていた。サハリンには戦後引き揚げできなかった日本人や朝鮮人がいまも住んでいるし、国後島には毎年ビザなし交流で日本人が集団でやってくるから、東洋人には慣れているのだろう。

「こんにちは。僕は日本から来ました」

ロシア語でそう挨拶したあと、英語で直接彼らと話した（込み入った話はユリアが通訳してくれた）。四人は国後島から艀を使って乗り込んできた。見送りの一人以外は全員サハリンをめざすという。

「皆さん国後島の人なんですか」

「そうですよ。でも私ともう一人の生まれはウクライナなんですよ。あとの二人は親がウクライナ出身で生まれは国後なんです」

女性の一人はそう言ったが、僕にはロシア人とウクライナ人の区別はつかなかった。

ソ連時代、共産党政府は大陸の他都市に比べて二〜三倍という辺境手当を設定して、ソ連中から島への移民を促進した。秘密主義のソ連という国のことだから、当然彼らには領土問題のことは伏せられていた。そんな状態はペレストロイカの時代まで続いたという。ロシア人、ウクライナ人、カザフ人、グルジア人など、ソ連のあらゆる地域からあらゆる民族の入植が進み、いまでは四〇近い民族の混在する人種のるつぼとなっているのだという。

「私はビザなし交流で日本に行ったことがあります。札幌《さっぽろ》、根室、釧路《くしろ》、帯広《おびひろ》とまわりました。きれい（クラシーバ）なところね」

教師をやっていて英語を話せる、ヤコブレビアという名前の女性がうっとりした表情で言った。ビザなし交流では日本に暮らす旧島民が島を訪れる一方、いま島に住んでいるロシアの人たちに日本各地を訪問させるということも行われているのだ。現島民を日本に触れさせることには、のちに日本人と共存することになったときのための地ならし的な意味もあるのだろうか。

彼らが領土問題についてどう思っているのか聞いてみたかった。だが、前日ユリアに質問の通訳を断られたこともあってなかなか切り出せずにいた。ところが、そんな僕の躊躇《ちゅうちょ》をよそに、向こうから積極的にその話題に触れてきた。

「日本人と私たち、一緒に住めばいいと思うわ」

ロシアの統治下で、日本人も島の人種のるつぼ状態の一員になればいい、ということらしい。人種が比較的均一な日本と多民族国家であるロシア。環境の違いといえばそれまでなのかもしれないが、予想外の答えにどう反応していいのか困った。そんなことがはたして可能なのだろうか。

敗戦直後、北方領土にソ連軍が攻めてきたとき、一万七〇〇〇人あまりいた島民のうち北海道に逃れられたのは数千人で、残された人たちはソ連軍の軍政下に入った。翌年にはソ連の民間人の入植が始まり、島でソ連の人びととの共存を余儀なくされることになる。それは退去が完了するまでの数年間のことだったが、あくまでソ連軍の監視下に置かれたうえでのことだったから、ずいぶん窮屈な思いをしたはずだ。

島がロシアの統治下に置かれたままなのであれば、たとえ旧島民の帰島・永住が許可されたとしても、旧島民やその子孫たちは島で暮らすことに抵抗感があるだろう。


ヤコブレビアさんたちとの会話の途中、下船を促すアナウンスがあった。

「国後島に上陸する乗客は艀に乗ってください」

僕とユリアは、ヤコブレビアさんたちに「ダスビダーニャ（さようなら）」と別れの挨拶をして、下船口へと急いだ。タラップの手前にいる国境警備隊員にユリアが上陸許可証やパスポートといった書類を見せ、僕らはタラップを降りていった。

すでに横付けされていた艀は、見下ろすと操舵室《そうだしつ》以外が真っ平らで、砂利運搬船のような形をしていた。その真っ平らなデッキ部分に人や手荷物、コンテナや自動車までが一緒くたにされて積まれ、ユジノクリリスク（古釜布《ふるかまっぷ》）の桟橋まで運ばれるらしい。操舵室の外壁には「根室造船株式会社　進水一九九七年一二月」と日本製であることを示すプレートがかかっていた。また船首には日本語で「希望丸」、ロシア語で「ナジェジダ号」と並記されていた。この艀は鈴木宗男《すずきむねお》議員が北方領土外交に対して影響力を持っていたころ、島に贈られたものだった。

デッキにはこの島の生命線ともいえる物資の数々が目についた。艀の半分ほどのスペースがコンテナやらジャガイモなどむき出しの野菜やらで埋まっていて、どこかの港の倉庫に紛れ込んだような気分だった。

小雨の降るなか、空いたスペースが人と荷物で埋まっていくのを見ながら出航を待った。数えると五〇人ぐらいがひしめき合っていた。そのなかには、先ほど食堂で会った白人の母子もいた。話を聞くと彼女らは国後島に住んでいるのだという。つまり、あの幼児は島が故郷ということになる。もし島が返還されて名実ともに日本領になったら、日本政府は彼女らをどう扱うのだろうか。この母子にもヤコブレビアさんたちにも日本国籍を与えて、日本語教育を施すのか。それとも島を立ち退《の》かせてシベリアにでも移住させるのだろうか。思わずそんな思いが頭をよぎった。

艀が〈マリーナ・ツベターエワ号〉を離れる。デッキを埋めている人びとの隙間を縫って艀の縁に出ると、湾の向こうにある陸地から煙が噴き出しているのが見えた。活火山があるらしい。岬の上に広がるユジノクリリスクの集落が近づいてくる。岬は先端が丘になっていて、その上に建物が集中していた。何本も突き出ている煙突からは煙がたなびき、岬が巨大な戦艦のように見えた。

艀は一五分ほどで桟橋に着いた。上陸すると、まわりには拿捕された日本船なのか、地元の漁船なのか、錆びて見る影もない船が浅瀬の泥の上にいくつも浮かんでいて、そこはまるでスクラップ場のような光景だった。

国後島に上陸する

僕たちを出迎えたのは、青い迷彩服を着た国境警備隊員だった。

「ズドラーストビッチェ(こんにちは)。日本から来たニシムタです」

「ズドラーストビッチェ(こんにちは)」

鍛え上げられた肉体といい、精悍《せいかん》なマスクといい、国境警備隊員というイメージそのままの男性だった(クロアチアの格闘家ミルコ・クロコップによく似ていた)。その名をフォメンコ・ウラジミール・ゲンナージジビッチという。彼が今回のツアーのドライバー兼ガイドだった。

島に上陸できたのは国境警備隊の許可が出たからだったが、まさかガイドに国境警備隊員がつくとは思っていなかった。正式な手続きを経て上陸するのだから何も心配はないはずだった。それでも初対面では緊張が解けなかった。彼ら国境警備隊員こそが「国境侵犯者」に拿捕などの手段で対応する役目を担っている(もし日本から漁船などで島に強行上陸しようとした場合、お世話になるのも彼らだ)。拿捕という容赦ない行為の印象から、国境警備隊の隊員というものに対して〝表情のない冷酷無比な人間〟というイメージを持っていた。しかし、そうしたイメージは、その後、僕のために献身的に動く彼の様子を見ることで次第に覆されていくことになる。

桟橋前には、板を張り合わせて作った掘っ立て小屋の出入域管理事務所があり、その前には人だかりができていた。すると、ゲンナージジビッチさんは群衆のなかに割って入り、僕たちを先導してくれた。おかげでほかの人たちより早く手続きをすませることができた。彼は基本的には無口だが、職務に忠実で誠実な人間だった（そして時には、海からホタテを拾ってきて新鮮な刺身を振る舞ってくれるなど気のきく面もあった）。

トヨタの白い中古セダンに乗り込み、ゲンナージビッチさんの運転で舗装されていない坂を砂煙を上げながらのぼっていく。朽ち果てたようなボロボロの建物ばかりが続くなか、二〇〇〇年一〇月に日本が建造・供与した発電所の白くて新しい建物が目に入る。発電所があまり稼働しているように見えなかったのは、日本から供給されるはずだった燃料の重油が不足していて稼働率が低いためらしい。

坂をのぼりきり、岬の高台に広がる戦後作られたというユジノクリリスクの新市街に入る。ここは太平洋側、島の半分よりやや南に位置している岬に広がった街で、ソ連が島を占領するまでは古釜布と呼ばれ、海沿いの平地に広がって栄えていた（古釜布には当時競馬場まであった）。そのころ、島の中心は南端の町、泊《とまり》（現在のゴロブニノ）で、現在に比べると島のあちこちに集落があった。『観考～北方四島編～』（根室商工会議所婦人会編）という小冊子には次のように記されている。

「終戦までは泊、東沸《とうふつ》、瀬石《せせき》（泊村）、古釜布、古丹消《こたんけし》、留夜別《るよべつ》、乳呑路《ちのみち》、白糠泊《しらぬかどまり》、シベトロ、ニキシロ、セセキ（留夜別村）、近布内《ちかっぷない》などに１４２０世帯、７３６４人の日本人が居住し、そのうち１０３８世帯が漁業を営んでいました。」

戦後、国後島の人口分布は一転し、ユジノクリリスクにほとんどの人口が集まるようになった。ユジノクリリスクの中心部は、海沿いの平地（いまの旧市街）から高台の上に広がる土地（いまの新市街）に移されたため、坂の上にはなるほど団地や役所、商店などが集まっていた。

車を降りてあたりを歩いてみると、新市街の中心の広場には、飛び散ったペンキが顔のところど

ソビエト連邦崩壊後のロシアではあまり見かけなくなったレーニン像が、
ユジノクリリスク（古釜布）の町にはいまだに残っている。
その像の背後には皮肉にも知床の山並みが見える。

ころにこびりついたウラジーミル・レーニンの胸像があり、胸像の向かいには崩れかけた建物がそのままになっていた。一九九四年の北海道東方沖地震で壊滅した島の役場＝南クリル行政府の建物が、解体されずにそのまま放置されており、廃墟《はいきょ》と化しているのだった。また、街の中心だというのに道は舗装されていないところが多く、車が通れば砂埃《すなぼこり》が舞った。

ユジノクリリスクの新市街で見かける島民たちには若い人ばかりが目立った。たむろするチンピラ風の十代の若者や乳母車を押す若い母親が目につく。サハリンにいるようなインテリ風の若者を見かけないのは、ロシアでは大学にあたる高等教育機関が、この島を含む北方領土には一つもないからだろう。島にあるのは日本の小・中学校と高校をひとまとめにした初等中学校だけで、それも三つだけだ（北方領土全体では初等中学校が九つ）。

医療事情が悪いためなのか、老人の数はとても少ない。見かけたのは団地の庭先にこしらえた家庭菜園を手入れしているおばあさんぐらいのものだった。島にある医療機関は重病・重傷患者の手術ができない簡易的な病院が一つだけだ（病院は各島に一つずつある）。商店や郵便局には三十〜四十代の働き盛りの人もいたがほとんどが女性で、その世代の男性は海の近くで見かけた漁師らしき男たちぐらいしかいなかった。

一九九〇年一月に約七八〇〇人だった島の人口は、九七年一月には約三九〇〇人にまで減っている。ソ連の崩壊により離島の生活環境が悪化したからだ。補給システムが崩壊して物不足が危機的な状態になったうえに、大陸の都市の二〜三倍の手当という僻地《へきち》ゆえの特典もなくなり、賃金の滞りが日常茶飯事となった。そこに一九九四年の北海道東方沖地震という自然災害が追い打ちをかけた。島に住む人びとは労働や教育の機会を求めてやむなく島を離れていったのだ。二〇〇〇年代に入るころには人口が戻りつつあり、僕が訪れたこのころは六〇〇〇人近くにまで回復していた（二〇〇四年一月時点で五九〇〇人）。しかし、町を歩いても店にものが十分にあること以外は復興の兆しのようなものは感じられなかった。

印象的だったのは、野良《のら》らしきホルスタイン牛を見かけたことだ。新市街に広がる団地のゴミ捨て場をカラスに混じって漁《あさ》っていた。野良犬も多い。空を見上げると、タカなのかワシなのか大型の猛禽《もうきん》がクルクル滑空している。それにしても、日本なら乳牛として飼育されているホルスタイン種の牛がなぜ街を自由にウロウロしているのだろうか。


行政府跡のある新市街の中心部には木造の教会があった。教会は最近作られたものらしく、まだ新しかった。ロシアでは、ソ連が崩壊するまでは宗教活動は低調だったが、ソ連崩壊後は花盛りだ。社会主義という拠り所を失った反動から、ロシアの人びとは宗教心に目覚めるのだろうか。

教会の前は広場になっており、そこには四、五歳の子供二人と保護者らしき大人たちが数人いた。大人たちは子供が活発に体を動かす様子に目を細めている。そのなかにエリツィンそっくりの恰幅《かっぷく》のいいおばさんがいた。

「ズドラーストビッチェ（こんにちは）。日本から来た者です」

「コンニチハ」

話しかけると、日本語で挨拶を返してきた。

「ワタシハシコク、マツヤマ……」

日本語を話そうとするものの、言葉が出てこなくてもどかしそうだ。でもなぜ四国なのだろう。

ユリアに通訳してもらうと、日本に留学した経験があるのだという。留学先が四国の松山《まつやま》だったらしい。愛媛県の松山市には、かつて日露戦争で捕虜となったロシア兵の収容所があった。そこで亡くなった将兵のための墓地がいまも松山市民の手によってきれいに管理されている。そうした事実を彼女は留学先の松山で知り、日本人に対しての好印象を深く心に刻み込んだらしい。だからこそ彼女は、自分がいかに日本人に対して好意を持っているのか、日本という国を理解しようとしているのかを僕たちに伝えようとしていたのだ。

「私はビザなし交流で来た根室の人と文通を続けているのよ」

エリツィン似のおばさんはそんな親日家の女性だった。親日の気持ちが高じたからか、彼女は娘も日本に留学させたそうで、娘は日本語がペラペラなのだという。

「こうやって日本人が島にやってくることについてどう思いますか」

「大歓迎よ。どんどん来てほしいわ」

そうは言うものの、領土問題について話が及ぶと、一転、おばさんの口が重くなった。

「領土問題はどうやって解決すればいいと思いますか。島が日本に返還されれば、経済的にも豊かになるんじゃないですか」

「……日本国内にもいろいろ問題があるでしょ。それと同じよ」

ユリアがそれ以上僕の質問を詳しく通訳してくれなかったということもあり、エリツィン似のおばさんから聞けた言葉はそれだけだった。

彼女が答えをはぐらかしたのは、現実を直視したくないということもあるのだろう。一九九〇年代の島は苦難の時代だった。その後、復興に向かっているとはいえまだまだ十分ではない。前述のとおりかつてはモスクワよりもずっと高い賃金をもらっていたというのに、いまは毎月もらえるかどうかすらわからない。しかもエネルギーが不足するようになったせいで、しばしば停電が起こるようになり、住民にはランプが配られるようになった。津波や地震で建物が崩壊しても修理する余裕すらないようなのだ。

僕の接した現島民は概して友好的だったが、領土問題については一様に頑《かたく》なな傾向を感じた。

戦後、ソ連（ロシア）政府はクリルについて詳しい歴史を国民に教えることはなかった。日露戦争を引き合いにして日本への敵意をあおるとともに、「クリル諸島は歴史的にソ連（ロシア）の領土だ」と国民に対して言い続けてきた。その結果、「ロシア固有の領土」という認識が一般的になった。

ロシアの領土へのこだわりの背景には、一三世紀半ばから一五世紀後半、約二〇〇年もの間モンゴルの属国にされたという苦い歴史がある。外敵に侵略されることを強く恐怖するロシア人の心情からすると、一度自分たちのものにした領土に強く執着する。ゆえに、そのトラウマからか、先祖が命がけで手にした土地をいまさら日本に返せるか、と思うのも無理のないことなのかもしれない。

島が日本領になればインフラが急激に整えられ、住民は暮らしやすくなるに違いない。だが、自分たちの領土を放棄するということはロシア国民のプライドが許さない——おばさんの受け答えからは、そんなロシア人としての心理が垣間《かいまみ》見えたような気がした。

南クリル行政府の建物であった廃墟から広場を隔てた反対側には、「日本人とロシア人の友好の家」（通称「ムネオハウス」）という、小学校の仮校舎のようなたたずまいのプレハブをつなげて作った建物がある。この建物は一九九九年一〇月に人道支援の目的で日本政府の手によって建てられたものだ（一九九〇年代中盤から二〇〇二年までは日本政府が戦後最も北方領土にテコ入れを行った時期で、このほかにも診療所や発電所といったものが人道支援を名目に建てられている。なお、この建物が「ムネオハウス」と呼ばれるのは、人道支援というテコ入れの中心人物だった鈴木宗男議員の名前に由来している）。

この「友好の家」は日本からのビザなし交流で島にやってきた日本人のための宿泊所であり、災害時の島民の避難所としても利用されるらしかった。今晩の僕の宿はこの「友好の家」だった（予定表には宿泊地として「ＭＵＮＥＯ」とだけ書かれていた）。通常ならホテル泊のところをリクエストしてわざわざここに泊まることにしたのだ。ところが泊まるのは僕一人だけで、ユリアは通常のホテルに泊まることになっていた。この施設には島外のロシア人も泊まれないそうなのだ。

二人に外で待ってもらい、ひとまず荷物を置くためなかに入る。グレーのカーペット敷きの長い廊下を歩くと、屋内はまるっきり日本だった。「消火器」「女子シャワー室」「殿方用」など表示はすべて日本語で書かれていた。部屋のなかにあった布団、スチールロッカー、机は日本製で、トイレの便器はＴＯＴＯだった。館内はピカピカに磨き上げられていて、新市街の中心で見た廃墟の風景とはまるで別世界だった。

戦後半世紀以上を過ぎて、すでに島では建物のほとんどがロシア化され、日本統治時代の建物は見あたらない。そんな環境のなかにポツンと日本製の「友好の家」と発電所だけが立っているというのはなんとも皮肉なものだ。それこそ国境の島に作り上げた日本租界のように見える。

果てから見えたニッポン

「友好の家」に荷物を置くと、ゲンナージビッチさんの白いセダンで島の南部の集落ゴロブニノをめざした。ユジノクリリスクからは六〇キロ弱、島の南半分を縦断することになる。ゴロブニノは島の一番端、つまりどん詰まりにある。現在、歯舞群島に集落はないそうだから、ここが北方領土で「北海道に一番近い集落」ということになる。

集落の外れにあるベスロー岬（ケラムイ岬）の先端から対岸の野付《のつけ》半島までは約一七キロしか離れ

ていない。またゴロブニノから一番近い対岸の街、標津《しべつ》まででも三〇キロ少ししか離れておらず、自動車のヘッドライトなど対岸の光が届くという。ゴロブニノの住民たちは日々、日本の姿を目の前にしながら生活しているのだ。

ゴロブニノへと続く道路は舗装されていなかった。白樺《しらかば》や松の林、熊笹《くまざさ》の広がる平野、上り坂に下り坂、空港に火山、と景色はめまぐるしく変わっていく。景色のよい場所があるごとに車を停めてもらい、さまざまな景色を楽しみながら島を南下していった。

すでに述べたとおり、ゴロブニノは終戦まで泊と呼ばれていた。年間八〇便の根室航路が開かれ、北海道からの玄関口として栄えた。役場や郵便局、裁判所、警察署など、千島列島を統括する官庁のある町として、人口は当時の島の総人口の半数以上である約四八〇〇人にものぼり、商店や遊郭などが立ち並ぶ、千島列島を代表する都会だった。

だが、目の前に広がるゴロブニノは廃村寸前の過疎の村だった。いまは一般の住民がたった数百人しかいない。かつては商店街が広がっていたであろう通りには、老朽化した家庭菜園つきの木造平屋の住宅が道沿いにいくつか立っているだけで、かつての賑《にぎ》わいを彷彿《ほうふつ》させるものは何もない。人が住んでいる気配があるにはあったが、住民を見かけることはなく、一帯は静まりかえっていた。

海に沿って東へ進むと左手には国境警備隊の基地があった（基地の撮影はゲンナージビッチさんに制止された）。そこを越えると右手の海岸沿いに錆びた漁船が折り重なるように放置されているのが目に入った。なかには日本語で「第八十二妙見丸」と船名が書いてあるものもあった。拿捕された日本船のなれの果てらしい。この船は一〇年以上前にも同じ場所にあったそうだ。

海沿いの道をこんどは西へ数キロ戻ると、日本統治時代の建物の残骸である忠霊塔（忠義のため命をなげうった者の霊魂を祀《まつ》る塔）らしきものの台座が残っており、日本人の来訪を静かに待ち続けていたかのように錯覚させる、そこだけ時間が止まったかのような独特の雰囲気があった。

この島で、終戦以前の日本統治時代の建物をほとんど見かけないのには理由がある。根室半島の先端、納沙布岬にはある財団が建てた「平和の塔」というものがあり、それが原因となり一悶着《ひともんちゃく》あったようなのだ。高さ九七メートルのその塔が一九八七年に納沙布岬に建てられたとき、北海道と国後島にはまだ交流がなかった。お互いの情報がなく、お互いを脅威とみなすような空気があった。そして塔が建てられたとき、その不安感はさらに高まることになった。国後島の住民は「島を監視するための塔じゃないか」と疑ったのである。島民の不安につけ込んだのが当時の島の指導者で、住民たちの不安感を巧みに煽動《せんどう》し、「反日」に転化させたのだという。その結果、それまでに残っていた日本統治時代の建物の多くが破壊された。

午後四時過ぎに車でゴロブニノをあとにし、暗くなるころにユジノクリリスクに戻った。ユリアの宿泊先であるホテルへ立ち寄り、「友好の家」までゲンナージビッチさんに車で送ってもらった。

その日、宿泊者は僕だけだった。防犯のためか管理人が一人常駐していたものの、奥の部屋にひきこもっていて話す機会はなかった。


翌日、海を隔てて知床《しれとこ》半島と対峙する、国後島南西部のオホーツク海に面した海岸へと向かった。ユジノクリリスクから十数キロの地点にある火山、メンデレーエフ山（羅臼山《らうすやま》）を道の南側に望み、山道の入り口を北側に望むポイントで、ゲンナージビッチさんの運転するセダンが停まった。そこからは山道を数キロ北へ海岸まで歩き、さらにストルプチャーティー（材木岩《ざいもくいわ》）というオホーツク海に面した奇岩群をめざして波打ち際を歩くことになっていた。奇岩そのものには興味がなかったが、オホーツク海越しに知床半島を見られるということに期待していた。

国後島の南西側の海岸に立つと、
知床の稜線が巨大な亀の甲羅のように水平線に重なり合っているのが見える。
対岸からは日本製ペットボトルや工事の立て看板が漂着する。

葉を黄色く染めた白樺と、松などの針葉樹が混生する林を進んでいく。白樺にはすでに落葉が始まっているものもあるようで、サクサク落ち葉を踏みながら歩いた。季節はちょうど秋なので紅葉が美しく、空気もうまい。そんなのんびりした道行きだが、安心はできない。先導するゲンナージビッチさんの手にはしっかりと自動小銃のカラシニコフが握られていて、彼はいつでも撃てる体勢のまま歩いていた。秋のこの季節、冬ごもりを前にしてヒグマが積極的に活動しているらしい。実際、この先にはヒグマが食べ残したサケの切れ端や野球のグローブほどもあるヒグマの足あとが残っていた。ヒグマと遭遇する確率は相当高いようだった。

そのうち道は熊笹で覆われ、道なき道を行くことになった。小鳥がところどころでさえずっているが、姿は見えない。ジャンパーを羽織り、長袖シャツを下に着ていたせいかすぐに汗だくになった。

一時間足らずでオホーツク海が見え始めた。海の向こうには黒々とした険しい山並みが水平線を遮るように横たわっていた。知床半島だという。その風景は知床から見える険峻《けんしゅん》な国後の峰々の風景と瓜二《うりふた》つだった。国後島と知床半島は同じような規模で似たような地形を持っているから、お互い鏡写しのような風景が見えるのだ。

砂浜に出ると、波打ち際にはペットボトルやサンダル、工事用の看板など、日本語が書かれたゴミがあちこちに打ち上げられていた。どうやら対岸の知床から流れ着いたものらしい。

僕は日本から携帯電話を持ってきていた。世界中どこでも通じる衛星携帯電話ではなく、国内専用の機種ＮＴＴドコモのムーバだ。国後島に来て何度か通話を試みていたのだが、ユジノクリリスクなど太平洋側はずっと圏外のままだった。対岸の町まで三〇キロあまりのゴロブニノではなんとかつながったものの、電波が非常に不安定でまともに話せる状態ではなかった。

この砂浜から対岸の知床まではは遮蔽物がまったくない。天気もよく、海も比較的穏やかだった。そのためか、対岸まで四〇〜五〇キロは離れているはずだが電波状況は極めて安定していた。携帯電話の画面上にある電波状況を示すアンテナマークには「感度良好」を示す三つの縦棒が表示されていた。

知床の峰々を見ながら何人かに電話をかけてみた。すると一人が電話に出た。

「もしもし。いま、国後島から電話しているんですが、聞こえますか」

「えっ、ほんとですか！　ちゃんと聞こえますよ。都内のようにクリアですね」

日本のゴミが流れ着き、島にアンテナがなくても携帯電話が通じる——そうした発見は近いという実感をより強くし、僕はその事実に興奮した。

しかし、目の前に広がっている知床半島までは小型のボートで往復できそうな距離だが、もしここからロシアの船で僕が知床へ行き、見つかれば新聞に載ることになるのだろう。ロシアでは出入国管理法違反に問われる可能性が高い。日本だとその法律で処罰されることはないはずだが、船舶安全法違反などの罪に問われ、書類送検されることになるだろう。

ゴミや電波がいとも簡単に越えられる海峡を、人だけは面倒な手続きを経なければ越えられない。

北方領土行きを思い立ってからこの場所に立つまでの紆余《うよ》曲折《きょくせつ》を思い出し、僕は「ふーっ」とひとつため息をついた。四年近くの間に幾度となく感じた不条理が、改めて僕の胸に迫り、これから先、僕を待ち受けているであろう旅の困難に、少しだけ胸が騒いだ——。

二　沖ノ鳥島

国家が守る見えない島

日本最南端の「無人島」へ

北方領土から戻った僕が、次に向かったのは沖《おき》ノ鳥島《とりしま》だった――。

日本という国の東西南北の実質的な端は北海道、本州、四国、九州という人口が集中している主要四島からは離れた島々にある。最北端は択捉島、最東端は南鳥島《みなみとりしま》、最西端は与那国島、そして最南端が沖ノ鳥島だ。いずれも特別な関心を持たなければ耳慣れない地名ではないだろうか。

これら四つの場所のうち、与那国島を除く三カ所はいずれもそう簡単に行ける場所ではない。なかでも訪問が最も困難なのが最南端の沖ノ鳥島であるように思えた。

択捉島にはロシア国民が住み、南鳥島には自衛隊や海上保安庁の隊員数十人が常駐しているが、沖ノ鳥島はサンゴ礁が隆起してできた無人の環礁であり、半径六七〇キロ一帯に島はない。外海に孤立して存在する、深さ約五〇〇〇メートルの海底からそびえる海山なのだ。満潮時に水面に顔を出す陸地は二カ所の小さな「島」のみ。そんな隔絶された無人の「島」へは定期航路も滑走路もあるはずがない。島のメンテナンスのため年に数回上陸する機会はあるというものの、一般人である僕が渡航できる可能性は低い。というのも、海上保安庁や国土交通省といった官公庁の職員や工事関係者など特殊な立場の人たち以外、沖ノ鳥島に行ったことのある人はほとんどいないようなのだ。

日本列島の周縁に「国境の島」を訪ねる旅を始めた僕にとって、沖ノ鳥島は必ず訪ねてみたい場所だった。しかし、行くための手段が見つからない。船をチャーターして行こうとしても、航続距離が相当に長く、船内装備が整った船でなければ、クルーザーにしろ貨物船にしろ漁船にしろ行くことができないのだ。また、そうした船は個人がチャーターするには料金が高すぎて手が出ない。

　いくら調べてみても、期待を持たせてくれるような情報は見つからなかった。

　二〇〇五年の五月、チャンスは突然やってきた。インターネットのニュースサイトで「石原慎太《いしはらしんた》郎《ろう》都知事沖ノ鳥島へ出発」という見出しを見つけたのだ。東京都の公式ホームページを確認すると、すでに視察期日や視察内容、問い合わせ先といった知事の視察についての情報が公開されていた。出発日まであと九日しかなかった。ぐずぐずしている暇はない。さっそく参加を申し込むため連絡をとってみた。

　担当者は視察の参加に条件を出した。それは「島への上陸ができない」というものだった。上陸用のモーターボートの定員がすでに埋まっているらしいのだ。しかし、だからといって行かないという選択肢は考えられなかった。日本の端が実際どのぐらい遠いものなのか、そのことを体感してみたかったし、自分の目で沖ノ鳥島を見てみたかった。今回を逃すと行くチャンスはないかもしれない。たとえ上陸できないとしても行く価値があるはずだ。

　僕の参加申し込みはギリギリのタイミングだった。というのも、視察説明会は電話をかけた日の翌日に行われたのだ。

　説明会当日の夕方、集合場所である新宿の都庁舎ビル三一階の一室を訪れると、室内にはすでにマスコミ関係者を含む十数人が集まっていた。

担当者からもらった各種資料によると、視察スケジュールは以下のとおりである。

五月一八日、東京の竹芝《たけしば》桟橋で〈おがさわら丸〉（六七〇〇トン・定員一〇四三名）に乗り、小笠原諸島の中心地である父島《ちちじま》へ向かう。知事一行は別便の飛行艇でやってくる。彼らは都が父島〜沖ノ鳥島間をチャーターする〈おがさわら丸〉に父島から合流するのだ。

沖ノ鳥島に着くのは出発から約五〇時間後の五月二〇日午後一時で、「沖ノ鳥島視察」の所要時間は三時間半となっている。沖ノ鳥島の環礁のまわりを〈おがさわら丸〉で半周したあと、知事や乗船者の一部がボートに乗り換える。戦前に環礁の縁の一部を爆破して作られた水路から環礁のなかにそのボートで入り、陸地の一つである東小島《ひがしこじま》に上陸する。「島」の状態を視察し、再びボートに乗ってシマアジの稚魚を放流する。〈おがさわら丸〉に帰投後は石原知事の記者会見が行われる。

視察の目的は大きく分けると以下の三つだった。
◇島の管理・保全状況（島の地形、サンゴの状況、護岸工事等）の視察
◇漁業操業状況の視察
◇島の利活用・資源開発の可能性（観光資源としての可能性、海洋温度差発電所・灯台の設置）の視察
この視察の背景には、「島」をめぐる中国との確執がある。詳しくは後述するが、「沖ノ鳥島は島である」という日本の主張に中国が異議を申し立てているのだ。島だと認められるのなら周辺海域に日本の経済的な主権が及ぶ。岩の場合、周辺の海はどの国のものでもない公海となる。そうした状況を受けて、沖ノ鳥島の実効支配を日本はどうしたら強化できるか、その可能性を探ること、そして沖ノ鳥島周辺の海域が日本のものであることを日本国内や中国など諸外国にアピールすること――それが今回の視察の真の狙いなのだ。

各種資料の説明が終わると、「島」の現状に関しての現地報告ビデオが上映された。

照明が落とされ、一五インチほどのビデオ一体型テレビに「島」の様子が映し出される。調査指導船〈みやこ〉で下見をしてきたときのもので、一カ月前の四月一三日に撮影されたという。

沖ノ鳥島の環礁は空から見ると東西に長いナスのような形をしている。東西に約四・五キロ、南北に約一・七キロ、周囲は約一一キロあり、それがすべて陸地なら人が住むのに十分な広さがある。しかし、そのほとんどが水深二〜五メートルの水面下に沈んでいる。干潮時に約二〇カ所が水上に顔を出すが、満潮時は二カ所だけが水上にある。それが北小島《きたこじま》と東小島である。

ビデオは東小島に上陸して撮影したものだった。

特殊水中コンクリートでできた直径五〇メートルの円形防波堤と、その外周を覆う鉄製波消しブロックによって「島」は守られている。ただし中心に位置する「島」そのものはコンクリートで覆われてはいない。さらに防波堤を二分する形で海水が入るように溝が設けられている。こうした工夫《くふう》は「島」を守るためのものであり、「島」を存在させるためのものである。すべてをコンクリートで覆い、まったく海水がかぶらないという状態では、それはもはや島とは呼べないからだ。

ビデオカメラはコンクリートに掘られた幅一メートルほどの溝を歩いて「島」へと接近する。両側にはコンクリートの壁があり、進めば進むほど圧迫感が増していく。約二〇メートルの溝を抜けると直径五メートルの空間が現れる。そこが「島」のある場所だ。頭上にはチタンのネットが被《かぶ》せられているため、薄暗い。ネットまでの高さは一メートルもなく、かがまなければその空間には入れない。空間の真ん中にはコンクリートの地面から岩が不自然に突き出ている。それは無数の穴が空いた、沖縄や小笠原では珍しくないサンゴの死骸が集まってできた石灰質の岩だった。

「これが島です」

説明する都庁職員が画面上に映るその岩を指さす。照明が落とされていたので表情はわからなかったが、その声は心なしか自信なげに聞こえた。

ビデオに映っている岩の大きさは大人二人で抱きかかえられそうなほどだ。磯釣りぐらいはできる大きさかもしれない。しかし、人が住むことはおろか寝そべることすら難しそうだ。

北小島という「島」も、東小島同様の鉄製波消しブロックと特殊水中コンクリートによる護岸工事が施されている。東小島の横幅が二・九メートルなのに対し北小島は四・四メートルとやや大きく、こちらには東小島のようなチタンネットは施されていない。

二つの「島」はあわせて四畳半ほどの面積しかないが、その存在価値はかぎりなく大きい。というのも、これらの「島」が消滅すれば、日本の国土よりもやや広い排他的経済水域（EEZ）が消滅し、公海になることを意味するからだ。

紙資料と現地ビデオでの説明のあとは質疑応答の時間となった。質問の大半は、どうやれば船から映像・画像を送れるか、知事の取材はどのぐらいできるのか、といったことに集中した。

説明にあたっている都庁職員は役所の人間らしい堅い印象だったが、「到着するまで東京から五〇時間ほどかかるわけですが、船内ではどう過ごせばいいんでしょうか」と記者から質問が飛んだときばかりは表情を崩した。

「くつろいで酒を飲むぐらいしかないでしょう」

都庁職員もこうした気長ともいえるプロジェクトに同行することは滅多にないようで、船内でリラックスすることを期待しているような、そんな表情だった。

沖ノ鳥島という「島」の持つ意味

のちに「沖ノ鳥島」と名づけられるこの「島」に日本が注目したのは二〇世紀に入ってからのこ

とだ。明治以降、欧米並みの先進国となるべく富国強兵に邁進《まいしん》していた日本は、離島を含む国土の範囲を確定することに精を出した。その流れで日本はアジア太平洋へと勢力範囲を拡大していったというわけだ。日本本土と南洋の中間に位置する沖ノ鳥島は軍事的な利用価値の高い島として重要性が高まっていった。

一九二二年（大正一一年）に日本軍は「島」の測量を開始する。他国の支配が及んでいないことを確認したあとの一九三一年（昭和六年）七月、日本政府は「沖ノ鳥島」と命名、自国領として編入する。一九三三年（昭和八年）以降、海軍は秘密裏に調査、一九三九年（昭和一四年）に施設の工事を開始した。施工を担当したのは職人のほかに動員されたサイパン島民であった。環礁の西寄り南の縁を爆破し水路（水深七メートル、幅二〇メートル）を設け、のちに気象観測所と灯台を設置するための円形土台（コンクリート製）を環礁内に完成させたところで開戦となり、「島」の工事現場は放棄された。

敗戦後、沖縄や小笠原といった北緯三〇度以南の島々はアメリカが占領する。沖ノ鳥島が小笠原諸島や硫黄島《いおうとう》、南鳥島とともに日本に返還されたのは一九六八年のことである。

住む人がいないこの島に歴史上、注目が集まることはなかった。しかし一九八〇年代に入ると情勢は一変する。国際社会における海をめぐる認識が変化したことがきっかけであった。一九七〇年代の後半から世界各地の沿岸国は二〇〇海里の水域を持つことで足並みを揃えるようになっていた。一九八二年には国連海洋法条約の本文が国連海洋法会議で採択され、二〇〇海里のEEZ、つまり準領海と呼べる海の範囲を個々の国が持つことで話が進んだというわけだ。なおこの条約の正式な発効は一九九四年、日本国内の発効は一九九六年とずいぶん遅れている。

さて、この二〇〇海里という水域の概念だが、各国の島のあり方にコペルニクス的転回をもたらしたと言えるだろう。それまで顧みられなかった小島の価値が大きく見直されたのだ。沖ノ鳥島もその一つ。一島で日本の国土よりも広い四〇万平方キロもの水域が日本の準領海となり、その範囲内の海底に資源があれば、優先的に所有権を得ることになるからだ。同時に、その水域の存在は国際的な問題のタネとなった。各国間の領土問題や島の定義に関しての国際的な論争が、小さな島をめぐって巻き起こるようになったのだ。

一九八〇年代後半、沖ノ鳥島は自然の脅威により消滅の危機にさらされる。環礁のなかに存在する岩は一九八三年当時四つあったのに、その後相次いで消滅し、八七年には北露岩（二〇〇二年からは北小島）、東露岩（同じく東小島）の二つを残すのみとなった。当時の写真を見ると両方の「島」とも波に洗われて削られ、キノコのような形になっていた。いまにも折れてしまいそうな様子だったから、そのまま放置していたら、実際に折れて消失していたのだろう。

「島」がすべて水没すれば、沖ノ鳥島に二〇〇海里の漁業専管水域（当時）は認められず、日本の国土よりも広い海の権益が消滅する。しかし、沖ノ鳥島が注目を集めるようになったのは皮肉にもこの危機がきっかけだった。一九八七年九月三〇日に海上保安庁が「沖ノ鳥島が水没の危機に瀕している」と発表し、翌一〇月一日には新聞各紙で大きく取り上げられたのだ。忘れ去られた存在だった沖ノ鳥島は、以降、にわかに注目を浴び、保全されていく。同月、海岸法の海岸保全区域に指定され、一九八八年四月には建設省（現・国土交通省）による保全のための直轄工事が始まった。

三・五トンの鉄製波消しブロックをヘリコプターで運び、二つの「島」のまわりの海底に円状に敷き詰めたあと、円の内側を特殊コンクリートを流し込んで固めた。宿舎やヘリポートに利用する作業架台という施設の設置も並行して行われた。その後、戦前に作られた観測所基盤に「島」同様の補強を施し、さらに一九九八、一九九九年には東小島にチタン製のネットが設置された。後者は設置したブロックが乗り上げて「島」を傷つけてしまわないための措置であった。費用合計は約五四三億円（都の負担金は約一〇九億円）にのぼっている。

その後、一九九九年に海岸法が改正され、全額国費による直轄管理制度ができると、沖ノ鳥島の管理は東京都から国（当時の建設省）へと移行された。

こうして沖ノ鳥島の保全は強化されてきた。しかし、その事実と沖ノ鳥島の国際的な評価は連動しない。いくらしっかり保全しても「島」の物理的な大きさを大幅に変えることはできないからだ。EEZが島のまわりに認められるには、岩ではなく島であるという条件をクリアしなくてはならない。その条件とは以下のようなものだ。

「1　島とは、自然に形成された陸地であって、水に囲まれ、満潮時においても水面上にあるものをいう。

（中略）

3　人間の居住又は独自の経済的生活を維持することのできない岩は、排他的経済水域又は大陸棚を有しない」（国連海洋法条約の第八部「島の制度」）

実際、沖ノ鳥島を島だとみなすことに対しての異議申し立てが、日本が護岸工事を始める以前からなされていた。ハワイ大学のジョン・ヴァン・ダイク教授は、一九八八年一月二一日付『ニューヨークタイムズ』への投稿のなかで日本政府の主張を否定している。「沖ノ鳥島――せいぜいキング・サイズのベッドぐらいの大きさしかない、二つの浸蝕《しんしょく》された突起から構成されている――は独自の経済的生活を維持することのできない居住不可能な岩、という記述に間違いなく当てはまります。したがってそれは、二百海里排他的経済水域を設置する資格を与えられません」と。

沖ノ鳥島同様、島なのか岩なのか国際的に主張が食い違う〝陸地〟は世界にいくつかある。

◇蘇岩礁《そがんしょう》——韓国の済州島《チェジュド》から南西に約一六〇キロ、中国大陸から東北東に約三一〇キロの地点に位置する暗礁。水面下にある岩にもかかわらず、韓国はここを自国の島だと主張、灯台や海洋調査施設を設置し、実効支配を強化している。それに対し、中国は「ただの岩」だと主張している。

◇中沙《ちゅうさ》諸島——南シナ海、南沙《なんさ》諸島の北方に位置する。黄岩島《こうがんとう》といくつかの暗礁からなる。各国（中国、台湾、フィリピン）が領有権を主張。周辺海域に石油や天然ガスが豊富だといわれている。

◇ロッコール島——北大西洋のイギリスやアイルランドの西方、アイスランドの南方に浮かぶ岩（高さ約二三メートル、直径約二七メートル）。一九七二年にイギリス領に。国連海洋法条約の一二一条「人間の居住又は独自の経済的生活を維持することのできない岩は、排他的経済水域又は大陸棚を有しない」を受け、イギリスはＥＥＺと大陸棚を放棄した。

実効支配が強化される島もあれば、放棄される島もあり、各国によって対応はさまざまだ。

ドキュメント沖ノ鳥島への旅・１

五月一八日、竹芝桟橋は平日の朝だというのに休日の行楽地のような明るい雰囲気に満ちていた。真っ赤に日焼けしたベテランダイバーやリュックにソフト帽の老人ハイカー、にこやかな表情の観光客……。搭乗ロビーは〈おがさわら丸〉で父島へ向かう人びとで混み合い、乗船のための列が徐々にできつつあった。

切符を売る窓口の横の一角だけは雰囲気が違った。折りたたみ式の長テーブルが置かれ、スーツや作業服を着た人たちが受付をし、カメラバッグを肩からさげたカメラマンがまわりにちらほらいた。それが沖ノ鳥島視察の受付だった。

視察団は都庁職員や国土交通省職員、マスコミ関係者、研究者など百数十人から構成される。小笠原には空港がないため、東京の竹芝桟橋から父島までは一般乗客とともに貨客船の〈おがさわら丸〉で向かうことになる。

二〇〇五年当時の〈おがさわら丸〉は一九九七年に就航した二代目で、初代やその後の三代目同様、東京の竹芝桟橋と小笠原諸島の父島を結んでいる（当時東京～父島間往復は正規運賃で二等が四万五一四〇円）。総トン数六七〇〇トンなのに旅客の定員が一〇四三人と、北方領土航路で乗った〈マリーナ・ツベターエワ号〉に比べるとずいぶん省スペースな造りになっていた。

この船で、東京～沖ノ鳥島間を往復する。竹芝桟橋から父島までは二五時間半、沖ノ鳥島まではさらに二四時間、つまり片道だけで約五〇時間、帰りも同様に帰ってくるから往復で約一〇〇時間船に乗っている予定であった。〈おがさわら丸〉は普段、父島で三泊してから東京へ向かうのだが、今回は特別にその停泊時間のうち二泊が沖ノ鳥島への航海にあてられることになっていた。

受付をすませて船に乗り込み、指定された船室へ行くと、そこはエントランスの一つ下の階のやや狭い二等の船室だった。すでに船室には三十～四十代の男性が一〇人ほど集まっていた。彼らは僕と同じく記者クラブに属していないメディアの記者やカメラマンだった。彼らとともにこの船室で雑魚寝し、父島をめざすことになる。二五時間半という長時間の航海だったが、二等なので備え付けの寝具はとてもシンプルだった。船室には硬い枕と毛布のセットが均等の幅で敷かれているだけで、毛布を敷き布団のかわりにしてください、ということなのだった。

今回の旅は帰りに父島で一泊し小休止するまで、ほぼぶっ通しの航海である。行きに二時間半だけ父島に上陸する時間を除けば、竹芝桟橋～父島～沖ノ鳥島～父島という航程を七七時間半ずっと船に乗り続けることになる。乗り疲れて現地で体が動かないというのでは困るから、僕はあらかじめ用意していた寝袋とマットを毛布の上に敷いた。

父島の二見港《ふたみこう》に到着したのは、予定通り出航から二五時間半後の一九日午前一一時半だった。父島の玄関口、二見港の岸壁はお祭りのように賑やかだった。民宿やダイビング業者のプラカードが並び、スチールドラム楽団が南国風の演奏で歓迎してくれる。

上陸した視察団一行は港の客船ターミナルで沖ノ鳥島クルーズの手続きなどを行った。そして石原知事を出迎えるためマイクロバスに乗り、二見港の外れにある自衛隊基地へと向かった。

知事は神奈川県の厚木《あつぎ》基地から父島の自衛隊基地まで三時間かけて海上自衛隊の飛行艇US－1に乗ってやってきた。知事を乗せた赤い飛行艇は僕たちの背後から飛んできて、Uターンするように旋回して降下すると、三〇〇メートルほどで着水を完了。機体を水面につけたままけたたましいプロペラ音とともに水上を移動し、なだらかなコンクリートの斜面から上陸した。

知事は紺色のブレザー、白いポロシャツにスラックスという格好で飛行艇の外に現れた。乗り心地が悪いと噂《うわさ》される飛行艇での移動に疲れていたのか、タラップのところで手を振るといったサービスもなく、足もとを気にしてうつむいて降りた。そして、知事を出迎えた関係者数人と名刺交換をすると、黒塗りの高級車に乗り込みその場を去った。

記者団は、知事がいなくなるとマイクロバスですぐに船に戻った。一方、知事は午後一時半ごろ遅れて船へ乗り込んだ。そのとき僕は船室にいたので知事の姿を見てはいないが、乗り込むところを撮影したカメラマンから聞いたところによると、知事はとても刺激的で意味深な言葉を言い放ったという。「シナの潜水艦が待ってるぞ！」と。これは彼なりのマスコミへのリップサービスなのだろう。

このころすでに、中国は日本のＥＥＺ内での調査活動を開始していた。日本に事前申請をしなかったり、申請等と内容が違っていたりした調査の件数は、二〇〇二年が四件、二〇〇三年には九件、二〇〇四年には一五件と微増。沖ノ鳥島周辺での調査が目立っており、二〇〇四年は三月七日までに五件にのぼった。定例の日中協議で日本が違法な海洋調査の停止を強く求めたところ、中国側は反駁《はんばく》。沖ノ鳥島について日本の領土であることは認めたものの、「国連海洋法条約が規定する島ではなく、ＥＥＺの設定できない岩」だと主張した。太平洋への軍事進出、その準備として中国は海洋調査に着手している――その意図に石原知事は二〇〇五年当時、すでに気づいていたのだ。


話をもどそう。小笠原村の村長など父島からの参加者が乗り込んだあとの午後二時、〈おがさわら丸〉は父島を出航した。

マスコミ各社の父島〜沖ノ鳥島間の往復交通費は無料だった。「プレスを通じて都民・国民に広く沖ノ鳥島を広報してもらうため、便宜供与とする」とのことで、僕もその恩恵を受けたのだった。なお父島〜沖ノ鳥島間の〈おがさわら丸〉のチャーター代は二〇〇〇万円、沖ノ鳥島に関して都が計上した年間予算は全体で五億円というからずいぶん気合いが入っている。

父島〜沖ノ鳥島間は船の最上階にある一等の船室をあてがわれた。部屋には二段ベッドが二つあり、敷き布団の寝心地はクラス相応でとても快適だった。

知事は一階下の船室にいることになっていた。出航直後には、船室をつなぐ廊下とその前にある階段の踊り場を記者やカメラマンが覆い尽くしていた。知事のコメントをとり、その姿を撮影しようとしているようだった。そのうち都庁の職員が記者団の前に現れて、「今日のところは勘弁してください」と頭を下げた。そしてやっと取材陣はそれぞれの船室へと引き揚げた。

ドキュメント沖ノ鳥島への旅・2

出航後、揺れはまったくなかった。途中目撃した島は北硫黄島《きたいおうとう》だけで、あとはひたすら何もない海の上だった。これといって何か準備をするというわけではなかったが、船が動き、確実に目的地に近づいているという事実が、未知の地へ向かう僕の期待感をいやがうえにも高めてくれた。

翌二〇日の朝、デッキに出てみると、目の前に広がる海は深い碧色《あおいろ》でいかにも深そうだった。見渡すかぎり海と空以外は何もなかったが、飽きることとは不思議となかった。

午後一時から行われることになっていた石原知事によるデッキからの視察に備え、一時前にはカメラを持って一番上のデッキに出た。水面からの高さが八・五メートルのデッキには、記者やカメラマンたちが三々五々集まってきていた。

そのとき、ふと海に目を移すと、あり得ない光景が広がっていて一瞬わが目を疑った。相変わらず深い青さをたたえた海の、はるか遠くの水平線の一部分だけ白波が立っていたのだ。

その白波の立つ場所こそが沖ノ鳥島の環礁だった。満潮時で数十センチしか海上に出ないのだから、はっきりとした島影が広がるわけではない。環礁の外周に白波が立っているだけなのだ。

午後一時過ぎ、幾重にも重なった関係者の人垣に囲まれつつ、知事は視察を開始した。

〈おがさわら丸〉は知事の視察開始にあわせて沖ノ鳥島に接近しつつあった。ナスのような形をした環礁の縁を北東から迫り南西方向へと進んだあと、環礁の西端で南東へと舵《かじ》をとり、環礁の南側へと回り込むことになっていた。つまり船は反時計回りで環礁を半周することになる。なお視察の見どころは東小島と北小島、そして環礁内にあるいくつかの人工物である。

視察を開始したころ、一〜二キロ先に、深い碧色をたたえた外海とは対照的な、白波に縁取られた鮮やかなエメラルド・グリーンの内海が見えるようになった。水深二〜五メートルという浅い海が数千メートル級の外海のなかに存在しているのだ。にわかには信じがたいが、環礁の縁から一キロあまり離れただけで水深は一〇〇〇メートル以上になるという。

蒸発の早い熱帯の海を甘く見ていた僕は、持っていたデジタル一眼レフカメラをそのとき二台とも結露させてしまっていた。エアコンのきいた船内からいきなりデッキに出してしまったのだ。

カメラが使えず少しあわててしまったため、タイムスタンプは残っていない。しかし、視察が始まってから数分後だったことは確かだ。人工物の集まっている南西方向に体を向け、目を凝らしてみると、白波の立つさらに向こう側、つまり環礁の内側に屹立《きつりつ》する建物のようなものが肉眼で見えた。

それは、東小島と北小島の護岸工事の際（一九九八年）に建てられた観測施設だった。本来であれば人の住むことができない厳しい環境のなかに人工的で殺伐とした建造物が存在しているという、どこか現実感を欠いた光景だったが、この観測施設を見て、ようやく今回の長い船旅の目的地に着いたのだと思った。同時に、船で片道五〇時間もかかる、台湾より南にあるこの地も日本の領土なのだという実感が少しわいてきた。その気分は決して悪いものではなかった。

一〇分ほどすると結露によるレンズの曇りがとれたので、望遠レンズをつけたデジタル一眼レフカメラで一キロ以内に迫ったと思われる観測施設を細かく見てみることにした。カメラのファインダーをのぞくと、石油採掘のための掘削施設のような高床式の土台が二つあり（土台の高さ二六メートル）、それぞれ土台の上に建物が載っているのが確認できた。白いビルのような建物と古びたヘリポートのような建物だった。熱帯の潮風に洗われ続けているためか、土台もヘリポートのような建物も錆びきっていて、外観には無人となった産業遺跡のような怖さがあった。

さらに船は環礁の縁から五〇〇メートルぐらいにまで迫り、なめるように近い距離を保ったまま、南西方向へと進んでいく。

観測施設のすぐ右には、ほとんど高さのない、小さな陸地のような構造物が見えた。それは戦前のコンクリート製土台に護岸工事を施して作った観測所基盤だった。そうした構造物はさらに二つあることが確認できた。観測施設から少し離れたところに、観測施設を挟む形で左右同じような構造物があったのだ。これらは観測所基盤に比べると環礁の北側の縁に近いところに位置していた。

これこそが北小島と東小島だった。それぞれ周囲に赤く錆びた鉄製波消しブロックが積み上げられているのだが、平らすぎて、「島」はおろかブロックの内側にあるものは何も見えない。

その後、〈おがさわら丸〉は南東へ舵をとって環礁の南側に回り込み、環礁の縁から少しずつ離れていった。回り込み始めてからしばらくして、一時四〇分ごろデッキからの視察は終了した。

知事がデッキを去ると、まわりにいた記者や関係者が引き揚げていく。僕もその流れに乗って一度船室に戻ることにした。そして、ひと休みしたあとでもう一度デッキへと出ていった。上陸組ではない僕は、沖ノ鳥島の環礁へと近づくボートの様子を観察するつもりだった。

「島」に上陸できるのは視察参加者百数十名のうち三四人だった。彼らは船の下部につけられた台船から四台のボートに分乗し、二時二〇分ごろ、環礁のなかをめざして〈おがさわら丸〉を離れていった。〈おがさわら丸〉はほとんど揺れなかったが、環礁のなかへ入ろうと沖ノ鳥島へ近づいていく四隻のボートは波にさらわれていまにも転覆しそうだった。それでもなんとか環礁の縁に開けられた水路から四隻とも順々に内側へ入っていった。

〈おがさわら丸〉はその水路正面付近から一・八キロ離れた地点でスクリューを止めて漂っていた。

上●ボートに乗り換えて環礁のなかの東小島へ向かう視察団(東京都庁提供)。
下●カメラに望遠レンズを取り付けてのぞくと、
数キロ離れているはずなのに東小島に上陸する人の姿がはっきり確認できた。

ちなみに、そのとき錨は下ろしていなかった。付近の水深が深すぎるため、錨を下ろしても海底に届かないからだ。

そのころ、環礁の上空には海上保安庁の小型ジェット機ガルフファイブが哨戒《しょうかい》活動のため飛んでいた。また、環礁の外側の海では、〈第三十二住宝丸《すみほうまる》〉が、巨大な布バケツのようなものに入ったシマアジをクレーンで大量に放流していた。

望遠レンズをつけたデジタル一眼レフカメラのファインダーをのぞくと、東小島らしき構造物に一〇人以上の人が上陸しているのが見えた。遮るものは何もないので、人の姿は頭からつま先まで一目瞭然だったが、なにせ遠いので表情はもちろん、知事がどこにいるかまでは確認できなかった。

東小島そのものはいくらファインダー越しに目を凝らしても見えなかった。それは北小島も同じだった。

「島」は満潮時でも海面に出ている頂上部を残しコンクリートでまわりを固められ、その周囲は鉄製波消しブロックでガッチリと保護されている。東小島にいたってはチタンネットで覆われているから、遠目からはもはやどんな倍率の望遠鏡でも「島」を確認することはできない。実効支配のためという、人の都合によって「島」は手を加えられ、自然の状態とはかけ離れた姿になってしまったのだ。

僕自身、観測施設を目にしたときには、確かに、本土からはるか遠く離れたその地が日本であるという事実に素朴な感慨を覚えた。しかし、実際にコンクリートで固められた二つの「島」を見ると、本来あるべき自然を原形をとどめないほどに改変してしまうことに抵抗を覚えざるを得なかった。

「島」を守ろうとすればするほど、「島」は見えなくなっていく。それはある意味滑稽にも思える皮肉なパラドックスである。

都知事上陸の顚末《てんまつ》

以下は上陸に同行した記者や都庁職員からの伝聞をもとにして、上陸現場を再現したものだ。

知事たちを乗せて〈おがさわら丸〉を出航した四隻のボートは、午後二時五〇分、そこだけ波消しブロックが設置されておらず船が接岸できるようになっている船着き場から東小島に上陸。知事は開口一番、「日本の領土に上陸してどうだとかバカな質問をするな」と記者を制した。そしてチタンネットの上から東小島を眺めながら、「シナ人がここに上陸したんだろう。無断でな」と、ありもしない事実を挑発するように言い放った(国交省の職員はその発言に対して「確認できません」と答えた)。

沖ノ鳥島が島だということを示すため、知事はパフォーマンスを繰り広げた。「沖ノ鳥島　日本国」と書かれている標識に口づけし、間髪入れずに日の丸を広げて、カメラマンに写真を撮らせた。また、沖ノ鳥島で経済活動を行えるということをアピールするため、ボートから透明のバケツに入ったシマアジの稚魚を放流した。その後、石原知事はウェットスーツ姿となって東小島から海に飛び込むと、環礁内の海中及び海底の様子をその目で確認した。

このとき七二歳だった知事は、視察が始まると積極的に動き、刺激的な発言を連発したのだった。

午後三時四〇分過ぎ、四隻のボートが〈おがさわら丸〉に帰投した。

そして、その一時間後、〈おがさわら丸〉は沖ノ鳥島の環礁を離れた。

知事の記者会見は午後五時四〇分ごろに始まった。

石原知事は相変わらず確信犯的で過激な言動を時折織り交ぜつつ、記者の質問に答えていった。沖ノ鳥島での漁業や観光、そして海洋温度差発電の可能性などについて語っていたが、話はいつの間にか中国という国そのものの批判となった。

「シナの連中が沖ノ鳥島周辺の海域をウロウロするのは潜水艦の戦略行動のための調査をしているからだ。ついでにシナの潜水艦が浮上してくれたらよかったのにな。やっぱり領土は自分たちで守らないと。尖閣諸島だって自衛隊送らないとダメだ。嫌いだな中国は。彼らは市民社会を経験したことがないんだから。言論の自由もないしすごい経済格差がある。こんなの国じゃない。そのうちマグマが爆発するよ。こういう国は軍人が支配するしかない」

機嫌がいいのか悪いのか、にわかには判別しがたい、テレビでお馴染《なじ》みのいつもの表情だった。それでも父島で飛行艇のタラップを降りたときに比べると表情に変化が見てとれた。あるテレビ局記者の「上陸してあれは島だと思いましたか」という質問に、石原知事は吠《ほ》えた。

「岩だって国土だよ。何をもって島とするんだ。君はどっちの人間だ。あれは島だ。ちっちゃな島だ。文句あるか！」

激高したのか、これも確信犯なのか、石原知事はケンカを売るような言葉づかいだった。

岩が国土なのは中国も認めている。問題は島と認められ、ＥＥＺが生じるかどうかにかかっているのだ。裏返していえば、中国政府を強烈に意識している石原慎太郎という政治家でさえうっかり口をすべらせるほど、東小島は小さかったということかもしれない。

翌二一日の午後、視察団は父島に帰港した。船から下りるとマスコミを除く視察参加者たちは船をバックに知事を囲んで集合写真を撮った。知事は自衛隊基地に向かい、再び飛行艇に乗り込んで帰っていった。残った者は父島で一泊したあと、〈おがさわら丸〉に乗り込み、東京へ向かった。

上●東小島に上陸し、日の丸を振る石原慎太郎都知事（当時）。
下左●おがさわら丸に帰投後に始まった記者会見。
下右●飛び込んでリーフ内の海を視察する知事（以上、東京都庁提供）。

東京の自宅に戻ったあと、視察翌日の朝刊に掲載された知事の視察に関しての報道を確認した。
「都知事が沖ノ鳥島視察」（朝日《あさひ》新聞）
「沖ノ鳥島　都知事　潜った！」（読売《よみうり》新聞）
「沖ノ鳥島『日本の領土。文句あるか』初視察で　石原節　全開」（毎日新聞）
「石原都知事　沖ノ鳥島視察『小さな島、領土だ』」（産経《さんけい》新聞）
「石原都知事、沖ノ鳥島を視察」（日本経済新聞）
各社ともほぼ一斉に報じたのに加え、テレビ報道が集中したせいか、沖ノ鳥島の周知という意味では視察の効果は大きかったようだ。日常生活に戻ってから、僕はそれを知ることになる。
沖ノ鳥島から戻り、久しぶりに行きつけの銭湯に出向いたときのことだ。
「こんどはどこに行っていたの？」
番台のおばさんに聞かれた。僕が旅行で家を離れることが多いのは知られていて、一週間以上顔を見せないと挨拶がわりにそうたずねられるのだ。でも彼女は僕の行くような場所に詳しいわけではないから、いつも僕が大まかに説明するだけで、彼女から返ってくるのは簡単な返事だけだった。
「今回は国内です。沖ノ鳥島です」
いつもの調子で言うと、おばさんはいつもとは違う様子ではっきりと答えた。
「コンクリートで固めてある南の島でしょ。テレビで見たわよ」
彼女の言葉は意外だった。よっぽど地理に詳しい人でもないかぎり沖ノ鳥島の特徴など知らないと思っていたからだ。知事の視察によって沖ノ鳥島の存在がいかに知れわたったのかということを、彼女との会話で僕は実感した。

その後も日本政府は沖ノ鳥島の実効支配を固めるべく実績を重ねている。「日本国最南端の島」と書かれたチタン製プレートを設置し（二〇〇五年六月）、さらに観測所基盤をもとにしたヘリポートの設置（同年同月）、海洋温度差発電計画の本格的検討が開始され（二〇〇六年一月）、観測施設に設置された灯台の運用も開始された（二〇〇七年三月）。

また都の援助を受けた小笠原漁協による沖ノ鳥島海域でのマグロ漁が二〇〇五年四月以来行われているし、二〇〇八年四月には「島」を成長させ水没を防ぐためのサンゴ養殖も開始された。

すべては日本の領土保全のため、日本の権益を守るため、沖ノ鳥島は日本政府の手によって「延命治療」を施され、今後も存在することを宿命づけられた。しかし、そんな強引なことをしてまで存在させることが正しいことなのかどうか、僕はいまも答えを出すことができずにいる。

観測施設を目にしたときに抱いた、そこが日本の領土であるという感慨と、二つの小島に施された「延命治療」に対する疑問――沖ノ鳥島のことを考えるたびに、相反《あいはん》する思いの間で振り子のように心が揺れ動くのだ。

三　竹島Ⅰ　民族的聖地への上陸記

僕の竹島上陸計画

日本海に浮かぶ孤島、竹島（韓国名「獨島」）には人を寄せつけない厳しさがある。断崖絶壁の岩山で平地がほとんどないため、農業を営むことはできず、建物を建てられる場所もごくかぎられている。しかもまわりの島からは遠く、韓国領の鬱陵島からは約九二キロ、日本領の隠岐からは約一六〇キロの地点にある。戦前には、漁を目的に漁師が一時的に滞在することはあったが、定住する者はなく、長い間、無人島であり続けた。しかし、戦後は日韓が領有権を主張して対立し、両国間の懸案であり続けている。

現在、竹島と付近の海は韓国が実効支配しており、日本から竹島へ行くことはほぼ不可能だ。実際に日本から船で行こうとした場合、韓国との軋轢《あつれき》を恐れる日本側の当局に阻止される可能性が高い。それでも島に近づこうとすれば、こんどは韓国側の当局に接近を阻止される。そうした状況だから、日本の漁船は竹島近海で操業することができない。

韓国が実効支配しているのは島と海だけではない。二〇〇五年三月、朝日新聞社の飛行機が竹島上空への接近を試みたところ、韓国の戦闘機四機がスクランブルをかけてきたことがある。竹島近辺は空までも支配されているのだ。

一方、日本の漁船が竹島近海で操業することは無理でも、日本人が韓国の客船に乗って竹島へ行くことはできる。ただし、その方法を実行するということは、北方領土の場合と同様に日本政府の意向を無視することになる。日本政府は、竹島についても、支配している国からの渡航を自粛するように国民に要請しているのだ。実効支配している韓国の主権を認めてしまうから、というのが理由である。

実際、本書の冒頭に記したとおり、僕は二〇〇二年に韓国側から訪れたことがある。鬱陵島から高速船に乗り、竹島へ向かったのだ。そのときは船のデッキから島の様子を眺めただけで上陸はしていない。というのも当時、上陸船はまだ就航していなかった。日本人韓国人を問わず、一般人が島に上陸することを韓国政府が厳しく制限していたからだ。

二〇〇五年の春、竹島をめぐる状況は突然変わった。それまで禁止されていた一般人の竹島上陸が解禁となり、竹島上陸ツアーを扱う韓国の旅行業者が現れたのだ。

竹島を「管轄」している島根県が「竹島の日」条例案を可決したことがきっかけだった。二月二日から島根県が制作した竹島問題に関してのテレビCMが県内で放映され、三月一六日、島根県議会で毎年二月二二日を「竹島の日」とする条例が成立した。韓国が竹島を不法占拠し周辺海域で日本の漁船が操業できない現状などを日本国民に広く知ってもらうため制定されたものである。二月二二日とは竹島が日本に編入された節目の日付で、折しも二〇〇五年は編入してから一〇〇周年にあたっていた。

「竹島の日」は島根という一つの県の条例にすぎず、問題解決への効果はほとんど期待できなかった。それでも韓国は小さな県の条例に大きく反応した。三月中旬以降、日の丸を燃やしたり、切腹を試みたりなど、民間レベルによる過激なデモだけではなく、地方自治体など官による抗議行動が相次いだ（六月には獨島を「管轄」する慶尚北道《キョンサンブクド》が毎年一〇月を「獨島の月」と制定した）。また、以前から予定されていた日韓の自治体同士による交流は韓国側の相次ぐキャンセルにより次々と中止になり、日韓の各都市間で結んでいる姉妹都市交流がいくつか停止へと追い込まれた。そんなさなかの三月二四日、竹島上陸が解禁され、上陸ツアーが始まったのである。

二〇〇六年四月、僕は竹島に上陸する船に乗るための準備を始めた。

竹島への船は鬱陵島から一日二便出ている。鬱陵島から竹島までは片道約二時間半（今回は高速船でなく普通の旅客船であるため余計に時間がかかる）、二〇〜三〇分上陸し、また同じ時間をかけて鬱陵島へ戻る。往復の時間を考えると、島での滞在時間は短すぎるように思える。それでもこの上陸ツアーは韓国の国民にとても人気があるようだ。船の定員が二一〇人、つまり一日に四二〇人しか上陸できないという事情もあり、乗船券の入手は困難を極める。連日予約でいっぱいなので、いきなり船着き場に行っても入手は難しい状況だ。

切符のとりにくさには欠航率の高さが大きく影響している。韓国の慶尚北道が運営するウェブサイト「サイバー獨島」の日本語版には竹島接岸のための気象条件が次のように記載されている。

「獨島は、周辺の波が3〜5ｍ以上だと接岸が不可能です。そのため、一年間のうちで実際獨島へ入域が可能なのは40日ほど（に）しかならないと言われています」

一年間で四〇日間ということなら、およそ九日に一日しか接岸しない計算になる。海の穏やかな季節を選び、天気を見極めてから行かないと上陸はできそうにない。船が出る鬱陵島まで行っても、欠航が続き、待ってはみたが時間切れでしかたなく日本に戻る、といったことになりかねない。

僕が日本人であるということも心配の種だった。島根における「竹島の日」制定があり、それに対抗すべく韓国は上陸船の運航を開始したのだ。「上陸する韓国人の気持ちの高揚に水を差すことになる」とでも受け取られたら面倒なことになるかもしれない。

はたして日本人でも船に乗ることが可能なのか。韓国在住の日本人の友人に頼んで、「日本人も上陸船に乗ることができるのか」と問い合わせてもらった。

上陸船を運航している獨島観光海運の回答は次のようなものだった。

「法律的にはなんの問題もありません。ただし現在、(日本人には)乗船を控えていただいています」

前回の経験からも乗船客のほとんどが韓国人だということは容易に予想がついた。外国人を排除するというわけではないが、日本人についてはやはり特別扱いらしい。それは会社として問題を回避する事なかれ主義なのか、韓国で反日感情が高まっているところなので自粛しているのだろうか。一つ確かなことは、前回のようになんの準備もなく出かけた場合、乗れない可能性が高いということだ。

そこで僕は、乗船を確実にするため、一緒に行ってくれる韓国人の通訳を探すことにした。通訳が韓国人であれば、もし僕には乗船券を売ってくれなくても、同胞である彼になら売ってくれるかもしれない。もし一枚しか売ってくれなかったとしても、彼にムービーカメラとデジタル一眼レフカメラを渡して竹島の様子を撮ってきてもらう、という方法もとれる。

なんとか見つけだした一緒に行ってくれる韓国人は、日本に住んでいるソウル出身の劉《リウ》保《ボ》明《ミョン》くん(仮名)というまだ一八歳の若者だった。

行くと決めてから一カ月、島根県の隠岐と鬱陵島の週間天気予報及び船の予約状況をチェックし続け、ようやく出発日を決めた。天気が悪い場合を考えて予定に幅を持たせ、三日分の予約を入れるようにソウルの旅行会社に依頼した。すると手配した会社が気をきかせ、韓国人通訳の名前で予約を入れてくれた。

六月一二日、翌日に予約していた竹島行きの船に乗るために、成田《なりた》から釜山《プサン》へと飛んだ。初日は交通至便で宿の多い釜山で一泊した。そして翌一三日早朝、釜山を出発、約一〇〇キロ北にある浦項《ポハン》という工業都市までバスで向かった。

浦項港からは高速船〈サンフラワー号〉で鬱陵島をめざす。浦項〜鬱陵島間の約二一七キロを三時間で結ぶこの船は、重量二三九四トンの大型高速船である。三階分あるフロアのほとんどが椅子席で構成されている。前回の竹島クルーズのときと同様に船内は満席で、席に座れず床《ゆか》に新聞紙を敷いて座ったり寝ころんだりしている人もいた。

船内のあちこちにテレビが備え付けてあり、サッカーW杯関連の番組を流していた。鬱陵島へ向かった日は折しもドイツW杯の韓国対トーゴ戦の試合当日で、赤いTシャツを着た韓国チームのサポーター「レッドデビル」たちが乗客の何割かを占めていた。島でパブリック・ビューイングが行われるのだという。つまり韓国チームの活躍ぶりを鬱陵島に行って大画面で応援しよう、というわけだ。パブリック・ビューイングが鬱陵島で行われるのには理由があった。

W杯という世界的なイベントを「獨島は韓国の領土」と世界中に広く知らせるための好機と捉える韓国人たちが、国内外で行われる韓国代表チームの応援に便乗し「獨島問題」をPRしようとしていたのだ。この鬱陵島での観戦イベントは竹島に最も近いという場所柄、もともと韓国代表チームの応援と「獨島問題」のPRという二本立てで企画されたものらしかった。

レッドデビルたち以上に目立ったのは、船内すべてのシートカバー背部についている広告だった。山頂部に不自然に大きな韓国国旗を合成した竹島の写真とハングルがプリントしてある。韓国の携帯電話会社KTFの「獨島料金プラン」の広告だった。

「KTF 〝THINK KOREA!〟 獨島我が領土料金プラン
このプランだと月500ウォンが獨島への基金に支払われます」

つまり、僕は船内にいる間中、「獨島は韓国のものだ」という主張を目にし続けることになる。

船内の売店では「獨島は我が国の領土」とハングルがプリントしてあるTシャツも売られていた。

船内は韓国の熱いナショナリズムで埋め尽くされていた。


高速船が鬱陵島の道洞《トドン》港に到着したのは午後一時だった。

竹島行きの船は午後二時半に出航し、午後五時に到着する予定だった。乗船券は予約済みだったが、現地払いということで切符を買う必要があった。

タラップを降りると、その先には切符売り場兼旅客船会社事務所の建物があった。その一つ、獨島観光海運の窓口を訪ねた。僕が直接買おうとすると販売を拒否される可能性もあるので、切符購入は通訳の劉くんにまかせることにした。なぜか窓口をいくつもたらい回しにされ、最終的に元の獨島観光海運の窓口に戻ると、そこでようやく職員らしき制服を着た二十代の女性が対応してくれた。切符が買えるかどうか緊張の一瞬だ。しかし、その女性職員はあっけらかんとした無邪気な笑顔で応えたのだった。

「(予約をしている) 日本の方ですね。出航の一〇分前に来てください」

劉くんの名前で予約が入っているはずなのに、船会社は日本人の一行というふうに認識しているらしかった。それでも僕たち一行のことを特に問題視する様子はない。なぜだろう。準備は取り越し苦労だったのだろうか。しかし真相は確かめられない。理由を聞いて混ぜ返し、せっかく開いて

三

いる竹島への道が閉ざされては取り返しがつかないからだ。ここはおとなしくしていたほうがいい。

出航までまだ一時間半近くあったこともあり、僕と劉くんは民宿に荷物を置き、食事をすませてから港へと出直した。再び獨島観光海運の窓口へ出向くと、こんどは四十代とおぼしき女性が出てきた。先ほどの若い女性職員よりずっと強い権限を持っていそうだ。

その女性は僕たちを見ると、怪訝《けげん》そうな表情を見せた。

劉くんと女性職員が二言三言、言葉を交わす。乗船券申込書や乗船名簿へ記入する必要があるはずだと思っていたのだが、その必要はなかった。竹島までは一人あたり三万七五〇〇ウォン。日本円にすると約四五〇〇円だった。あまりにすんなり切符が買えてしまったことにホッとしながら、内心では少々拍子抜けもしていた。

しかし、真相は違っていたようだ。窓口の女性の出会い頭の怪訝そうな表情は嘘《うそ》ではなかった。僕たちのことをやはり警戒していたのだ。切符を手にしたあと、女性とのやりとりを劉くんに聞き、冷や汗が出た。中年の女性職員は「この日本人は何をしている人ですか?」と確認するように二回質問したというのだ。劉くんが機転をきかせて「観光ですよ」と答えたので事なきを得たが、「取材」と答えていたら、乗船を拒否されたかもしれない。

仕掛けられた日韓の齟齬《そご》

竹島が領土問題として膠着《こうちゃく》したのはいつだろうか。近代史をひもといて考えてみたい。

一八九七年(明治三〇年)ごろ、隠岐の漁師たちがアシカ猟を目的に島に出かけるようになった。一九〇四年(明治三七年)には各地の漁師が押しかけていて、早くも乱獲状態に陥っている。アシカの皮はカバンなどの革製品として軍の需要があったし、生け捕りにされたアシカはサーカスや動物園に高く売れたのだ。乱獲状態を憂えていた一人に隠岐・西郷《さいごう》町（現・隠岐《おき》の島《しま》町）の町長であり漁業組合長であった中井《なかい》養三郎《ようざぶろう》という人物がいる。中井は同年、国への編入を願い出るとともに、島の貸し下げ願を政府に提出する。外国の支配が及んでいないことを確認した日本政府は翌一九〇五年二月二二日、島を「竹島」と命名し、島根県編入を公表する。この編入の事実を日本は領有権を主張する根拠としているのだ。

　韓国の主張はこれと食い違う。一九〇〇年、当時の大韓《だいかん》帝国政府が鬱陵島を欝島《ウルトウ》郡に昇格させたときに「獨島」を行政区分に含めている。島根県の編入について抗議しなかったのは大韓帝国が日本の保護国に転落しようとしていたので発言する権利がなかったからだ、と。また次のようにも主張する。一九〇六年、欝島郡の群守である沈興澤《チンフンテク》は島根県一行の表敬訪問を受け、「昨年、竹島が島根県に編入された」と聞かされる。沈は管轄の江原道《カンウォンド》府に「本郡所属の獨島が日本の領地となった」と報告する。この沈の報告こそが日本の編入よりも前に「獨島」を韓国領だとみなしていた証拠だ、と。

　問題を難しくした要因に戦後に行われたアメリカによる日本国土の線引きがある。

戦争に負けた日本はアメリカの占領下に置かれる。一九四六年（昭和二一年）一月、GHQ（連合国軍最高司令官総司令部）の覚書（SCAPIN 677）により、国土を「北海道・本州・九州・四国という主要四島と隣接諸小島」のみとし、「鬱陵島、竹島、済州島」は朝鮮（韓国のこと）の領土と定義された。同年六月に設定されたマッカーサー・ライン（日本漁船の操業範囲）でもほぼ同様の線引きがなされている。

　ところが一九五一年九月に調印されたサンフランシスコ講和条約での見解は違っていた。韓国に返還される島は「鬱陵島、済州島、巨文島《コムンド》」とされ、竹島は韓国に返還されるべき島のなかには含まれていなかった。とはいえ日本の領土だと明記されたわけでもない。アメリカは条文を作る過程で日韓両政府から島の領有権を主張する請願書を受け取り、一旦は竹島は日本領としたが、最終的な条文から竹島の名称を消してしまった。

アメリカの曖昧な態度に対し、韓国はなりふり構わない動きを見せる。マッカーサー・ライン撤廃を望んでいなかった韓国の李承晩《イスンマン》大統領は一九五二年四月の講和条約発効を直前に控えた一月、日本海に李承晩ライン（韓国名は平和線）の設定を宣言、一九五三年一月、日本船の拿捕を命じたのである。一九五四年六月には韓国沿岸警備隊を派遣、駐留を開始、ここに実効支配を完成させる。一方、日本船の拿捕は続けられ、日韓の国交が回復し日韓漁業協定が成立する一九六五年までに拿捕された日本船の数は三二八隻、拿捕された船員の数は三九二九人、死傷者の数は四四人にのぼった。

現在、韓国は竹島について、二〇〇五年の島根県編入を日本による韓国侵略の第一歩、竹島を日本に侵略された最初の領土とし、歴史教科書にもそうした見解を掲載している。こうした韓国の態度は一九五三年七月に「獨島は日本による韓国侵略の最初の犠牲地」「日本が獨島を奪おうとするのは韓国の再侵略を意味する」という声明を出して以後のことである。以来、韓国は竹島についての日本の発言を「日本の領土的野心」や「軍国主義の復活」と結びつけ、「妄言」、つまり「でたらめ」だとして猛烈に反発するようになった。

日本人であることを隠した航海

竹島までの乗船券の表面には竹島とウミネコを背景に今回乗船する船の航行する写真が印刷されていた。デザイン自体は四年前の竹島行きのときと大きな変更はなかったのだが、タラップで渡す半券部分が変更されていた。前回のクルーズでは、切符を買う際に名前や固有の番号（韓国人なら住民番号だが、住民番号を持っていない僕はパスポート番号を書いた）を中込書に書いて渡した記憶がある。乗船券そのものには個人的な項目を書き込む欄はなかった。ところが今回は半券に住民番号・姓名・電話番号を書く必要があったので、住民番号のかわりにパスポート番号を記入し、名前は僕の下の名前である「靖《やすし》」をハングルで書き、電話番号は予約を入れてくれたソウルの旅行会社の番号を書き込んだ。

竹島へ向かう〈サムボン号〉（一〇六トン・定員二二〇人）という名のその船は、瀬戸内海《せとないかい》の離島航路で使われていそうな小さくて古びた船だった。タラップの両側には鬱陵島駐在の警官と半券を回収する獨島観光海運の社員らしき男性が三、四人待ち構えている。

項目を書き入れた半券側をタラップ手前で切り取ってもらい、何事もなくタラップをのぼる。タラップ前で半券を回収する男性は機械的に半券をちぎっていくだけで、注意深さのかけらもないような様子だった。韓国人とほとんど見分けがつかない僕の風貌がプラスに作用したのかもしれない。〈サムボン号〉に乗り込むと、〈サンフラワー号〉とは違って使い込まれた感じがあった。製造年月日や製造場所が記してあるプレートには「三重県四日市市《よっかいち》」という日本の地名と造船会社の社名が書いてあった。前年の春、獨島観光海運が上陸航路を開設する際、日本の中古船を購入し、「サムボン号」と名づけ、竹島航路に運用しているのだ。

船内はほぼ満席だった。大多数は団体ツアーで、おばさんたちのグループが乗客の半分ぐらいを占めていた。望遠レンズをつけた高級な一眼レフカメラを手にした一団もいた。社会人の写真サークルのようだ。僕たちのように一人や二人というのは少数だった。

僕はトラブルを回避するため、念には念を入れた。誰かに話しかけられないよう座る場所に気を使い、独り言を含め日本語を発しないように気をつけた。それでも韓国人乗客に話しかけられることがあったが、そのときの対応は劉くんにまかせた。

「また来るでしょうね。西牟田《にしむた》さん、ここは私にまかせて、話さないようにしてください」

船のエンジン音にかき消されるような小声の日本語に僕は小さく相づちを打った。

湾を出たあとで、「島内での喫煙、飲酒、島内の動植物の持ち帰り、ゴミを捨てる行為」などをしないようにと、上陸時の禁止事項を知らせるアナウンスが流れた。また、竹島の概要についての説明もあった。

「現在、獨島の居住者は三人です（引用者注・定住者は二人）。また獨島に住民登録をしている人は二五六世帯、九四六人にのぼります。（中略）新日韓漁業協定が一九九八年に日韓の間で結ばれ共同水域が設定されてからというもの、獨島は波瀾万丈《はらんばんじょう》な運命をたどることになりました。天然ガスなどの経済的な価値と海洋科学的な価値という二つの価値を獨島は持っています。日本が獨島を欲しがる本当の理由は天然ガスです（引用者注・韓国側は周辺海域に天然ガスがあると主張している）。しかし獨島は韓国のものに間違いありません。獨島を奪い取ろうとする日本の行動を阻止しましょう。獨島に愛国心を持って関心を持ちましょう。韓民族の愛国心が向けられる聖なる場所です。獨島に愛国心を持って関心を持ちましょう」

アナウンスの内容をその場で理解できたわけではない。録音したものをあとで劉くんに訳してもらったのだ。こうして日本語にしてもらって初めて、日本人との解釈の違いはもちろん、韓国人以外の乗客をほとんど想定していない、ということがよくわかった。

竹島へ向かう途中、船を何度か目撃した。底引き網で漁をしているトロール船、韓国海洋警察の巡視船、小さなイカ釣り漁船……すべて韓国の船だった。竹島周辺は本来なら日韓で共同管理するはずの暫定水域となっている。だから竹島の一二海里（約二二キロ）以内の海域に本来なら日本の船がいて当然のはずだった。しかし、竹島周辺に日本の船は見あたらなかった。やはり共同管理とは言いながら実質的には韓国側に閉め出されているのだ。

たまに韓国船に遭遇するのとウミネコがついてくる以外に、窓の外の風景には変化のない淡々とした航海だった。ところが到着まであと一〇〜二〇分と迫ったとき、状況が変わった。ほかの乗客は後部デッキに集まり始めていたのだ。日本人だとバレないよう緊張しながら席を立ち、外の様子を探りに後部デッキへと向かった。外には夥《おびただ》しい数のウミネコが空を覆い尽くさんばかりに滑空していた。

遠くに見える小さな岩山が次第に大きくなってくる。三角おにぎりのような形をしている二つの頂、そのまわりを多数の小さな岩が囲んでいる。四年前に訪れたときと外観は変わらない。

〇・二三平方キロという代々木《よよぎ》公園の半分弱の面積しかない竹島は、標高一六八メートルの西島《にしじま》（男島《おじま》）と同九八メートルの東島《ひがしじま》（女島《めじま》）という二つの断崖絶壁の島と大小の岩から成り立っている。船が着岸するのは三十数人の警官からなる警備隊が常駐する東島のほうである。その島の頂上付近には下部が詰め所になっている有人灯台、警備隊宿舎、ヘリポート、レーダーのついたアンテナ塔、高射砲などがある。絶海の離れ小島に建物がそそり立っているのはとても奇異な光景だった。これらのうち一九八一年に設置されたヘリポート以外の建造物は、一九九一年に韓国による警備が本格化して以降、建設・増築が進み、いまのような形になっている。同じく九一年には警備隊宿舎が増築され、一九九三年にレーダーを設置、一九九八年には有人灯台が設置されている。

竹島上陸を目前にして、僕は不安に駆られた。韓国人にとって民族独立の象徴であり、いわば韓国人の聖地ともいえる獨島に、統治を脅かす「元凶」である日本人をはたして上陸させてくれるか

三

どうか。船が着岸したはいいが、日本人の僕だけがタラップで上陸を拒否されるかもしれない。トラブルを回避するために、日本人だと気づかれることだけは避けたかった。うっかり日本語が口をついて出ないように、改めて気を引き締め、話しかけられないようにカメラのファインダーをのぞき続けた。

東島の船着き場に上陸する

西島と東島の間の海峡付近へと〈サムボン号〉が近づいていく。

西島には海峡に面して民家のような建物が立っていた。建物の背後には崖をスパッと切り落としたような垂直に近い断崖絶壁の岩肌が迫っている。この建物を作るために島を一部削ったのかもしれない。波よけの防波堤には、なぜか太極旗が二つ並べて掲げられていた。建物はコンクリートに覆われて見えない部分も含めると三階建てのようだった。建物の前には「ＤＯＫＤＯ」と書かれた小舟が置かれ、小舟と建物の間にはダイビング用のタンクが三つ四つ置いてあるのが見えた。

建物の前には三人の男がいた。紫色のニッカボッカにグレーのトレーナーを着た四十代ぐらいの作業員風の男、襟にボアのついた作業用ジャンパーに白い野球帽をかぶった三十代ぐらいの男、僕たちの方向からは顔の見えない黒か焦げ茶色の制服のような服を着た髪の短い男……彼らこそが、僕が竹島で見た初めての人間だった。四年前に竹島を見たときは、島に人の姿を見つけることはできなかったのだ。

事前に入手していた情報によると、建物の名称は「漁業人宿所」。金成道《キムソンド》という六六歳の漁師とその妻が住んでいるとのことだった。夫婦は一九九一年から断続的にここに住んでいて、今回の居住はこの年の二月からだという。しかし、三人のうち誰が金氏なのかはわからなかったし、妻らし

上●西島の南東部に立つ西島漁業人宿舎。
1965年以後、竹島には漁民が住みついている。建物は2000年代に入って建設されたという。
下●東島頂上の各施設。
左からヘリポート、巻き上げローラー、警備隊宿舎、有人灯台、アンテナなど。

き女性の姿はなかった。

切り落としたような断崖絶壁の下にある建物と、その住人らしき人たちの存在は不自然だった。ロシアに支配されている北方領土の場合は、人びとの生活がそこで長年営まれているためか、島の集落を歩いているとロシア化されているという事実が嫌というほど伝わってくる。それに対し竹島の場合は、韓国化されてしまったという実感はまるでわかなかった。住人の生活実態が見えないというのもその理由だろう。生活しているというリアリティがその風景からはまったく感じられないのだ。

では、金夫婦はどうやって暮らしているのだろうか。見たところ、島には農地にできるような場所はない。野菜や米、キムチなどは外から補給を受ける以外に手に入れる方法はなさそうだ。

建物の外に置いてある小舟は、ごく普通の手こぎボートをひとまわり大きくしたぐらいのものでしかない。船外機（モーター）はついていたとしても、朝鮮半島はもちろん鬱陵島へ遠出することすら素人目には無謀に見える。漁をするにしても、島の近くでサザエやアワビ、ワカメを獲《と》ることぐらいしかできないだろうし、食料などの輸送も、彼ら自身が島から出るときも、定期船か海洋警察の船に頼るしかないだろう。つまり何をするにしても、彼らは独力では暮らせないということだ。不自然な生活を維持するにはいろいろな意味で下支えが欠かせない。手間と経費を考えると、金夫婦がよほど裕福でないと維持は難しいように思える。

とはいえ、一般人がこの島に住むことは、韓国の獨島支配にとって大きなプラスとなっていることは間違いない。メリットを考えると国が彼ら夫婦の生活費をすべて負担してもおつりが来るぐらいだ。島に住んでいる人がいるということは、自国の領土だという主張の大きな根拠になるからだ（ちなみに初めて竹島に韓国の民間人が暮らすようになったのは一九六〇年代後半のことだ。一九六八年に崔鍾徳《チェチョンドク》という漁師が住宅施設を自力で建設し、一九八七年に亡くなるまで島に住み続けたという）。

そういえば、北朝鮮との停戦ライン近く、少なくとも一般人の入れない民間人統制区域にある集落を見に行ったことがある。そこに住む人たちは、危険手当なのか、それとも韓国国民として国に多大な貢献をしているということなのだろうか、そのときのガイドが言うには国から多額の補助金をもらっているとのことだった。

金夫婦も同様に愛国者として国から多額の補助金をもらって生活しているのかもしれない。こうして韓国は領有の正当性を主張するための既成事実を、抜け目なく、有効に重ねている。

三

〈サムボン号〉が船着き場に着岸し、上陸が始まったのは午後五時だった。上陸したのは漁業人宿所がある西島ではなく、頂上に建物が林立する標高の低い東島のほうだった。船着き場のまわりには突堤や波消しブロックはなく、外洋にむき出しになっている。

〈サムボン号〉から竹島への上陸はスムーズなものだった。上陸の際、身分証明書はおろか、チケットの半券のチェックすらなく、すんなりとタラップを降りることができたのだ。あまりにスムーズなので、一瞬、自分から正体を明かしてしまいたい衝動に駆られるほどだった。

浜をコンクリートで覆ってしまった船着き場の眺めは人工的な殺伐としたもので、上陸してもわくわくするような感情はまったくわいてこなかった。初めて竹島に上陸したというのに、僕は既視感のようなものにとらわれた。一年前に〈おがさわら丸〉の船のデッキから眺めた沖ノ鳥島の風景とどこか共通する印象があるのだ。どちらも国が実効支配を確かなものにするために、本来持っていた人の定住を拒む厳しい環境に手を加え、一変させてしまった風景であるということだ。

島にいられるのは前述のとおり二〇分から三〇分というごくわずかな時間だった。やってくるのに二時間半もかかったというのに、上陸時間はあまりに短い。しかも僕たちの行動はこの船着き場のなかだけとかぎられていた。船着き場は六五〇坪もあるヘリポート兼用の広いコンクリートの更地だった。船着き場で何か特別なことができる、というわけではない。日本人だと気づかれたくないから、上陸しているほかの乗客に話を聞くこともできない。僕はたちまち手持ちぶさたになり、時間を持てあました。

船着き場に降り立ったからといって、特筆すべき発見はない。それどころか断崖に近すぎるので何も見えない。勾配が急すぎるため、山頂の建物群はある程度離れないと見えないのだ。山頂近くまで通じる物資運搬用のロープウェイのかごとワイヤーが確認できたが、ワイヤーの先は稜線《りょうせん》に隠れてしまう。かといって林立する施設のある山頂まで移動することはできない。ジグザグの階段と船着き場をつないでいる地点には警備隊員が立ち、観光客がのぼらないように目を光らせているのだ。

藻の生えた岩がごろごろしている磯のなかを見下ろしてみたが、特に目を引くようなものもなく、写真を撮っただけでその場を離れた。

島には明治時代、多くのアシカが生息したというが見渡すかぎりどこにも見あたらなかった。一九〇四年に二七六〇頭を数えた年間捕獲数が乱獲のせいで昭和初期時点で数十頭にまで激減しているし、鬱陵島でもらった「獨島」の地図に記された解説には「獨島に生息する自然のほ乳類はいない」と書いてあるから、おそらく絶滅したのだろう。

船着き場を埋め尽くす観光客の多くは、警備隊員に飼われているサプサル犬というモップのような毛の犬と一緒に写真を撮ったり、岩肌をバックに写真を撮ったりと、撮影に忙しそうだった。とにかく獨島に行ってきたという証《あか》しを残したいようだ。ポラロイドカメラを持つ観光写真家が同乗

上●島の南西部にある船着き場に到着し、東島に上陸する。
船着き場は海を埋め立てて作ったもののようだ。でなければ、このような平地は島にあり得ない。
下●高射砲の横で「獨島」を守っている警備隊員。砲も兵士も迷彩模様だ。

してきていて、お金をとって忙しく撮影を引き受けていたことからも推測できる。「獨島は我が領土」とハングルで書いてある写真入り横断幕を掲げている人もいた。しかし、ひととおり写真を撮ってしまうと手持ちぶさたなのか、おばさんたちの多くは地面にベタッと腰を下ろして休み始めた。

前回のクルーズで、僕は少しばかり不愉快な思いを味わった。いくつもの建造物が作られ、クルーズ船が出て、乗客が島を見て歓喜にわく。そうした揺るぎない支配の実態をまざまざと見せつけられるということは、島を奪われた側の国の人間からすると——彼らが歓喜にわけばわくほど——面白いものではなかった。

しかし、今回の上陸では、当時に比べると観光客たちはずいぶん淡々としているという印象を受けた。前回の愛国的な雰囲気とは大違いだった。一九九〇年代まで、竹島に行くことは韓国人であってもほぼ不可能だったが、その後、竹島周遊クルーズが始まり、さらに二〇〇五年には上陸ができるようになった。竹島が「行きたいのに行けない民族的聖地」から「一般人でも行くことができる観光地」へと変化を遂げたことで、観光客の態度にも変化が生じたのかもしれない。

警備隊員との接近遭遇

僕らの上陸に合わせて、ジグザグと頂上まで続いているつづら折りの階段から、ＰＯＬＩＣＥとプリントされた紺色の制服を着た若い男たちが十数人下りてきていた。島に常駐する獨島警備隊の隊員たちだ。頂上の「基地」には島の警備を担当する獨島警備隊員三七人と灯台管理を目的とする海洋水産部職員三人が常駐している。頂上にある宿舎から毎日二回、観光船が来るたびにこうして階段を下りて船着き場にやってくるらしい。

若い警備隊員たちは、身長は一七〇センチ以上、がっしりした筋肉質の体つきで、それぞれが一定水準を超えた体軀《たいく》の持ち主だった。彼らは記念撮影のためにカメラのシャッターボタンを押したり、モデルとして撮影に応じたりと、上陸した観光客へのサービスを欠かさない。

韓国の『時事ジャーナル』（二〇〇五年一〇月二五日号）に掲載された記事によれば、三七人の隊員のうち三四人が二十代前半という若いメンバーで構成されているとのことだ。朝六時半に点呼をとったあと勤務を開始し、夜勤者以外は午後一〇時に就寝する。普段、警備隊はレーダー監視、警戒、発電、炊事などの班に分かれ、炊事以外は交代しながら夜通し勤務している（勤務の合間に銃剣術やテコンドーなどの訓練に励んでいる）。日本の右翼が島に侵入することを想定し、配置点検を欠かさない。

観光客が上陸するときの隊員たちの仕事は、島の頂上へ続く階段など船着き場以外の場所へ観光客が行かないように監視すること、そして記念撮影に協力するなど観光客にサービスすることだ。過激な輩《やから》が日章旗《にっしょうき》を燃やす事態に備えて、各隊員は携帯消火器を所持しているという。しかし、この日、彼らの仕事はそれだけではなかった。彼らは日本人が上陸するという情報をきっちりと把握していて、唯一の日本人乗客に間違いない僕を探しまわっていたのだ。

一人の若い警備隊員が僕たちに近づいてきた。

「日本人ですか？」

「いいえ、韓国人です」

韓国語で誰何《すいか》された劉くんは努めて冷静に振る舞った。若い警備隊員は劉くんの言葉を聞くと異常なしと判断したのか、後ろにいた僕には何もたずねることなくその場を去っていった。僕が日本人だということが警備隊員にわかってしまうと、あとでまずいことになってしまうかもしれない、劉くんはそう思って詳しくは何も言わないようにしたのだという。この出来事に僕は肝をつぶした。最悪、拘束の可能性も頭に浮かんだ。実は遊び心でこっそり日本のパスポートとともに記念写真を撮ろうかと思っていたのだが、そんなことをする心の余裕はすっかりなくなってしまった。

そうでなくても、見つかれば写真データを消されるかもしれない。また警備隊員をやりすごしても、場所が場所だけに観光客にも油断ができない。一見、おばさんだらけの平和なツアーだが、過激な反日活動家が紛れ込んでいるかもしれない。万が一、そんな活動家に吊《つ》るし上げられたら、集団心理が働いて重大な被害を受ける可能性もある（とはいえ、いま考えると僕の行動はナーバスすぎたように思う。劉くんに迷惑がかからないように気を使ったとしてもだ）。

その後、少し気を持ち直した僕たちは、この場所で携帯電話が使えるかどうかを調べてみた。釜山空港でレンタルした韓国国内用の携帯電話を開いて画面を確認すると、電波の受信レベルは一番いいときに比べて半分かそれ以下だった（日本の携帯電話は警備隊員の目が気になったのと、どうせつながらないだろうというあきらめから、かけることはおろか取り出すことさえしなかった）。

劉くんがソウルに住む知り合いに電話をかけると相手の電話に無事つながった。声色が変わったり音声が途切れたりといったことはなかったものの、「まるで山で電話をしているようだった」と言うぐらいだから、電波状態は不安定で、音質はよくなかったようだ。

階段の手前にある、埠頭《ふとう》の「竣工《しゅんこう》記念碑」は背景に西島を入れ込めるせいもあり、格好の撮影スポットとなっていた。しかしそこまで行ったところで時間がなくなり、隊員に帰るようにと促された。上陸していた時間は正味二十数分だった。

僕たちが〈サムボン号〉に乗り込み終わると、十数人の隊員たちは、二匹のサプサル犬とともに階段の方向へ歩いていった。

埠頭を離れた船はゆっくりと二つの島を一周した。デッキはたちまち身動きができないぐらいの人で埋まる。島の頂上に林立する施設が目前に見渡せた。有人灯台、警備隊宿舎、ヘリポート、高射砲などが確認できた。警備隊の宿舎にはパラボラアンテナがある。テレビの衛星放送を見ることができるようになっているらしい。基地内の設備は充実しているという。国内の電話は無料、インターネット完備、もちろん入浴も可能だ。カラオケやビリヤードなど娯楽室もある。二カ月交代の勤務をこなすと、隊員たちには一週間の休暇が与えられるという。

有人灯台の前には銃口を空に向けて自動小銃を持つ警備隊員が双眼鏡で船を監視している。立哨《りっしょう》だ。また稜線の上に設置された迷彩模様の高射砲の横にも警備隊員がいて、こちらを監視していた。

乗客は手を振ったり叫んだりといった行動に出ることはなく、誰もがじっと島を凝視していた。

――こうして僕の竹島上陸は終わった。

＊

日本と韓国では島への情熱や手間のかけ方にいまや天と地ほどの隔たりができてしまった。韓国の実効支配は隙がない。島に警備隊員を常駐させ、灯台や高射砲を設置し、観光船を航行させている。テレビでは獨島方面の天気が毎日放送されている。教育面でも積極的で、「獨島は我が領土」と幼稚園児にまで教えている。国民の関心も高く、獨島を知らない韓国人にいままで出会ったことがない。また、日本が少しでも領有を主張すると韓国のあちこちで抗議の炎が燃えさかる。

一方、日本側は歴史的な根拠の正当性から領有権を主張できたはずなのに、韓国による施設建設や拿捕などに抗議こそしても、国として竹島の領有権について本格的に取り組むまでにはいたらなかった。政府レベルでの歴史的な研究も日韓の国交が正常化した一九六五年ごろから行われなくなった。

二〇〇五年の「竹島の日」条例制定に対する韓国側の激烈な反応もあって、近年になって日本国内でもようやく一般的な関心を集めるようになった。しかし、それでも国民の関心はまだまだ低く、韓国のようにほぼすべての国民が関心を持っている状況からはほど遠いものがある。日本政府が積極的にこの問題に取り組んでいるとはとても思えない。むしろどちらかというと、触れずにおきたい、という姿勢のように思える。

ところで、島の実効支配が盤石なのに、なぜ韓国は日本が少し抗議しただけで大袈裟《おおげさ》なまでに反応するのか、僕は以前から疑問に思っていた。奪われた側が奪った側に訴えるのなら話がわかる。なのに竹島のケースではなぜ逆になっているのだろうか。竹島上陸の帰りに立ち寄った鬱陵島にある獨島博物館の學藝《がくげい》研究士李順子《イスンジャ》さん（仮名）にたずねてみると、こんな答えが返ってきた。

「いままでは放置しておきました。しかし、日本のナショナリズム、教科書問題、靖国《やすくに》問題などで、韓国側のナショナリズムが最高潮に達しました。日本が国際裁判を提案し続けていますが、日本のほうが我が国に比べて国際的な地位は上です。ですので（私たちは）国民的な力を欲している。獨島について政府より国民のほうが盛り上がっているんです。政府は（日本との友好を大事にしているから）そんなに問題視しようとはしていません」

彼女のこの解釈は、韓国側の領有の正当性について、歴史的な根拠を探求することの限界に彼女自身も気がついているから、というのはうがった見方だろうか。それはともかく、歴史認識のもろさは韓国のいままでの行動によって十分すぎるほどカバーできている。だからこそ韓国人は、獨島は韓国のものだと信じて疑わない。

「日本が悪い！　根拠がないのに日本のものだって言ってる！」

「教科書でそう習ったし、韓国の地図にも載っています」

これらは鬱陵島の獨島展望台という場所で韓国人の観光客に話を聞いたときの言葉だ。こうした意見についてはある程度予想できた。しかし、以下の核心をついた言葉の前には黙り込むしかなかった。

「韓国がずっと命をかけて守ってきたのに（日本は）なんで欲張るんだよ。日本のものだというのなら、日本がずっと守っていればよかったんじゃない？　韓国が獨島に施設を作ってずっと守ってきたのに、なんでいまさら欲張ってるの？」

膨大な手間をかけて作った施設、守り抜いてきたという実績、そして国民の関心と支持、熱意。歴史的な根拠よりも、戦後、韓国が積み重ねてきた事実とそれに裏打ちされた自信。実に手強《てごわ》い。

日本が本当に領有権の確立をめざすのなら、韓国以上に統治の実績を重ね、国民に「竹島は日本の領土」だと教え込まなければならない。しかし、それは現状を考えるとそう簡単なことではない。

日本で暮らす韓国人である劉くんは言う。

「日本側の主張を知らないのでなんとも言えないけど、いままで教わってきた韓国の主張だけで判断すると韓国の領土なのかなと思う。日本と韓国の本格的な論争が必要じゃないかなって思います。管理については、日本と韓国で共同で管理すればいいと思います」

こうした考え方ですら、韓国ではごく少数派である。

竹島の領有権をめぐり、日本は国際司法裁判所に付託することを韓国側に提案し続けている。しかし、たとえ韓国が提案を受け、日本側が勝訴しても、韓国の積み上げてきた既成事実と国民の支持をバックにした「獨島」支配を覆すことは難しい。島の頂上にある建造物は今後も存在するだろうし、観光船も毎日出航し続けるだろう。今後も韓国による「支配」が強化され続けていくはずだ。

三

四　対馬

隣国と向き合う交流の島

変貌の前夜

この章の冒頭は、二〇〇一年一二月から始まる。国境の旅を始めた二〇〇二年一〇月から一〇カ月、時計の針を戻すことをお許しいただきたい。本来なら始まって以降の旅だけを記すのが筋だろう。しかし、そうするには惜しい気づきがこのときの体験にあったと言える。だから特例的に旅を始める前の旅の模様をここに記してみた。

＊

日付が変わる五分前、壱岐《いき》と対馬を結ぶフェリーが対馬の厳原《いずはら》に到着した。港のターミナルに入り一階へ下りる階段の前にさしかかると、「ようこそ対馬へ」と書かれた看板にハングルが並記されているのが目についた。深夜だというのに僕は泊まるところすら決めていなかったが、ターミナルはまもなく閉まるというのでしかたなく外に出た。

少し歩くと道路標識が目に入った。そこにもハングルが並記してある。

このとき、すでに対馬の状況は変わりつつあった。一九九九年に対馬と釜山を結ぶ定期航路が就航して約二年、町にあふれるハングルの表示はその定期船でやってくる韓国人へ向けたものなのだ。

結局、その日は橋の下でテントを張って野営し、翌日、再びターミナルに戻った。ジャパン大亜《だいあ》という海運代理店を訪ねるためだ。この会社は韓国の海運会社、大亜高速海運の日本側代理店であり、ここを通じて対馬～釜山間の乗船券を買うことができる。

会社はターミナルの建物の一室にあった。部屋には地元の人間らしき九州弁を話す中年男性が一人いるだけで、国際航路を扱っている会社としてはずいぶんとこぢんまりしていた。その男性からもらったスケジュール表に目を通すと、船は島の南北二カ所から出航することがわかった。南に位置する島の中心地厳原と北の果ての町比田勝《ひたかつ》からだ。厳原から釜山までは約三時間かかるが、北の比田勝からは約一時間半というから、船で行き来すれば釜山はほとんど隣町である。

国境＝どん詰まりというイメージを変えようとしているこの航路を僕も利用したいと思った。対馬から釜山へと渡り、距離の近さを実感したかった。しかし、その願いはそう簡単にかなうものではないらしかった。

「今日一四日は時化のため、すでに欠航が決まっとるとです。昨日は出よったんですが。そんで次の一六日は点検のため出ません。一八日も危ないとですね。今時期一番時化ますから」

男性は柔らかな物腰とは裏腹に厳しい現実を突きつけてきた。対馬と釜山を結ぶ韓国船籍四二六トン二四〇人乗りの〈シーフラワー号〉は内海用の小さな高速船だ。水面を走るような航行をするからフェリーに比べて波やうねりに弱い。

この航路で釜山へ行くのは、なかなか難儀なことなのだった。

対馬は九州と朝鮮半島の間の玄界灘《げんかいなだ》に浮かんでいる。南北に細長い島と一〇〇島あまりの属島から成り立っている。北西には釜山、南東には壱岐とそれぞれ約五〇キロずつの距離で対峙している。

島の歴史は古く、三世紀に中国で書かれた『魏志倭人伝《ぎしわじんでん》』、八世紀に日本で書かれた『古事記《こじき》』『日本書紀《にほんしょき》』に記述があるほどだ。日本と朝鮮半島の間に位置することから、宿命として常に両国や大陸の影響を受けている。その歴史はまさに戦争と交流に彩られている。

七世紀後半、島には要塞が築かれ防人《さきもり》が置かれたし、鎌倉《かまくら》時代には二度にわたる元寇《げんこう》（モンゴル軍の侵略）の被害を大きく被《こうむ》っている。一六世紀後半には豊臣秀吉《とよとみひでよし》の朝鮮出兵の足がかりとして地方の大名《だいみょう》の連合軍が玄界灘を越えていったのもここ対馬からである。

一方、大陸や朝鮮との交流の場でもあった。遣隋使《けんずいし》や遣唐使《けんとうし》、遣新羅使《けんしらぎし》は対馬を経由し、目的地をめざしたし、江戸《えど》時代には鎖国体制であったにもかかわらず、朝鮮通信使を迎えたりもしている。釜山には倭館《わかん》という大使館にあたる建物が置かれ対馬藩の人材が常駐した。幕府は対馬藩に朝鮮との外交を一任したのである。室町《むろまち》から江戸時代にかけて対馬の大名である宗《そう》氏は幕府に仕えてきた。同時に朝鮮からも官職を与えられていた。

明治時代になると、対馬はそれまでの曖昧な対外関係を清算させられる。倭館は廃止され、かわりに日本の公館が置かれた。さらに一八七一年（明治四年）、佐賀県の前身に編入される。日本の植民地へ転落していく朝鮮との関係は交通機関の発達もあって密接になっていく。二〇世紀に入ると下関《しものせき》～釜山間の連絡船が就航し、比田勝や佐須奈《さすな》にも定期的に寄港するようになった。島北部の住民は釜山へ気軽に出かけた。なかには移住する者もいた。

敗戦を機に朝鮮半島は日本の統治から離れ、南北に分断される。前述のとおりGHQは日本を主要四島と近接の諸小島と制限、対馬を日本の領土と定めた。半島や大陸へ渡っていた人たちは引き揚げを余儀なくされ、定期航路は廃止された。貿易も正式なルートを通したものは禁止されたため、戦後まもなくの時期は密貿易が横行する。戦争に負けるまではあまり意識することのなかった国境

上●2001年の年末の夜、島の最北端から韓国の釜山を望む。
煌々とした街の明かりが見えた。
下●翌日の日中、同所から釜山を望む。すると今度は朝鮮半島の稜線がよく見えた。

というものが、戦後になって対馬を辺境にしてしまったのだ。その後、一九六五年（昭和四〇年）にようやく日韓が国交を回復、一九七〇年（昭和四五年）に戦前同様の定期航路が復活するも、離島である対馬からの航路は長らく復活せず、一九九九年まで待つ必要があった。

しばらく釜山行きの船には乗れそうになかったため、スクーターを借りて対馬を一周することにした。

対馬は沖縄本島と北方領土を除くと日本で三番目に広い島だ。南北に八二キロ、東西には一八キロと細長く、海岸線の長さは九一五キロにもなる。しかも山がちなのでゆっくり観光しながら一周すると四日もの時間を要した。山道の連続する対馬の旅の過程で、僕はこの島が歴史的に見て国境の島だったということを改めて強く認識するようになる。

厳原を離れ最初に立ち寄ったのは、南部の小茂田《こもだ》という集落にある小茂田神社だった。小茂田神社は一三世紀に元寇を迎え撃った兵士たちを祀る神社である。約二万五〇〇〇人のモンゴル軍・朝鮮軍の攻撃に対し宗氏率いる約八〇人の対馬兵士が応戦した。モンゴル軍・朝鮮軍は数にものを言わせて圧勝、島民たちを虐殺していったという。

南部をひとまわりしたあと、島を縦断すべく北上していった。島の南北をつなぐ幹線である国道を走っていると、途中で大きな赤い橋が見えてきた。万関橋《まんぜきばし》である。橋の下は大きな運河となっていた。ロシアが南下を続けていた一九〇〇年（明治三三年）、浅茅湾《あそうわん》に作られた海軍の軍事拠点から島の東側の海に艦船が出られるように、または浅茅湾に入れるように運河を掘削し万関と名づけたのだ。

島の最北端にやってきたのは、対馬一周を始めてから三日目の夜のことだった。最北端付近にあるゲートをくぐり、坂をのぼったところにある公園にたどり着くと、国境の島ならではの風景が目の前に広がった。八角形という変わった形の高床式の建物「韓国展望所」に入り、建物の裏手、つまり北の方角へ目を凝らすと、はるか向こうにオレンジ色の点線がはっきりと浮かび上がっているのが見えた。それは約五〇キロ先にある釜山の街の明かりだった。対岸には四〇〇万人もの人が暮らす大都市が広がっているのだ。日本は島国だから、外国を目のあたりにできる場所はかぎられている。なかでも対馬ほどはっきりと対岸の生活が感じ取れる場所はほかにはない。

展望所の近くで野営し、翌朝、同じ方向を望むと山の稜線が確認できた。さらには備え付けの望遠鏡をのぞくと建物が並び立っている様子がはっきりと確認できた。対岸の隣国に人が住んでいることが手にとるようにわかったのである。

対馬から釜山への高速船に乗る機会がようやくやってきたのは、島を一周して厳原に戻った翌日、島に到着してからは一週間後のことだった。約三時間かけて島を縦断するため、僕はバスに乗って厳原から北部の比田勝をめざした。いよいよ出発ということで気分が高揚した。快晴で風もない好天だった。この天気ならよもや欠航ということはないだろう、と思っていた。ところが、である。終点である比田勝のバス営業所で下車、待合室のトイレでホッとひと息つき、さあ行くかとリュックを担ごうとした瞬間、携帯電話が鳴った。釜山航路を担当する比田勝の営業所の人からだった。

「実は、韓国側から連絡がありまして、今日は天候が悪いから船が出せないそうです」

突然の連絡に絶句していると電話口で男性は言った。

「この天気じゃ『天候が悪いから欠航』なんて論理がおかしいこと、素人さんでもわかりますよね。だって向こう（釜山）から今日、ちゃんと船が来るんですから。でも韓国側はこんなこと平気で言ってくるんですよ……」

比田勝の港には僕が乗るはずの船が予定通り釜山から韓国人を乗せてやってきていた。なのに「天候が悪い」という理由で釜山への出航は見合わせるという。結局、その船は厳原で韓国人の団体客を乗せるため、比田勝から厳原へと移動し（つまりその日、比田勝には乗せて帰る韓国人の乗客がいなかったというのが、出航がとりやめになった本当の理由だった）、翌日、ようやく僕は厳原から釜山行きの船に乗り込むことができた。

国境＝辺境という状況から抜け出すのはなかなか容易なことではない。韓国人観光客誘致による「町おこし」はまだ端緒の段階にあった。このとき僕はその後の島の風景の変化を予測できなかった。

釜山発対馬行き一泊二日ツアー

初めて対馬を訪れてから五年がたった二〇〇六年六月一七日午前九時、釜山の国際旅客ターミナル。竹島上陸ツアーの帰路、僕は通訳の劉くんとともに、釜山から一泊二日の韓国人向け対馬ツアーに参加しようとしていた。

携帯電話で劉くんと連絡を取り合いながらターミナルのなかで落ち合った。一階の切符売り場周辺ロビーは対馬行きの船に乗る大勢の観光客ですでに埋め尽くされていた。竹島上陸ツアーではほとんど見なかった若い女性のグループや中年の働き盛りの男性グループが目立つ。最近の対馬には韓国からの釣り客も多いと聞いていた。釣りが目的の客なら、長い竿《さお》やクーラーボックスなど装備が独特なのでひと目でわかるはずだが、そうした乗客は見あたらなかった。

のぼり風の立て看板があちこちに立っている。僕は「旅行博士《ヨヘンバクサ》」という会社の立て看板を探した。

「旅行博士」は対馬ツアーを手がける三〇以上ある旅行会社のなかでも最大手の一つだ。

目的の会社を探し当てると、僕は二人分のツアー代を払い、パスポートを渡した。二十代後半の女性ガイド李香姫《イヒャンヒ》（仮名）は驚いた様子で、「日本人なのに参加するんですね」と日本語で言った。

今回、僕たちの搭乗する〈シーフラワーⅡ号〉は五五〇トン、定員三七六人。前回の〈シーフラワー号〉は波に弱く天候に左右されることが多かったが、二〇〇四年に導入されたこの船はその点が改善されていた。波に強くなり、欠航率がかなり低くなった。

船内に入ると、シートが四列ずつ並んでいるのが見えた。壁一面の窓は喫水線が見えるぐらいに大きい。シートカバーは竹島上陸の際に乗った〈サンフラワー号〉で見た、ＫＴＦの「獨島特別プラン」だった。つまりシートに座っている間中、「獨島」の写真が目に入ることになる。

船は午前一〇時半に釜山港を出航した。船内は見たところほぼ満員。韓国人がほとんどで、日本人もいるにはいたが、数人だった。おそらく対馬に住む人たちだろう。

厳原に着いたのは釜山港を出てから三時間一〇分後の午後一時四〇分だった。

タラップを下りると、入国審査の行われる二階建ての建物の一階に移動し、混み合ったなかでしばらく待つ。入国のため隣に並んでいた人が韓国語でふとつぶやいた。

「日本がこんなに近いよ。時差もない」

その言葉のニュアンスには、「日本を憎む韓国人」というありがちな構図からはほど遠い、純粋な感慨、といったものを感じた。僕は帰国しようとしているのだが、まわりの韓国人は外国へ入国しようとしているのだ。

午後二時半ごろ入国審査を終えると、「旅行博士」のツアー客は厳原中心部のいくつかのホテルに分かれた。僕と通訳の劉くんのいたグループが割り当てられたのは万松閣《ばんしょうかく》という老舗の旅館だった。

宿にはほかに日本人客はおらず、韓国人観光客のみだった。入り口でスリッパを用意し「いらっしゃいませ」と声をかけてきた五〇歳ぐらいの女将は韓国語をまったく話さない。数人いた従業員も同様だった。それなのに物怖《ものお》じすることはなく、「お二階、二〇五、萩《はぎ》の部屋へどうぞ」などと堂々と日本語で案内していた。僕がその点についてたずねてみると、「言葉は通じなくて困ることもありますけど、ハートで接すれば大丈夫です」と女将は胸を張った。実際、サービスの様子は丁寧で、潔かった。

宿に荷物を置き、身支度を調《ととの》えたあとの午後三時過ぎ、「旅行博士」の三〇人ほどの一行が再び集まった。ガイドの香姫が拡声器を使い韓国語で、「じゃあこれから厳原観光に参ります」とツアー客をまとめる。歩いて厳原を観光するようだ。

厳原は宗氏の城下町だったところで、町には明治より前に建てられた防火用の石垣が数カ所、いまも繁華街に残っている。城下町の骨格が引き継がれているためか、車がすれ違えないくらい道が狭い。そんな城下町の路地を、ツアー客一行約三〇人が歩くと、当然道をふさいでしまい地元の人たちの通行の邪魔になる。

気がつけば背後には地元の人の軽トラックがあった。乗っているのは年配者で、ツアー客一行に対してクラクションを鳴らすこともなく、ずっと辛抱強く待っていた。運転席に座る老人の顔には怒りの色が見えるわけではなく、それどころかこうしたことは慣れっこだというふうに淡々とした様子だった。そうした反応は別の場所で遭遇した赤いスーパーカブに乗った郵便配達員も同じだった。観光スポットと生活の場が一致している以上、地元の人たちも混雑は了解済みということなのだろう。

上●釜山から韓国人向けのツアーに参加。
路地が多い厳原ではツアー客がたちまち道を埋め尽くした。
下●韓国資本の免税店のなかでは商品名がハングルで記されていた。

最初に立ち寄ったのは修善寺《しゅぜんじ》という観光地ではないごく普通の寺であった。目的は併設されている墓地に立っているとある石碑を見るためだ。石碑は、愛国抗日運動により逮捕され、対馬に流され、抗議の断食によって亡くなった大韓帝国時代の政治家、崔益鉉《チェイクヒョン》を祀るものらしい。韓国での知名度はかなりあるようで、一行の年長者が黙禱《もくとう》の号令をかけるとみながそれに従っていた。

対馬藩の外交機関があった西山寺《せいざんじ》では、朝鮮通信使として日本に渡った金誠一《キムソンイル》の詩碑を紹介された。金誠一は「秀吉が朝鮮を攻める意志はない」と朝鮮の王に間違った情報を伝えたために悪者として評価される人物である。

「悪者として教科書に載っていますが、国のために手を尽くしたのですから悪者と言いきれないかもしれません」と香姫は自らの意見を率直に言った。

続いて郷土資料館に寄り、建物前にある「朝鮮國通信使之碑」の前で有志が記念撮影、その次は「李王家宗伯爵家御結婚奉祝記念碑」と、それこそ碑をまわることが目的なんじゃないかと思えるような徒歩ツアーであった。

観光も終盤に差し迫ると香姫はツアー一行にある提案をした。

「まだ行っていない場所があります。そこでは『百済《くだら》や新羅を日本が統治した』という歪《ゆが》んだ歴史が紹介されています。私はここを紹介したくありませんが、皆さんいかがですか」

すると一行は「行かなくていい」と口を揃えた。

行っていない場所とは厳原八幡宮《はちまんぐう》神社のことである。『日本書紀』によると神功《じんぐう》皇后は三韓《さんかん》征伐の帰途、この地に立ち寄ったとされている。ここでいう三韓というのは高句麗《こうくり》、新羅、百済のことである。香姫が問題視するのはその三韓征伐を神社の由来に記載しているからだ。

見学をとりやめたことに対して、劉くんは僕に感想を耳打ちした。

「愛国心を燃えさせるところだけ行っても意味がない。もう大人なのに。韓国人としてこんなのは嫌です。愛国的な説明をしてるというのは、それはそれでちょっと嫌です」

確かに劉くんの指摘するように、ガイドの史観・視点は韓国中心のものだったし、訪れた場所は韓国とゆかりのあるところばかりだった。しかし、そのとき僕はまったく別のことを考えていた。想像以上に深い対馬と韓国のつながりについて、である。正直に言って、実際歩いてみるまでこれほど多くの韓国関連の史跡があるとは思っていなかった。厳原だけでも韓国ゆかりの地が数多くある。対馬という島が、対岸の韓国といかに古くから強くつながっていたのかを、それら旧跡の存在が雄弁に物語っていた。なるほどこれだけ韓国にゆかりの地があるのであれば、観光客として韓国人を呼び込むことに力を注ぐのもよく理解できる。

観光がひととおり終わると、できたばかりだという厳原の免税店に案内された。「日本観光公社」と看板のある三階建ての新しいビルで、一階が店舗になっていた。ちょっと広めのコンビニ程度の広さの店内は五〇人ほどの韓国人観光客で混雑し、歩くのが難しいほどだった。

博多《はかた》人形、羽子板《はごいた》、ベルト、ワイシャツ、旅行グッズ、ストッキング、帽子……など、商品はとりたてて物珍しいものを扱っているというわけではない。だが、商品名の表示はほぼハングルのみで（価格表示は円）、店員も韓国人ばかりが目立った。

そう、ここは韓国人観光客用の免税店なのだ。いくら韓国人の観光客が多いからといって、専用の免税店まで作って対応しているというのは驚きだった。それだけ多くの韓国人観光客を当て込んでいるということになる。この島の、韓国人観光客にかける意気込みが伝わってきた。

対馬は一番近い外国

夕食は中心部にあるホテルでのビュッフェだった。その場で僕はガイドの香姫を捕まえて、なぜこれほど韓国からの観光客が増えたのか、その変化について質問してみた。

「テレビの影響もあります。あと韓国より日本の対馬のほうが（旅行代金が）安いんです。たいていのお客さんは日本にちょっとでも行ってみたいということです。韓国から一番近い外国ですから」

「彼らの目的はなんですか？　韓国ではどこからのお客さんが多いのでしょう？」

「三分の一は登山、三分の一は釣り、あとのお客さんは市内観光と観光ツアーです。一番多いお客さんは釜山のお客さんです。二番目はソウルとか全国。夏になったらもっとたくさん来ます。大学生がカバンを持って旅行します」

カバン（リュック）を持って旅行する大学生とは貧乏旅行をするバックパッカーのことだ。

「去年、竹島の日に対抗して馬山《マサン》市が『対馬島《テマド》の日』を制定して、ウリタン（韓国の土地）だから返してくれって報道がありましたよね。それも関係あるのかと思ったんですけど」

僕の質問は、人海戦術で対馬を埋め尽くそうという考えがあるのか、あるいは何か政治的な意図があるのか、という意味だ。こんな質問をしたのにはわけがある。

竹島に上陸した次の日のことだった。鬱陵島の獨島博物館を訪ねたとき、博物館の手前にいくつかの碑が立っていることに気がついた。その一つに「對馬島本是我國之地」と彫られたものがあった。その意味するところは「対馬は我が国の土地」、つまり韓国の領土だと主張しているのだ。

また、博物館のそばにあるロープウェイ乗り場から山の上をめざしてロープウェイに乗り込むと、『獨島は我が領土』という曲が流れたのだが、その歌詞の改変ぶりにも気になるところがあった。踊りたくなるような軽快なリズムに、極めて政治的な韓国語の歌詞が乗る、その曲の歌詞に「ハワイはアメリカの領土、対馬は日本の領土、獨島は韓国の領土」という一節がある。その部分が「ハワイはアメリカの領土、対馬はわからないけど、獨島は韓国の領土」と変えられていたのだ。

さらに気になっていたことがあった。二〇〇五年春の島根県議会による「竹島の日」条例制定直後に、釜山近郊の都市、馬山市の市議会が「対馬島の日」条例を制定し、日韓両政府を驚かせた。条例は「対馬島が韓国領土であることを内外に知らしめ、領有権確立を目的とする」ものだった。「竹島の日」条例制定直後という時期に対馬のことを持ち出してきたのは、「日本が竹島のことを主張するのなら、韓国側も対馬のことを主張しよう」という報復の意味合いが色濃い。

碑文といい歌詞改変といい、韓国では「対馬は自国領である」という認識を徐々に国民に浸透させていこうという動きがあるのかもしれない、と勘ぐったのだ。

そんな僕のいじわるな質問に、香姫は誠実に答えた。

「それは全然関係ない。対馬は日本国のもの（領土）だと思っていますね。昔々、前に韓国のものと思ってた。昔、韓国領だった場所がどうなってるか見に来る。それが一番の目的です」

対馬が「前に韓国のもの」「韓国領だった場所」というのは、朝鮮側が宗氏に官職を与え米を援助するなど、明治初期まで対馬と朝鮮が密な関係にあったことを根拠としているらしい。日本人の僕にとっては突拍子もない発想だが、韓国人にとってはそれが当たり前の感覚らしかった。

さらに香姫は続けた。

「日本や韓国の政府と一般国民とは話が別です。歴史は歴史、現実は現実、それらを分けて考えることが一番大事ですね。日本政府と韓国政府がケンカしても対馬へお客さんはたくさん来ます。旅行と政治はあんまり関係ないですよ。日本人もそうじゃないですか。ツアーに参加しているお客さんに『対馬はどちらの国の領土だと思いますか』と聞くと、たいてい『対馬は日本の領土だと思っています』と答えが返ってきます。誰がなんと言ってもここ対馬は日本です」

香姫は日本に二年間暮らしたことがあるのだという。それで日韓双方の立場を理解しているのだ。

ツアー中、対馬が韓国領なのかどうか参加者にも話を聞いたのだが、香姫の言うとおりだった。

「昔はどうだったかわからないけど、（少なくともいまは）対馬は日本のものだと思う」

「対馬はこんな特殊な位置だから、韓国人の観光客が多いのはやむを得ないでしょう。日本からは、外国じゃないから来ないいんじゃないですか」

また、総勢一四人の熟年夫婦グループにツアーに来た目的を聞くと、「大学の同期記念で親睦を図るため釜山から来ています。対馬を選んだのは一番近い外国だから」と答えた。

「外国だから対馬へ来たい」と思っている以上は、「対馬は我が国の土地」だと思っているはずがない。ツアー客一行の構成はまちまちだったが、「すぐ近くの外国に行って親交を深める」という目的については共通していた。歴史的なことや政治的なことはともかく、最も身近な外国への旅で、仲間同士で楽しい思い出を作ることが彼らの関心のすべてだった。

一般的な韓国人たちは、反日デモをやっているような過激な韓国人や韓国政府の考えとは一線を画しているのである。

翌朝、一行は旅館をチェックアウトし、港近くの集合場所から観光バスに乗った。島を貫く幹線道路である国道三八二号線を北上し、比田勝をめざした。途中、何度かバスを降り、対馬中部にある浅茅湾の絶景を眺めたり、海のなかに鳥居が浮かぶ和多都美《わだつみ》神社を参拝したりと、対馬観光の定番ともいえる場所に立ち寄った。

比田勝で昼食をとったあとは、山がちな対馬には珍しい美しい砂浜、三宇田浜《みうだはま》を訪ねた。三宇田浜は日本の渚《なぎさ》百選に選ばれた場所で、なるほど風光明媚《ふうこうめいび》なところだった。しかし、その浜にハングルの書かれた自動車用オイルの容器が打ち上げられているのを見つけた。また浜の脇の茂みには洗剤の容器、漁具などが集められていた。対馬にはプラスチック容器や漁具など大量のゴミが漂着するのだが、大部分は韓国からのものだ。その被害は西北の海岸を中心に全島的なものとなっているという。これもまた国境の島の現実の一つだ（こうしたゴミの問題に関しては韓国側も危機感を持っている。夏には釜山の大学生がやってきて、地元の人や日本のほかの地方からやってきた大学生らとボランティアでゴミ拾いをするのだという）。

「展望台はソウルのタプゴル公園（パゴタ公園）にある多目的施設をモデルにし、ゲートについては、韓国国際ターミナル（釜山）の入り口ゲートをモデルにしています」

香姫が説明すると、「ほんとそっくりだ」という歓声が聞こえてきた。

前回訪ねたときには釜山の明かりが見えた北端の韓国展望所に来ていた。

この日は空気が霞《かす》んでいて対岸を見ることはできなかった。しかし、ほんの五〇キロ先に隣国があるという事実にはもちろん変化はない。この場所に来ると、目の前の海が日韓の漁師たちや海を守る日韓当局にとっては気の抜けない国境の海であることを改めて考えさせられる。

日韓を隔てる対馬沖の国境の海は、その狭さゆえに日韓両国が二〇〇海里ずつのEEZを設定することができない。日韓の領海は基本的にそれぞれ一二海里（約二二キロ）なのだが、対馬については特別に三海里（約五・六キロ）ずつの領海を設定し、その外側にそれぞれ特定海域というものを設定、両国間には中間線が設定されている。

海上保安庁の巡視船が日々哨戒を続けているのは中間線の付近で、中間線より日本側を航行する韓国の漁船を見つけた場合は立ち入り検査をする。ただしそれにも限界がある。一〇トン未満の小型の船だったら小回りがきくため逃げられてしまうこともあるというのだ。一部の韓国漁船は特定海域の存在を知っていながら侵入しているのだという。

実際に事件も多い。沖合では密漁や密航、領海侵犯、漁をめぐってのいざこざなど国境ゆえの問題が絶えない。二〇〇五年五月には、中間線の日本側で許可なく操業していた韓国漁船に海上保安庁の巡視艇が強行接舷しようとしたところ、妨害され船体に穴を開けられたことがあった。また同じ月には同様の韓国漁船に強行接舷し海上保安官が乗り移ったところ、保安官二名を乗せたまま逃走するという事件も起こっている。

韓国展望所の遠くに広がる海に、漁船の姿を求めて僕は目を凝らした。対岸が見えた前回訪問時の朝、すぐ沖合に数隻の漁船が見えたので、今回も目にすることができるのではないかと期待していたのだ。しかし、視界があまりよくないせいなのか、漁船の姿を見つけることはなかった。

この地が国境の地であるということを確かめるために、この韓国展望所で、僕は日本と韓国それぞれの携帯電話の感度をチェックした。国後島で日本の携帯が通じたことを考えれば、韓国の電波が届いてもおかしくはない。海に向かって二つの携帯電話をかざし、電話機の画面をそれぞれ確認した。結果は、日本の携帯（ドコモ）は展望台の陸地側背後にアンテナがあるため感度はまあまあ良好だった。韓国の携帯は微弱に電波をキャッチするだけで、とても通話できるレベルではなかった（ローミング機能のついた日本の携帯電話が韓国側の電波を拾ってしまい、勝手に国際電話扱いとされてしまうというトラブルが発生していることをあとで知った）。

韓国人をめぐる複雑な感情

明治以降、大日本帝国海軍の軍事的な要衝として全土が要塞化され、対馬は秘密のベールに包まれていた。島を一周できる道路は戦後になるまで作られず、島民は海上ルートでの移動を余儀なくされていた。対馬北部からは同じ海上ルートなら対馬南部よりも釜山など韓国のほうが近い。そうした事情も対馬北部の人たちが韓国へ向かった理由のようだ。

対馬北部西岸にある佐須奈という町は、中世以後、朝鮮半島から日本へ向かう船の玄関口だった。江戸時代には朝鮮修交の船舶発着の要所として機能している。一六七二年、時の対馬藩主は佐須奈に改番所《あらためばんしょ》というものを設けた。密航者や密貿易を取り締まるためである。明治になるまで盛んに密貿易が行われていたのだ。長崎県が編纂《へんさん》した『長崎県文化百選みなと編』の佐須奈港の項目には対馬北部で行われた交流の歴史の一端が記されている。

「貿易の記録は室町期にまでさかのぼる。輸入は米、朝鮮ニンジンなど。輸出は銀、硫黄《いおう》、鉛、ミョウバンなど。江戸期初期には朝鮮往来の出入り口として関所が置かれた。江戸まで派遣された日朝蜜月時代の象徴、朝鮮通信使の船もまずここへ立ち寄った。

近代に入ってからは、明治十七（引用者注・一八八四年）年に税関の出先が開設され、同三十二（引用者注・一八九九年）年、開港した。昭和の終戦まで釜山と結ぶ定期航路があり、背後の佐須奈の町も賑やかだったという。物資や出入国者の流れはもちろん、対馬住民は買い物や病院通いでも釜山まで気軽に出掛けていた。」

北部では佐須奈と並んで比田勝も繁栄した。比田勝は明治時代、戸数数十の寒村だったが、その後、捕鯨など新しい産業の勃興や朝鮮との交流によって急速に繁栄したのである。下関と釜山を結ぶ定期船が寄港し、住民は日常的に釜山へと行き来した。沖合で魚を獲り、釜山で陸揚げして帰ってくる漁師もいた。そうした経験談は実際、対馬で何度か耳にした。

ツアーが終わる直前のことだった。韓国展望所から比田勝へ向かう途中、バスはちょっとしたショッピングセンターで一〇分ほど休憩のため停車した。あたりをふらふらしていると、もんぺ姿の地元のおばあさんを見かけたので、韓国との交流について聞いてみた。

「韓国に行ったことはないです。でもいつも見えとるです」

おばあさんはそう言って、さらに続けた。

「私たちの集落、棹崎《さおざき》からね、じいちゃんたちあたり、手こぎ船で朝鮮へ行ったそうです。手こぎ船には四、五人は乗っとったでしょうね。帰りにお米積んできたりとか。炭を売ってそれで物々交換したらしいです」

棹崎とは対馬の北西端にある集落で、そこから韓国までは五〇キロ弱しか離れていない。

「私は小そうて朝鮮のことはまだわからんでした。私たちが大きくなったときは戦争が激しくなったですから、手こぎ船で行くようなことはなかったです」

もし戦争が激化していなければ、このおばあさんも手こぎ船で韓国へ出かけていたのかもしれない。

「そのころ集落にはいっぱい韓国の人がおったですよ。朝鮮名と日本名を持っていました。学校なんか一緒に行っとったです。そのときは『朝鮮』『朝鮮』って呼んでました。『韓国』と呼ぶのはこのごろですもんね。昔は『朝鮮』ですからね。その人たちは炭焼きで山に住んどったです」

対馬にはほかに済州島からの海女もいたという。

また、アワビの加工品を売りに行ったという人の話も聞いたことがある。その話をしてくれた人もあくまで祖父の代の話と断ったのだった。では、実際行き来していた世代はいまもまだ健在なの

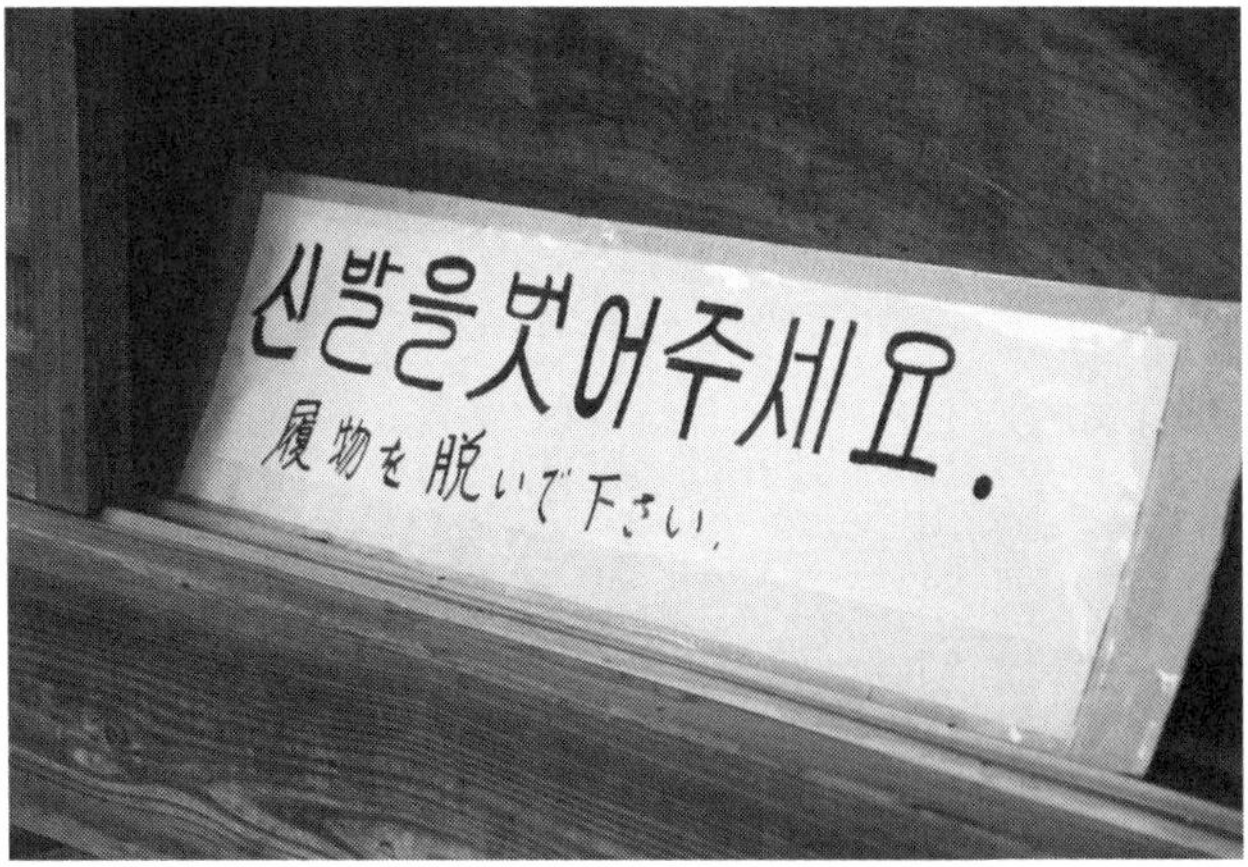

上●注意書きはハングルと日本語が併記されていた。
下●韓国人用の釣り宿が島の中部にたくさんある。

だろうか。

「おそらくおられんでしょうね。行き来は戦争前の話。戦争がすんでからはそんなことはない。定期船はあったとやないですか。手こぎ船とはまた別に。やっぱり昔はすぐそこやったから、見えとっちゃからね。昔はみんな自由に行き来されとっちゃでしょ、ここから朝鮮に。仕事とかねえ。女の人は女中さんとか、みんな行かれたそうで」

「韓国人がたくさん来るのはどうですか」

「いいですよ韓国の人は。いつもよく近くに散歩に来られますよね。別に悪いことするわけでもなく、お互い様ですから。仲よくせんといけんですたい」

彼女自身は韓国には行ったことがなくても、常に身近に感じて生きてきたのだろう。

戦前は働きにやってきた韓国人たちが、近年は観光のために団体でやってきて、そのことを島の人が受け入れている。時代は変わり韓国との交流が途切れても、対馬の人たちはまた新たな交流の形を模索し復活させる。それは日本と韓国の狭間に位置する対馬と、そこに住む人たちにとっての宿命づけられた生き残りの手段なのではないだろうか。

ツアー客や通訳の劉くんと比田勝で別れ、二時間以上かけて厳原まで戻ってきた。

この日は日曜だったが、夜の繁華街はすでに閑散としていた。日曜も夕方になると、韓国人観光客はぐっと減る。時間は半分ぐらいの速さで流れているようで、昼間と同じ町とは思えなかった。韓国人が大挙してやってくるまでは、ゆったりとした時間の流れる閑散とした雰囲気が当たり前だった。いまも韓国人がいないとき、この町は静かなのだ。

居酒屋にふらりと入った。韓国人のお客さんはいなかったが、店の壁には韓国人が書き残していった寄せ書きがいくつも貼られていて、韓国人の利用客がかなり多く、店のマスターが韓国人観光客を歓迎していることがわかった。マスターは言った。

「離島関係の事業費は削減されるし、魚も獲れない。韓国に対馬が救われてる」

この店は売上のかなりの部分を韓国人観光客によって得ているようだった。

対馬の総人口は一九六〇年の六万九五五六人をピークに減り続け、二〇〇五年には三万八四八一人と最近では四万人を割り込んでいる。就業者人口も総人口の減少に比例して減っており、一九六〇年には二万九七五一人だったものが、二〇〇五年には一万八〇六六人となっている（以上、国勢調査より）。島の過疎化は年々厳しさを増す傾向にある。高齢化や乱獲により先細りし続ける漁業にかわって基幹産業となる産業を作るため、島は企業誘致に取り組むようになったが、近年の不況で企業の撤退・倒産が相次いでいる。市の財政はほかの地方自治体同様に補助金漬けの傾向にあり、そこに小泉《こいずみ》首相時代の構造改革による「地方切り捨て」がとどめを刺した。

そんな「瀕死《ひんし》」の対馬へとやってきたのが韓国人観光客だった。韓国は島の人びとにとって救世主ともいえる存在だった。海の向こうから大勢の観光客がやってきて、国内の観光客が激減し青息吐息だったホテルや飲食業など島の観光業者が息を吹き返したのだ。

〈シーフラワーⅡ号〉が導入された二〇〇四年以降に韓国人観光客が激増したのは、その年、短期滞在の韓国人に対してのビザが免除されるようになったことがきっかけだった。対馬を訪れた韓国人は二〇〇一年に八三二〇人だったものが、二〇〇五年には三万六六三六人とほぼ四倍に増えている（対馬市役所観光交流課調べ）。韓国人観光客の誘致に成功し、島に安定した数の観光客がやってくるようになった。こうした対馬のケースは日本の国境の島のあり方、そして辺境の振興策について一石を投じているのだろう。

しかし、受け入れ態勢が整わないうちに渡航者の数が年々倍々で増えていったため、異文化摩擦が生じることにもなった。島には歓迎論ばかりがあるのではない。マスターが韓国人歓迎論を披露すると、カウンターに座っていた地元の中年男性が異論を唱えた。

「韓国からの船が着いたら、夕方には磯場に韓国人が来よる。入れ替わり立ち替わり週に五日ぐらい来られたら俺たちが行く間がないっちゃ。あと、田舎の防波堤で釣ってたとき、韓国人が寄ってきて黙って仕掛けを触ったりするから気色悪いたい。一部の人間は喜んどるかもしれんけど、関係ない人間は迷惑たい」

韓国との交流を望んでいる人ばかりが対馬にいるわけではない。特に多くの漁師は韓国人釣り客に対して複雑な感情を抱いているようだった。いわく、サザエやアワビなど沿岸の海産物を潜って勝手に持っていく、磯場に大量の撒き餌《まえ》をする。撒き餌の外国人による使用は二〇〇四年から禁止となっているが、韓国人釣り客は守らないのだという。韓国人が磯釣りをやっても海岸が汚れるだけで、島に暮らす漁師の儲《もう》けにはならない。

北西部の漁村に立ち寄ったとき、六十代半ばの漁師から韓国人に対する不満の声を聞いた。

「韓国人釣り客が来るのは好まんて。韓国の人を乗せる許可を持った船がおって、ここから出るわけたい。ばってん、ここになんも金は落ちんわけ。遊漁料でも納めてくれたら苦情もそう出らんて」

島のまわりはかつて豊かな海だった。しかし近年は不漁が続いている。そうした不漁のイライラもあって、漁師たちは韓国人へ不満をぶつけるのだ。

小さな居酒屋のなかでも割れる意見。これが隣国と交流するということの現実なのだろう。

急増する韓国人観光客は対馬の人びとにとって真の救世主なのか、それとも災厄をもたらす者たちなのか。はたして、すべての島民が納得できるやり方はあるのか。——居酒屋のカウンターでビールのグラスを傾けながら、僕はいつまでもそんなことを考え続けていた。

五　硫黄島
国家に裏切られた島

一般人の上陸が禁じられた島

硫黄島は一般人立ち入り禁止の島だ。立ち入りが難しいのは北方領土、竹島、沖ノ鳥島といった島と変わらない。違うのは硫黄島が地理的・政治的な国境には位置していないことだ。硫黄島の南にはまだいくつか日本の島があるし、外国に占領されているわけでもないから、ほかの島とひとくくりにして「国境の島」と呼ぶことはできない。しかし、硫黄島には国境の島である北方領土と似た現実がある。日本領であるはずなのに、戦前そこに住んでいた日本人が退去を命じられ、戦後、いまも島に戻って暮らすことができないという状況に置かれたままなのだ。

一九四四年（昭和一九年）、島の住民たち約一〇〇〇人は戦闘に備えて日本本土に疎開させられた。翌一九四五年（昭和二〇年）二月から三月にかけて行われた日米による戦いのあと、硫黄島はサイパンから日本本土を空襲する際の中継基地として米軍に利用された。太平洋戦争に負けた日本はGHQの占領下に置かれ、一九五二年のサンフランシスコ講和条約発効後、ようやく国の主権を回復する。しかし、硫黄島を含む小笠原諸島は米軍の統治下に置かれ続け、一九六八年（昭和四三年）になってようやく日本に復帰を果たした。硫黄島はその間米軍の空軍基地として利用され、復帰後は米軍と自衛隊の基地として利用されている。

現在、島には海自・空自からなる自衛隊基地に駐留する隊員が三七〇人（二〇〇五年時点）、施設工事関連の業者が三〇人（同）、交代で駐在しているのみである。

旧島民を含む一般人の居住を許可しないことに関して、日本政府は「火山活動による異常現象が激しい上、産業の成立条件も厳しく、一般住民の定住は困難」と一九八四年に判断している（その際、政府は旧島民に一人一律四五万円の見舞金を支給した）。自衛隊の基地として使用されていることから一般人の上陸も禁止されたままだ。

昭和三十年代初頭に「もはや戦後ではない」という言葉が流行語になったが、島民が帰島できないままの硫黄島に関しては、その言葉が流行《はや》った時代から半世紀以上の年月が経過した二一世紀のいまも戦後が続いている、と言い切ってもいい。

自衛隊や工事関係者以外の者が島を訪れる機会は少ない。かつて島に住んでいた者やその家族、戦没者の遺族たちは慰霊や里帰りのため上陸する機会を限定的に与えられる。都や厚生労働省、遺族会などが主催する航空機での日帰り訪島が年に五〜六回、小笠原村が主催する船による一泊二日の訪島が年一回、厚生労働省が派遣する遺骨収集団の訪島が年四回——これらの方法がすべてで、島とは関係のない一般人が訪島する機会は閉ざされている。

今回、僕は雑誌の取材を名目に、小笠原村の主催する訪島事業への参加を許されたのだ。

東京から南に約一二〇〇キロ、小笠原諸島の父島から南に約二八〇キロの地点にある硫黄島へ向かうためには、沖ノ鳥島行き同様、まずは小笠原諸島の父島をめざす必要があった。定期航路に利用されている〈おがさわら丸〉に乗り、片道約二五時間半の航海をまた体験するのだ。さらには、その先も同じ船で一晩以上波に揺られる必要がある。東京から父島まで行き、父島に三泊停泊し、東京へ引き返す、合計五泊六日が通常のコースだが、沖ノ鳥島も硫黄島も、本来なら父島に停泊し

五

ている時間を利用して往復する。訪島を主催する自治体がその間〈おがさわら丸〉をチャーターするのだ。

救いなのは沖ノ鳥島行きに比べて航海の時間が短くてすむことだ。沖ノ鳥島へ向かったときは父島から二十数時間かかったが、父島から硫黄島へは一晩で到着する。ちなみに両島は小笠原村に属し、小笠原村は東京都に属している。つまりどちらのクルーズも都内を移動しているにすぎないということになり、さらにいえば〝村内〟クルーズということになる。

二〇〇五年の六月一五日。平日の朝九時ごろ、雨だというのに竹芝桟橋の出発ホールは〈おがさわら丸〉に乗ろうとしている乗客でごった返していた。ザックを背負ったバックパッカーやダイビング機材を持ったダイバーなどの観光客が多い。小笠原行きの乗船券を売る窓口には乗船券を買い求める客が列をなしていた。

窓口の横には「硫黄島訪島事業窓口」と立て看板があり、折りたたみ式の長いテーブルが置かれていた。テーブルでは小笠原村の職員らしきTシャツ姿のラフな格好の男性二人が、硫黄島へ向かう人たちの受付を淡々とこなしていた。前月の沖ノ鳥島視察ツアー出発の際は山のような撮影機材を抱えた人間があちこちにいたが、今回はほとんど見かけなかった。かわりに目立ったのは、背広を着ている年配者たちが十数人、受付の横に掲げられた「硫黄島協会」と書かれた紫色の小旗のもとに静かに集まっている姿だった。

訪島事業は大まかに分けると二つの目的がある。一つは硫黄島の戦いによる戦没者の遺族が供養を行うため、もう一つは、一九四四年(昭和一九年)まで島に住んでいた人びとやその子孫が先祖供養などの目的で里帰りするためである。硫黄島協会の人たちは前者の目的のために参加するのだ。

乗船券を買い、雨のなか、桟橋前のホールから〈おがさわら丸〉へと移動する。沖ノ鳥島行きのときとはあてがわれたスペースが違っていた。前回はエントランス下の二階にある小グループ用また は女性専用の細長い船室だったが、今回は一番下の一階にある二等大広間、花見シーズンの桜の下のようにぎっしり人で埋まる大部屋での雑魚寝だった。

船底に近いこの大部屋はエンジンの音がかなりうるさい。そのうえ窓がないので時計とアナウンスがなければ昼か夜かにわかにはわからない。海は荒れ模様で、船は東京湾の外に出ると揺れに揺れた。船内を歩いて移動するのが困難なほどだった。まわりの客は出航直後こそ賑やかだったが、船が湾から離れるころには半分以上の人が横になり、大部屋にはエンジン音だけが響き渡った。

〈おがさわら丸〉は定刻から三〇分遅れの二六時間後、出航翌日の正午に父島の二見港に到着した。硫黄島へ出発するのは夜だから、出航までは父島での自由時間となった。訪島事業の参加者たちは食事をしたり、出歩いたり、村役場の二階に設けられた休憩所で休んだりと思い思いの時間を過ごした。

休憩所で、中島秀次郎《なかじましゅうじろう》さんというスラッと背の高い、七十代後半の男性と話す機会があった。都内で町工場を営んでいる中島さんは真夏の父島でもジャケットを脱がない、おしゃれにはこだわりのある人だ。彼は一六歳まで島の中心地である元山《げんざん》という集落で育った。

僕は中島さんに島にいた当時のことをたずねてみた。すると彼は七〇年ほども昔のことをつい最近のことのように話してくれた。

「島は住んでみるとけっこう広いんだ。平地だからね。山はあの摺鉢山《すりばちやま》しかないんだから。学校の遠足では摺鉢山に行ったりしたもんだ。あそこに弁当持っていって、お昼食って、帰ってくんだ」

硫黄島は一五四三年、スペイン人に発見されたといわれている。一七七九年、イギリスのジェームス・クック（キャプテン・クック）の探検船が島を目撃し「サルファー・アイランド（硫黄島）」と命名したこともあった。

島に人が入植し始めたのは一八八九年（明治二二年）で、硫黄の採掘と漁業を目的に日本人が住み始めた。日本への帰属が決まったのは一八九一年（明治二四年）。「硫黄島」と命名され、集団入植が盛んとなる。一九一二年（大正元年）には島の人口は三九六人を数えた。小学校もそのころ開校している。その後も人口は増え続け、戦争の激化により島民の疎開が行われた一九四四年（昭和一九年）当時の人口は一〇〇四人に膨れ上がっていた。

「家は島の真ん中の元山にあった。島の真ん中だから中島だ。家の近くには学校があってね。後ろに警察署があったね。家は一〇〇坪か二〇〇坪はある大きな家だった。屋号が〝豆腐屋〟っていう商店をやっていた。古い人はいまでもうちのことを〝豆腐屋〟って言うかもわからん。東京から仕入れたものを扱っていて、呉服もあれば提灯《ちょうちん》もある、なんでもあるよろず屋だった。〝豆腐屋〟って言うぐらいだから、豆腐も作っていた。お菓子もあったし雑貨もあった。学校はパン食だったからうちの店でパンを作ったりね」

硫黄島でも、戦争が始まる前には当たり前の平和な暮らしがあった。

「島にはお茶菓子がないからね。みんな果物をとりに行くんだ。島中になっていたからね、集落ごとに。ヤシはよその家の敷地に生えているのをもらってくるんだよ。おじさーん、ヤシの実一つもらうよーって。そしたら文句ない。勝手にとったらバーンって殴られたね。ヤシの実はね、ナタで切ってポイと地面に落として仲間で食べたよ。なかの白身がうまいんだあ」

懐かしそうな顔で彼は言った。

「終戦後、島を訪れるのは何回目なんですか？」

「そんなにはない。島民は引き揚げちゃったし、アメリカに占領されたからね。島民は住まわせないことになったんだ」

穏和だった中島さんの口調は僕の何気ない質問によって、深刻で険しいものに変わった。その変化は、六〇年以上にわたって島に戻れない旧島民が、心の奥にぐっとこらえている感情が垣間見えた瞬間だった。

「こうして毎年来ているんですか?」

「はい。自分の郷里だから。自分の生まれたところだから」

中島さんは小笠原名物のにぎり寿司《ずし》をつまみながら強い口調で言った。たとえそこで暮らすことが許されなくても、彼にとって硫黄島は故郷であり、望郷の念は断ちがたいものなのだ。

硫黄島への航海

〈おがさわら丸〉が父島の二見港に入港するとき、そして出港するとき、港はいつもお祭り騒ぎとなる。船客待合所は出迎える人、見送りの人で埋まる。スチールドラムや和太鼓の音が鳴り響き、ミクロネシアの影響を受けた南洋踊りやハワイアンのようなメロディの小笠原民謡が披露される。船と船客待合所の間のあちこちで、「ようこそ」「さようなら」の叫び声が交差する。

しかし、このときばかりは違った。午後八時に集合場所である二見港の船客待合所に出向くと、いつも繰り広げられる入出港時のお祭り騒ぎのような熱気はなく、厳粛な雰囲気で、待合所の空気は張り詰めていた。硫黄島行きに際して、今回の訪島事業を運営する小笠原村役場の職員たちが参加者に概要を話す説明会が行われていたからだ。硫黄島へ向かう参加者の合計は一四九人。うち旧島民やその家族は四一人だった。小笠原からの参加者は世話をする村役場の職員、父島と母島《ははじま》のそれぞれの中学二年生、選抜された一般島民に村会議員という顔ぶれだった。なかには返還後に小笠原へと移り住んだ旧島民もいた（故郷の島に少しでも近く、という思いが強いのだろう）。

説明会が終わると、再び〈おがさわら丸〉に乗り込み、船室を探した。船室は四階の一等の部屋で、ほかの週刊誌の一行や「小笠原新聞」という地元紙の記者と同室だった。大きな窓のある船室には二段ベッドが向かい合わせに並んでいた。

船が出てまもなく、翌日と翌々日の行動についてオリエンテーションが開かれた。現地行動は大まかには遺族（硫黄島協会）、旧島民、小笠原村村民という三つのグループに分かれ、マスコミや村議会議員、役場職員はそれぞれのグループに割り振られた。僕は希望していたとおり旧島民のグループに入れてもらうことになった。

予定表によると、翌朝に硫黄島の沖に着く。数千トンクラスの船が入港できるような港がないので、沖泊まりしてボートに乗り換えて上陸する。参加者全員で慰霊祭に参加したあと昼食をとり、午後はグループごとの行動になる。僕が帯同する里帰りコースは、旧島民の出身集落を訪ねるのが目的である。旧島民たちは基本的に島にある小笠原村硫黄島平和祈念会館に宿泊することになっていた。僕も含めたそれ以外の者は沖に停泊している〈おがさわら丸〉に戻り、船室に宿泊する。翌日は島内の戦跡を一日かけてめぐり、夕刻に船に戻る。洋上でもう一度慰霊祭を行い、父島へ向けて硫黄島を離れる。

初日に出身集落への里帰りが行われるのは、海が荒れて上陸できない場合に備えてのことだ。チャンスは多いほうがいい。初日の天気が悪く上陸できなくても、二日目には上陸できるかもしれない。また逆の場合も考えられる。実際のところ、過去二年は悪天候のため上陸できず、洋上から島を眺めるだけになってしまったという。

中島さんのような強い思いを、旧島民たちはそれぞれに抱いている。そのことを翌日と翌々日の訪島時に知ることになる。過去二年の天候不順は身を切られるような思いだったに違いない。

〈おがさわら丸〉が父島を離れ、硫黄島に向かっていた夜、なかなか寝つけなかった僕は持参していたDVDをノートパソコンで再生して、日付が変わるぐらいの時間まで見ていた。『鎮魂硫黄島』という、一九八五年製作日米合作のその映像作品は、本編約八〇分、米軍が残した戦闘時の記録映像や、開戦前の日本軍の訓練、食糧増産などの準備風景、日米の生き残りの兵士たちや作戦を指揮した栗林《くりばやし》忠道《ただみち》中将の遺族へのインタビューなどの映像が盛り込まれ、硫黄島の戦いが立体的に再現されたドキュメンタリー作品に仕上がっていた。

艦砲射撃や空襲により砲弾が着弾し、炸裂《さくれつ》する。硫黄島南部の海を米軍の上陸艇が覆い尽くし、次から次へと海兵隊員が上陸していく。日本の特攻隊の戦闘機が米軍の空母に突っ込み炎上する。火炎放射器が大地をいたぶり尽くし、日本兵が手を挙げて投降する。

米兵はDデイ（攻撃開始の日）のならわしに従い、ステーキを食べてから出撃したといい、映像には野営場に作られた即席の大浴場で米兵たちがリラックスしている様子が紹介されていた。しかし、だからといって米兵が楽勝ムードで戦ったというわけではなかった。ところどころ挿入されていた元米軍兵士の証言によると、楽勝ムードどころか、米軍にとっても硫黄島での戦いは死力を尽くした戦いだった。その事実が彼らの言葉や表情から痛いほど伝わってきた。

映像を見たあと、床《とこ》についた僕のまぶたの裏に火炎放射器で日本軍が焼き尽くされる場面が浮かんできて、しばらく寝つけなかった。

前述のとおり、硫黄島での戦いが行われたのは一九四五年（昭和二〇年）二月から三月にかけて

五

のことだった。「五日で落ちる」と上陸前に米軍は予測していたが、実際に島が陥落し組織的戦闘が終了するまでには三六日間を要した。日本側は約二万一九〇〇人（近隣海域での死者を含む。島での死者は二万一二九人）が命を落とし、負傷者は一〇二〇人を数えた（厚生労働省社会援護局調べ）。一方、米側は六八二一人が亡くなり、負傷者は二万一八六五人にのぼった。

米軍が硫黄島を欲したのは島を中継基地として利用するためだった。サイパンと東京からそれぞれ約一二〇〇キロ離れ、ほぼ中間地点にある硫黄島を陥落させ基地として利用できれば、日本本土への空襲が容易になるからだ。

一九四四年（昭和一九年）夏、米軍はサイパン（彩帆）島など日本統治下のマリアナ諸島を陥落させ基地を接収、以降、B－29爆撃機による日本本土への空襲を行うようになった。とはいえ日本本土を直接空襲することは、当初、容易なことではなかった。硫黄島の日本軍に飛来を察知されれば、日本本土に警報を送られ警戒態勢をとられてしまう。日本本土への空襲の帰途、日本軍に攻撃されて故障し、米軍基地にたどり着けずに墜落するケースがあとを絶たなかった。B－29に護衛戦闘機を随伴させようとしても航行距離が長すぎるため不可能だった。そうした問題が日本から硫黄島を奪うことで解決できるのだ。

太平洋戦争の開戦前から島に駐留していた日本の守備隊は島の要塞化を進めた。特に米軍によるサイパン攻撃が開始された一九四四年（昭和一九年）六月から掘り始められた地下陣地は、一九四五年（昭和二〇年）二月の開戦時までに延長約一八キロにも及んだ。

二月一六日、艦船や戦闘機による徹底した攻撃が米軍によって開始された。艦砲射撃や空襲で島は地形が変わるほど破壊し尽くされ、民家やサトウキビ畑はもちろん、草木は一本も残らなかったという。そして一九日、米軍は上陸を開始した。米軍は上陸部隊だけで約六万一〇〇〇人、後方には約一〇万人にも及ぶ支援部隊が控えていた。それに対して日本側は約二万一〇〇〇人の将兵が島に駐留していた。日本側守備隊は、栗林忠道陸軍中将（当時五三歳）を中心に、第二十七航空戦隊の市丸利之助《いちまるりのすけ》海軍少将（当時五三歳）、千田貞季《せんださだすえ》陸軍少将（当時五二歳）、彼らの部下の兵士、軍属として島にとどまった硫黄島民、少年兵らで形成されていた。

日本軍は万に一つも勝つ可能性はなかった。少しでも持ちこたえ、本土への本格的な攻撃を遅らせること。それが与えられた使命だった。日本軍は地下陣地に立てこもり、米兵の不意をつく戦い方を実践した。それはのちのベトナム戦争で共産主義勢力が用いた戦法に通じるゲリラ戦だった。

地下に坑道を張り巡らせ、砲台や戦車を解体し隠蔽して使用した。米軍は、攻撃してくるのを確認できた日本軍の砲台に集中砲火を浴びせ、日本軍の守備隊が潜んでいた壕《ごう》に手榴弾《しゅりゅうだん》を投げ込み、ガソリンを流し入れてから火炎放射器で焼き尽くした。複雑に入り組んだ立体迷路のような地下陣地に潜む日本兵は、追い詰められてもなお、降参することなく、戦い続けた。三月二六日に日本軍の組織的な攻撃が終了したものの、生き残った兵は投降せず地下に潜み続けた。夜になると彼らは外に出て、米軍の残した食料や衣類を手に入れて命をつないだ。最後の兵二人が投降したのは組織的な戦闘が終わってから四年後の一九四九年（昭和二四年）一月のことだった。

その事実は、栗林中将が兵士に徹底させた、「我等《われら》は敵十人を斃《たお》さざれば死すとも死せず。」「我等は最後の一人となるも『ゲリラ』に依《よ》って敵を悩まさん。」など六つの心得から構成されている「敢闘の誓《ちかい》」が、いかに浸透していたかを物語っている。

基地と墓場とギンネムと

翌日、日が覚めたのは午前六時ごろで、午後九時に父島を出航してから、ほぼ九時間がたっていた。ベッドについているカーテンは閉めて寝ていたが、亜熱帯の六月の陽光は早朝といえどもすでに十分強かった。部屋の窓は開けることができない造りなのに、部屋のなかには硫黄の臭いが充満していた。ベッドのカーテンを開けて窓の外を見ると、穏やかな青い海と晴れ渡る青い空があり、その青さを遮るように、荒涼とした陸地が海と空の境目に横たわっている。船はすでに島の近くに到着していた。

硫黄島は沖縄の先島《さきしま》諸島や台湾北部と同じ緯度にある亜熱帯の島だ。しかし、窓の外の風景を見ても沖縄や台湾のような青々とした木々はどこにも見えない。コーヒー色の地表とそこから絶え間なく噴き出す水蒸気の白煙、ゴルフ場のグリーンのような草地、緑色の低い林があるだけだった。

波打ち際には赤く錆びきった船がいくつか放置されているのが見える。これは終戦直後、米軍が港湾施設を作ろうとして沈めたコンクリート船というものらしい。活発な島の隆起のせいで、船は浜に打ち上げられたように見える。

〈おがさわら丸〉は、僕たちが上陸する予定の釜岩《かまいわ》の沖に停泊しているはずだった。ここは島の西側、中部よりやや北に位置している。戦闘が行われていた一九四五年（昭和二〇年）当時、釜岩は一キロ沖合にあった離れ小島だったが、活発な隆起、そして漂砂《ひょうさ》のため、砂州《さす》で島と陸続きになったのだという。

硫黄島には奥にそびえる摺鉢山以外は勾配らしい勾配がない。ほぼ真っ平らに見える島の外観はまるで海に浮かぶ空母のようだった。島には巨大な滑走路はあるが、六七〇〇トンの〈おがさわら丸〉が着岸できる港はない。火山活動により地形が変わってしまうため港が作れないのだ。船は錨を下ろして沖泊まりし、上陸には父島から持ってきた（沖ノ鳥島視察でも上陸の際に使用された）一〇人乗り程度のモーターボートが使われることになっていた。

午前八時過ぎに島への上陸が始まった。〈おがさわら丸〉の一番下の階に位置する、普段の航海では使われない出入り口へと階段を下りてたどり着くと、学校の朝礼台のような浮き桟橋とボートが横付けされているのが見えた。浮き桟橋の階段を下り、タイミングを合わせてボートに飛び乗ると、オレンジ色のライフジャケットを渡された。同じボートに乗り込んだすべての参加者がジャケットを着込んだところで、ボートは船を離れた。

五分ほどで着岸した場所はコーヒー色の砂に覆われた海岸だった。そこには建物も草木も見あたらず、島に駐屯している自衛隊のマイクロバスが六台ほど停まっているだけだった。コーヒー色の砂は軟らかく、歩けば足が砂にめり込んでしまうため、長い板が砂の上に渡されていた。その上を歩いて登りきると、マイクロバスのそばで、バスの運転を担当する自衛隊員が僕らを待っているのが見えた。彼ら自衛隊員は僕らのために二日間、時間を割いてくれるのだった。

バスが走り出したとき、すぐ近くの席に座っていた参加者の一人が言った。

「私はこの島に上陸するたび、ごめんなさいって心のなかで謝るんです。この島を歩くということは、地面の下に眠っている兵隊さんたちを踏みつけることですから」

外周約二二キロ、面積約二三平方キロしかない硫黄島やその周辺海域で、日米あわせて約二万八七〇〇〇人もの兵士が戦死した。戦闘は島の全土で行われ、いたるところで兵士たちが亡くなっている——その事実が改めて胸に迫る。

島の道に対向車は皆無で、信号はどこにも見あたらない。バスが進むと、コーヒー色の砂が広がる月の砂漠のような風景は、あたり一面ギンネムの木々が生い茂る風景に変わった。

ギンネムというのはマメ科の灌木《かんぼく》で、緑色の葉は鳥の羽のように細かいのが特徴だ。硫黄島が陥落する前の年、米軍は日本が長年統治していたサイパン島やテニアン島を攻略した。これらの島でギンネムはタガンタガンと呼ばれていて、現在二つの島のどこでも目につく。というのも米軍は戦争の被害をカムフラージュするために、繁殖力の強いこの木の種を大量に空中撒布したからだ。その後、硫黄島での戦いに勝利し、島を占領した米軍は同じことを繰り返したという。遺体がいたるところに散らばっている硫黄島に種をまいたということは、ギンネムはいわば戦死した兵士たちの骨肉を栄養分にして育ったようなものだ。ギンネムが続く風景に、僕は改めて戦争の非情さを感じずにはいられなかった。

沿道のあちこちには、部隊名が書かれた墓石のような大きさの柱が立っていた。これは硫黄島協会の手により島中に建てられた道標である。戦いで亡くなった将兵の鎮魂と冥福を祈ることなどを目的に、協会は部隊名を記した道標をその部隊に属した将兵たちが亡くなった場所に建立した。そのおかげで遺族たちは戦没者を彼らが亡くなった場所で弔うことができるのだ。

僕は道標を見るごとに、島のいたるところで人が亡くなっているということを強く実感することになり、「島は戦跡であり、墓地なのだ」という思いを強くした。

十数分行くと、バスが停止した。一九九〇年に小笠原村が作った硫黄島島民平和祈念墓地公園という場所だった。戦前、ここは島民墓地だった。しかし、草木が焼き尽くされた戦いで、二七八人が埋葬されていたという先祖の骨は散逸してしまった。いまこの公園は、先祖を供養するとともに、硫黄島の戦いで亡くなった島民八二名を供養する場所になっている。午前一〇時から、ここで慰霊式が行われる予定だった。

式典が始まる前に会場の周辺を見てまわると、公園から北方向には段丘地の林の向こうに海が広がっていて、林の手前にトーチカが孤立して残っているのが確認できた。

草が生えている荒れ地をトーチカまで歩いた。重機を使って土地の凹凸をならし、歩けるように

上●自衛隊の基地。ここには海上自衛隊と航空自衛隊が駐屯する。
アメリカ軍は訓練があるときだけ島にやってくる。
下●島のあちこちにこのような碑が立っていて、遺族が島にやってきたときの目印になっている。

したのだという。トーチカは土砂や草に埋もれているが、まわりに何もないため、遠くからでも存在が確認できる。完全に土に埋まっていたのを重機で掘って見えるようにしたのだそうだ。もちろん開戦当時はしっかりと隠蔽され、銃眼からひそかに相手を攻撃することができたのだろう。

裏にまわってなかに入り、内側の壁を見るとトーチカはコンクリートでできていることがわかった。部屋は二つか三つに分かれていたが、どれも三畳もないぐらいに狭かった。銃眼のある部屋には格子状の鉄筋が壁にあらわで、銃眼からは自動小銃が外に向けられたままだった。二〇〇一〜〇二年には三柱の遺体がここから見つかった。

「トーチカの右の部屋からは頭骨が、左の部屋からは大腿骨《だいたいこつ》が出てきました。右の部屋に二五ミリ（自動小銃）が銃眼から出ているけど、あの部屋はそのまま残してあるんです」

硫黄島協会のメンバーの一人、江澤親夫《えざわちかお》さん（六三歳）が説明する。五〇歳で退職した彼は、父が戦死した硫黄島に何度も足を運び、遺骨収集作業を続けている。

硫黄島協会という団体についてここで説明しておこう。この団体は硫黄島の激戦を生き残った元兵士や戦没者の遺族によって構成されている。和智恒蔵《わちつねぞう》という、開戦前に海軍大佐として硫黄島に赴任していた元軍人を会長にして一九五三年に発足、硫黄島での慰霊追悼式 遺骨収集、遺品返還を行う団体だ。亡くなった家族や戦友を慰霊し弔うのが訪島の目的なのだから、当然、一般人が気軽に同行することはできない。すでに述べたとおり、島のあちこちで道標を目にするのは協会の努力の成果で、これまで八五碑を建立したのだという。彼らの活動の一つである遺骨収集は危険な作業だ。以下、硫黄島協会のウェブサイトから作業の様子を拾ってみる。

「硫黄島の地下壕は全長18㎞あり、壕口も約千個あったと言われており、戦後、米軍の手により閉鎖された地下壕も多く内部に何体の遺骨が残されているのかは不明です。また、地下壕内は地熱が高く正に、灼熱《しゃくねつ》地獄の暑さと落盤の危険、堆積した土砂や不発弾などで、遺骨収集作業は遅々として進みません。硫黄島協会は（中略）小笠原村等と協力し、全ての遺骨が故郷に戻るまで、現在は年に2回の各1ヵ月に亘《わた》る遺骨調査・収集を行っています。近年はローラー作戦で、大規模な作業を行い著しく成果が上がっています。しかし、入り口付近でさえ50℃という熱気は壕内を進むにつれ上昇し、長時間の作業が不可能なため、約15分で交代をしながらの作業を続けています。」

彼らが危険を冒して、地道な作業を続けているからこそ遺骨や遺品が回収されていくのだ。しかし、収集作業に終わりのめどは立ちそうにない。二〇〇四年度末までに発見・収集された遺骨は八四六七柱というから、島での戦死者二万一二九人の半分にも満たない。占領後も米軍は壕の入り口を爆破し、重機を使って埋めるなどした。そのため壕がどこにあったのか、いっそうわかりにくくなり、遺骨を収集するにあたっても困難がつきまとう。すべてを見つけることは不可能だろう。

協会のメンバーのなかに一人だけ飛び抜けて若い三十代の男性がいた。竹芝桟橋のホールで紫色の小旗を持っていた彼は、若手の中心メンバーとして活躍している宮崎勝彦《みやざきかつひこ》さんだ。遺族ではないが熱意に燃えて活動を続けている。彼が遺骨収集を始めたきっかけは、硫黄島協会のことが掲載されていた靖国神社の会報「やすくに」を見たことだった。

「初めて骨を拾ったときは、ここに眠っているのかと思うと、掘っていて胸が痛かったです」

収集経験は彼に確かな手応えを残した。遺族が喜んでくれたことが何より嬉しかったという。

「一回行って、次も声をかけられればぜひまた行こうと思いました。けっこうきつかったんですが、充実感があったんです。何回も来ると、故郷に帰ってきたって気分になりました」

硫黄ガスの危険だけでなく、不発弾を掘り出してしまうことも珍しくはない危険と隣り合わせの作業を続けている彼は、満足そうにそう語った。

旧島民の里帰りに同行する

午前一〇時前から約一時間、平和祈念墓地公園で慰霊祭が行われた。小笠原村の森下一男《もりしたかずお》村長などによる式辞のあと、式典参加者全員が献花をした。僕は役場が用意してくれた花を献花台に捧げ、戦いで命を落とした犠牲者たちのために手を合わせた。その後、旧島民代表や小笠原村の中学生がそれぞれ追悼の言葉を述べ、全員による黙禱が行われた。

式典が終わると参加者は集合写真を撮り、再び自衛隊のバスで移動した。着いたのは墓地公園からほど近くにある小笠原村硫黄島平和祈念会館という建物だった。この建物は旧島民の島内滞在のため二〇〇二年に建設されたもので、旧島民のその日の宿泊場所でもあった。

昼食後、参加者は各グループに分かれて行動した。僕が同行するのは旧島民の里帰りだった。里帰りグループは自衛隊のマイクロバス二台に地区ごとに分乗し、出身集落でそれぞれが下車、数時間後にバスが迎えにくる、という段取りになっていた。

僕は小笠原村の議員らと一緒に水口《みずぐち》家という旧島民一家の里帰りに同行した。

一五歳で島を離れた川島《かわしま》（旧姓・水口）フサ子《こ》さん（七六歳）と五歳で島を離れた妹の法子さん、フサ子さんのご主人、フサ子さんの二人の孫娘、計五人が関東から訪れていた。フサ子さんは船や飛行機でこれまでに一〇回以上訪島しているという。

水口家には五男四女の兄弟がいた。疎開させられるまで島に電気はなく、ランプが活躍する素朴な生活だった。牛での運送を手がけるかたわら商品作物を栽培し、生計を立てていた。

「サトウキビとコカを家の裏で作っていたのよ。だいたいねえ、最近まで知らなかったの。コカが体に悪いってこと」

コカは麻薬や麻酔薬として有名なコカインの原料である。もちろん現在コカインは日本の麻薬及び向精神薬取締法の規制対象物である。そうした作物が硫黄島では作られていた。島の基幹産業だったサトウキビは大正末期、台湾やサイパン産の安価なものに市場競争で敗北、代替作物としてコカ（古茄）が採用されたのだ。コカの葉を乾燥させた粉末を、薬用（麻酔用）として本土の製薬会社に売却していたという。

「硫黄島産業という会社が加工していたね。コカの葉を切り取ったあとで揃えて干すわけ。乾燥させたあとは機械にかけて粉にしちゃうの。そのコカの加工工場で働いていた私のいとこは粉のせいで顔が真っ黄色になっちゃったね」

フサ子さんは「真っ黄色」という言葉を強調して言った。

硫黄島産業は島のあらゆる産業を取りまとめていた会社で、硫黄島島民の大部分は何らかの形でその会社とつながって生計を立てていた。硫黄島産業が各農家にコカの木を分配し、栽培本数の増加に力を入れた結果、作付面積は瞬く間に広がったのだという。

かつての東集落にあった水口家の屋敷の前には道路が通っていた。水口家の近所には家が三軒あり、斜め向かいには老人が住んでいたという。しかし、僕らがマイクロバスを降りた東集落の跡地にあたる道路脇には「混成二旅団野戦病院群」と彫られた、硫黄島協会が建てた道標があり、その背後には鬱蒼《うっそう》としたジャングルが広がっているばかりで、屋敷らしきものは何も見あたらなかった。

ナタを手にした二十代の孫娘二人が、道なき道を次々と切り開いていく。造山活動の活発な硫黄島は植物にとってあまりよい環境ではないだろうから、朝に硫黄の臭いで目が覚めたときは島全体が少々の草や低い木で覆われている程度ではないかと思っていたが、自然の力はすさまじく、僕の想像以上だった。

天候の急変のため、里帰りの時間が上陸予定時間から削られたり、そもそも上陸できなかったりと、フサ子さん一家はここ三年自宅があった場所の手入れができなかった。亜熱帯の木々が成長し、視界を遮ってしまったのはそうした理由もあるらしい。

孫娘二人のペースは速く、その姿はたちまち見えなくなっていた。

「ついてこなくていいよ。ナタで道作るから待ってて」

姿は見えないが、近くから孫娘二人のはつらつとした声が聞こえる。フサ子さんは額に汗を浮かべ、切り開かれたばかりの小道を歩く。僕はその後ろで時折フサ子さんを支えながらついていった。フサ子さんはゆっくりと自分のペースで歩きながら、昔の記憶をたどるように話してくれた。

「昔はこんな大木のガジュマルは家のそばにはなかったのよ。私の家のそばには玉名《たまな》の木の並木があったの。家の裏にはゴムの木があって、いまも枝なんか残ってるの」

亜熱帯のジャングルのなか、日差しは木々に遮られ薄暗いが蒸し暑い。巨大なマイマイや毒を持っていそうなクモもちらほらいる。フサ子さんの年齢からするとかなりハードなはずだ。しかしこの土地こそが彼女の生まれ育った場所なのだ。そこがどれだけ荒れ果てても、故郷であることに変わりはなく、望郷の念は七十代半ばの女性にジャングルのなかを汗だくで歩かせるほどに強いのだ。

ジャングルに入って三〇分以上もの間、僕たちは右往左往していた。汗だくになって散々歩いたはずなのに、気がついたときには最初に歩き始めた付近に戻っていた、というようなこともあって実際にはほとんど進んでいなかった。それでも孫娘二人が道を切り開いてくれるおかげで少しずつ先に進んでいった。道標があった場所から数十メートル直進したあたりに目印となる切り立った崖があり、孫娘たちがナタで切り開いて作った道は崖に沿って右方向へ続いていた。

崖に沿ってしばらく進むと、足もとに四角いコンクリートの構造物が現れた。崖は家の一部として使われていたのだろうか。崖の上には雨水受けがあり、土管を伝い地下の貯水槽に水をためられ

上●水口家の里帰りに同行させていただいた。かつてお宅があった場所にて。
下●比較的広い医務科壕のなかを自衛隊の方たちに案内していただいた。

るようになっていたという。四角いコンクリートの構造物は、土管が崖の上から貯水槽へと流れる途中にあり、そこから水を引き込んで使えるようにした流し台だった。その隣には薪《まき》置き場が続いていた。これらは母屋とは別棟の台所スペースの跡らしい。

常に水不足の状態だったから、島では食料は完全な自給自足ではなかった。田んぼに水を張れないから米を作れず、米は二カ月に一度本土からの輸送船が運んできた。ただし、島では果物が豊富で、水口家でも家のまわりに果物の木があった。

「子供が多いからあんまり（背が）高くない果物の木を五本ぐらい植えていた。マンゴーとかそういう果物の木はだいたいあったわよ。あとバナナもあったわね」

手軽な食べ物として各家庭で植えられていたのだろう。いまや亡骸《なきがら》を肥料にして育ったギンネムが広がる硫黄島だが、かつてはそうした南国的な生活が営まれていたのだ。

台所スペースの奥には石垣があり、そのあたりにマンゴーの木があったという。しかし、ジャングルのなかに果物の木は見あたらなかった。さらに、奥にあったという母屋もジャングルが立ちふさがっていてまったく確認できなかった。

家族が島を離れ、主《あるじ》のいなくなった水口家の屋敷は、硫黄島の戦いで野戦病院として使われたという。戦いのなかで破壊され荒れ果てたこの地は、戦後、亜熱帯気候のなか、木々に覆い尽くされてしまった。それでも、痕跡しか残っていない屋敷跡の一部を目のあたりにした水口家の人びとの表情は一様に明るかった。ジャングルのなか、デジカメで撮影した集合写真をカメラの画面で確認すると、やっと故郷に帰ってくることができたという家族の安堵感が写っていた。

「お孫さんたち、頼もしいですね」

僕がそう言うと、フサ子さんは「うん」と一言嬉しそうに頷《うなず》き、続けた。

「下の孫は毎年来てくれる。これから私たちは年取るばかりでしょ。若い人に少しでも覚えておいてほしい。女の子だけど助かるわよ。この子たちは遊びが目的じゃないの。私が心配だからって」

そして実際、下の孫娘にこの旅に参加したきっかけを聞くと、次のようなことを言った。

「硫黄島のことは普段から聞かされていたんで、自然と興味を持ちました」

彼女が初めて島を訪れたのは高校三年生のときだった。それ以来、祖母に付き添って毎年硫黄島の訪島事業に参加しているという。

二人の孫娘はこのとき二九歳と二四歳。若い二人にフサ子さんの思いが確実に伝わっていることは、この旅の間に目にした二人の献身的な行動から十分理解できた。

戦跡をめぐる

訪島二日目。この日はマイクロバスに分乗して、島をひとまわりする予定だった。

最初に案内されたのは負傷者を収容していた「医務科壕」といわれる壕だった。奥行き約五〇メートル、総延長一一二メートルのこの医務科壕はかがまなくても入れる天井が高い壕だった（横幅も二人が並んで歩けるほど広かった）。壁にはいくつも傘の骨のような細長い金属の棒が立ててあった。それは銃を立てかけるのに使った銃架だった。ガーゼやハサミを煮沸消毒したという鍋もある。大本営に発信するため陸軍の送信所につながっていたと推測されるケーブル、木製の桶や「貴重品箱」と墨で書かれた木箱などがあり、野戦病院の雰囲気が残っていた。この壕からは五四柱の遺骨が収容されている。うち二柱はミイラ化した軍服姿の遺体だったという。

栗林忠道中将の立てこもった兵団司令部壕、通称「栗林壕」にも案内された。医務科壕が一一時の位置にあるとしたら、兵団司令部壕は一二時、島の一番北のどん詰まりの海岸から少し内陸に入った山のなかに位置していた。これは米軍が南部の海岸から上陸し、北へと攻め上がってくる、という予想のもとに作られたものだった。

壕は崖に囲まれ、入り口はとてもわかりにくいところにあった。崖のふもと、ほとんど地面の高さに穴が斜め下に開いていた。転ばないように注意しながら、少しかがんでコンクリートの階段を下りていく。鉄筋で補強されたらしきドーム型のコンクリート天井は、膝を曲げ、中腰にならないと下りていけないほどに低く、通路の幅は人一人がやっと通れるぐらいだった。光がすぐに届かなくなり、懐中電灯が手放せなくなる。階段を下りきると、コンクリートの壁から鉄筋があらわになっている四角いトンネル状の通路が現れた。天井はさらに低く、うずくまるように体を縮め、這いつくばりながらでないと進めない。気をつけていてもジーンズやシャツ、カメラに土がついてしまう。

なんとかそこを抜けると、視界が開け、高さ三メートルほどのドーム型の天井が目の前に広がった。天井は土砂でデコボコしている。もともとあった天然の洞窟と人工の壕をつなげたものらしい。

同行していた自衛隊員が説明する。

「最後の出撃をしたのが三月二六日。最期の水盃《みずさかずき》を交わしてから、いまある元山飛行場のほうに向かって突撃されたと言われています。その突撃した四〇〇名のなかには小学生ぐらいの小さなお子さんが二〇名ぐらいいたという話です。少年農兵隊と言われていたそうですけど、最後の突撃に連れていったと言われています」

栗林中将率いる約四〇〇人の将兵は、一九四五年三月二六日、最後の突撃を決行した。一七日に出撃を決めてから実に九日後という慎重さで、攻撃の機会を待ち続け、米軍の野営場に夜襲をかけて全滅した。

少年農兵隊とは、食糧増産のために駆り出され、訓練を受けて派遣された集団のことである。本来なら一八～二五歳の青少年から組織されていたが、戦況が末期的だったため、そうした子供までもが島に派遣されたということらしい。彼ら二〇人はまもなく戦闘が始まろうとしているとき、全国の農業学校から選抜され、硫黄島へと送られている。

自然洞窟の奥は四方八方へと道が分かれていて、まさに立体迷路だった。自衛隊員の案内はそこまでで、さらに先は行かないように、と釘《くぎ》を刺された。戻って先ほど通ってきた天井のとても低い通路の途中を直角に右に折れると、広さ六畳ほどの何もない殺風景な部屋に出た。コンクリートで覆われた堅牢《けんろう》な造りのこの部屋こそ、栗林中将がいた部屋だった。戦いが始まり米軍が上陸して以降、栗林はここに潜み、戦いの指揮をとったのだ。

一九四四年（昭和一九年）六月に栗林が着任してからというもの、全土の地下要塞化が進められた。前述したように、栗林が考えた作戦は、米軍の占領をどれだけ遅らせられるか、というものだった。勝ち目がないなか、兵士を地下要塞に潜ませ（「散るときは潔く」という、ある意味美しい死に方をさせず）、最後の一人になるまで敵兵を消費させようとした。こうしたゲリラ的な戦いは五カ月前に開戦したパラオのペリリュー島でも行われた。開戦がペリリューよりも遅かった分、硫黄島の要塞は徹底して作られた。

亜熱帯の硫黄島で掘る作業は過酷を極めた。

一九四五年（昭和二〇年）二月の開戦時まで、兵士たちは一五～二〇メートルの地下を平行に掘っていった。地熱が高く五分しかいられないところや有毒なガスが充満するところ、地盤が軟らかく崩れやすい地点などがあり、作業は常に危険と隣り合わせだった。

しかも、日中ずっと体を使って作業を進めるのだが、安心して飲める水すらない。島に川はなく、水は雨水に頼っていたからだ。一升瓶やタライなどをあちこちに置いて雨を待つという涙ぐましい努力をしても、水不足は深刻だった。そこで節水を徹底した。兵士一人あたりに与えられる水は一日に水筒一本だけだったという。一〇〇〇人あまりの村民には雨水でも足りたが、二万人以上の兵士の喉の渇きを癒やすには絶対的に量が足りなかった。ついにはボウフラがわいた水まで飲むしかなかったから、汚染された水を飲んで衰弱する者が続出した。しかし、作業の人員に余裕はなく、アメーバ赤痢にかかった病人ですら作業に駆り出された。

前記したドキュメンタリー『鎮魂硫黄島』によると、あまりに過酷な作業だったため、硫黄島で地下要塞を日々掘り続けた兵士たちは、米軍が上陸するとき、「あー楽になった」と言って安堵したという。もう壕を掘ったり、トーチカを作ったりしなくてすむからだ。

飲み水が極端に制限されたなかでの先の見えない作業は、想像を絶する苦行だったのだろう。

米軍は上陸後、二手に分かれた。南端の摺鉢山方向と島の北方向だ。戦力で圧倒していた米軍は相手の不意をつくことなく正面突破を図った。しかし、日本軍のゲリラ的な作戦の前になかなか前線を広げることができなかった。日本兵は米兵の死角から火器を使用し被害を与えた。日本兵が潜んでいる壕の入り口を米兵が発見しても、日本兵はすでに別の入り口に移動していて、米兵たちを不意打ちにした。そうしたしつこい日本兵の攻撃は米兵に恐怖を与えたが、米軍の優勢は覆らなかった。

二月二三日には摺鉢山が陥落、二六日には米軍が喉から手が出るほど欲しかった元山飛行場を手に入れた。この時点で日本軍の兵力は開戦時の半分になり、火器・弾薬の類は三分の一となっていた。それでも、本土攻撃を少しでも遅らせるという目的のためにも、弾不足だからと白旗を掲げることはできなかった。

米軍は着々と作戦を遂行した。三月上旬には島の三分の二を占領し、日本軍を北部の狭いエリアに追い詰め、待望の飛行場の使用を開始した。そして三月一〇日には東京への大規模な空襲を行った。米軍の焼夷弾《しょういだん》により、現在、江東区《こうとう》、墨田区《すみだ》、台東区《たいとう》となっている地域を中心に東京の下町が焼け野原となった。推定一〇万人が死亡し、約一〇〇万人が被災したといわれている、東京大空襲である。米軍機が東京へ向かう滑走路の目と鼻の先では、日本兵が抵抗を続けていた。そのとき硫黄島の日本軍には、本土に警報を送ったり、米軍機を攻撃したりという前線基地としての機能はすでに失われていたのだ。

三月半ば、日本軍は完全に包囲され、弾薬不足、食料不足などの事情から栗林は総攻撃を決意する。そして二六日、栗林中将、市丸少将率いる約四〇〇〇人の日本兵が米軍陣地に夜襲をかけ、散っていった。組織的な戦闘はこの日をもって終結した。

バスが摺鉢山の山頂へと登っていく。摺鉢山は標高以上に高く見える山だ。それは島が平らで摺鉢山以外に高地がないからだろうし、まわりを海に囲まれていて、水平線から浮かんでいるように、とても映えて見えるからだろう。標高が一六九メートルしかないため、山頂そばの駐車場までほんの五分ほどだった。そこでバスを降りて山頂へ向かう。

小さな山だが、頂上に立てば島全体を俯瞰《ふかん》できるこの山は、米軍にとってはとても重要なポイントだった。三方を海に囲まれた硫黄島で南端の摺鉢山を制するということは、後方から攻撃されることがないということを意味する。つまりオセロでいうと角を押さえたようなものだ。米軍は北に向かって進撃していけばいいだけになる。ゆえに米軍にとって摺鉢山は喉から手が出るほど欲しい陣地だった。米軍は島を占領するため、摺鉢山に徹底的な攻撃を加え、ふもとに潜んでいた日本軍を黙らせた。砲爆撃を山に集中させ、頂上部を含めた山の四分の一が吹き飛んだという。

米軍の上陸前の砲撃や空襲によって海側の山肌が完全に崩された摺鉢山の頂上は、一本の道のように細長く広がっていた。

せめて一〇日間は持ちこたえてほしい、と栗林は考えていたが、米軍が山頂に星条旗《せいじょうき》をはためかせたのは上陸五日目の二月二三日だった（一八キロにわたって掘られていた地下壕は、それでも未完成だった。完成していれば摺鉢山と北部、つまり島全土が地下でつながり、一〇日間は無理だとしても、もう少しは持ちこたえていたのかもしれない）。

四〇人の海兵隊員からなる小隊が摺鉢山制圧を友軍兵士に知らせるために登頂、あたりに落ちていたパイプに星条旗を結びつけ、山頂に立てた。旗が翻るのを目にした米軍兵士は大いに勇気づけられたという。しかし、旗のサイズが小さく遠くからは見えなかった。そこで二時間後、こんどは倍の大きさの星条旗が六人の兵士によって立てられた。二本目の旗が立てられる様子はＡＰ通信の特派員である従軍カメラマン、ジョー・ローゼンタールによって撮影された。ローゼンタール撮影の写真は、その後、アメリカ中に配信され、硫黄島における米軍の戦いを象徴する写真として広く知られていくことになる（硫黄島にも兵団司令部壕にほど近い島北部の岩肌にこの写真の図柄が彫り込まれた巨大なレリーフがある。戦後、米軍によって作られたものだ）。摺鉢山に星条旗が立てられたとき、日本兵は米軍の猛攻撃によりふもとの壕に閉じ込められ、どうすることもできなかった。

摺鉢山の頂上には赤いＶの字が碑の上部左右に配された米軍の戦勝記念碑があった。その記念碑のＶの部分にはロッカーの番号札のような楕円形の金属片が数えきれないほど吊るされていた。海兵隊員の認識票だった。数百はあるだろうか。硫黄島に訓練にやってきた米兵が記念に残していったものらしい。碑には次の言葉が記されていた。

❶

❷

❸

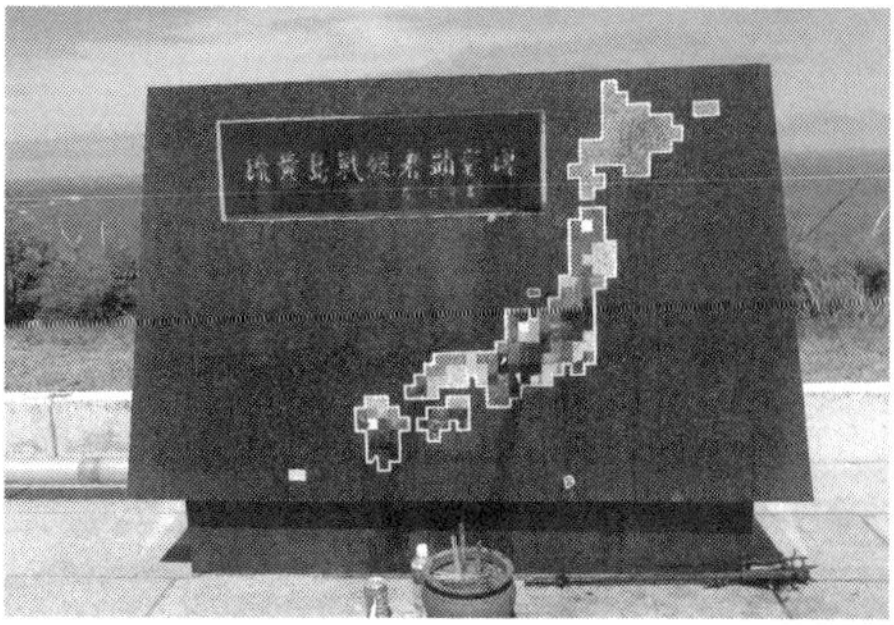

❹

❶ 摺鉢山の頂上。道が一本走っていて、火口や戦跡、碑といったものが並んで存在している。
❷頂上の端に立つとこのように島全体が一望でき、戦略的に重要なポイントだということが改めて認識できた。
❸ 米軍の戦勝記念碑に手を合わせる人はいなかったように思う。ここには訓練のため、戦後に島にやってきた米軍兵士の認識票がたくさんぶら下がっていた。
❹ 硫黄島戦没者顕彰碑には各都道府県の石がはめ込まれていて、戦没者が日本全国にわたっていることがわかった。

「硫黄島で戦った米兵の間では、並外れた勇気がごくふつうの美徳であった」（チェスター・ニミッツ大将）

その隣には、「硫黄島戦歿者《せんぼつしゃ》顕彰碑」「第一・第二御楯《みたて》特別攻撃隊慰霊碑」という日本側の碑が並んでいた。前者は全県から持ち寄った県石を貼りつけて日本地図を描いた碑で、後者は硫黄島の戦いでほぼ唯一の援軍だった特攻隊のための慰霊碑だった。

日本側とアメリカ側の碑が同居しているのは、パラオのペリリュー島、ペリリュー神社付近の風景に似ている。ペリリュー島の場合も戦没者を祀る日米の施設が激戦が行われた山の上にあるのだ。ペリリュー神社は鳥居と小さな祠《ほこら》だけの小さな神社で、神社の横にはやはりチェスター・ニミッツの言葉が彫られた碑があった。なお、ペリリュー島では米軍に四〇パーセントもの損害を与えたかわりに、約一万人という日本の守備隊のほとんどが亡くなっている。

印象的だったのは、「硫黄島戦歿者顕彰碑」「第一・第二御楯特別攻撃隊慰霊碑」には手を合わせたり線香を供えたりする人がいたが、米軍の戦勝記念碑に手を合わせる人は見かけなかったということだ。戦後六〇年以上という時間が経過してもなお、決して変わることのない遺族感情というものの重さを、このとき僕は改めて知ることになった。

夕方、参加者の乗船が完了しても、〈おがさわら丸〉はすぐに島を離れることはなかった。旧島民や遺族たちにとって、島がいくら変わり果てた姿になったとしても、名残惜しい感情があるはずで、その気持ちを酌んでいるのだろう。船は島をぐるりと一時間かけて一周したのだった。

島を周回する間に洋上慰霊祭が行われた。参加者は、摺鉢山の沖で、汽笛の合図とともに関係者が配布した花を海へと一斉に投げ入れ、手を合わせた。

船が島から離れていくとともに、日が完全に落ち、海は漆黒の闇に包まれ、何も見えなくなった。

旧島民の思い

翌日の朝、父島を経由し、東京をめざす新たな乗客を乗せた〈おがさわら丸〉の船内は混んでいた。

訪島事業に参加した硫黄島協会の人たち、旧島民とその家族たちは、大部屋の二等船室の一画にそれぞれ固まって過ごしていた。僕は東京に着くまでの時間を利用して、参加者の何人かに話を聞いていった。水口家の人びとに話を聞いたのは一夜明けた次の日のことだった。

水口家の長女である川島フサ子さんに聞きたかったのは、疎開のときの様子とその後の生活についてだった。彼女は当時の様子をゆっくり思い出しながら、時には淡々と時には感情を交えて、僕の質問に答えてくれた。

彼女はサイパンが玉砕した一九四四年（昭和一九年）夏、本土疎開のため船の上にいた。漁船で離れ、一週間から一〇日父島で過ごしたあと、〈利根川丸《とねがわまる》〉という輸送船（四九九七トン）で横浜港《よこはまこう》へと向かった。それは米軍に狙われるのでデッキには出られないという窮屈な航海だった。

到着した本土で彼女はショックを受ける。

「日本人ではないって言われた。地毛が赤かったし。言葉が東京と違うでしょ」

不慣れな本土での水口さん一家の生活が始まった。まずは栃木県にいる母方の親戚を頼ってみたものの、そこで過ごす時間はそう長くなかった。軍属として島に残った兄二人のほかに、フサ子さんと妹三人、弟三人と子供が多く、迎える側が大変だったからだろう。そして次は千葉県にほど近い東京東部の平井《ひらい》という町に移った。

「母方のおばあちゃんが働く人を探していたの。エボナイトを作る工場で働いたんだけど、硫黄島でのんびり暮らしてきたでしょ。東京に来て、なんと忙しいことかと思った」

エボナイトはかつて絶縁体として無線機やラジオに使われたゴムの一種だ。戦争が激化するなか、フサ子さんは不慣れながら一所懸命、都会の生活に慣れようとしていた。ところが疎開した先で空襲に遭う。硫黄島の戦いは日本本土を守ろうとする日本軍にとって最後の砦《とりで》を守る戦いだった。硫黄島での戦いはまだ続いていたが、米軍の優勢はすでに決定的で、日本軍が東京への空襲を食い止めることはもはや不可能だったのだ。とはいえ危険だから疎開したはずが、そこで一晩に推定一〇万人が死亡するという大惨劇に巻き込まれたのだから、運命は非情である。

「三月一〇日、東京大空襲で丸焼け。なんにも残らないの。川のなか見れば人でうじゃうじゃ。亀《かめ》戸《いど》の線路の下に行くと顔が真っ黒の焼け出された人たちばかりだったね。たくさんの人が死にましたよ。私の家族は幸い全員無事でしたけど」

一方、そのころ、フサ子さんの二人の兄は硫黄島にとどまっていた。島の地理や地形に詳しい島の男たちは軍属として残されたのだ。手紙は一度だけ来たが、以後は音信が途絶えた。

二万一二九人が亡くなり、残ったのはわずか一〇〇〇人あまりという壮絶な戦いのなか、残された島の男たち一〇三人のうち助かったのは二一人で、残りの八二人は亡くなった。死者には当時一七歳と一九歳のフサ子さんの兄二人も含まれていたが、戦いで命を落とした兵士の大半がそうであるように、二人が亡くなったときの詳細はいまもわからない。

亡くなった場所は貨物廠《かもつしょう》という場所だといわれているが、断定はできないらしい。

二人の兄の遺骨として、戦後、水口家には小さな袋が届けられた。

「こんなちっちゃな袋が届いた。なんだと思ったら砂。それが遺骨だって言うのよ。二つ来たと思う」

袋は約五センチ四方のものだった。二つ来たのは二人分ということだ。現在でも過半数の方の遺骨が見つかっていない状態なのだ。その砂が遺骨である確証はない。

終戦後、水口家の長女であるフサ子さんは一家の生計を支えた。二人の兄が戦死していたし、父母は体が弱かったからだ。フサ子さんやその家族は栃木県の那須《なす》に住んだ。彼女がご主人の恒夫《つねお》さんと知り合ったのはそのころのことだった。彼は東京の大森《おおもり》（現大田《おおた》区）に生まれ、空襲がひどくなって九州の久留米《くるめ》に疎開した経験を持つ男性だった。二人は結婚することになり東京に出てきた。その後、高度成長下の日本で懸命に生きた。いつしか二人の間には子が生まれ、そして孫にも恵まれた。

フサ子さんは島で過ごした年月よりもずっと長い日々をすでに本土で過ごしている。そんな彼女の心のなかにはいつも島への思いがあった。

「その後もずっと私、島に帰りたいって思っていたよ。（旧島民は）みんなそうよ。いつか帰れるとみんな信じていたと思うよ。『島へ帰りたい』『島へ帰りたい』って。水口家の墓は千葉の八千代《やちよ》市にあるけど、私は川島の墓に入る。それでも私はいまだって島に帰りたいって思うよ」

小笠原や硫黄島の旧島民は帰島促進委員会という組織を作り、戦後まもなくの時代からアメリカや日本の政府に帰島の実現を訴えてきた。一九六八年には硫黄島を含む小笠原諸島の日本復帰が決まった。父島や母島への帰島は実現したが、硫黄島に関してはいまだに帰島が果たせずに明暗を分けている。

すでに述べたとおり、帰島が認められない理由はいくつもある。生活の基盤になる産業が成り立たないこと、活発な火山活動が続いていること、日米の戦いで生じた不発弾の問題もある。しかも、島そのものが基地になっているため、現状では島への移住はおろか上陸ですら自衛隊の許可が必要であり、決められた機会以外の訪島は認められていない（しかし、遺骨収集にしても訪島事業にしても、島へのアクセスや島内移動などの面で自衛隊の協力が欠かせないのも事実である）。夜間着陸訓練（NLP）などの目的で島の基地を利用している米軍の思惑も絡んでいるのだろう。

フサ子さんたち旧島民の望郷の念は断ちがたいものだった。それは島に住めなくなってもなお、失われることはない。いや、住めなくなったからこそ断ちがたいものなのかもしれない。

旧島民が島に戻る日こそが、島の戦後が終わる日である。

その日が訪れることは、はたしてしてあるのだろうか。

六　小笠原諸島

日米の間で揺れ続けた島

西洋人が開拓した島

沖ノ鳥島からの帰途、〈おがさわら丸〉のなかで一人の男性と知り合った。

知的な雰囲気を持つその中年男性は、足の長いスラッとした体つきに鼻筋の通った高い鼻と、どこか日本人離れした外見の持ち主だった。受け取った名刺には「セーボレー孝《たかし》」とあった。〈おがさわら丸〉が沖ノ鳥島を離れた日の夜、視察参加者の懇親パーティーが〈おがさわら丸〉船内で開かれた。石原慎太郎都知事（当時）をはじめ、都庁職員や記者、専門家などに加え、地元小笠原村役場からも村長ほか関係者がパーティーに参加していた。セーボレーさんも小笠原村役場からの参加者の一人だった。

姓名の一部が英語名という人たちは、小笠原を最初に開拓した西洋人や南洋系の人たちの末裔《まつえい》で、島では「欧米系」と呼ばれている。小笠原に初めて定住したのが彼ら欧米系の人たちだということ、彼らが定住してまもないころのリーダーの姓が「セーボレー」だったということは僕も知っていた。

名刺に書いてある名字はまさにその「セーボレー」という姓だった。ということは、名刺をくれたセーボレー孝さんは、かつて島を開拓したリーダーだった人物の子孫なのかもしれない。

「失礼ですが、もしかすると島を開拓したセーボレー氏の末裔なんですか」

「私はセーボレー家の五代目なんですよ」

聞かれ慣れているのか、セーボレー孝さんは落ち着いた口調で答えてくれた。自らのルーツに誇りを持っているのだろう、その口調に自信がのぞいた。

島に初めて住みついたのがナサニエル・セーボレーらの白人と南洋系の人たちからなる集団だった。彼らは、遅れて移住してきたほかの欧米系の人たちや日本人たちと交合を繰り返し、この島で代を重ねてきた。年月が経過し、何代も交合が進めばルーツへの意識は次第に希薄になっていくのが普通だろう。ところがセーボレー孝さんは自分たち一族のルーツを強く意識し、誇りを持っている。なぜだろうか。このとき僕は、この島の開拓者の子孫が戦中から戦後、小笠原でどのように生き抜いてきたのか、話を聞いてみたいと思った。

そして一カ月後の六月、硫黄島行きの取材のため、僕は再び父島に上陸した。たまたま港の待合所の入り口にセーボレー孝さんがいるのを見つけ、なんだか運命めいたものを感じた僕は彼に宣言した。

「また来ますので、そのときはゆっくりとお話を聞かせてください」

小笠原には北方領土や竹島のように隣国に奪われているような現状はないし、与那国島や対馬のように肉眼で国境の向こうの隣国が見えるということもない。しかし、島の独自の歴史は、「領土」や「国境」というものを通して日本という国のありようについて考えようとしている僕に、何か重要なことを示唆してくれるのではないかと思った。

こうして、さらに一年後の二〇〇六年夏、僕は再び小笠原へ向かった。二〇〇三年に初めて父島を訪れてから四度目の訪島だった。

六

小笠原諸島を誰が最初に発見したのかは定かではない。一五四三年、スペイン船〈サンファン号〉が西太平洋を航海していたときに発見したという説、信州《しんしゅう》の松本《まつもと》城主である小笠原貞頼《さだより》が発見したという説が残っているが、どちらの説も信憑性《しんぴょうせい》に欠けている。

正式な記録として残っているのは、一六七〇年、阿波《あわ》（現在の徳島県）のミカン船が遭難の果てにのちに母島と呼ばれることになる島に漂着したというのが最初である。この事故を受け、幕府は調査に乗り出す。一六七五年、幕府が派遣した島谷市左衛門《しまやいちざえもん》の一行はいくつかの島に上陸して島内を探索、測量して地図や海図を作った。父島や母島、兄島など各島の名称がこのとき決められている。日本領であることを示す木標も立てられた。このときの調査に関してはしっかりした記録が残っており、のちに日本が「小笠原は日本領土」だとする証拠として役立つことになる。

一八二七年には、イギリスの調査船が島に寄港している。船長は父島をイギリス領だと宣言し、当時の内務大臣の名にちなんで島を「ピール・アイランド」と名づけた。しかしあまりに遠かったため、船長の宣言をイギリス本国は認めなかった。翌一八二八年に寄港したロシア船も同様に領有を宣言したものの、本国から認められることはなかった。

父島に人が定住し始めたのは一八三〇年のことである。最初に入植したのは白人の男性五人と南洋系の人たち総勢二三人で、そのなかにはセーボレー孝さんの先祖であるナサニエル・セーボレーが含まれていた。白人といってもイギリス、イタリア、デンマーク、アメリカと出自はバラバラだった。南洋系の人たちも出身はさまざまだった。

島に住みついた彼らは農業を営み、家畜を育て、漁業に取り組んだ。寄港する捕鯨船に産物を売ったこともあったし、時にはそうした船に乗り込んで出稼ぎをして島に帰ってくることもあった。そのころ、この島を日本の領土だと思う島民は一人もいなかった。イギリス人はイギリス領だと思い、それ以外の者も日本領ではなく西欧の一部であると認識していた。

一八三九年、イギリス領マカオの役人は、父島をアヘン戦争の後方支援基地として活用したいという旨をイギリス本国に伝えたが、イギリス本国は中国との衝突を避けるために領有には慎重な姿勢をとった。

一八五三年には黒船で浦賀《うらが》に向かう途中の米海軍ペリー提督が島に立ち寄った。父島はアメリカにとって軍事的・経済的に魅力ある場所だったので、ペリーは島に住む人びとに交渉を持ちかける。ペリーはアメリカ・マサチューセッツ州出身のアメリカ人、セーボレーと交渉し、その結果、船舶用の石炭の貯蔵用地の買い上げに成功する。父島はこれによりアメリカの植民地とみなされるようになったのだ。

幕末、鎖国体制を解いた江戸幕府は行動に出る。ペリー艦隊による日本についての報告書『ペリー提督日本遠征記』から、西欧諸国の手が小笠原にまで及んでいることを知り、危機感を覚えたのだ。

一八六一年に小笠原諸島の領有を宣言、その年の末から翌年にかけて幕府の外国奉行水野忠徳《みずのただのり》以下約九〇名の使節団を小笠原に派遣した。彼らは諸島を調査してまわり、中浜万次郎《なかはままんじろう》（ジョン万次郎）の通訳を介し、ナサニエル・セーボレーら島の有力者に日本人となることを友好的に了承させた。その後、さっそく幕府の役人が父島に駐在を始めている。さらに、一八六二年の夏には八丈島《はちじょうじま》の島民三八人が入植、しかし、国内的な事情により翌年には官民全員が島を離れた。

明治維新後、一八七〇年代に入り国内情勢が安定すると、明治政府は積極的に動き出す。一八七六年（明治九年）、小笠原の日本領有を正式に決定したのだ。国境や領土の確定に力を入れていた明治政府は琉球《りゅうきゅう》の王政を廃止して沖縄県とし、北海道へ屯田兵《とんでんへい》を派遣し始めたころで、「開拓」が本格化しようとしていた。

小笠原が日本領として確定すると、八丈島や本土からの入植が相次いだ。一八三〇年当時二五人しかいなかった人口は、日本の使節団が島に入った一八六一年前後には父島と母島あわせて六〇人弱、日本領に編入される前年の一八七五年（明治八年）には七一人だった。それが、日本からの移民が入植し始めた一八七八年（明治一一年）には二一三人、一〇年後の一八八八年（明治二一年）には早くも一四〇〇人となっている。その後、さらに人口は増加し、一九〇四年（明治三七年）には三八九三人（父島二〇一八人、母島一五四六人、硫黄島を除く聟島《むこじま》などその他の島三二九人）となっている。豊かな島だという噂から八丈島や沖縄など日本各地からの移民が相次いだのである。少数派に転落した欧米系の人たちは一八八二年（明治一五年）までに全員が日本国籍を取得し、日本への帰化が完了している。

大正から昭和初期にかけて、島では亜熱帯気候を生かした農業が盛んになった。ビニールハウスのない時代、小笠原で栽培された冬季野菜や亜熱帯の果物が本土で珍重され、高値で売れた。漁業では捕鯨やカツオ漁、マグロ漁などが行われた。それらの収入により、島民の生活は本土の一般的な日本人に比べて経済的にははるかに恵まれていた。豊かな収入を求め移住者が増え、一九四〇年（昭和一五年）の時点で人口は七三六一人を数えた。

当時、欧米系の人たちの名前は英語名（カタカナ表記）が一般的であり、教育も日本語と英語の両方で行われていた。しかし、太平洋戦争が始まるころには欧米系の人たちへの風当たりが強くなっていく。欧米系の人たちは日本の姓名に変更することを強制され、家庭内でも英語の使用を禁止された。そして一九四四年（昭和一九年）には戦局の悪化により大半の島民が強制的に本土に疎開させられた。その数は軍属などに徴用された八二五人を除く、六八八六人にのぼった。

一九四五年（昭和二〇年）八月一八日、小笠原に駐留する日本軍の武装解除が行われ、九月三日に日本軍は降伏する。翌一九四六年一月二九日にGHQは覚書を発表し、「日本の四主要島嶼《とうしょ》（北海道、本州、四国、九州）と、対馬諸島、北緯三〇度以北の琉球（南西）諸島（口之島《くちのしま》を除く）を含む約一千の隣接小島嶼」を日本の範囲とし、それ以外の地域の行政権を日本から分離した。それらの島には伊豆《いず》諸島や竹島、千島列島、そして北緯三〇度以南の島々などが該当した。なお北緯三〇度よりも南にある島はトカラ列島、奄美《あまみ》群島、沖縄諸島、小笠原諸島、南鳥島、沖ノ鳥島などで、それぞれの島嶼はひとまず米軍の占領下に置かれることになる。それらの島々では日本の行政権が止められはしたものの、将来的な日本復帰の可能性は残された。

一九四六年一〇月、島民のうち欧米系の人たちやその家族からなる一二九人（一三五人という説もある）が小笠原への帰島を許され、アメリカ統治下の時代が始まった。そこではアメリカ式の施政、教育が行われ、島民の名前は再び英語名となった。ただし、欧米系島民の帰島は許されはしたが、同じ年の三月に伊豆諸島が日本に復帰していたため、北緯三〇度（伊豆諸島の最南端付近の島である鳥島から南に約五〇キロの付近）を境にして、伊豆諸島と小笠原諸島との間には国境にも似た境界線が引かれ、小笠原諸島は本土とも八丈島などとも行き来ができない状態だった。

小笠原が日本に返還されたのは一九六八年のことである。鳥島《とりしま》と小笠原の間にあった見えない境界線はこのとき完全に取り払われ、返還を機に日系の島民が島に戻ることも許されるようになった。

統治者がかわるたび、島民は激動を受け止めた。島から離れる者もいれば、島にとどまる者もいた。激動のなかで小笠原の歴史は築かれてきたのだ。

アメリカ統治下時代を生きて

父島の二見港周辺の市街地は、現在この島でほぼ唯一、人が住んでいる場所だ。市街地のメインストリートである海沿いの通りを歩くと、どこか名も知らぬ国に属している太平洋上の南の島に来たかのように錯覚する。日差しは厳しく、あたりはゆったりと静まりかえっている。

沿道には目に優しい緑色が多く、歩道や車道の幅にずいぶん余裕がある。そのうえ交通量が少なく信号も数えるほどだ。観光客向けの小さな商店や飲食店が立ち並んでいて島の基幹産業が観光であることがわかる。村役場、警察、郵便局など人口約二〇〇〇人の島にしては立派な行政地区を抜けると、集落の端にはアメリカ統治下時代の香りが残っているような瀟洒《しょうしゃ》でこぢんまりとした聖《セント》ジョージ教会が見えてくる。

父島に到着した日の夜、さっそくセーボレー孝さんの自宅を訪ねた。

彼の家は教会や村役場のある西町《にしまち》の端にあった。海を見渡すことができる高台の家で、門柱には横書きで「セーボレー」と表札がかかっていた。小笠原以外ではほとんど見ることのない、カタカナで書かれた表札の前に立つと、島に根を下ろしてきたセーボレー一族の誇りが伝わってくるような気がした。

セーボレーさんは玄関を入ってすぐのところにある広いダイニングへと僕を案内すると、冷蔵庫で冷やしていた缶ビールを取り出しすすめてくれた。それを二人で飲みながら、セーボレー家について、そして彼の半生を通して見た小笠原の移り変わりについて、話を聞いていった。彼の話は小笠原の戦後史そのものだった。日本本土にいる人間が決して体験することがない歴史がそこにあった。

欧米系の人たちだけが帰島を許され父島に帰った一九四六年一〇月、戦時中米軍の爆撃にさらされた集落は廃墟と化していたので、彼らは当初カマボコ型をした米軍兵舎に住んだ。一〇年ほどは野菜を栽培し、魚を獲り、山羊《やぎ》や亀を捕まえて食べる自給自足の生活だった（戦前栽培していたパパイヤやマンゴーの木が残っていたので果物には困らなかった）。

日本本土はもちろん八丈島とも断絶された状態だったので物資は乏しかった。そこで島民たちは生活に創意工夫を凝らした。彼らは力を合わせ、ツー・バイ・フォー形式の住宅を建てていく。孝さんの父ジョイさんは米軍の冷蔵庫を浴槽にして配管などを溶接、薪でお湯をわかせるように工夫《くふう》した。写真を見せてもらうとそれは三、四人も入れそうなほど大きかった。

ジョイさんが妻のハルイさんと結婚したケースは少し特殊だった。返還当初、島に戻ってきた欧米系の人たちは一二九人しかいなかったから、島で結婚相手を探すことは困難だった。当時、小笠原と日本本土との行き来は原則的に禁じられていた。しかし、ジョイさんは米軍に配慮してもらい、本土へ出かけ、結婚相手を探した。そして彼は横浜で暮らしていた日本人のハルイさんとお見合いしてゴールインした。戦後、日本本土から小笠原へ嫁いだ女性はハルイさんが初めてだった。

孝さんが生まれたのは一九五七年、一家の五人の子供のうち四番目だった。名前はジョナサン・フレデリック・セーボレー。ジョナサン少年は海と山に囲まれた小笠原の大自然のなかで育っていった。

「ぶらぶら集まって木陰で涼んだり、山羊捕りの手伝いのため山に行ったり。グァバ、グミ、マンゴー、オレンジをとったり。あとは釣りだね。いまみたいなリールはないから、竹竿《たけざお》でさ」

島はアメリカの統治下にあり、公用語は英語。当然学校をはじめ公的な場所では英語が用いられた。

商店はＢＩＴＣ（Bonin Island Trading Company）と呼ばれる店が一軒だけで、そこではドルが通用した。店ではグアムから送られてきたコンビーフやスパム、チリビーンズといった保存がきく缶詰など、アメリカの商品を買うことができた。

野菜などの生鮮食品は自給自足、またおもちゃや書籍、洋服などは遠くアメリカ本土からの通信販売に頼った。シアーズカタログという分厚い冊子を見て注文し、届くまでに三カ月から四カ月かかった。島の外に出たことがないジョナサン少年にとって、そのカタログこそが外界への窓口だった。

「そういうのは、外国とつながっているんだなあって（感じた）。だって実際に届くんだからね」

日本本土からは遠くなった小笠原だったが、一方でアメリカとは近くなった。米軍の飛行艇が週に一回、貨物船は数カ月に一回、グアムから島へ物資を運んだ。また島民が獲った魚をグアムに出荷することもあった。グアムは島民にとって欠かせない生活圏内の島だったのだ。島にはハイスクール（高等学校）がなかったので、進学を希望する生徒はアメリカ政府の費用負担でグアム島の高校へ進学し、ホームステイをしながら学んだ。

島民の生活はアメリカ文化の色が濃かった。

「米軍の兵隊や家族とつきあいがあった。時々バーベキューをやってみたり、ケーキを作ったり、英語を教わったりした。映画館があって毎日いろんな作品をやっていたの。カウボーイもの、プレスリー、戦争もの、フランケンシュタイン……。独立記念日とかハロウィーンといったアメリカの行事はたいていやっていたね。クリスマスは米軍も力を入れていたよ。子供に夢を与えるためにね。年に一回のサンタは本物だよ。湾の外から船に乗ってやってくるんだから」

日本本土復帰前の沖縄と小笠原を比較すると、統治の仕方に違いがあることがわかる。

復帰前の沖縄も通貨はドルだったが、パスポートや身分証明書を用意すれば日本本土と行き来が可能であり、教育も日本語だった。かつて住んでいた住民が故郷に帰れない、という状況は米軍基地となった場所に住んでいた人たちを除けば沖縄にはなかった。

小笠原は沖縄と違って孤立していた。欧米系島民と米海軍の軍人及びその家族だけが住む父島には日系の旧島民の墓参すら許されなかった。同じアメリカ統治下でも小笠原のほうがより閉ざされていて、かつアメリカに近かったのだ。島の公用語は英語であり、教育もすべて英語で行われていた。学校では日本語の使用が禁止されていた。とはいえ島の生活には日本文化や日本語も残っていた。日本本土出身の人びとや戦前～戦中世代の欧米系の人たちは英語を学んだことがなかったからだ。彼らの影響もあって、戦後の小笠原では日本語や日本文化が受け継がれ、日米の文化がミックスされていった。

「学校はすべて英語だったね。だけど家に帰れば日本語しゃべっていたんだよ。家に帰ると『ミーはね』とか『ユーはさ』とか。冷蔵庫をリーファーと言ったり、英語が混じった会話でした」

食べ物やその食べ方にも日米の文化が混在した。

「家では米も食べるしパンも食べる。私が生まれたときは米軍の統治下時代だったけど、その前は日本の領土だったからね。ほとんどフォークとナイフを使っていたけど、おふくろは箸を使っていた」

返還の数年前になると、本土から日系の旧島民が墓参りのためやってくるようになり、牧師が日本語の読み書きや言葉づかいを教え始めるなどあわただしくなる。彼はそのころまだ島から出たことがなく、島にいる人たちとしか接触がなかったから、「返還」が何を意味するのかはわかっていなかったようだ。しかし、それでも子供なりに変化の予兆を肌で感じ取っていた。

一九六八年六月二六日、父島の二見港の端に位置する米軍司令部前広場（現在は自衛隊基地）で小笠原諸島返還式典が行われた。式には当時の美濃部《みのべ》亮吉《りょうきち》都知事、米海軍のジョンソン司令官、米軍関係者、日本政府関係者、都庁関係者、島民などが酷暑のなか参加した。

星条旗が下ろされ、かわりに日の丸が掲揚された。二三年間のアメリカ統治下時代が幕を閉じた瞬間だった。当時まだ一〇歳だったジョナサン少年はその瞬間を学校で迎えた。

「学校の校庭にいて、式典に行かないで遠くから眺めていたね。なんとなく式典に行きたくなかった」

星条旗は特に子供たちにとって特別な存在だった。子供たちはラドフォード提督初等学校で毎朝、交代で星条旗を揚げて、夕方それをたたんでいたのだ。それだけにジョナサン少年のショックは大きかった。彼が生まれたとき、島はアメリカが統治していた。それがある日突然、日本へと変わるのだ。星条旗が下ろされ、日章旗が掲揚されることは、変化の象徴として彼の心に刻み込まれた。

返還を機に多くの欧米系島民が渡米していった。米軍は欧米系島民に配慮して、島民だという証明を発行し、アメリカ移住を許可したからだ。家族でこの島に残るのか、それともアメリカに移住するのか、そんな話がセーボレー家でも浮上する。家族は移住に賛成したが、ジョナサン少年だけは反対し、結局、セーボレー家は島に残ることになる。ジョナサン少年は見たことがないアメリカに住むよりは、住み慣れたこの島に住み続けたいと思ったのだ。

返還を受け入れることで、普通の人生では体験できない選択をジョナサン少年は強いられる。アメリカ統治下の時代、ジョナサン・フレデリック・セーボレーだった名前を、返還を機に変更することになったのだ。

「日本社会で勉強していくにあたって、自分たちが戦時中受けたような辛《つら》い思いを（親が）させたくなかったということです。奥村《おくむら》に住んでいたから、奥村孝となったんです。名前のほうはタカシ、タケシ、タダシとかの候補が挙がり、『孝』がいいと決めました。でも、そうするとセーボレーというのがなくなっちゃうから寂しい。それでもう一度戸籍を改めたんです」

同じセーボレーの一族でも返還を機に名乗り方が分かれた。セーボレー孝さんのように姓をカタカナのセーボレーとし、下の名を漢字にする家族と、例えば瀬堀《せぼり》エイブルさんのように姓を瀬堀と漢字にし、下の名をカタカナにする家族があった。どちらにするかは家族ごとの判断に委ねられた。

返還後、かつて島に住んでいた日系の島民が戻ってくると、名前だけでなく、社会システムが変わり、集落の風景が変わっていった。

「当時はBITCしかなかったからね。昔商売やっていた人が徐々に戻ってきて店を始め、ものが増えてきた。それは嬉しかった。まだ一〇歳だから」

学校は日本復帰後、「小笠原村立小笠原小学校」と「小笠原村立小笠原中学校」になり、セーボレー孝さんもそれらの学校に通った。公用語は英語から日本語に戻った。返還前にアメリカ式の教育を受けていた世代は、会話しかできない状態だった日本語の読み書きをマスターすべく、ほとんどゼロから日本語の習得につとめた。

「英語で全部書いていたのに『あいうえお』でしょう。なんでこんなことを覚えないといけないのかってね。やっとひらがな覚えたと思ったら次は漢字でしょう。そのうちカタカナが始まってさ」

日本語の読み書きだけではなく、日本の習慣に順応することも求められた。

それまで学校で教えていた先生は、子供たちを校庭の木陰に集めて話すことが多かった。しかし、返還後は教育も日本式に改められた。学校では木陰でのミーティングのかわりに朝礼が始まった。のびのびとしたアメリカ式の教育は規律の厳しい日本式に改められたのだ。

「日本になってからは身長の順番に前へならえ右へならえでしょう。校長先生が演台に上がって上から見下ろすように見てさ、演説というか話をする。前へならえでも、肘が曲がっていると叩《たた》かれた。先生方は優しかったけど、あのしきたりはねえ……」

それでもセーボレーさんは幼かったからこそ、変化に慣れることができた。しかしラドフォード提督学校で教育を受け、返還後すぐに社会人になった人は大変だった。

アメリカ統治下の二十数年間に教育を受けた人たちの母語は英語だった。彼らは流暢《りゅうちょう》な英語を話す一方、日本語の読み書きが得意ではなかった。彼らのために、日本語の読み書きや歴史や社会について学ぶ夜間教室が設けられた。しかし、アメリカや日本本土へ移住した者やベトナム戦争に従軍した者などは日本語を学ぶ機会を得ることができなかった。

返還後、もちろん欧米系の島民たちも本土に出ていくことが自由になった。孝さんは中学二年のとき、母親の実家がある新潟で中学校に通い、そのまま本土の高校、大学に進んだ。彼がセーボレー家のルーツに興味を持つようになったのはそのころだった。

「島の歴史を自分なりに正しく理解したいという意識があった。国会図書館とかいろんな図書館に行って、調べると本に出てくるんだよね。『ペリー提督日本遠征記』にセーボレーって」

先祖の名前が歴史的な書物に掲載されていることで、孝さんはルーツを意識するようになったのだ。大学卒業後は八年いた本土から島に戻った。外から島を見て島のよさを実感し、その後、孝さんはセーボレー家のルーツをさらに探し続ける。あるとき、復帰前から当たり前のように食べていたダンプレンというスープに孝さんは自分のルーツをおぼろげに見いだしたこともあった。

「たまたま南北戦争の映画を見ていたら、鳥のスープに団子を入れるダンプレンスープを作っててさ。で、うちの先祖がマサチューセッツのほうだからさ。やっぱりそっちの先祖のほうから伝わってきたのかなあって」

そしてついには、ナサニエル・セーボレーの出身地であるマサチューセッツ州ボストン北部のグローブランドで、セーボレー一族が一堂に会する場に参加する機会を得る。会には小笠原と全米各地から約八〇人が駆けつけ、互いのルーツを確認し合った。彼はそのとき同じ一族なんだという実感を持つ。

「ファミリーパーティーに行くと、おまえの鼻はセーボレーだなって言うから、おまえの鼻もセーボレーだなって。感じるものがあったね」

初対面のとき印象に残った「鼻筋の通った高い鼻」は、セーボレー家に共通している特徴なのだ。

自分が暮らしている島がアメリカから日本になった。そして顔が似た親戚がアメリカにたくさん暮らしている。そうした事実に自分のアイデンティティが揺らぐ、ということはないのだろうか。

そもそも孝さんは自分のことを何人《なにじん》だと思っているのだろうか。

「自分のことをアメリカ人と思ったことはない。（返還当時）私は一〇歳だもの。いまはもちろん日本人。そのもっと上の米軍で働いていた人たちとかと私とは感覚が違う」

太平洋を隔てて一族が散らばっている現状と日本人としてのアイデンティティについて、心のなかで齟齬《そご》はないのだ。それは、自らのルーツを彼なりに調べてきたからこそ得られた確信なのかもしれない。

「セーボレー家の鼻を、子供たちも受け継いでいるのですか」

そう聞くと、「かもね」と言って彼は笑みを浮かべた。

大学卒業を機に島に戻った孝さんは就職先として小笠原村役場を選んだ。島で看護師をしていた女性と結婚し、いまでは五人の子供の父親である。島の発展のために貢献したいと願う孝さんは、今後も島のために奔走し、そしてセーボレー一族のルーツ探しをしていくのだろう。

戦前世代が体験したこと

宿や役場のある西町《にしまち》から三〇分ほど歩くと、奥村という集落にたどり着く。奥村には亜熱帯の植物が生い茂る自然と一体化しているような小さな住宅地が広がっている。この住宅地は戦時中、島民が島から疎開させられるまで欧米系の人たちが固まって住んでいた場所だという。

前述のとおり、一九四六年、欧米系の人たちだけが父島に戻ったとき、戦前の集落は空襲で焼かれて元の家はなくなっていたから、戻ってきた直後、彼らは米軍兵舎に住んだ。そしてしばらくすると二見の各地に自分たちで家を建てるようになった。

現在、その当時作られた「アメリカンハウス」が一軒だけ残っている。その家に住むのは大平《おおひら》京《きょう》子《こ》さんという八十代半ばの女性と彼女の長男の家族だ。

大平さんは家の前にあるバス停で待っていてくれた。小麦色に焼けた肌と後ろに束ねられた白髪が印象的だ。身長は一六〇センチほどと世代の割に体格がよく、背筋もピンとのびている。

彼女と一緒にバス停の裏にまわると、その「アメリカンハウス」が目の前に現れた。家の前には五メートルほどもあろうかという背の高いヤシの大木がそびえている。家には複数の建物があって、キッチンと居間兼食堂のある建物とプライベートルームのある建物がポーチ（通路）でつながれていた。この家は一九五三年にある欧米系男性が骨組みを仕上げ、残りをご主人が作り上げたものだ。

自宅にお邪魔すると、皿に入った島の果物が振る舞われた。

「これ食べてごらんなさい。島のバッション。冷たいうちにどうぞ」

島の名物であるパッションフルーツだった。

大正生まれの大平京子さんは島の生き字引。愛猫を抱きながら昔話をしてくださった。

大平京子さんは一九二一年（大正一〇年）父島生まれ。彼女もやはりナサニエル・セーボレーの子孫である（ナサニエル・セーボレーから数えて四代目にあたる）。太平洋戦争が始まるころまではイーデス・ワシントンという名前だった。父親はチャーレス・ワシントン、母親は神奈川県の江ノ島《えしま》出身の日本人女性、四男四女の末っ子だ。彼女の家は戦前、漁業や農業で生計を立てていた。

一九三五年（昭和一〇年）製作の父島の地図を見たことがある。当時もメインストリートの位置は変わらないが、いまのように観光客用の店や民宿はなく、呉服屋、瀬戸物屋、ブリキ屋に建具屋などが雑然と密集していた。銀行もあり、裁判所もあったから、インフラはいまよりも整っていたのかもしれない。

彼女が教育を受けたそんな昭和初期は、「教育勅語」が各学校に置かれ、天皇陛下の御真影に敬礼することを指導された時代だった。イーデスさんは尋常小学校に六年通ったあと、尋常高等小学校に二年、青年学校の本科で二年学び、その上の青年学校の研究科まで進んだ。

「毎日、和裁を三時間、午後から洋裁やったり手芸やったり、礼儀作法教えてくれたり。青年学校になってからは歴史だとかそんなのが科目に入ったの」

当時は学校でも日本語を使ったから、英語を使う機会がなかった。しかし、欧米系同士で結婚した夫婦の子供は両親が家で英語を使うため自然と英語を覚えていった。イーデスさんの場合、欧米系の父親は英語を話せたが、母親は本土から来た日本人だったので、家庭で英語を使う機会に恵まれなかった。彼女はほかの欧米系の子供のように英語が得意になることはなかった。イーデスという名前のスペルを当時はアルファベットで書けなかった。

一九三九年（昭和一四年）、学校を卒業したイーデスさんは一九歳で大阪に出て、大鉄《だいてつ》百貨店（現在の近鉄《きんてつ》百貨店）で働いた。当時、礼儀作法を習うためある病院の先生の家に住み込んでいた。住吉《すみよし》区に四年ほどいたその時代に改名を経験し、イーデス・ワシントンから木村《きむら》京子となる。一九四一年（昭和一六年）のことだ。木村としたのは東京で働いていた兄がすでに改名していて、木村の姓を名乗っていたからだ。名前の京子は自分でつけたという。

戦争当時は公共の場だけではなく家庭内ですら英語の使用が禁止され、英語を日本語にわざわざ言いかえていた。例えば野球の用語ではストライクを「よし一本」、アウトを「ひけ」などと。欧米系の人びとにとっては生きづらい時代だったに違いない。

「昔、島で青年団の班長をやっていてね、みんなの会費を集めるのにイーデス名義で通帳を作っていたの。ところが木村京子って名前を変えたでしょ。預金通帳の名義を変えようと思って全額引き出しを頼みに行ったとき、ストップされたの。『だってあなたアメリカ人でしょ。アメリカ人でなかったらこういう名前ないでしょ』って言うの」

口座を解約し、新しい名前で口座を作り直そうとしたところ、元の通帳の名義だったイーデス・ワシントンというカタカナの名前を窓口の行員が不審に思ったのだ。本土ではイーデス・ワシントンという名によって、警察に敵性国家の人間として警戒されたこともあった。

「警察の人が来てね、私を見て、名前がそのときまだワシントンだったから、『あなたのお父さんは髪の毛赤いですか。赤くないですか』って聞くのよ。だから『赤くない』って。ほとんど白髪で真っ白だったから」

一九四三年（昭和一八年）、子供がいる姉の具合が悪くなり、イーデスさんは看病のため島に戻る。そして故郷の島で戦禍に巻き込まれる。

一九四四年（昭和一九年）六月、日本領だったサイパン（彩帆）に米軍が上陸し、翌月陥落した。小笠原は六月一五日に初めて空襲を受ける。父島では夜間の空襲を避けるため、島民はトンネルへ逃げ込んだ。家の裏山に爆弾が落とされたとき、イーデスさんは腰痛で寝込んでいた父親を連れトンネルのなかへ避難した。小笠原の人たちは空襲の始まる三日前の六月一二日から七月二九日までの間に日本本土へ強制疎開させられる。

「あの時分はね、こっちから引き揚げるのも大変よ。潜水艦が見えただなんだで。昭和一九年の七月一日かな。船がぎっしりでしょ。能登丸《のとまる》。船のなかがあまりに苦しくて、もう死んでもいいって覚悟でデッキにずっといた。そしたらみんなデッキでさ、『さらば父島』って歌を歌い出したんだよ。デッキの上で覚えたよ。『♪さらば父島よ〜また来るまでは〜』って歌い出しちゃって」

イーデスさんが歌ったのは『ラバウル小唄《こうた》』の替え歌だ。船に持ち込める荷物は三つまでとかぎられていて、満員電車のような状態、しかも敵の魚雷などの攻撃を避けるため蛇行するように北上していった。警報が鳴り、全員が船倉に避難したこともあった。

イーデスさんの家族は、現在の東京の練馬《ねりま》区、鐘淵《かねがふち》紡績（カネボウ）の工場だった施設に身を寄せる。社宅に住みながら薬莢《やっきょう》作りをさせられた。

「丸一年、薬莢作っていたね。島で呑気に暮らしていたのに、あんなところに入れられて、あんなに苦労したことはないね。二交代で夜は七時から明くる朝の七時までよ。夜中っていったらみんな居眠りばっかりしちゃって仕事にならないじゃない。事務所には憲兵なんかもいるしねえ。仕事休むと男の子がよく事務所に呼ばれて憲兵隊に調べられていたよ」

そして敗戦。玉音放送を聞くこともなく、いつの間にか時代が変わっていた。イーデスさん一家は戦争が終わると練馬の社宅を立ち退いて、横須賀《よこすか》近くの田浦《たうら》に移り、島から疎開していたほかの家族と一緒に一軒家を借りて住んだ。

島に戻ってきたのは一九四六年一〇月一九日のことだった。船賃は無料だった。本土を離れるときには一ドル三六〇円で持っていた日本円を両替した。

「そりゃもう嬉しかったよ。生まれ故郷に帰るんだから。（本土の）寒さに慣れなかったしね。船は奥のほうに詰められたから大変だったけどね」

疎開させられた当時の人口に比べると、島に戻って暮らし始めた人の数はわずかだった。島民は欧米系の人たちとその家族、父島を治めていた米海軍の軍人とその家族ぐらいのもので、全体でも約二九〇人しかいなかった。

「帰ってきてみたらわずかな人でしょ。寂しかったよ。寂しいし、何もやることがない。昔いた人が恋しくてしょーがない」

イーデスさんは声がひっくり返るほど感情を込めて言った。

欧米系の人たちが帰島したころ、島には生活に必要なインフラが整っていなかった。電気はすぐに通じたが、水道が使えるようになるまでしばらくは井戸水や雨水を水道水のかわりとした。基本的には自給自足で、農作業や漁労で得た食料は家族の人数によって平等に分配された。公用語は英語、その後建てられた学校での教育も英語で、島民の名前も英語名に戻されていた。島の決めごとは米軍の要請により、「五人委員会」という島民を代表する自治組織で決められ、住宅、農業、漁業など生活に必要なこと全般について話し合われた。また島民たちで漁協のような組織を作り、サワラ、マグロなどの魚をグアムに売って現金収入を得た。ＢＩＴＣができたのもこのころだ。

欧米系島民たちの自助努力や米軍の支援の甲斐《かい》あって、次第に島で生活するための基盤が整備されていった。返還一〇年前の一九五八年にもなると、集落はずいぶん近代的な発展を遂げていた。テレビや電話が整備されるのは日本に復帰して以降のことだったが、トイレは水洗となり、野外の無料映画館にボウリング場、学校などが整備された。

グアムから週一回やってきた飛行艇は、月一回の割合で食料を運び込んだり、カタログで注文した商品を届けたりと、島の物流の大動脈として欠かせなかった。また、病院や学校へ行くためグアムとの間を行き来する島民の足としても役に立った。飛行艇で届けられる食料は缶詰など保存のきくものばかりで野菜類は含まれていなかった。島民は自分たちで畑を耕し、野菜を作った。パンは自分で焼いた。お茶や味噌《みそ》・醬油《しょうゆ》はなく、台風のため避難してきた日本船の乗組員からもらったこともある。看護兵がいるだけで病院がなかったので、急患が出たときはグアムから飛行艇を米軍に呼んでもらいグアムまで行ったり、グアムからドクターを呼び寄せたりした。もっとも、丈夫だったイーデスさんはグアムの病院に行ったことはなかった。

時代に翻弄された家族

イーデスさんは一九四九年に結婚した。夫のネッドさんは父親が欧米系、母親は日本人だった。島の教会で行われた式のときの写真を見ると、教会前で二人を中心に一〇人の家族・親族が写っていた。男性五人はスーツ、イーデスさんを含め三人が着物、残りの二人はワンピースだった。

ネッドさんとイーデスさんの間には子供が四人いる。全員がアメリカ統治下時代に生まれ、四人とも英語の名前がつけられた。アメリカ統治下時代、欧米系島民の国籍は日本にあり、各種届け出を管轄するのは約一〇〇〇キロ北にある東京の役所だった。

「そのころは八王子《はちおうじ》に小笠原村の役場があったのね。当時は島に電話はないし、手紙もなかなか届かない。親の面会と歯医者とか、特別の用事のために年に一回ぐらいだけど船で本土へ行く許可が下りたの。必要事項を書いたものを行く人に渡してね、代理で申請してもらったのよ。だけど代理だからね、間違いもあってね、あとになって修正したこともあった。私の場合、結婚した日も長男の生年月日も同じ日になっちゃったよ」

イーデスさんはあっけらかんとした様子でそう言った。

「長男がレーンス、二番目がマイケル、三番目が娘でジャネット、末っ子がディノ。上の三人の名前は年寄りの人がつけてくれたけど、ディノは私がつけたんだ。あんまり難しい名前は私がスペル覚えるの大変でしょ。学校出す書類にいちいち英語で書かないといけないしね。自分は英語の勉強していなかったから」

すでに述べたとおり、日本語で教育を受けたイーデスさんは、英語が上手《じょうず》ではなかった。

「アメリカ統治下時代に学校で英語の補習授業を受けた。子供が学校行くようになって、さあ名前のスペルも何もわからないじゃ困るじゃん。私は英語しゃべれなかったから。いまでは単語とかそういうのはパパパパッと出るようになったけどね」

島には通訳が常駐していたし、自分の子供たちとのやりとりはもとより日本語だから、コミュニケーション面で日常生活に支障を来すことは特になかったという。それでもイーデスさんが英語を学ぼうとしたのは、読み書きのできない不便さの克服のほかに、どんどん英語が上達する子供たちとの間で価値観が離れていくことを恐れたからなのかもしれない。

一九六八年の小笠原返還によって二三年ぶりに島の公用語が日本語に戻る。しかし、こんどは英語で教育を受けた世代がアメリカ統治下時代のイーデスさんのような苦労をすることになる。

「長男のレーンスは日本語の読み書き、困ったよー。あと一年でグアムの高校を卒業するってときに返還になった。高校三年から『あいうえお』だよ。いまはだいぶ覚えたけど、漢字の音と訓の違いがわからない」

彼は島の高校を卒業したあと、島に進出してきた東京電力に就職した。当時は日本語が読めなかったから東京の本部で受けた試験のできばえは散々だった。しかしそれでも採用は認められたのだという。

東電に一年半勤めたあとはグアムに戻ってアメリカの高校を卒業し、アメリカ陸軍に入隊した。軍人としてドイツに駐在していたとき、イーデスさんに手紙を出した。その手紙は英語混じりの日本語で、便箋一枚書くのに一時間かかったという。その後のアメリカ生活は二〇年あまりになったが、イーデスさんの夫であるネッドさんが亡くなると、高齢の母が一人になったことを心配して島に戻った。

「兄弟全員が島の外に出ちゃったし、主人が亡くなって私一人になっちゃったでしょ。責任を感じたのかね。私はおいでとは言わないんだよ。あの子、日本語は読めないから無理だと思ってね。一人のほうが呑気なのにね。それからずっと島にいるよ」

レーンスさんは現在、島でバーを経営している。

次男のマイケルさんは島とグアムで一〇年間英語教育を受けていたから、大学受験のときは英語で入試を受けた。上智《じょうち》大学に合格し、入学したマイケルさんは日本語の履修を希望した。教授たちは「日本人なのになんで日本語の科目をとるのか」と不思議がったという。調査の結果、「生まれてからずっとアメリカの時代を過ごし、英語のほうが得意だから日本語を習いたい」という理由が認められ、大学創立以来初めて許可された。マイケルさんはいまは横浜にいる。

長女のジャネットさんは練馬で英語を教え、三男のディノさんは千葉に暮らす。マイケルさんこそアメリカに長期で滞在したことはないが、あとの三人はみな仕事や家庭の都合で長い間アメリカに住んだ経験を持っている。

「ここ（父島）は日本語だよ。だけどあの子らはほとんど英語だから」

統治者がかわることで、親子の間で母語が異なってしまうということ。それは平和な時代に本土に生まれ育った僕の想像をはるかに超える出来事だったに違いない。

返還のころに話を戻そう。セーボレー孝さんはどちらかというと不安を感じていたようだが、イーデスさんの気持ちはまったく違っていた。なにしろ嬉しさのあまり作詞までしてしまったのだ。

「あるとき、返還になるってことがあんまり嬉しくて、すらすらーっと書いたのよ。それが歌になっちゃったの。昔の『洲崎《すさき》音頭』っていう、飛行場を作るときに監督さんたちが作った歌の節回しでなんの気なしに歌ったの。そしたらそれが、誰がつけたか『返還音頭』って名前になっちゃって」

イーデスさんの言う飛行場とは、戦前、父島中部西海岸に作られた洲崎海軍飛行場のことである（戦後、飛行場としては使われず、島民が車の運転を練習する場所として利用されている）。

彼女が作詞した『小笠原返還音頭』は、小笠原の日本復帰についての喜びと旧友との再会への期待を素直に歌にしたもので、歌詞は八番まで続いている。待ち遠しくて歌を作ってしまうほど、イーデスさんは返還を待ち望んでいた。

そんな彼女だから、返還の式典では大きく心を動かされたという。

「星条旗が下ろされて日本の旗が揚がったの。誰かに聞かれて『感無量』って答えた覚えがある」

返還となって島に戻ってきた旧友たちに再会したとき、喜んだ彼女は思わず島の果物を振る舞った。

返還後、島の役場は欧米系の人たちを優先的に雇用した。農業センターや村民課、水道局などで彼らは働いた。イーデスさんは食堂で働き、村の役職をこなした。

「民生委員をずっとやらされた。村政審議会にも入っていた。民生委員は七五歳になる少し前で辞めた。辞めたらこんど別の仕事をまわされちゃってね。私は年なんだからって言ったら、年でもいいって」

村政審議会とは、復帰後、島に作られた諮問機関で、復帰前にあった五人委員会が改編されたものだ。村の仕事をいろいろ任されるのは世話好きなイーデスさんだからこそだろう。島に戻って以来、イーデスさんはグアムにすら行かず、返還までは島のなかで生きてきた。

大正時代に生まれ、戦前の日本教育を受けて育ったイーデスさんは、戦後のアメリカ統治下時代から日本復帰後の現在へと、統治者がかわるなか、この島に住み続け、島の仕事をし、子供を育て、生きてきたのだ。時代の移り変わりにあわせて生きてきた、そんなイーデスさんに、僕は聞いてみたいことがあった。それは、自分のことをどこの国の人間だと思っているのか、ということである。

「私はそもそも島の人という気持ちだね。ここで生まれたんだから。だけど生まれたときには日本の国籍だから、日本人だって自分では自信持っているよ。アメリカ時代のときも日本人だってずっと思っていた。だって日本の国籍だもん。アメリカの国籍もらってないもん。あくまでも国籍は日本。いまでもイーデスという名前で島では通っているけどね」

欧米系の人たちに会うたびに投げかけたこの質問への答えは、経てきた人生体験によってさまざまであり、人によっては時代の波浪に心が揺れ動く人もいた。一九五〇年に島で生まれ、返還当時一八歳、日本本土でいえば「団塊の世代」にあたる欧米系の女性は言う。

「アメリカ人ではないんだけど、アメリカの旗の下で生まれたので、やっぱりアメリカ人に近いのかなと思っていました。いまはもう日本人ですね。名前も日本の名前にしたので」

イーデスさんの子供たちはその女性と同じ世代だけに複雑な感情を持っているようだ。イーデスさんに子供たちのアイデンティティについて聞いてみたが、彼女は即答を避けた。

「彼らはどうかね。なんともいえないね。向こうが長いもんね……。長男のレーンスの国籍はアメリカなのよ。だから生まれた子供も国籍はアメリカ。こないだレーンスが東京のアメリカ大使館に行って申請したら、ちゃんとアメリカの国籍をよこしたよ」

英語で教育を受けた世代の欧米系島民のなかにはアメリカに移住した人も多かった。返還後一〇年間は無条件でアメリカの市民権を得ることができたからだ。結婚や軍隊に入ることでアメリカ国籍を得る人も多かった。レーンスさんの場合、アメリカ陸軍に在籍したことでアメリカ国籍を得ている。

大平家の人びとは時代に翻弄され続けた。それぞれのやり方で人生を切り開いたことで、親子の間でも母語が日本語と英語に分かれ、国籍も別になってしまった。しかし、それでも親子は固い絆《きずな》でつながっている。だからこそレーンスさんは島に戻ってきたのだ。

帰れなかった日系島民

母島到着の際、船のデッキに出ると鬱蒼《うっそう》とした緑が目に入った。

積み上げた波消しブロックとその上にある白くて小さな灯台という人工物がなければ、あと数分で港に到着するとはとても思えなかった。父島の二見港から母島の沖港《おきこう》までの五九キロを、週に五便、二時間で結んでいる〈ははじま丸〉（四九〇トン）に乗っていた。島には現在南部に沖村《おきむら》（沖港は沖村の港）という集落が一つあるだけで、人口は四〇〇人あまりしかいない。港には〈おがさわら丸〉で父島に着岸するときのようなお祭り騒ぎはなく、岸壁には出迎えの人が一〇人足らずいるだけだった。

沖村は店が三軒、宿が五軒ほどのこぢんまりとした集落だった。すべては静寂と厳しい日差しの前にたちまち緑に覆われてしまいそうな雰囲気があった。

母島には一八三五年に父島から欧米系島民七人が移住した。そして一八七九年（明治一二年）には日本人開拓者、折田清三郎《おりたせいさぶろう》とその家族が母島に移り住み開拓を始めた。折田家が残した『折田家総括録』によると、当時、彼らが母島に移住してきたときには七、八人の欧米系の人たち、二人の日本人が住んでいたという。その後、母島は農業と漁業の島として北村《きたむら》と沖村という二村を中心に栄え、一九四四年（昭和一九年）に人口は約一六〇〇人にまで増えていた。その年、母島の住民たちも少数の者が住んでいた聟島や父島の住民とともに本土疎開を強制される。

島では軍属として残った男たちと日本本土からやってきた軍人が米軍に対峙するも、終戦を迎え、武装解除、年末には島から一人残らず引き揚げさせられる。

一九四六年に欧米系の人たちが小笠原に帰島したときも、一九六八年に小笠原の日本復帰が決まったときも、居住地は父島にかぎられ、帰島が開始される一九七二年まで母島はずっと無人島だった（現在、母島に欧米系の人たちは住んでいない）。

父島の人たちの帰島からさらに四年もの間、島に戻れなかった母島の人たち、彼らはどのような体験を経てこの島に戻ってきたのか。島のお年寄りに話を聞きに行くことにした。

翌朝、沖村集落の海に面した場所、船着き場から数分のところに住む稲垣行正《いながきゆきまさ》さん（八五歳）の自宅を訪ねた。高齢のため、話し方など稲垣さんの振る舞いは年相応だった。しかし、三十数年前に帰島して以来、農業を営み、体を動かし続けてきただけあって、ガッチリとした逞しい体つきをしていた。

稲垣さんは軍属として終戦まで母島に残り、戦後、島から追われた。島民のなかでもいち早く島に帰った一人だ。戦争と国際情勢の変化によって、故郷の島を長い間奪われていた稲垣さんはどのようにして島へ帰ってきたのか。また戦争とどのようにかかわって生きてきたのか。

静岡の浜松《はままつ》出身の父親と八丈島生まれの母親がこの島で知り合い、八人兄弟の末っ子として稲垣さんは一九二〇年（大正九年）に島で生まれた。両親は試行錯誤を繰り返し、カボチャやトマト、キュウリなどの栽培を軌道に乗せた。すでに述べたとおり、当時はビニールハウスがなく、小笠原の野菜が本土で高値で売れた時代だった。時代の流れに乗り、両親は野菜栽培の事業を家が建つほどに成功させた。一家は農業だけに飽きたらず、漁にも出て、生産したくさやを本土へ送ったこともあった。

島の恵まれた自然環境で育っていった稲垣さんは、一九四一年（昭和一六年）に二一歳で島を一度離れている。宮城《きゅうじょう》（皇居）の近衛兵《このえへい》として働いていたのだ。兵役を終えて除隊となり、一九四四年（昭和一九年）のはじめに島に戻ってきた。当時は太平洋戦争まっただ中だったので島に帰り着くのは大変だった。

「今日は潜水艦が出たからやめろとか、出航を待って、船が出るまでに一カ月ぐらいかかった。八丈島まで一日、父島まで二昼夜かかった。母島までは船が来ないから漁師の小さい船に乗せてもらった」

小笠原では米軍の空襲と上陸に備え要塞化が進み、米軍を迎え撃つ態勢が整いつつあった。

一九四四年（昭和一九年）七月に小笠原から本土への疎開が完了するころには、父島や母島でも硫黄島同様の陣地構築が急ピッチで進んでいた。父島には一万五〇〇〇人、母島には六〇〇〇人の兵員が配備されたという。

その当時、母島は農業と漁業の島から軍事要塞へと変わってしまっていた。島のあちこちに兵隊が立っていて、「島をちょっと歩けば兵隊だらけ」という状態になった。硫黄島や父島でもそうだったように、母島でも島の人間が軍属として一〇〇人ほど残され、米軍の攻撃を待ち受けた。

「山のなかの壕に五、六人ずつが駐留し、敵の飛行機から見つからないように木で入り口などを覆ってカムフラージュした」

とはいえ、米軍の空襲は一日に一回か二回という頻度でしかなかった。そのため軍は戦闘よりも食料の増産に力を入れた。

「手分けして野菜を作らせるの。軍から農業指導に来た人がいましたが、本土と環境が違うせいか全然役に立たなかった」

稲垣さんが農業の指導を行い、収穫物は陸海軍分け隔てなく渡したという。

この時期、空襲だけではなく艦砲射撃もあったものの、島内での生活は基本的にはのんびりしたものだった。しかし、次第に米軍は兵士が駐留していた壕や兵舎に攻撃を加えるようになっていく。その攻撃は正確で、時には日本軍が人的な被害を受けることもあった。

「兵舎とかそういうところを爆撃したんですよ、上から見えるから。俺らが隠れているところにも弾を撃ってきた。爆撃でみんな死んじゃった。（軍属として残った）島の者はみんな無事でした。やられたのは兵隊だけだよ。だって呑気に爆撃を見ているんだもの。まだ怖いってことを知らなかったんでないの」

母島への攻撃は一九四五年（昭和二〇年）三月に硫黄島が陥落してからはやんだ。硫黄島を押さえると日本本土を直接攻撃することが容易になり、米軍は父島や母島を海上封鎖しつつ（駐留部隊を無視して）、日本本土の攻撃に専念したのだ。

戦後、駐留部隊は武装解除される。島は米軍の占領下に置かれ、母島出身の稲垣さんは島を追われてしまう。

「九月から一一月まで島で遊んでいました。軍の倉庫から食料を取り出してはしのぎました。引き揚げさせられたのは正月前だったろうと思う。日本の軍艦が来たんです」

平和になったのに故郷から引き揚げる理由はない。稲垣さんは当然断った。しかし島に残りたいという願いが聞き入れられることはなかった。

「島の北側にある北港《きたこう》（北村）から荷物を全部載せて出発しました」

彼は浜松に身を寄せた。浜松は父親の出身地であり、母島への移住者がもともと多い土地でもあった。先に疎開していた両親と暮らし、海藻を採ったり、建設作業をしたり、港湾作業をしたりと仕事を転々とした。住む場所も浜松から東京、横浜と転々とした。稲垣さんは生計を立てることで日々精一杯だった。

「どの仕事が嫌だとか言ってられないからね」

戦後の暮らしは彼にとってあまりいいものではなかった。暖かな島の気候に比べ本土の冬がこたえたのだ。しかし、それでも彼にとって本土で生きる以外に選択肢はなかった。それだけに、終戦の翌年、欧米系の人たちだけが島に戻ったことには複雑な思いがあった。

「欧米系の人間が父島に帰ったことは知っていました」

同じ小笠原ということで、稲垣さんにとっては父島に帰れた欧米系の人たちが羨ましく思えたのだ。戦前、母島にも欧米系の島民が数人住んでいたが、彼らも父島に戻り小笠原での生活を始めていた。

本土には先に避難していた者を含めた六八〇〇人あまりの日系島民が島に戻れないまま残されていた。昭和二十年代、東京、神奈川、静岡を中心に一〇〇〇世帯以上が暮らしていた。一九五三年には、本土にいた旧島民世帯の八五パーセントが生活困窮世帯だったという。

戦争が原因で疎開させられたのだから、戦争が終われば帰れると思っていた。しかし、日系の旧島民たちの予想は大きく外れ、結局、アメリカの統治は二三年もの間続くことになる。

その間、彼らは粘り強く帰島を要求し続けた。一九四七年には「小笠原島・硫黄島帰島促進連盟」を結成、日米の政府、東京都に対して陳情を繰り返した。しかし、旧島民の運動はいつしか生活補償金の獲得運動へと比重を移していった。その努力が実り、日本政府が合計一億四〇〇〇万円の見舞金を交付したのは一九五五〜一九五六年のことである。そして一九五九年にはアメリカ政府から六〇〇〇万ドルという補償金額が提示され、連盟はこれを承認、一九六三年ごろにようやく分配が終了した（ただしこの額は希望していた金額の半分にすぎなかった）。

一方、帰島の願いは長い間かなうことはなかった。日系の旧島民による現地視察はアメリカ海軍と一部の欧米系島民によって反対され、頓挫した。

稲垣さんが結婚したのは引き揚げまもなくの浜松にいた時代だった。四人の子供が生まれ、成長していくうちに、稲垣さんは生活基盤を本土に作る決意を固めていく。

「もう帰れないと思ってね。横浜に家を建てたんですよ。まだ父島が復帰する前のことです」

ところが、その後一九六八年に小笠原の日本復帰が決まる。父島が返還されたあと、「じゃあ母島も」と気がせいたが、母島への帰島が許可され、島に帰れるようになるまでにはさらに四年が必要だった。

日系の旧島民が帰島できるようになった一九七二年、稲垣さんは母島に帰郷するための下見に行った。すぐに帰島しなかったのは本土に生活基盤ができていたからだ。結局、稲垣さん夫婦と子供四人のうち二人が一緒に母島に戻ってきた（ずっと帰りたがっていた稲垣さんの両親は小笠原の復帰時すでに亡くなっていた）。横浜に買った家は残った子供たちで分けるように言い伝えた。子供のうち一人は学校を卒業したあと、また本土に戻っていった。

移住したとき、島はすっかりジャングルになっていた。野菜栽培で繁栄した島は、長い間人の手が入らなかったため、自然に還ってしまったのだ。それでも稲垣さんは根気よく開墾した。以来、農業を生業としている。帰島を願って過ごした不安定な日々はもう遠くなった。

稲垣さんは帰島という選択をして「よかった」という。

「勤めているよりは性に合っている。病気になったから、いまは子供らが畑に連れていかないんだけどね」

安らかな表情でそう語った。

あの戦争によって大きく翻弄され、島の統治者がかわることで戦後二〇年以上島に帰れなかった稲垣さんのような日系の島民たちと、日米の間で揺れ続けてきた欧米系の島民たち。その立場は違っても、自分が生まれ育った故郷を捨てられないという思いだけは決して変わることがない。故郷を思い続ける気持ちがあったからこそ、欧米系島民と日系島民がともに暮らす島として、小笠原は歴史を積み重ねることができたのではないか。

――稲垣さんと別れ、その日父島へと向かう唯一の便である〈ははじま丸〉に乗った僕は、小さなデッキで潮風に当たりながらそんなことを考えていた。

七　与那国島Ⅰ

国境の手前でもがく島

行き来できない国境

台北《タイペイ》から鉄道で一〇〇キロあまり、直線だと約六〇キロ南東に離れた蘇澳《そおう》駅に到着したとき、すでに午後一一時を過ぎていた。発着本数の少ない盲腸線の終点である蘇澳駅の駅舎はローカル線特有のさびれた風情で、薄暗い駅前の道には車や人通りはまったくなかった。一瞬野宿を覚悟したが、数十メートル先に旅館のネオンがポツンと灯《とも》っているのを見つけホッと胸をなで下ろした。

手前がインターネットカフェになっているその旅館に入ると、白いランニングシャツから二の腕の入れ墨がのぞく中年男性が奥から出てきた。宿の主《あるじ》らしい。見た目はいかついが愛想のいい丁寧な男だった。入ってすぐの壁に漢字で書かれた観光用の地図が貼られていたので、少しぐらいは観光情報を知っているのかもしれないと期待し、宿帳を書き終えたあと、彼に筆談を試みた。

「日本的与那国島、観観可？」

入れ墨の宿主は首をかしげる。

「最短距離　日本的島　蘇澳～与那国島一一〇公里」

僕がそう書くと、彼はカタコトの日本語で答えた。

「ワカラナイ」

どうやら彼は本当に与那国島のことを知らないらしかった。

太平洋戦争で使用された暗号に「ニイタカヤマノボレ」というものがある。ニイタカヤマとは漢字で「新高山」と書く台湾の山で、現在は玉山《ユイシャン》と呼ばれている。標高三九五二メートルと富士山《ふじさん》よりも高く、太平洋戦争当時、台湾は日本の植民地だったから日本の最高峰でもあった。背骨のように台湾を南北に貫く台湾山脈は玉山をはじめとする標高三〇〇〇メートルを超す峰の連なりである。その偉容は一〇〇キロ以上離れている日本最西端の島、与那国島から年に数回、数十分から一時間ほど見ることができる。つまり日本から台湾が肉眼で見えるということだ。とすると、逆に台湾から与那国島が見えても不思議ではない。僕が蘇澳という町までやってきたのは、蘇澳が台湾のなかで与那国島に一番近い場所だからだ。

戦後、台湾には中国からやってきた国民党軍が進駐し、台湾在住の日本人は引き揚げを余儀なくされた。正式な引き揚げ船は日本との旅客航路を結んでいた基隆《キールン》港から出ていたが、与那国島出身者や関係者は、蘇澳から数キロの距離にある南方澳《ナンファンアオ》という漁港を利用した。

南方澳からの引き揚げ経験を持つ大浦太郎《おおうらたろう》氏の著書『密貿易船』(沖縄タイムス社)には次のような記述がある。

「裸同然で脱出した引き揚げ者たちは、ここで割り方豊富な日用品、衣類、米を買いため、与那国に引き揚げたあとの生活に備えた。(中略)一ヵ月も待たずに、南方澳の集落は引き揚げ者集結場の観を呈してきた。(中略)基隆港に集結した日本人の組織的な大部隊を輸送するめどはついていなかった。与那国出身者や関係者は、いち早く有利な南方澳に回り、与那国航路船・永漁丸(木造、三〇トン)の寄港を待ち受けることにしたのである。」

南方澳は与那国から約一一〇キロ、日本に一番近い港だった。大浦氏は南方澳で永漁丸を一ヵ月あまり待ち、一九四六年四月、ほかの島民たちともども八時間かけて故郷の島へと戻っていった。一回ではすべての人を運びきれず、永漁丸はピストン航海によって人びとを運んだという。

台湾から与那国島が見えるのかどうかを確かめようと思い、翌朝、蘇澳駅前でタクシーを拾った。南方澳と書いた紙を運転手に見せ、「日本に一番近い地点に行きたい」ことを伝えた。

駅前を出発し五分ほど走ると、漁港地帯をまたぐ跨線橋《こせんきょう》「南方澳大橋《ターチャオ》」にさしかかる。窓の外にはモダンな漁港の風景が広がっていた。ブイを積んだ数十トンクラスの漁船が固まって停泊し、そのまわりの陸地にはいくつかビルが建っている。与那国の人たちが一カ月あまり待たされた当時の面影は車窓の風景からは見いだせない。

さらに五分ほどタクシーは走り、海へと防波堤がのびている人気《ひとけ》のない一帯で停車した。防波堤の付け根は金網で覆われ、その内側には詰め所が見える。タクシーから降りた僕は金網沿いに数十メートル歩き、隣接している駐車場で立ち止まると、与那国島が見えるかどうかを確かめるため、水平線のある東の方向を凝視した。晴れ渡る空の下、水平線はくっきりしていたが、対岸にあるはずの島は何も見えなかった。対岸のその島、与那国島の最高地点は宇良部岳《うらぶだけ》の二三一メートルと低いので、見えなくて当然といえば当然だが、少し残念な気もした。

防波堤を覆う金網は大陸からの密航防止のためのものだとタクシーの運転手が説明してくれた。人口が多い西海岸を避けて過疎の東海岸を狙ってくるのだろう。金網の部分は進入禁止のようで、横の隙間からくぐり抜けようとしたら詰め所から監視員が出てきて制止された。仕方がないのでタクシーに戻ることにした。

僕が乗ってきたタクシーの運転手はメガネをかけた聡明そうな四〇歳ぐらいの女性だった。彼女は行き帰りの道中、長渕剛《ながぶちつよし》の『乾杯』やオフコースの『さよなら』といった一九八〇年代前半に流

上●台湾北東部の与那国に最も近いポイントから東の方向に目を凝らした。
しかし、島は見えなかった。
下●昭和7年（1932年）生まれの蔡さんに戦前の話を伺った。

行った日本のポップスを大音量で流していて、台湾によくいる日本好きの台湾人のようだった。だが与那国島については「ヨナグニ」と声にしても「日本　最近地点　与那国島」などと紙に書いて見せても、入れ墨の宿主同様、理解してもらえなかった。

与那国島から台湾を写したという写真を見たことがある。普通島影といえばポツンと水平線に浮いた点のようなものを想像する。台湾の山並みがいくら高いとはいえ、一〇〇キロ以上も離れていたら高い峰が水平線からいくつか出ている程度のものだと思っていた。ところがその写真に浮かぶ台湾は、黒い影ではあるが、水平線を覆うダイナミックな景観であった。そんな壮大な景色が見えることも影響しているのか与那国の人たちは台湾のことを誰でも知っているし、蘇澳や基隆という地名も通りがいい。

だが台湾の人は与那国のことを知らない。しかも島影も見えない。与那国にとっては台湾は巨大な存在だが、台湾にとっての与那国はいまやちっぽけな存在にすぎない。

蘇澳を訪ねる前日、僕は基隆に立ち寄っていた。

基隆駅前には長細く長方形に浚渫された大型船が入れるターミナルがある。戦前の地図を見ても港湾の形は現在と変わらない。かつての基隆駅の客船ターミナルは大阪などとの定期航路があり、日本本土とつながっている台湾の玄関口だった。日本が手間隙《てまひま》をかけて作り上げた先進的で華やかな都会だったのだろう。現在の基隆駅前は当時の税関の建物が残っていて、懐かしさを感じさせる。

台湾へと出かける前に戦前の台湾を知る与那国島の知り合いに電話して、当時の事情を少し聞いていた。「島から台湾へは豚やお米、台湾からそうめんなどの食べ物や衣服を運んだ」とは父親が与那国島と基隆間の運搬船の船長をやっていた人の話だ。

その人の話のなかに「濱町《はまちょう》」「入船町《いりふねちょう》」という地名が出てきていたので、基隆市政府の建物そばにある図書館で地名の場所がどこなのか調べてみたところ、基隆市各町の由来が書かれた基隆市政府発行の『基隆市志　巻一　土地志　地理編』（二〇〇一年）という資料を見つけた。

その資料によると、入船町は現在、中正区入船里《チョンヂォンチュルーチュアンリー》という名前に変わっていることがわかった。日本の陸軍の小さな埠頭があったことから「入船」と命名されたその町には、かつて二沙湾《にさわん》という港があり港湾として機能していたが、一九七三年に埋め立てられてしまったという。一方、濱町の現在の地名は中正区正濱里《チォンビンリー》。日本統治時代に漁港が置かれ、漁業施設や日本人居住地が作られた。一九四〇年（昭和一五年）には人口の半数以上にあたる一三二〇人の日本人が住んでいた。

当時、与那国の人たちがやってきたのは、客船ターミナルではなく、入船町や濱町と呼ばれた地域だった。駅から海岸沿い北東に数キロ離れたその一帯には小さな船着き場が連なっていて、運搬船はこちらを利用した。与那国島から基隆までは運搬船で四～五時間、島の人びとも運搬船に気軽に便乗し、台湾へと足を運んだという。

蘇澳に行ったあと、再び基隆を訪れ、基隆駅からバスで旧入船町へ向かった。すると埋め立てられているという情報のとおり、漁船が固まって停泊していたであろう港湾の姿は跡形もなかった。トレーラーがひっきりなしに通り、クレーンが忙しく動きまわっている。積み重ねられたコンテナが海への景色を遮っていた。

コンテナ地帯に隣接する一角には、老朽化が進んだ二階建て瓦葺《かわらぶ》きの日本家屋らしき一軒家があった。そしてコンテナ地帯から道一本奥にあるバス通り沿いには黒い瓦の日本家屋が軒を連ね、同じ道の向かい側には日本統治時代の職員宿舎らしき平屋建て瓦葺きの日本家屋が集まっていた。それらの大半は人が住んでいないらしく、立ち入りを禁止するように周囲にテープが巻かれていた。

その古いたたずまいはこのあたりに多くの日本人が住んでいた名残だということはすぐにわかった。そこから基隆駅と反対方向へとさらに歩いていくと、ちょっとした繁華街になっていた。

小さな繁華街を数分歩くと、道の反対側の停留所にバス待ちをしている七十代半ばほどの年配の男性がいた。この世代の台湾人は日本語教育を受けて育っており、日本語を流暢に話す人が多い、ということを経験上知っていた。なんとなく目があったので、ふと会釈すると向こうも僕ににっこり会釈した。当時のことを知っているのではないかと思い、道を横断して話しかけてみた。

「日本語は話せますか」

すると彼は流暢な日本語で返してきた。

「もちろんです。日本の時代に水産学校に通っていましたから」

戦後世代の僕などよりずっと丁寧な響きを持った古い日本語だった。彼の日本語には微妙に関西弁のアクセントが混じっていた。聞くと、学校の同窓生に関西人が多かったからだという。名字は蔡《さい》さん。「昭和七年（筆者注・一九三二年）生まれ」というから終戦時はまだ一三歳の少年だったということになる。

ちょうど向かいには先ほど見たのと同じような古びた平屋の建物があった。瓦屋根は補修にお金がかかりすぎるのか、赤いトタンで葺《ふ》かれていた。

「向かいは日本家屋ですか」

「宿舎でしたかな。この手の建物は戦後、市が買い取って宿舎にしました」

「戦前、入船町や濱町はどんなところだったんですか」

「少し手前の入船町やこのへんの海辺はほとんど日本人が住んでました。入船町には手前に海水浴場があってね。客船は基隆駅のところに入りました。入船町、濱町は漁船や運搬船が来てました。

昔、突船《つきせん》が入っていたのを思い出しますわ」

突船とは与那国などでカジキ漁で使う五～七トン程度の漁船のことである。

もう少し話を聞きたいと思い一緒にバスに乗ると、蔡さんは停留所を二つほど越し、僕のもう一つの目的地であるかつての濱町、現在の正濱里で降りた。あわてて一緒に下車すると、目の前には古めかしい煉瓦《れんが》造りの二階建ての建物が建っていた。それは一九三五年（昭和一〇年）に建てられ、戦前・戦後、漁協として利用されてきた「漁會《ユーフゥイ》 正濱大樓《ヂォンビンダーロウ》」という建物だった。基隆の水産業の「生き証人」ともいえる歴史的な建築物である。コンクリートが剝落するなど老朽化が進んでいたが、当時の李登輝《りとうき》総統が付近の漁港を視察した際、この建物に立ち寄り、「北台湾の漁業の発展の証拠だから保存する必要がある」と明言した。その後、二〇〇二年に歴史建築として登録されている。蔡さんは戦後、建物内の船舶会社で二〇年にわたり会計の仕事をしていたという。

大樓の裏はコンクリートで固められた埠頭になっていて、海に面した魚市場が広がっていた。あずまや風の屋根が海に沿って続き、建物と海との間はトラックを海に向かって縦に駐車できるほどの奥行きがあった。蔡さんが言うには「すぐ海だったのが数メートル埋め立てられた」とのことだった。この付近の光景は戦前とは一変してしまっているようだ。宅地開発や漁業以外の産業開発が裏目に出て、さびれてしまったのだ。確かに言われてみればどことなく風景に元気がない。

「昔は賑わっていましたよ。埋め立てて住宅にしたんです。漁業は廃れてしまった。魚が獲れなくなったことも原因です。私はこの風景を見るたびに涙が出そうになります」

蔡さんは台湾と与那国の間に国境線がなかった時代を生き、この濱町が正濱里となり、発展していた漁業が衰退していく様子を見てきているのだ。

与那国島と台湾の行き来がいまもあれば、この港町の様子はどうなっていたのだろうか。蔡さんの話に、あり得ない歴史の「もしも」を想像した。

立ちはだかる国境の壁

与那国島へは何度か行ったことがあったが、今回はあえて台湾から行くことにこだわった。最短で一一〇キロしか離れていないから、所要時間はジェット機なら小一時間、高速船なら二時間ぐらいのものだろう。だが、国境線で隔てられた現在、飛行機も船も、台湾と与那国を直接結ぶ航路は存在しないから、ぐるっと大回りを強いられる。その「不自然な現実」を実際に移動することで体感してみたいと思ったのだ。

スタートは与那国島から直線距離で一四〇キロあまり離れた基隆だった。午後一時ちょうど。ここからまず那覇《なは》行きの飛行機に乗るため台湾桃園《とうえん》国際空港へ移動する。基隆から空港までの直行バスはなさそうだったので、まず最大都市の台北へ電車で出た。飛行機の出発時間が迫っていたので台北からはタクシーで高速道路を空港まで飛ばした。ここまで時間にして二時間ほど。空港での出国審査を終え、午後四時四〇分発(日本とは一時間の時差がある)の中華航空のジェット機に搭乗、約六六〇キロ離れた那覇へ飛んだ。飛行時間は約一時間半、目的地の与那国島は瞬く間に通り越してしまっていた。那覇に着いたのはすっかり暗くなった午後七時一〇分ごろで、本来なら那覇から与那国島へその日のうちに飛行機で行ってしまいたかったが、隔日発の与那国直行便はもちろん手前の石垣島《いしがきじま》行きですら終了していた。翌日早朝、石垣島行きの国内線に乗り、石垣島で与那国行きに乗り換えた。那覇から与那国島までは石垣島経由で約五三〇キロ、ジェット機を乗り継いで約四時間かかった。

基隆を出発してから与那国島に到着するまでは所要約二一時間、距離にして約一二五〇キロ。ずいぶん遠いところへ来たように錯覚し、移動時間に比例して疲れもたまった。日本を離陸し東南アジアの都市で半日待たされヨーロッパへ行ったときのような疲れだった。だが実際は台湾と沖縄の間を大回りしているだけで、直線距離で一四〇キロほどしか移動していなかった。

東西に一二キロ、南北に四キロと横に長く、唇のような形をしている与那国島を、その日、僕はレンタルしたスクーターでまわった。周囲は二八・六キロしかないので、景勝地を写真を撮りながらまわっても半日かからない。島の道は舗装こそされているが勾配が急で、目にする島の風景はどこも荒々しかった。中央部には東西に山並みが続き、海岸は断崖絶壁ばかりだった。

与那国島では外的勢力に命運を握られた歴史が続いてきた。日本本土でいう戦国時代、島はサンアイ・イソバという女傑が統治していたと言い伝えられているが、一六世紀初頭には琉球王朝の勢力下に入る。さらに一七世紀に入ると琉球を征服した薩摩藩《さつまはん》の支配を受け、島民は過酷な人頭税に苦しめられる。これは支払い能力を無視した頭割りの年貢システムで、島は人減らしをしなければやっていけないほどに追い詰められた。島の西端の久部良《くぶら》集落の外れには、深さ約七メートル、幅約三メートルの久部良割《ばり》という地割れがある。人減らしのため妊婦を集めて地割れを跳び越えさせたというが、ほとんどの者が割れ目に落ちて死んでしまい、飛ぶことに成功しても衝撃で流産は免れなかった。島中部の内陸部にある人桝田《とうんぐだ》という場所も人減らしの跡である（一五歳から五〇歳までの男を集め、遅れずに田んぼのなかに入れた者だけ生存を許可した）。

こうした悲しい人減らしの歴史を持っていることと関係があるのか、島にある墓は特別に立派である。形状は内地のものと似ても似つかない亀の甲羅の形をした亀甲墓や、石やコンクリート製の家のような形をした墓が集落のように一カ所に固まっている。島にある三つの集落の一つである祖《そ》納《ない》の北側には、そんな「死者の都」とでもいうべき浦野《うらの》墓地群がある。墓地の入り口に立ち、あたりを俯瞰すると、見渡すかぎり数えきれないほどの墓が並んでいて、まるでどこかの国の古代遺跡のようにさえ見える。立地、方角、形態から寸法にいたるまで風水の考えが取り入れられているそうで、命が海に回帰していくということなのか、墓はどれも海のほうを向いている。

ダイナミックで荒々しい景色と悲しい歴史、そして神秘——与那国島はそんな島だった。

午後七時前、島の最西端である西崎《いりざき》という断崖に立ってみた。右手には白くて大きな灯台が間近に見え、左手には「日本国最西端之地」と彫られた碑が見えた。島に来るのは三回目だったが、毎回この岬に立つことにしている。まだ見ぬ台湾を、こんどこそ島から見てみたかった（これまでは悪天候のため対岸の台湾を見ることはかなわなかった）。

だが、このときも空は厚い雲で覆われていて、台湾の島影どころか日没すら望めなかった。日没の時間は過ぎているはずだったが、それでもまだ空はかろうじて明るかった。日本最西端だから日没も日本で一番遅いはずだ。そのことを確かめようと千葉に住む知り合いに電話を入れてみる。

「いま、与那国島です。こっちはまだ暗くなりきってないんですが、そちらはどうですか」

「ええっ、そうですか。こっちは一時間前には真っ暗ですよ」

案の定、そんな答えが返ってきた。

戦前、与那国を含む先島諸島は、台湾と同じく「西部標準時」を使っていたことがある。つまり沖縄本島までの日本とは一時間の時差があったのである。その時間帯のほうが理にかなっているような気がするが、戦前のような台湾との密接なつながりはなくなっているいまでは、もちろん日本の標準時が使われている。

人口一六七七人（二〇〇六年一一月時点）の与那国島には、三つの入り江にそれぞれ集落と漁港がある。日本最西端の久部良、北岸中央に位置し役場のある祖納、南岸中央の比川《ひかわ》である。

よろず屋が一軒だけしかなく、不便な比川。そこにある民宿「月《つき》の浜《はま》」を、僕はおかみさんの人柄が気に入って定宿にしていた。宿のそばには防波堤があり、海岸には与那国には珍しい砂浜が広がっている。防波堤の上、集落から離れた不自然な位置に人気のテレビドラマのロケで使用している診療所の野外セットが立っている。

民宿で部屋のテレビをつけると、いつものように砂嵐の向こうに台湾の放送が映る。東京へは約一九〇〇キロと途方もなく遠いが、台湾の蘇澳までは約一一〇キロしかないから、テレビの電波が国境をやすやすと越えてしまう。かといって台湾の人が島にいるわけでもない。人口の少ないこの島には税関はなく、直接的な交通手段もない。西崎から年に数回対岸の台湾が見えるといっても、対岸の国へ渡ろうとすれば僕がそうしたように大回りする必要がある。そのいびつな距離感を台湾のテレビを見ながらいつも感じることになる。

小笠原もそうだったが、輸送コストが加算されるため離島の物価は概して高い。

洗剤や衣料品、食料品など、都会では安売りが当たり前の商品が定価かそれ以上の値段で売られ、なかには一〇〇円ほどで買えそうなミカンの缶詰が四二〇円などと、明らかに定価よりも高い値段がつけられた商品もあった。野菜や乳製品など時間がたつとダメになってしまう食品については値段が法外に高い。島に住む人の話によると、もやしは一袋二二〇〜二五〇円、牛乳は三五〇円前後、トマトやキュウリは高いときは五個で七〇〇〜八〇〇円もするといい、「この島の物価は日本で一番高い」とため息をつく人に何人も会った。それでも品物があればいいほうで、天候が悪ければ交通が寸断され、商店の棚はたちまち空っぽになってしまう。

与那国島は近くの台湾と直接やりとりができず、日本の最果てであることを強いられている。医療・就職・教育・物価など、あらゆる面において〝島ちゃび〟(離島苦)に直面しているのだ。

国境の島であるということは、海の問題とも切り離せない。久部良港にある与那国町漁業協同組合を訪ね、話を聞くと、国境の海に生きる男たちの生の声が聞こえてきた。

「しわ寄せはやっぱ感じるよ、ものすごく。日本の海上保安庁が言うには、(台湾との)中間地点までも行ってくれるなというわけさ。そう、自粛なんだよな。行くな、とは言わないわけ。行くなと言うと補償問題とかそういうのが絡んでくるから。それは絶対言わない。『ちょっと危険だからできたら行かないでください』とか、『自粛をしながら守ってください』という感じ。そんな具合にしか言わないんだよ」

隣国との境界線というものは、陸であれ海であれ、双方食い違いが起こりがちだが、ここ与那国でもそうした食い違いが国境付近で操業を続ける島の漁師たちにしわ寄せを強いている。

話をしてくれたのは島の漁師、我那覇一郎《がなはいちろう》さん(仮名)、四十代前半の働き盛りの漁師である。我那覇さんは主に三トン前後の船でカジキ、アカマチ、クロマチを釣っている。与那国島では明治の中ごろから漁業が営まれていて、カツオ漁とカジキ漁が盛んである。彼は台湾側の船に対しての海上保安庁の行動について次のように語った。

「当たり前のように台湾船が領海侵犯してるから、電話して呼ぶでしょ。呼んでも、来て追い払うだけで臨検はしないし。そういう例はものすごい多い。石垣、まして与那国というのは国境の島でしょ。歯がゆく感じるわけよ」

一方、台湾当局の取り締まりは厳しく、実際、彼の仲間は台湾の巡視船から臨検を受けたことがあるという。

蘇澳の瀬という台湾にほど近い漁場がある。戦前からの伝統的な漁場でハタやスケソウといった高級魚が獲れる。与那国島から約三〇マイル（約四八キロ）、台湾へは一番近い場所で約一五マイル（約二四キロ）と、「山肌がはっきり見える」ほどの距離だ。以前から台湾の漁師とは現場で遭遇すれば手を振り合ったり、一緒に海上で食事をしたりとうまくやっていた。だが二〇〇六年の一〇月ごろ、突如、与那国の漁船が台湾当局に臨検を受け、事情が変わった（台湾側の臨検は日本の海上保安庁が台湾船への取り締まりを厳しくしたことに対する報復措置だという説もある）。

「うちの（漁協の）二隻がいわば拿捕状態。台湾語を話せる乗組員がいたから話をつけて帰れた」

以後は、その漁場に行けなくなってしまったのだ。

さらには、台湾や中国の軍事演習が邪魔をする。我那覇さんはミクラズニという与那国から約二四マイル、台湾から約二七マイルの地点に行ったときのことを語ってくれた。

「ミクラズニに行くと毎日演習よ。台湾軍が演習してるわけ。軍艦も普通にそばを通っていくから怖くてよ。で、あっちの警備船が言うには、こっちは自分たちの領土だから入ってくれるなって。でも領海ではないわけさ。中間地点から与那国寄りではあるわけよ。

蘇澳の瀬にいて台湾軍が撃ったミサイルが船のそばで落ちたというのは何回かある。びっくりするどころじゃないよ。いやもう逃げるしかないさ。威嚇の空砲だろうな。バーンバーンってよ。何回か聞いたよ」

一九九六年三月、台湾と中国の関係に緊張が走った。台湾総選挙が近づくなか、与那国島近海で中国はミサイル演習を、台湾は射撃訓練を頻繁に行ったのだ。

「あの時期に漁はしてない。民間団体からの通知が来て、演習やるってことはわかってたからよ」

軍事演習のせいでしばらくの間は漁ができなかったという。

一方、空においても面倒なことになっている。空には領空のほかに防空識別圏（ADIZ）とい

七

う境界があり、与那国の空はいびつな形で区切られているのだ。防空識別圏とは飛行機の識別を簡単にするために設けられた、いわば空の軍事境界線ともいえるものだ。

復帰前にアメリカは沖縄の西端を石垣島と考え、与那国島の存在を考慮せずに線引きをしてしまった。空に関してはその境界線が一九七二年の本土復帰後もずっとそのままなのだ。島の南北を走る東経一二三度線から東が日本、西側が台湾、それぞれおよそ一対二の割り分の識別圏になっていて、島の西側上空を日本の飛行機は簡単には飛ぶことができない。日本の領空なのに台湾空軍に飛行のスケジュールを連絡して許可をとっておかないとスクランブルをかけられる可能性があるのだ。

そうした現状に島の人は憤りを隠さない。

「島の三分の二は台湾のものになっているんです。民間機は石垣から先へ飛ぶことが難しいし、定期航路も台湾に頼んで飛ばしてもらっているのが現状です。これも日本政府がもっと早く手を打っていたらなんとかなった問題でしょう」

ここでもまた原因は勝手に線引きを決めたアメリカにあるわけだが、それに対し、日本政府はただ手をこまねいているだけだ。

台湾との間に引かれた国境線によってさまざまな影響を受け続けている与那国島だが、戦前や戦後まもなくはまったく違った様相を呈していた。終戦まではそもそも国境が存在しなかった。そのころ島は台湾の経済圏に一体化し、ほかの沖縄の島と比べ格段に豊かだった。戦後も国境の管理が徹底するまでの五～六年の間、燃え尽きる直前のロウソクのように島は激しく輝いた。

身近な大都会・台北

「靴から洋服から帽子から、体から髪型までガラッと人が変わってくるぐらい急に変わってきましたよ。女の先生は袴《はかま》でね、胸のへんで締めてる。髪は丸く結い止めて。だけど（台湾で）研修して帰ってきたらいまのようなひだのないスカート。頭見たらクルクルと髪にパーマ。そのころ島はまだ裸足《はだし》の時代ですよ」

戦前、台湾から帰ってきた教師の様子を、当時、まだ子供だった久部良雄幸さん（八〇歳）が懐かしそうに振り返った。彼は戦後に島で中学校の社会科教師をしていた人である。

一八九五年（明治二八年）、日清《にっしん》戦争に勝利した日本は台湾を植民地とした。鉄道や道路などのインフラを整備し各地に学校を建てるなど、台湾を繁栄させる基盤作りを急速に行った。次第に産業が盛んとなり、多くの日本人が移住、台北は人口三〇万を超える大都市として繁栄するまでになっていった。

すぐ近くにある与那国島も台湾の発展の恩恵を受ける。当時、島では電気やガスは整備されておらず、道は雨が降ればぬかるむ細い土の道だった。だが物質面においては、石垣島はもちろん沖縄本島よりも豊かだった。島に郵便局はなかったが、台湾経由でものが届くから物流は沖縄のほかの離島に比べると格段に早く確実。ほかの島では手に入らない雑誌の類いも取り寄せることができた。

「ほとんど台湾から入ってきてましたから。紙からいろいろな学習品までですね。学校で教室に売店みたいなものを作って、学校で利用する筆やらエンピツやら売ってました。先生方がいろんな図書を台湾から集めてくださって、進学率もぐんぐん高くなりました。昭和の自分たちが進学するあたりのことです。そのころは島に商店はずいぶんありましたよ」

特に一九三五年（昭和一〇年）以降は影響が顕著で、久部良さんが小学校に入るころは着物姿に裸足で登校していたが、卒業のころには着るものも穿《は》くものも台湾から入手した洋装の制服だった。

台湾からものが入ってくるだけではない。逆に島のものが台湾へと輸出されていった。

「魚が獲れると台湾の市場に卸して、燃料を積んで夕方帰ってきて――これの繰り返しです。島はいたるところ田んぼで、消費しきれませんから、米は台湾へ輸出しました。豚など家畜もほとんど輸出されるのは石垣じゃなくて台湾です」

いまでこそ島を代表する産業である漁業だが、明治中期まで島では漁業は行われていなかった。というのも、農業だけで十分生活が可能だったからだ。ところがカツオやカジキの好漁場が発見されると日本各地から漁船が押し寄せた。そうして島の人口が膨れ上がっていく。発田鰹節《かつおぶし》製造工場が久部良に建設され、昭和初期には「東洋一の出荷量」とうたわれるほどになる。鰹節製造は台湾でも行われるようになり、与那国の漁師が獲ったカツオの多くは台湾へと運ばれるようになる。

物流だけではなく人の出入りも盛んだった。学生の修学旅行でも島から台湾へ出かけた。久部良さんはその様子を懐かしそうに思い出してくれた。

「一番驚いたのはね、エレベーター。入ったら閉めるでしょ。もう大変だよ。閉めてから『どうする』って。みんな一緒になって抱っこし合ってるんですよ」

台北にあった七階建ての「菊元《きくもと》」百貨店でのエレベーター初体験の思い出である。一九四〇年(昭和一五年)、彼は与那国から台湾へ修学旅行に出かけている。基隆へ入港、鉄道で台北へ移動し、そこから市街地や郊外へ足をのばした。そのころ車も電気もなかった与那国の人間にとって見るものすべて初めてのものばかりで、久部良さんたちは激しいカルチャーショックに襲われた。どう接していいのかわからず失敗することもたびたびだった。汽車の切符の扱い方がわからずに乗ったあと捨ててしまって立ち往生する者、扇風機に指を突っ込んだ者、エレベーターがあんまり面白くて帰りの船を乗り過ごした者までいたという。

上●戦前、与那国の小学生の修学旅行は台湾だった（久部良雄幸さん提供）。
下●戦後の密貿易時代の思い出を話してくださった大新垣小枝子さん。

戦前の沖縄は貧しく、沖縄本島や石垣では修学旅行で県外へ出かけることなど不可能だった。しかし与那国だけは別だった。ほかの島より金銭的に豊かだったし、何より台湾が近かったからだ。島の人たちは運搬船にバスかタクシーのように乗り込み、気軽に台湾へ出かけた。

冒頭で与那国島と基隆を結んでいた運搬船の話を紹介したが、その話は定宿としている民宿「月の浜」の女将である大新垣小枝子《おおあらかきさえこ》さん（七五歳）が教えてくれたものだ。当時、大新垣さんの父親は運搬船の船長をつとめ、船で島に物資を運び、母親が経営する店などに卸していたのだ。

「戦前は台湾行きの定期船として毎日行きよったよ。客船はみんな波多港《なんたこう》（祖納）から出とった。客も乗せるし、またいろんなものも載せて持ってくるしね。ほかの船もいっぱいいたんだよ。島からは豚やらなんやら、台湾からは野菜やらお米を運んだ。こっちでもお米は作っていたけど、台湾の蓬萊米《ほうらいまい》はおいしかった。船の大きさはどのぐらいだったか……」

「一〇〇トンとか？」

「まあそれぐらいかもわからんけど。そんな大きな船じゃないしね。乗ってたのは五、六名かな。品物下ろす人、機関士、メシ炊きのおいちゃんもいた。小さな運搬船は風が強いときは濱町に着いてた。入船町に着いたこともあった。台湾の品物を与那国へ運んでお店に持っていったりして、お店から輸送代金もらってた。沖縄本島まで遠いから、台湾の人も『与那国のほうが近いからいい』って言ってね、与那国よく来とったよ」

大新垣さんの母親マイツさんも独身時代は台湾で働いていた。『記録写真集　与那国』（与那国町史編纂委員会事務局編）には、一九二〇年（大正九年）ごろに撮られたマイツさんの写真が掲載されている。「小野原」の台北支店で働いていたのだ。

大新垣さんは七人兄姉の六番目で、上に姉四人と兄が一人、下には妹が一人いた。島に住む彼女と妹、そして両親以外の五人はすべて島外で生活していて、その多くは台湾に暮らした。例えば長女一家は、夫の転勤のため日本本土から高雄《たかお》へ移り住み、次女は仕事のため台湾に住んでいた。また、いとこ兄弟は基隆の義重町《ぎじゅうちょう》（現在の中正区義重里）に住んでいた。

大新垣さんは、父親の運搬船に乗せてもらって台湾を訪れているうちに台湾語をマスターした。「台湾では友達のことを『朋友《ほうゆう》』と言うんです。『おいで』は『来々《らいらい》』。台湾人と一緒に遊んだり話したり、子供だから覚えが早いでしょ。そしたらお姉ちゃんなんかに『なんで台湾人としゃべっとるか』って怒られた」

大新垣さんに僕が撮ってきた旧入船町や旧濱町の写真を見せるとしきりに懐かしがった。その二つの町は父親の船が利用した港があった場所だからだ。彼女にゆかりの地は特定できなかったが、六十数年前の少女時代に戻ったかのような面持ちになり、思い出をポツリポツリと語ってくれた。

与那国島という田舎に住み、寂しい思いをしていた彼女は、きれいな着物を着て台湾という都会で裕福な暮らしをしていた姉たちの生活ぶりに憧れの気持ちを抱いていた。

あるとき彼女は一番上の姉のその夫に「着物、帯、浴衣」と二着ずつねだったことがあった。彼は専売局長をしている高給取り。さらに図々しくも帽子、下敷き、筆箱、下駄も二つずつおねだりした。というのも島に妹を残して来ていたのである。

与那国島は台湾経済圏の一部ともいえる島だったが、台湾との経済格差は相当開いていた。だからこそ彼女は台湾を訪れたときにすかさず妹分も含めて、おねだりしたのである。格差は歴然としていたから、台湾をめざす島の人たちがあとを絶たなかった。祖納に住む与那覇《よなは》しづさん（八五歳）もそうした人の一人だった。

「六人兄弟の二番目の姉が台湾で女中奉公しながら病院で講習受けて、苦労して看護師の資格をとったわけ。私は高等二年（筆者注・現在の中学二年生）の教科書持って看護学校に入った」

与那覇さんは学校の勉強をしながら看護師になったのだ。彼女のように与那国では中学や師範学校、女学校など台湾の学校へ進学する者が珍しくなかった。また、男性は漁船員や店員として、女性は女中奉公や女給、つまりいまでいうホステスとして台湾で働くことも珍しくなかった。

東京よりも栄えていたかもしれない、と島の人が言うほどの都会だった台北は、与那国の人たちにとっては那覇や石垣よりも近い身近な大都会だったのだ。

密貿易時代の光と影

太平洋戦争は、明治維新以降急速に成長した大日本帝国を破滅に導いた。日本中の都市が空襲され、沖縄本島や硫黄島では地上戦が行われた。与那国島には空襲があり、久部良にある「東洋一」の鰹節製造工場も焼失した。

敗戦直後の与那国島はひどいありさまだった。引き揚げ者や復員軍人が島に大挙して戻ってきたこともあって、食料や日用品に事欠いた。衛生状態も悪く、マラリアが発生し、命を落とす者が続出した。密貿易時代はそうした戦後の焼け跡のなかから芽生えていった。

「アメリカの空襲で久部良は焼け野原になったから、儲けようとみんな必死になっちゃって。山のクバとかカヤとかいろんなもので家を建ててね。看板がなくても民宿をやったり、品物を置く倉庫や台湾人のメシ炊き（筆者注・島にやって来る商売人や荷役《にえき》の労務者たちのためのにわか商売）をやってみたりと、みんな相当儲かったね」

一九四六年から五〇年代初頭まで続いた密貿易時代の思い出を、大新垣さんが語ってくれた。彼女は当時一八、九歳という多感な時期だったが、ブローカー（密貿易人）として、子供のころ覚えた台湾語の通訳として、大儲けした。

「庭先の米粒をニワトリは食べなかった」とは密貿易時代の好景気ぶりについてよく言われる言葉だが、その言葉が本当なのかどうかを大新垣さんに聞くと、「食べなかった。あまりに（食べるものが）ありすぎて」と即答が返ってきた。密貿易時代とは、そんな時代であったのだ。


密貿易時代が始まったのには、台湾、沖縄、日本本土の事情がそれぞれにあった。

東京、大阪、名古屋《なごや》といった日本本土や沖縄から台湾へ移り住んでいた日本人たちは、終戦後、引き揚げのときに台湾で得た財産を持って帰ることが許されなかったため、家財道具や生活用品等を台湾人に安く譲った。品物を得たはいいが、処分に困った台湾人たちは与那国島に注目した。そのころの様子を大新垣さんはこう語る。

「闇商売、闇貿易って言ってさ、五〇杯ぐらいの船が次から次へと台湾から品物をいっぱい持って来たのね」

「鉄の暴風」と呼ばれる沖縄戦を経験し、荒廃しきっていた沖縄側の事情もあった。

与那国島は沖縄本島ほどではなかったが、久部良などは空襲でやられていた。しかも、引き揚げ者の島への大量流入により食料や日用雑貨など衣食住にかかわるものが極端に不足した。米軍は島の人たちに配給を施したが、食文化を無視した配給は島の人にとってあまりありがたいものではなく、そもそもそれだけでは量的にとても間に合わなかった。

そんな状況のなか、与那国の人たちは生きるために終戦前同様に台湾へ船を出した。与那国の漁師は獲った魚を台湾へ売りに行き、運搬船は物資を台湾から輸送した。ただし以前と違っていたのは疎開引き揚げ者、復員軍人などを台湾から便乗させたということと、与那国と台湾の間に国境ができていたということだった。

久部良の港には沖縄本島や日本本土、台湾からも船が集まるようになる。焼け残ったボロボロの船や部品を寄せ集めて補修した船に荷物を過剰に積んでいたから、遭難は珍しいことではなかった。荷を積んだ船は沖に停泊し、サンパン（荷揚げ用の小舟）が荷物を港まで運んだ。船から港、そして一時的に倉庫に保管された。やりとりはそれらの地域や台湾だけではなく香港《ホンコン》や中国大陸などにも広がっていった。「儲かる」という噂を聞きつけ、各地から商売人が集うようになったのだ。そうして一九四六年春には密貿易が本格化した。

取引はバーター（物々交換）が基本だった。台湾からは米や砂糖を主体とする食料品、日本本土からは日用雑貨、沖縄本島からは米軍の横流し品などが与那国に流れ込み、取引された。石原昌家《いしはらまさいえ》氏の著作『空白の沖縄社会史』（晩聲社《ばんせいしゃ》）によれば、品物は具体的には次のとおりである。

「久部良で陸揚げされる密貿易の品数もどんどん増加していった。大量の蓬萊米、砂糖を筆頭に、サッカリン、ポンカン酒、ビーフン（米粉）、お茶、水アメ、アルコール、台湾生地、三種類のタバコ（中略）、各種化粧品、ライター石、懐中電灯、電池、ペニシリン、モルヒネ、材木、自転車のタイヤ、チューブ、レコード、（中略）バナナ、台湾ミカン、スモモ……。

久部良からの出密貿易品は、薬莢を主とする非鉄金属、カーキズボン、ラシャズボン、オーバー、毛布（いずれも米軍用品）、各種薬品、アメリカ製各種タバコ（ラッキーストライク・キャメル）、石油、ガソリン、銃器類……」

米軍の横流し品は配給品だけではなく、米軍から盗み出した「戦果」品も含まれた。沖縄やフィリピンには日本本土攻略に備え、膨大な物資が集積されていたのだ。「戦果」品を盗んででも横流ししたのは生活のためという意味が大きかったのだろう。だが戦争に負けた沖縄人にとって、せめても抵抗という意味合いもあったのかもしれない。

また、沖縄各地に放置されていた薬莢も久部良に運び込まれ、香港へと流れていった。中国ではまだそのころ共産党軍と国民党軍の内戦が続いていたため、非鉄金属が欠かせなかった。米軍が戦争で沖縄にもたらした薬莢は皮肉にもアメリカとは敵対していた共産党軍に利用されていった。

夜に密貿易船がやってくると沖泊まりし、サンパンが乗りつけて島へと物資を運び込んだ。沖泊まりしていた運搬船からサンパンへ、サンパンから久部良集落の倉庫へと物資の運び出しをしたのは最初は島の人だったが、次第に島の人は倉庫の保管、宿の経営などの簡単で割のいい仕事に流れていった。地元の人びとにかわって荷役作業を受け持ったのは宮古《みやこ》や石垣などからやってきた出稼ぎの人たちだった。

傾斜地ばかりで平地の少ない久部良だったが、猫の額のような狭い場所があればたちまち仮小屋の宿舎や倉庫になった。密貿易人は大金を持っていたが、彼らが泊まっていた仮小屋は床《ゆか》にゴザを敷いただけといった簡素なもので、そうした場所に五〜一〇人が泊まっていた。それほど宿が不足していたのだ。

彼らは一隻につき四、五人で久部良に上陸後、交換する品物がないか探しまわった。滞在期間は一〇〜二〇日。品物を入手次第、日本本土へ運んだ。そうした台湾人密貿易人は常時四〇〇人程度いたと言われている。大新垣さんはそうした人たちのことを知っていた。

「久部良で家を借りて商売しておった。私は台湾語ができたからベラベラ話して交渉しておったよ」

そのころ一八、九歳だった大新垣さんは久部良の一軒家に部屋を間借りして、日々商売に明け暮れていた。ご飯を炊く暇がないから、食事は久部良に数多くあった食堂ですませた。

七

台湾から運ばれてくる台湾笠やクバ笠、ビーフン、アヒルの卵、反物などを、アメリカから支給されたスカート、ズボン、パンツなどと交換した。彼女は台湾人相手に台湾語で粘り強く交渉した。

「『このアメリカの服はミシンで直してサイズ合わせれば大丈夫。アメリカの服に比べたら台湾の品は軟らかいから安くしてよ。かわりに白い生地のキャラコ（筆者注・平織りの白木綿地）を布団カバーに使うから一巻きでもいいから持ってきて』ってさ」

当時、久部良には端から端まで店が立ち並び、数えきれないほどで、肩を触れずに通りを歩くことが困難なほどだった。にわか作りの民宿や倉庫だけではなく、食堂、飲み屋、はたまた劇場や映画館、パチンコ屋、遊郭まで揃っていた。道は舗装されていなかったし、自動車もほとんどなかったが、発電所が三つもあり、通りは昼夜関係なく明るく、行き交う人びとで賑わっていた。流行歌が本土からやってくるのも石垣などよりは久部良のほうがずっと早く、レコードや週刊誌も同様だった。

「久部良の港から町の端までね、飾り立てた商店がずらーっと両方にあった。食べ物から何から何までいろんな種類の店。あれ買うわ、これ買うわ、みーんな商店街。すごく活気があったのよ」

最盛期の一九四八年ごろには一日六〇〜八〇隻が久部良にやってきたという。島に働き口を求めて、沖縄各地や台湾などからの移住が相次ぎ、人口は激増。登録されていない者も含めると一万五〇〇〇〜二万人にも膨れ上がった（一九四七年には人口の急増を受けて与那国は村から町へ昇格した）。

密貿易人たちが主に夜中にやりとりをしたのは地元警察のメンツを立てるためであり、行政や警察は島の繁栄のため黙認を貫いた。当初、密貿易船は存在が違法なだけに役場には利益をもたらさなかったが、船着き場を営造物として条例を作り、すべての密貿易船から手数料を徴収した（職員全員を久部良に派遣、手数料の徴収にあたらせた）。おかげで一九四九年には徴収した手数料で新しい役場の建物が建てられた。

もっとも、密貿易で島の人口が増加し、さも島全体が栄えたように見えるが、そうとも言いきれない。密貿易はギャンブルのようなもので、儲けて成功した人もいれば、品物を押収されて転落した人、傍観し細々《ほそぼそ》と生きていた人と、さまざまである。

「島の人の出入りが激しくなって、失敗して帰っていく人もいれば、入ってきて儲けようとする人もいました」

そう語るのは、その時期、教師をしていた前出の久部良雄幸さんだ。当時、彼は教師の給料があまりに少なすぎてそれだけでは生活できなかった。そのころの彼の給料は密貿易人が泊まった仮小屋一泊分の料金とほぼ同じだったという。そんな状況だったから、密貿易の時代、教師を辞めて密貿易関連の仕事につく人が続出した。それでも久部良さんはあえて教師の道を選んだ（彼はそのころ酒造りと農業も行い生計を立てていた）。

「あのとき教員をしていましたが、ほんとに泣く思いでしたよ。家内に下着を買ってあげるぐらいのお金もないですしね、米軍のパラシュートの生地などが密貿易で入ってきましたから、そういうもので下着を作っていました」

久部良さんは島の激変に影響を受けながらも、傍観者という立場を守り続けたのだ。


一九四九年ごろから、米軍の取り締まり強化により密貿易は急速にしぼんでいった。そうした「時代の陰り」を大新垣さん自身感じ取っていた。警察の留置所に収監されている取引先の台湾人に差し入れを届けに行ったときのことだ。

母マイツさんと双子の姉妹である女性が経営していた飲み屋の常連に黄《こう》さんという台湾人がいた。

黄さんと船長と機関士の三人が留置所に収監されていたとき、大新垣さんはそのおばさんから黄さんたち三人に食事を運ぶよう頼まれた。「警察のご飯だけでは足りないから弁当作る。持っていってくれないか。小枝子お願いよ」と。そうして大新垣さんが毎日食事を持っていくと、警察官も彼女の顔を覚えるようになった。

「『あんた台湾人の友達か』って言うから、困ったなと思って。『警察のご飯が少ないからおばさんに頼まれて持ってきた差し入れよ』って言ったら、（警察官も）納得してくれて、『あげなさい』って」

そのころから警察は密貿易人に対して厳しい取り締まりを行うようになっていた。逮捕すれば三日間収監することになっていたから、留置所は飽和状態で、大新垣さんが差し入れに行ったときは一部屋に一三人も詰め込まれていたのだという。

「閉じ込める（捕まえて留置する）から（みんな）だんだん嫌になってきちゃって。閉じ込めなかったらあと二、三年は（景気が）続いてたかもしれないけど、閉じ込めたら誰でも嫌になるさね。それで闇景気がだんだんなくなってしまったの」と大新垣さんはさも残念そうに顔をしかめた。

そして一九五二年、沖縄住民の自治機関である琉球政府が設立されるころ、密貿易時代は完全に幕を閉じた。三つあった発電所は撤退、島の明かりはランプに戻り、昼夜関係なく賑わい欲望を飲み込んだ久部良の繁華街は跡形もなくすべて姿を消した。

「闇景気時代が終わったら、教師を辞めていた人たちがまた復職してきました。そういう時代でした」

久部良さんは密貿易時代後のことを振り返って苦笑した。

また、島の郷土史研究家である米城恵《よねしろめぐむ》さん（六五歳）は語る。

「一種の射幸心に駆られるようなものだから。無法状態で、その隙間にできたあだ花だよ。それ以後、絶対そういうことが起こらんのは社会が秩序を取り戻したからです。だから密貿易時代をもう一度、ということはない。あり得ない。やっちゃいけないこと」

米城さんが言っていることはもっともだ。しかし過疎にあえぐ島の現状を考えると、もうひと花咲かすことはできないものか。そんな考えが頭をもたげてくる。

ところで、大新垣さんはその時代に儲けたお金はどうしたのだろうか。

「闇景気時代に交通事故に遭って、儲けたお金は怪我《けが》治すのに使った。少し残ったけど親にあげた」

密貿易時代が終わると、彼女は島の人と結婚し、比川に移り住んだ。飲み屋などの経営を経て、現在は民宿業のかたわら公的行事や葬祭でお祓《はら》いをする神人（カミンチュ）として活躍している。夫はだいぶ前に亡くなり、五人の子供はみんな大阪など島外に出たため、現在は一人で暮らしている（彼女がかわいがっていた妹は、アメリカ統治時代、マラリアによって若くして亡くなってしまったという）。

彼女は二〇〇一年に島が主催した旅行に参加するまで台湾を再訪することはなかった。着々と経済成長していく台湾と、密貿易時代が過ぎ去ったあとは過疎が続く与那国島――戦前よりもさらに経済格差が開いてしまったという現実を、大新垣さんは直視したくなかったのかもしれない。

よみがえる島と国際化

久部良はとても静かな集落である。商店はよろず屋が数えるほどで、市場のような賑わう場所はない。船といえば石垣からの客船が週に二回来るのと、三〜五トンという小さな漁船が漁港に固まっているだけである。車の通行はわずかだし、夜はもちろん、昼ですら人通りが途絶えることが少なくない。道路が舗装され、電気やガスといった生活環境は整備されたが、それでも島の人口は一六〇〇人台にまで減ってしまった。

「中学校終わったら、ほとんどが島を出ます。帰ってくるのは、ほんのわずかなものですよ」

と久部良さんは言う。高校がないため、若者は島を出ていく。進学しようとすると、島外へ出るしかないからだ。過疎化・高齢化が着実に進んでいる。

「この島は国境が消えると栄えるし、できるとしぼむ」

米城さんからは、そんな本質をついた言葉を聞いた。彼の言うとおり、現在、まさに国境という壁によって島がしぼんでしまっている印象を受ける。

しかし、そうした事態を覆すことが起ころうとしているのだ。以前のように国境をなくすことはできないが、国境を開けようという試みが進んでいる。対岸の台湾、および中国沿岸という近場へ国境を開けることで、島の危機的な状況を打破しようというわけである。

与那国滞在中のある日の朝、与那国島の取り組みについて詳しく話を聞こうと思い、祖納にある与那国町役場へ出向いた。応対してくれたのはこのプロジェクトの担当者である参事の田里千代基《たさとちよき》さん（四九歳）だった。

「台湾が日本領土だったころ、台湾経済と与那国島は一体になっていました。その後、六〇年間、確実に人口の減少は続くし、いろんな面で弱体化している。こうした現状があるわけです。我々がつぶれんためには台湾が日本領土だったころ、自由往来していた時代の姿に自立が求められます」

これまでも台湾との交流の取り組みは行われてきたが、結果は芳しいものではない。人的交流は姉妹都市関係にある花蓮《かれん》市との友好親善が実施されてはいるものの、那覇経由で年に一回行き来するぐらいのもので、花蓮へのチャーター船が運航したのも一度きり、自由往来のめどはいまだに立たない。また近年、中学生のホームステイ事業、中国語講座といった取り組みが行われたが、財政事情のため、中断している。物流に関しては一九八四年以後、台湾や中国の福建《ふっけん》省から砂やバラスト運搬船が細々《ほそぼそ》と入港してくるぐらいのものだ。

島ちゃびに直面し、過疎化・高齢化に苦しむ与那国島に、政府の構造改革、はっきり言ってしまえば地方切り捨て政策が追い打ちをかけた。しかし、周囲の地方自治体との合併よりも自立を選んだ与那国町は二〇〇五年、「国境交流特区案」を国に提出する。

これは、ひとことで言えば、与那国島が自立するために、台湾との間で人とモノが自由に行き来できるようにしようというプランである。「国境交流特区案」の骨子は以下のとおりだ。

国境離島の自立・活性化、魅力と活力ある島づくりをめざすこと。具体的には国内外交流人口の注入と拡大、物価高の解消、雇用の創出、防災・医療の相互支援などを期待している。そのために祖納港開港、隣国への直接航行、団体旅行客への査証免除を実現してほしいということである。

国境が開くことは（治安や受け入れ態勢の不安は残るにせよ）与那国島にとってはよいことに違いない。特区が成立し、軌道に乗れば、台湾との物品のやりとりも多くなる。そうすると、物価が下がるし、交通の便もよくなる。島は住みやすくなるはずだ。

しかし、結果は惨敗。特区案は国の厚い壁に阻まれた。国の事なかれ主義、各省庁が連携せずバラバラという悪《あ》しき面も影響しているのだろう。だが、町側はあきらめず、二〇〇六年に再度申請をした。そして翌年、風穴は少しだけ開いた。田里さんは続ける。

「最終的な回答が二〇〇七年二月末に出たんです。明確に開港という言葉は出てこないけれど、それに近い回答を財務省にもらいました。『必要なときは沖縄税関と協議して行ってください』と以前に比べるとだいぶ対応が変わりました。私たちはこの回答を実質的な開港と捉えています。まずはクリアランス船（筆者注・税関手続き船）で実績を作ります」

共産党軍と国民党軍がかつて内戦を繰り広げ、負けた国民党軍が台湾に逃げたという経緯があり、中国と台湾はいまだに直接貿易が許されていない。一九八五年に第三国を経由した貿易が解禁され、その後、沖縄を経由した中台貿易船が東シナ海を行き交うようになる。船は寄港せずに書類審査をするだけのものだが、それでも港に収入が入る。クリアランス船の寄港地は現在石垣島に集中し、収容能力に限界が来ている。そこで、与那国にその機能の一部を持ってこようというわけである。

インフラ面では海と空の国際化を進めるべく整備が続けられている。与那国の空港の滑走路がそれまでの一五〇〇メートルから二〇〇〇メートルに延長され、二〇〇七年三月一五日に供用が開始された。滑走路が延長されたことで、欠航率が半分以下と劇的に低下し、中型ジェット機の就航が可能になった。また、島の中部にある祖納港は二〇一二年の国際港開港をめざしていて、僕が島に滞在している間も工事が進んでいた。

しかし、ある観光業者は言う。

「花蓮市と与那国町が姉妹都市関係を結んで、もう二五周年なんです。与那国島から花蓮へダイレクトに行けるようにしてほしいと要望したんですけど、いまだに行けないでしょ。だから行政はダメなんですよ。以前、フェリーで台湾にダイレクトに行けたときがあったんですよ。そうではなくて飛行機も飛ばしなさいと」

確かに現状はまだまだである。すでに述べたとおり、与那国と台湾を結ぶ便は定期便どころかチャーター便ですら平成の初期に一度、船という形で実現しただけで、そのあとが続かないのだ（その後、二〇〇七年一〇月に台湾へのチャーターフライトが実現した）。現在、島と台湾の直接的な行き来はない。台湾へ就職する者、進学する者の話は聞かないし、逆に、島に住んでいる台湾人も見たことがない。ここ一〇年、沖縄にやってくる台湾人は年間平均約一〇万人になるが、与那国島へ来る台湾人はほとんどいない。

似たような国境の町で、外国との自由往来が達成されている場所は、すでにいくつかある。北海道最北端の宗谷岬に近い稚内《わっかない》はサハリンとの定期便が就航している。韓国から五〇キロの距離に浮かぶ対馬も同様に定期便が就航していて、韓国人ツアー客が週末に大挙してやってきている。それらは与那国島と同じように戦前から続いていた自由往来が戦後途切れ、近年、再び交流が再開された場所である。そう考えると、与那国でも不可能ではないように思える。

対馬のケースが参考になるのかもしれない。現在、対馬では韓国人の観光客が土日を中心に団体でやってくる。彼らにとって対馬は「獨島」ほどではなくても思い入れが強い土地だ。交流は少なくとも中世から続いているし、時代の風向き次第では韓国の領土になっていた可能性がないとはいえない。釜山では対馬を知らない人はいなかったし、ツアー参加者も韓国全土からやってきていた。「一番近い外国だし、国内旅行より安いから」という理由が人気の第一かもしれないが、対馬が国境を開けられたのは、韓国側の一方的な強い思い入れに助けられている面も否定できない。

台湾人は日本という国に対して韓国人とは別の形で強い関心、強い思い入れを持っている。台湾では日本観光がとても盛んである。桃園国際空港では日本行きの飛行機に乗り込む人たちが、いつも搭乗待ちの長い列をつくっている。実際、成田行きの便に乗ろうとして数百メートルはあろうかという長蛇の列に巻き込まれ、飛行機に乗り遅れるんじゃないかと冷やひやした経験が僕にもある。

そうした台湾人のなかに沖縄方面にやってくる人もいる。特に那覇では台湾人観光客を見かけるし、彼らのために漢字で書かれた説明書きを店先に見たこともある。そうした沖縄へ来る台湾人の利便性を考えれば、与那国島の空港を経由するのは彼らにとってメリットがあることかもしれない。与那国でCIQつまり出入国審査ができるようにすれば、八重山の島々にやってくるのが簡単になる。石垣の空港が一五〇〇メートルという短い滑走路しかない現状では、与那国の二〇〇〇メートル滑走路は確かに有利だ。

だが、そもそも台湾人の与那国島への関心・ニーズがいまのところはほとんどないように思える。韓国人にとっての対馬のように全国民的に認知されているのとは大違いだ。対馬の場合、島側の働きかけも確かにあったが、韓国側の観光業者が関心を持ってくれたからこそ国境が開いたのだ。その関心も対馬を韓国人が強く認知していたという背景があってこそだろう。

また、町の財政が厳しいことも事態の進捗を妨げている。そのことについてたずねると、それまで立て板に水のように自説を述べていた田里さんがしばし沈黙し、その後、しばらくトーンが落ちてしまったのだ。

「財源がないから少しスピードが落ちてると思う。四月以降の職務派遣については基本合意を交わした以上やるということになっています。花蓮市も事務所を与那国に置きますけど、花蓮市の職員が常駐するかどうかはわからんですね。小さな与那国でなんの仕事をするのかという問題があるわけですから……」

与那国島の取り組みの成否は台湾側がいかに関心を抱くかにかかっている。花蓮側が積極的になれば、仕事もおのずと増えるのかもしれないが、島がさびれた現状では、花蓮から人がやってきても、取り組む仕事は少ないということなのだろう。確かに財源があれば、もっと早くに国境は開いていたのかもしれない。だが、財源がなく、島が苦しいから国境を開こうとしているわけで、ジレンマである。

島民はというと、またこんども無理だろうという悲観論と、これからよくなるという楽観論が相半ばしている。前出の久部良さんは言う。

「そういう段階まで、与那国はこぎ着けないんじゃないですかね。滑走路が二〇〇〇メートルに延びたら新たな定期便がすぐ入るようになる、という声があるんだけど。もともとこの空港に着陸する便数は少ないし、受け入れ態勢が整っていない。ここには立ち寄るだけで、荷物を運んで下ろしたりするのは不可能でしょう」

実際のところ、久部良さんが言うように、与那国空港に乗り入れている飛行機の便数は少ない。石垣との間を一日一、二便、那覇との間を週に三便結んでいるだけである。

一方で、大新垣さんは希望を込めた楽観的なことを言う。

「できたらね、この島にもう一度、繁栄のチャンスがあればいいなあって思ってるのよ。与那国空港から直接、台湾へ飛ぶ許可が出たら、与那国島は活気のある島になってくるでしょう。台湾からも香港からもハワイからも、あちこちからみんな寄ってくるわ」

治安の問題や文化の差異、受け入れ態勢など、交流が活性化されたらされたで、問題は山積みだろう。だが、それでもなお、自立のために国境を開こうとするのは、戦前や密貿易時代の記憶が島民に刻み込まれているからなのだろうか。


午前中いっぱい田里さんから話を聞き、僕は与那国町役場をあとにした。

帰り際、役場の入り口にある「花蓮市与那国町姉妹都市締結記念」と黒字に金文字で書かれた大きな碑を見ながら僕は思った。密貿易時代よりもう一度、とまでは言わないが、腰の重いこの国の政府を国境の島からあっと言わせてほしい、と――。

八　竹島Ⅱ

奪われた島をめぐる記憶

日本側の当事者の町へ

竹島から対馬経由で日本本土に戻ったあと、日本海に浮かぶ島根県の隠岐を船で訪ねた。島々には竹島にまつわる人びとがいまも珍しくない。戦前、隠岐は竹島で行うアシカ猟の根拠地となっていて、いまも管轄の上では隠岐の一部となっているからだ。この島に住む竹島関係者の皆さんのもとを訪ね、竹島にまつわる記憶や取り組みへの思いについて、話を伺ってみた。

最初に出向いたのは西郷の町外れにある隠岐の島町役場である。

二階にある総務課へ行くと、竹島対策係は広い部屋の端の一角にあった。机が八つほど固められたそのエリアには、天井から「竹島対策係」と係名を示すプレートが吊るされていた。

島根県は竹島を管轄する県だけあり、竹島問題の解決を促進する団体を持っている。しかし国レベルでは竹島問題を扱う団体はない。県レベル、町レベルで細々《ほそぼそ》とやっているだけである。韓国が国ぐるみで盛り上げているのとは対照的だ。

対応してくれたのは、総務課の課長補佐で竹島対策係の一員である藤田元春《ふじたもとはる》さん（五〇歳）だった。彼こそが竹島問題解決のため日夜奔走している人物である。

隠岐の島町役場や竹島対策係は竹島問題の風化を防ぐべく、関連部署・団体と協力しながら、さまざまな活動を行っている。竹島問題も扱った小・中学生向け『ふるさと教育副読本』の制作、竹島問題に関しての識者講演の企画などだ。活動には政府への陳情も含まれている。領土問題は国際問題なので、町の力だけでは解決ができないからだ。

二〇〇〇～二〇〇一年に行った外務省への陳情の際、藤田さんは対応した某課の課長補佐に次のように言われたという。

「韓国との関係を悪くしたくないので（政府は竹島問題解決の努力を）なかなかやれない。しかし竹島問題が風化すると困るので、陳情は今後も続けてください」

その発言に、日本政府がいかに竹島問題を軽視しているのかが表れていた。韓国側が竹島の東島に有人灯台が建てられてから二年あまりが経過していたころだが、当時まだ日本政府の腰は重かった。

しかし、二〇〇五年春の「竹島の日」制定後、竹島問題は良くも悪くも注目を浴びることになる。「県の条例で、二月二二日を『竹島の日』と制定しました。それ以後、マスコミ報道が多くなりました。おかげで県選出の国会議員の対応も（以前とは）変わってきました」

二月二二日にしたのは、その日が、竹島を日本領土に編入した日だからだ。

二〇〇六年二月二二日に発行された『竹島　かえれ島と海』という冊子に掲載された澄田《すみた》信義《のぶよし》島根県知事（当時）の挨拶に、「竹島の日」を制定した理由が書いてある。

「竹島の領土権確立に向けて、本県が長年、国への要望活動を行ってきたにもかかわらず進展がなく、このままでは『竹島問題』が風化してしまうことから、国民世論の啓発を図り、国における積極的な取り組みを促したいという多くの県民の願いにより制定されたものです。」

島根県の隠岐の島町に属しているはずの竹島が韓国によって不法占拠され、年々実効支配が強化されている。しかも竹島の周囲の海域で日本漁船の操業ができず、韓国漁船だけが操業している。そうした事実が「竹島の日」を制定した背景にある。

島根県が竹島の領有権を国に対して強く主張し始めたのは約四〇年前、日韓の間で国交が結ばれたときにさかのぼる。一九六五年、日韓両国の国交が正常化したとき、竹島問題は解決されず棚上げされた。それまで両国は十数年にわたり国交正常化のための話し合いを続けていた。長らく話し合いがまとまらなかった原因の一つが竹島問題だった。国交正常化を果たすため日韓両国は対立する竹島問題について互いの主張はそのままに棚上げすることを選択した。

島を管轄している島根県は棚上げに納得せず、知事と県議会長連名で、政府に竹島を自国領として確保するため努力するよう要望したのだった。その要望は一九七六年まで続き、翌一九七七年には県議会が「竹島の領土権確立及び安全操業の確保」を決議のうえ、「島根県竹島問題解決促進協議会」を設立した。島根県はその後も竹島の領有と漁業の安全操業を政府に求め続けた。しかし、四〇年間待っても竹島は返ってこない。政府の態度は島根県を焦らせた。このままでは竹島問題が風化してしまう。危機感を覚えた島根県は、そうして「竹島の日」を制定したのだった。

国交正常化から四〇年目にあたる二〇〇五年を、日韓両政府は「日韓友情の年」と定め、さまざまな企画が予定されていた。しかし、「竹島の日」制定で両国のお祝いムードは冷めていった。そこに元駐韓日本大使の「竹島は歴史的にも法的にも日本領土」という発言が火をつけた。韓国はたちまち国中が反日一色となり、「日韓友情の年」どころではなくなってしまった。

元をたどれば「竹島の日」の制定が「大荒れの元凶」である。ところが「竹島の日」にまつわる騒動を藤田さんは後ろ向きには捉えてはいない。

「隠岐の人間だけじゃなくて、日本中のいろんな人が（竹島問題を）知ってくれるようになりました。

ホームページへのアクセスがものすごく増えましたしね。県のホームページもアクセスがかなり増えたと聞きました」

制定後の日本国内の大きな反応に充実感を得ているのだ。

一方、日本政府は「竹島の日」制定に対して「地方自治体が勝手に決めたこと」と相変わらずの我関せずという態度をとった。もちろん北方領土のように国が対策本部を作ることはない。

政府の一貫した態度に対して藤田さんは要望する。

「うちの町長が一番訴えているのは、北方領土と同じように内閣府に対策本部をちゃんと設置してほしいということ、そして問題解決のために本格的に取り組んでほしいということです」

隠岐の島町を管轄している島根県は、領土問題について政府間で平和的に解決されるべきだとし、地方自治体同士の国際交流は領土問題解決とは別に進めていくことが可能だと認識している。

韓国は日本側が竹島問題について語ることそのものにアレルギーを持っている。政府が対策本部を置き、竹島問題に本格的に取り組んだ場合、韓国国内では「竹島の日」のときのように国中で抗議が巻き起こることだろう。それでは島根県の深めたいと願っている韓国との友好関係は途切れてしまうのではないか。友好関係を第一に考えるのならば、悪循環ではないかとすら思う。しかし、わだかまりのない関係こそが真の友好関係だという考え方もある。はたしてどちらがいいのだろうか。領土問題を解決し、友好も深めていく。どちらもうまくいく方法はあるのだろうか。

操業できない海

竹島の問題は北方領土と同じように海の問題でもある。

ことの発端はアメリカによる戦後処理である。マッカーサー・ラインでは島を韓国領とし、サンフランシスコ講和条約ではどちらのものか曖昧にしたのである。前述のとおり、韓国は条約が調印されてから発効されるまでの間に強引な行動に出た。一九五二年一月、李承晩ラインの設定と一九五三年一月の日本船に対しての拿捕指令である。韓国政府の拿捕は容赦がなかった。次々に日本船を捕まえ、釜山の収容所に漁民を収容していった。そして翌一九五三年二月、日本船に発砲、漁労長を殺害してしまう第一大邦丸《だいほうまる》事件が発生した。四月には獨島義勇守備隊という民兵が上陸し駐留を開始する。

日本は単に指をくわえてみていたわけではない。六月には海上保安庁隊員と島根県職員が上陸、獨島義勇守備隊を立ち退かせ、「島根県穏地《おち》郡五箇《ごか》村竹島」と書かれた標柱を設置した。韓国側は日本側の団体が立ち去るのを見計らって義勇守備隊を上陸させる。このとき彼らは政府から迫撃砲や騎兵銃のカービン銃などといった武器の支給を受け武装した。それでも日本側は一九五四年五月に海保の監視船を伴い、隠岐の漁師が島で漁を行っている。対する韓国はさらなる実力行使に出る。同じ五月に官吏と石工《いしく》が上陸、日本の標柱を取り壊し「韓国領」と東島に刻み込む。さらには六月、それまで島に駐留していた獨島義勇守備隊にかわり、韓国沿岸警備隊の駐留を決定、島に急遽、派遣する。八月一五日には、東島の頂上に灯台を設置したことを米英仏中側に通告、島の実効支配を確立させる。それに対し、日本は九月、国際司法裁判所への付託を韓国に提案したが韓国はこれに応じなかった。

一九六五年六月、日韓基本条約（日本国と大韓民国との間の基本関係に関する条約）が結ばれ、一二月に発効した。それによって日韓両国は国交を正常化した。

条約が結ばれる前の段階で日本から特使として国会議員が渡り、「解決せざるをもって解決したとみなす」と記された密約文書を渡したとされている。そこには、

①日韓両国がともに竹島を自国の領土と主張することを認め、反論に異議を提起しない。
②韓国が竹島を占拠している現状を維持するが、韓国は警備員の増強や新施設の建設は行わない。
──といった付属条項が含まれていたとされている。その文書の内容を当時の朴正熙《パクチョンヒ》大統領が承認したからこそ、条約が結ばれたと読める。

ところが、その後の韓国の態度は、日本からすると、まったく不誠実なものとなった。条件の①と②をともに破ったのだ。一九九七年には、接岸設備、一九九八年には有人灯台を建設し、実効支配を強化してしまった。日韓基本条約とともに結んだ日韓漁業協定も、竹島近海については有効ではない。日本の漁船が竹島近海で漁をすることはずっとできないでいる。こんなひどいことはない。

このようなことから隠岐の漁民は戦後の国際関係により制約を受け続けている。戦後しばらくはGHQのマッカーサー・ラインそして韓国の李承晩ラインによって漁場を狭められた。その後、国交正常化が実現し李承晩ラインが撤廃されても、EEZが設定されても、漁場は狭められたままだ。それどころか状況はむしろひどくなりつつあるのかもしれない。一九八〇年代には漁船技術の発達により韓国船が日本の沿岸に近づいて操業するようになり、漁場は乱獲の海と化したのだ。

竹島問題の件で以前から連絡を取り合っていた島根漁連のある人物に、竹島問題の影響、韓国漁船の違法操業についてEメールで質問したことがある。そのときは以下のような答えが返ってきた。

「竹島の影響を最も受けている業種は、ベニズワイガニ漁業です。暫定水域の影響をもろに受けています。日本のほうが休漁期間が長いなど条件が厳しいため、その期間中に漁場占拠され、暫定水域から閉め出される結果となっています。サザエやワカメなど採貝藻漁業は、韓国が実力占拠しているためここ五十数年操業できておりません」

竹島近海は日韓が共同で管理する暫定水域とされたはずだった。しかし、現実的には竹島近海で日本の漁船が操業することはほぼ不可能に近い。

「暫定水域内は日韓漁船でも仁義なき戦いですが、韓国漁船同士も同じ戦いをしているようで、好漁場では、日本の排他的経済水域（ＥＥＺ）内で操業する漁船が多数おり、拿捕や漁具の押収が大量となっており、その処理に国は頭を抱えております」

島国の日本で国境の存在に一番影響を受け、国境の存在を一番意識しているのは漁師である。領海やＥＥＺという概念は陸で暮らしている一般人のほとんどが直接的には関係がない。しかし漁師は日本と隣接する国の影響下にある海で操業すれば、取り締まりを受ける可能性があるのだ。海の境界線は漁師たちの生活に密接に関係している。

国際政治に翻弄される厳しい海で、隠岐の漁師はどのような操業をしているのだろうか。

港にある食堂で昼食をとったあと、僕は港の横にある漁業協同組合ＪＦしまね西郷支所に飛び込んでみることにした。不躾《ぶしつけ》にも突然やってきた僕に支所の職員は快く対応してくれた。通された奥の部屋で僕が待っていると、責任のあるポストについているらしい二人の職員がやってきた。そして一つひとつ丁寧に質問に答えてくれた。

竹島近海で操業することはあるのか、韓国当局に隠岐の漁船が拿捕されるケースはあるのか、操業の実情についてたずねてみた。

「カニかごなどの漁業は船で西郷港から二時間から二時間半離れた水深のある海域で操業します。水深は二〇〇から三〇〇メートルのところです。竹島のほうに近づきすぎると捕まる可能性があるので行きません。だから拿捕は考えにくいですね。かご漁業でも、ズワイガニなどはやってますけど、ほとんど近くの海ですけんね」

隠岐どころか周辺の大きな港（境港《さかいみなと》など）でも、近年、韓国側に拿捕された事例は皆無、ということだった。しかし、隠岐の漁師たちが操業範囲にかなりの制約を受けていることは確かだ。

では、操業することができないでいる竹島周辺の海や竹島について、隠岐の漁師たちはどのように思っているのだろうか。また、島に韓国人が住んでいるということについてどう思うのだろうか。

僕は、撮影してきた竹島の写真をノートパソコンで見てもらうことにした。西島に夫婦で住んでいる金氏の家と小さな船が写っている写真、そして東島の接岸施設や有人灯台の写真だ。

「観光地化が進んどるね。ここまでやったら譲らんわな……」

重い空気が部屋に流れ、二人の顔に落胆の色が浮かんだ。

竹島へ漁に行けたら日帰りでもサザエやアワビが大量に獲れるという話もある。最近は燃料代が高騰しているが、それでも利益は十分に出る、と。しかし彼らは竹島周辺海域という宝の山のような海域を目の前にしても、決してその海域に行くことはできない。彼らが落胆したのは島そのものへの思いからというよりも、やはり島周辺で漁ができないということに対しての感情なのだろう。

戦後一度きりの操業

一九〇五年（明治三八年）、日本政府は竹島を島根県に編入し日本領としたが、隠岐の漁師たちはその八年ほど前の一八九七年（明治三〇年）ごろから竹島でアシカ猟を行っていた。しかし竹島での操業は太平洋戦争を契機に下火になり、戦後に韓国が竹島の実効支配を始めると日本側からの操業はほとんど行われなくなった。

戦争が終わって六〇年以上がたつ現在、竹島に滞在した経験を持っている人の多くはすでに亡くなっているのだろう。しかし、その子供の世代はまだ生きているはずだ。彼らは父親からどんな記憶を受け継いでいるのだろうか、僕はそれを知りたかった。

竹島対策係の藤田元春さんに、かつての竹島についての記憶を持っている人を二人紹介してもらった。そのうち一人は、戦後唯一、隠岐から竹島へ出漁したときの漁師、旧五箇村の久見《くみ》に暮らす八幡尚義《やはたかつよし》という人物だった。

旧五箇村の久見は島の西北に位置する。南東側の海岸に位置する西郷からはちょうど島の反対側になるため、西郷から久見までは島後《どうご》を西北方向へ縦断することになる。

久見の集落は幹線道路から外れ深い山を上り下りしたところの海沿いにあった。赤茶色の瓦屋根の平屋が並んでいて、集落の道は狭い。過疎が進む漁村なのだろう、通行人は皆無だった。

小さな漁船が並んでいるのが見える。防波堤の内側に停泊している漁船は二〇隻ほどで、大きい船でも一〇トンはなさそうだ。船外機をつけただけのボートも目立つ。防波堤にはひっそりとした様子とは不釣り合いな巨大な看板が据え付けられていた。それは「竹島かえれ　島と海！」と書かれたもので、竹島がかつてこの集落ととても強い結びつきがあったということをうかがわせた。

八幡尚義さんとはその防波堤前で待ち合わせることにしていた。レンタカーを防波堤脇の空き地に停め、車から降りて待っていると、すぐに八幡さんが自転車を押しながらやってきた。野球選手のイチローに似たキリッとした顔立ちの人だった。八〇歳になるそうだが、年の割にはずいぶん若々しい。それもそのはずで、現役の「かなぎ漁」の漁師なのだという。かなぎ漁とは小舟の上からサザエやアワビなどを獲る漁のことである。

戦後一度だけ、島根県の主導で日本側から竹島へ漁に出かけたことがあった。そのとき漁に参加した漁師のなかで健在なのは彼だけだ。

上●戦後、一度だけ行われた竹島漁に参加した八幡尚義さんが竹島の方向を指さした。
下●1954年5月、竹島へ出航する前に島根県監視船「島風」の上で記念撮影する久見の漁民たち。
写真のやや右、最後列にいる青年が八幡尚義さん（八幡尚義さん提供）。

李承晩ラインが引かれたあとも日本は手をこまねいていたわけではない。一九五三年六月二七日、島根県と海上保安庁は竹島に上陸、島にいた獨島義勇守備隊の韓国人六人に退去を命じ、「島根縣穏地郡五箇村竹島」と書かれた標柱と注意書きを西島の斜面の途中に立てている。八幡さんが竹島へ出漁したのはその翌年である一九五四年（昭和二九年）の春のことだった。当時、彼は二九歳で、すでにかなぎ漁の漁師だった。父親とともに〈島風号《しまかぜ》〉という十数トンの県の船で竹島に向かった。

「これは出航前に島前《どうぜん》で撮った写真です。昭和二九年の五月のはじめです。一一名ですか。これは全部久見の者です」

差し出された記念写真には、精悍でハンサムなまだ若い八幡さんが写っていた。写真には一三人が写っているが、うち二人は船長と県の職員で、残り全員が久見の人ということらしい。

「竹島に行ったのは、県のほうとしては韓国に占領されておるから、とにかく一度行ってみようというのが狙いだったようです。出航のときは恐ろしいとかそういう気持ちは全然なかったですだ。（竹島のことを）ごく身近に感じていましたからね」

久見の人は竹島に対する愛着が特に強い。八幡さんは生まれも育ちも久見だった。父親や叔父たちが竹島へアシカ猟に行くのを見て育っているだけに、なおさら竹島への思い入れが強いのだ。

当時はすでに李承晩ラインが引かれたあとで、韓国による拿捕が激しく行われていた時期だった。すでに述べたとおり、前年の一九五三年二月にはライン内に出漁した日本漁船が銃撃され漁労長が死亡したうえに拿捕されるという事件があった。さらには、その年の七月と翌一九五四年の八月には竹島やその付近にいた日本の海上保安庁の巡視船が少なくとも数十発という銃弾を浴びせられる事件が発生した。

〈島風号〉は銃撃と拿捕の危険性を考慮し、単独ではなく海上保安庁の船五隻に警護され竹島へ向かったのだった。当時の船はさほどスピードは出ず、竹島までは約一二時間かかった。現在なら四時間ほどで到着できる距離だろうと八幡さんは言う。

　もし韓国側に攻撃されていたらどうしていたのだろうか。

「韓国が銃撃してきたら全速力で帰るけん、向こうでそういうことがあったらすぐ船（島風号）に（小舟をこいで）帰ってこい、すぐ隠岐に帰るから――船長さんからそういう話は聞いておったですだ」

　八幡さんの父、五箇村の収入役や村会議員をつとめた八幡才太郎さんの手記に、当時の様子が克明につづられている。手記によると、戦後唯一の日本出航による竹島での漁、その機会は突然やってきたことがわかる。少なくとも久見の漁師たちに計画は知らされていなかった。長くなるが、才太郎さんの手記『竹島日誌　昭和四十六年十二月』から引用しよう。

「其の後、竹島視察は昭和二十九年六（ママ）月十二日未明の事でした。／島根県監視船「島風号」が久見漁協組合に来訪し、同船には島根県水産課次長がご乗船して居《お》られました。／これより竹島視察に行きたいので、若布《わかめ》刈りの人夫と小舟の準備を依頼されたとの事で、当時の組合長脇田敏氏が私の宅へ協議の為来訪されました。私も同行するから組合長も同道せられたしと申し入れました。

　組合長も同行、一行十一名小舟六隻を「島風号」に積載し、午前八時久見港を出港いたしました。五箇港沖には海上保安庁の「へくら号」が待機していました。／「へくら」と連絡を終わり島前の別府港《べっぷこう》に直行しました。／別府港には保安庁監視船「くずりゅう」他一隻が待機して居りましたが、十二日は大嵐の為一日延期して十三日夜、別府へ買い物に上陸しました。／この時、別府港には保安庁の船が五隻停泊して居りまして、村民のなかには異様に感じる人もあり警察署に問い合わせした人もあった様でした。／そして十三日正午出航いたしました。

十四日未明には先導の船鑑《(ママ)》より無線で韓国人は居ない、急いで航行せよとの連絡で全速力で竹島に着きました。／人影は無かった。日本領土と大書した標柱は破損せられ、朝鮮領土と書き換えれてありました。これを日本国島根県と書いてきた次第です。／次に若布を採り、午前中収獲分を「島風」に積載、午後一回若布を収獲いたしました。そして午後二時より若布刈りは打ち切りました。／自由時間で二組に分かれ一組は島の頂上に登り、日露戦争当時の監視所を見に行き、カモメの卵を数百個採りました。／別の組は鮑《あわび》採り、これも多収穫で喜び合いました。鮑は内地産と比べると肉は非常に大きく、肉の目方は二倍もあります。美味です。／午後五時竹島を打ち切り帰省の途に着き《(ママ)》ました。保安庁監視船四隻は支那《しな》方面に航行、「おき号」は護衛して帰途に着き《(ママ)》ました。」

この『竹島日誌』の日付と八幡さんの言う出航の日付が一月ずれていることを指摘すると、八幡さんは「冊子が間違っている。五月で間違いない」と断言した。

漁のため竹島へ行った八幡さんは現地で何を見たのだろうか。

「私らが行ったとき、ウミネコはものすごいおったですわ。島にね、私らがひょっと上がったとき、孵《かえ》ってない卵がたくさんあったですだ。西島のてっぺんのほうに、野生のグミの木があったですだ。おそらく鳥が種を運んだものじゃないかと思います。最近テレビで（竹島の様子が）よく出るですけど、そげなものは見えんですね。たくさん草がはえちょったところと、あんまりないところがありました。（竹島で）ワカメやアワビを獲ったですだ。操業は三、四時間ですね。アシカは一四、五頭おったですけんど、アシカ猟は道具がなかったですし、やりませんでした」

アワビを獲ったということは、自由時間に日露戦争当時の監視所を見に行かなかった後者の組に八幡さんは入っていたということになる。

八幡さんの父親たちは竹島での漁の常連だった。特に才太郎さんの弟である伊三郎さんは、一九三三年（昭和八年）から一九三八年（昭和一三年）までの春と秋、合計九回島に渡った。もう一度行って漁がしたい、という希望はかなうことなく、伊三郎さんは一九八八年に九四歳で亡くなっている。

『竹島日誌』には、一九八〇年ごろ、当時の記憶をもとに伊三郎さんが作った手書きの地図も掲載されている。その地図を見ると、現在韓国の施設が林立している東島の頂上付近が「日露戦争時の監視所のあった場所」と記されている。海軍の見張りが島の頂上に立ち、バルチック艦隊到来に備えて監視したという。また島の滞在施設である「漁夫の家」は東島の西部中ほどの入り江にあり、前には大きな石浜があったそうだ。

西島には奥行き四〇メートルほどの洞窟があった。天井から真水が落ちてくる場所があり、三〇人分の飲み水を確保できたという。

「真水が出るところがあります。滝みたいにぽとぽとぽとぽと上から水が落ちてね。枠を作って水をためて、その水だけで生活しておったですだ。（食料は）こちらから持っていくとかですね。昔のことですからね。なかなか食べることには苦労したと思います」

島の滞在は大変だったが、収獲はすごかった。漁師たちにとって魅力的な漁場だったのだ。

「こっちから行きよった時分は小さな舟をのっけてアワビを獲りよったですだね。獲ったらバラさんといけないんで、朝から晩までは獲ることができないんです。まあ一日のうち半日ぐらい獲って、獲ったものを身だけ取り出して塩するわけです。（大量に収獲したのに）翌日行ったらまた同じ数がその位置に上がっとったということがありました。多いときにはアワビの上にアワビがくっついちょるといった状態でね。ものすごい数のアワビだったということを聞いておったですだ。昭和二九年（筆者注・一九五四年）に私らが行ったときには、ちょっとそういうことはなかったですね。韓国はね、海女さんをすごう入れてね。そりゃ相当獲ったとこですけんね」

かつて竹島にはニホンアシカが生息していたが、乱獲され激減した。特に日露戦争が勃発した一九〇四年（明治三七年）には一年間で二七六〇頭とすさまじい勢いで捕獲されている。戦争のため、皮が利用されたのだ。

日露戦争後は捕獲が許可制となり乱獲はなくなったが、アシカの捕獲は続いていた。その時代、檻《おり》に入れられて久見に連れてこられたアシカを小学六年生のころ八幡さんは間近に見ている。

「川の浅瀬にたくさん持って帰りおったですわ。その当時、一頭二〇〇円ぐらいで売買されておったという話をちょっと聞いておったですたいね」

捕まえたアシカはサーカスや動物園に売られていった。子供のころ、八幡さんはアシカの子とよく遊んだという。

「こまいやつを一緒に積んで帰って川へ放すわけですだ。そうしたら人間にすぐ慣れるです。夏あたり、何べん一緒に川で泳いだりしたことか」

戦前は久見こそがアシカ猟の中心地で、ここには組合もあったという。竹島が五箇村のなかでもこの久見地区の一部とされるのは、そうした経緯もあるからだ。

「こちらからは（アシカを獲るため）竹島へは一等（多く）行っておりますわ」

しかし、僕が行ったときは一頭も見ていない。そう伝えると、戦前に隠岐から獲りに行っていたころはアシカの数が減るようなことは絶対になかったと八幡さんは断言する。

「戦後、おそらく韓国が食料難で食べたんじゃないかと思います。私らも子供の時分に口にしたことは何回もありますけどね。まあけっこう食べられるなとは思っちょったですだ。なんも、こっちのもんが食料にしたってことではないですだ」

朝鮮戦争での食料難の解消に竹島のアシカが利用されたのだろうか。理由はわからないが、もう一頭もいないことは事実だ。

僕が見てきた竹島の現状を漁協のときのように写真で見てもらうことにした。船着き場の写真を前に八幡さんはあきれて苦笑いした。その声や表情にはあきらめの色と寂しさが見えた。

「韓国が、まあほんとに、こういうものを作って船を着けられるようにして。もう韓国は……」

八幡さんは唸《うな》るように言った。そして続けた。

「本当にね、韓国にとられてしまってね。もう少し日本も早い時点でこういうことをね、韓国に公表すればよかったと思うですだね。公表の仕方が遅かったような気がするですだね。

まあ、どうしても竹島を韓国が手放さないということになると、私は竹島を警戒線に持っていければええなと思います」

警戒線とは中間ラインのことだ。竹島の領有権確立が無理なら、せめて警戒線を変更、つまり中間ラインを竹島の上に引いて海を割り、両国の漁船がそれぞれの海域で操業できればいいと八幡さんは考えている。

今後、日本政府が方針を変更し竹島問題に対して積極的に取り組めば、八幡さんの望みはかなうのかもしれない。しかしこれまでの事なかれ主義な日本政府の姿勢がすぐに変わる可能性はとても低い。領有権の確立をめざすにしろ、あきらめるにしろ、問題の解決は未来へと先延ばしされることになるに違いない。

戦前の竹島アシカ猟

竹島へ出漁していたのは久見の人たちだけではない。西郷の西にある蛸木《たくぎ》という集落にもかつて竹島で漁をしていた人物がいる。藤田元春さんからは集落名と姓を聞いただけで、それ以上のことは彼も知らなかった。しかし、地図で見るかぎりは数百人単位の小さな集落のように見えた。戦前の竹島を知っているのなら、かなりの高齢だろうから、集落に着いてから探しても見つかるだろうと考え、レンタカーで直接集落へ向かった。蛸木への道は久見同様に入り組んでいた。等高線に沿うように曲がりくねった海沿いの道を行き、崖上のカーブを走った先に坂に広がる集落を見つけた。浜で談笑しているお年寄りにたずねると、「ああ芦田《あしだ》さんね」と即座に件《くだん》の人物のことを言い当て、話を中断して案内してくれた。

坂を少しのぼったところにある大きな犬がいる一軒家だった。

「戦前の竹島のことをお聞きしたいんですが」

家の前にいた六十代くらいの男性に声をかける。すると、「韓国人ならお断りしたんですが」と前置きしたうえで、僕を家のなかへ招いてくれた。

「戦前、アシカ捕りをしたなかでいまも健在なのはうちの親父《おやじ》だけで、ほかの方は亡くなりました」

息子さんの芦田孝彦《たかひこ》さん（仮名）は言う。息子さんといっても、年齢は七十近い。実際に漁に出たのは父親の清《きよし》さん（仮名）、僕が訪ねたこのとき九五歳だった。

「九五にも六にもなるのに舟を持っとるからね。かなぎ舟。それでね、釣りに行ったりしてますだ。危なあて心配してるんです。足きかんもんで押し車ですわ。でも舟に乗ったら操るの上手《じょうず》ですだ」

清さんが竹島へ漁に出たのは一九三六年（昭和一一年）六月のことだ。

「親父はかなぎ名人で、それで抜擢《ばってき》されたと思いますよ。いまでこそ九五か六ですけど当時は二三か四の年やないかね。ちょうど盛りやけんの。（現地には）一カ月ぐらいおったらしいです。水もあるしね。親父が行ったのはまだ私が生まれる前ですから。

竹島へは一〇トン以上の木造の運搬船に無動力のかなぎ舟を積んでいく。かなぎの舟はこまいです。大きい船だと操るのに大変ですから。かなぎ漁の方法は日本中どこでもやっとるものと同じですわ。サザエがおったら舟を泊めて、三本ついとるの（ヤス）で上から突くわけですね。竹島では魚がようけ釣れたということはあんまり聞かんですが、サザエやアワビはようけおるというのは聞いとった」

父親の清さんが竹島に滞在し、漁をした一九三六年（昭和一一年）には、アシカは竹島に数えきれないほどいたという。

「アシカは獰猛《どうもう》な動物ですだ。はかりに載せて量ったわけではないですけど、大きいオスになったら一トン超すようなのもおった。そういうのがボーンと来たら怖いですよ。親父はこまい石をたくさん積んで、アシカが向かってきたらそれを放るようにしてた。木造の船を大きな牙でバリバリかじる。怒ったら手がつけられん。命がけですわ」

アシカ猟はたいてい作業船一隻のみで行われた。子供のアシカを陸へ追い込むと親アシカが来る。そこに網を張った。網を破られたりして逃げられることのほうが多いので、捕まえる数は毎回知れていた。捕まえたあとは、ウインチのようなもので一辺二メートルの木箱の上に吊り上げた。

「袋状態になるわね。そうなったら網の下を裂くわけ。アシカが落ちてくるとフタをする」

そうしてアシカを生け捕りにして持って帰ったのだが、その際、細心の注意が必要になった。

「アシカは体が乾いたら死ぬ動物。箱の上から水を何度もかけた。箱のなかに入れられたアシカは何も食わん。生け捕りにするのも漁の終盤にせんとね」

アシカは体が大きいので船に大量に積む余裕はない。死んでしまったアシカについては腐ってしまうので皮ぐらいしか使えなかった。木造の遅い船だったうえにいまのように冷凍施設がなかったのだ。

アシカの話を聞いていると、清さんがお昼を食べに台所に現れて、しわがれた野太い大きな声で言った。

「竹島じゃのうて、あれはリャンコ島だ。いまは人が住んどるか？　アシカは昔ようけおった。アシカは嚙《か》む嚙む。それに重たいわあ。大きさは牛ほどある。いまおらんかね？　なしてかなあ」

リャンコ島というのは日本が島を島根県に編入した一九〇五年（明治三八年）以前の呼び名である。一八四九年に島を見つけたフランスの捕鯨船〈リアンクール号〉にちなんで名づけられたのだ。

現在、竹島にアシカがいないことを伝えると、清さんは残念そうに言った。

「まー、もうおらんだなあ。けしからんもんだなあ、韓国は……」

清さんの大きな声が心なしか小さくなったような気がした。

その後、清さんは気を取り直し、竹島での滞在の様子について語ってくれた。

「現地ではなんでも食っちょった。だけどもアシカは食わんやった。酒持っていってご飯にいろんなものをかけて食った。朝は早く出て昼までかなぎ漁。小屋（筆者注・番屋のこと）は大きな小屋だわ。崖の下に立っちょるわ。（そこには）海女らが住んどった。崖が崩れて石が落ちてきて、屋根に穴が空いた。浜はごろ石だらけ」

僕も竹島を見たとき、落石がひどそうだと思ったが、崖下に立っていた番屋に落石で穴が空くとは。やはりあの島は人が住むのには向いていないのだ。

では、その番屋はどこにあったのだろうか。鬱陵島でもらってきた「獨島観光地図」を清さんに見せ、番屋の位置を聞くと、清さんは東島の西側、つまり西島との海峡に面した入り江あたりを指さした。あとで確認すると、そこは八幡伊三郎さん作成の手書き地図に「漁夫の家、前には大きな石浜あり」と書いてある地点とほぼ一致した。

屋根には杉の皮が葺かれていた東島の番屋は、清さんが行ったときにはすでに立っていた。細長い形で、二階建ての普通の一軒家よりも大きかったそうだ。番屋での生活では「食べ物には苦労した」という。飲料水は現地で調達できたが、石だらけで土がないので野菜を作ることもできない。魚介類以外の食べ物はすべて持参したものでまかなったという。

ところで、アシカは島のどこにいたのだろう。再び「獨島」の地図を開くと、清さんは西島の北西の入り江のあたりを指さした。

「人が来たぞーって（合図するのか）うんうん唸って。人が遠くにおっても音とか臭いでわかる。犬と一緒だ」

鼻がいいので人間の臭いに気がついたのだろう、だから番屋があった東島に生息することはなかったのだ。

孝彦さんと清さんにも竹島の現状の写真を見てもらった。いや、「一番興味があるのはあっちがどうなってるかだね。韓国側から様子を見てきたらよかったのに」（孝彦さん）と、むしろリクエストされたような形で見せることになったのだった。

清さんは写真に強く反応した。

「こい（これ）だもん。向こうはどくはずがないわ。自分の領土やって思っとる。そりゃこっちが言っても反発するやろ」

孝彦さんは韓国の盤石な支配ぶりに唸った。

「なんとまあ、なかなか立派な港を作っておるんだなあ。初めて見たよ。頂上にこいだもの建てて。

だけど恐ろしげな設備にしとるだのう。砲も据え付けて。これは砲だわなあ」

一九〇五年（明治三八年）、日本は島根県に竹島を編入し、太平洋戦争が始まる一九四一年（昭和一六年）まで竹島での漁が行われた。竹島へ漁に出かけていたのはもっぱら隠岐の人たちだった。韓国人も漁に来ていたが、一九一〇年（明治四三年）に日韓が併合し、一つの国になっていたこともあってか、お互いの領有権を主張し合うことはなく、同じ漁場で漁をしていた（漁の季節の間、番屋を建てて漁師が住むことはあったが、島に定住することはなかったという）。

そのころの漁は日韓共同で行われることが珍しくなかったようだ。

孝彦さんは父親の漁の様子を再び説明した。それによると日本側は久見から五人、西郷から二人、久見の大将が一人と合計八人。韓国側は海女が三人、男が一人いたという。久見の大将とは八幡尚義さんの父、才太郎さんのことだ。韓国人四人もそこに滞在していたから、都合一二人がいたことになる。西島と東島の間の海は二～三メートルの深さだった。海女はそこに潜り、清さんは舟の上からかなぎ漁をした。

「サザエは韓国の女の人と一緒に共同で焚《た》いて分けた。アワビは別々に獲って、海女さんが獲ったものは海女さんが加工するし、親父が獲ってきたものはこっちから行った人がぬめりを落とすためにワランジ（わらじ）を作ってどんどん踏んだ」

孝彦さんの話す清さんの体験談はいきいきとしていて、竹島で日本と韓国の人たちが一緒になって作業に励む様子が目に浮かぶようだった。

しかし、そうした光景を見ることは二度とないのだろう。

そのとき、パソコンの画面上に映し出されていた東島の頂上に林立する立派な施設群の写真は、何かもう取り返しのつかないものとして、僕の気持ちを重くした。

九　北方領土Ⅱ

歴史が止まったままの島

北方領土再訪

二〇〇六年の七月半ば、本当の日本最北端を訪ねておきたいと考えた僕は、カモイワッカ岬をめざし、択捉島へ行くための準備を始めた。

択捉島では南部と北部にあった集落のほとんどがソ連時代に廃村となっている。クリリスク（紗《しゃ》那《な》）という島の中心的な町から最北端までは北東へ約八〇キロ、島の北部に自動車が通れる道はない。仮にロシア側から択捉島に上陸できたとしても、最北端への道程は険しく、探検に近いものになるだろう。一九九八年に北海道大学の探検部がクリリスクの十数キロ東に位置するレイドボ（別《べっ》飛《とぶ》）という町から船で北へ移動したあと、さらに歩いて岬に到達している。北大探検部の報告書によると到達までに要した日数は五日で、往復には一〇日かかっている。その間、ヒグマに四度遭遇したという。そのように陸路なら歩くしかないのだが、探検が目的ではないので何日も歩くという方法はとりたくない。とすると、最北端に到達するためには船かヘリコプターを利用することになる。

前回の北方領土行きに利用したサハリンの旅行会社にEメールを送り、最北端の岬への交通手段（船かヘリコプター）の確保、同行してくれる通訳兼ガイドの調達、島への上陸許可証の申請など、旅行に必要な手配が可能かどうか英文で問い合わせてみた。

四日後、担当者であるユリアからEメールが返ってきた。それは僕を落胆させる内容だった。

「危険なのでガイドは誰も行きたがりません。最北端へは徒歩で六日かかります。ヘリコプターはありません」

サハリンを旅するのならガイドをつける必要はない。しかし北方領土ではそうはいかない。上陸許可証を現地で利用するときなど、ガイドなしでは面倒な場面が何度もあるのだ。ガイドが見つからないというのは大きな問題である。また、メールには「ヘリはありません」とあったが、船については何も記されていなかった。船での移動もできないのだろうか。ネットで調べてみると、北海道の公式ホームページに、北方領土海域についての次のような文章を見つけた。

「この海域は、風によるうねりが多く、航行に最も不安定な地域です。最も荒れる秋・冬季は暴風によるうねりの発生率が55〜70％で、このうねりにより、波の高さが6m以上になることもあります」（北海道公式HP「北方領土対策本部　北方領土の自然」より）

六メートルの波というのは波浪警報が発令されるレベルである。こんな状態での出航は現実的ではない。さらに冬になると流氷がやってくる可能性がある。年内に船で最北端へ到達することはもはや無理と判断するしかなかった。

早急な計画の見直しを迫られていた八月半ば、根室沖で日本のカニかご漁船がロシア国境警備艇に銃撃・拿捕され、銃撃による死者が出るという事件が起こった。

北方領土と北海道の間には「中間ライン」と呼ばれる事実上の「国境線」が引かれている。日本の漁船がその近辺で操業しているとロシア当局に取り締まられる危険性がある。そして中間ラインより北海道側にはさらに「調整規則ライン」というものが引かれている。これより先に入ればロシアの国境警備隊に拿捕される恐れがあるので自粛するようにと北海道が引いたものである。このラインを越えれば北海道海面漁業調整規則違反つまり無許可操業（密漁）で咎《とが》められることになる。

　根室市郊外に位置する北海道の最東端納沙布岬からロシアが支配している島のなかで北海道に一番近い歯舞群島の貝殻島までは約三・七キロしかなく、その中間というと二キロもない。海峡を通過していると、風や波の具合によってはロシアが管理している海域にうっかり入りかねない。北方領土近海はカニやウニ、コンブなど海産物の宝庫である。根室近辺の漁師は目の前の「獲物」を手に入れるために危険を覚悟で漁に出る。

　この事件は普通の拿捕事件とは違っていた。というのも、北方領土海域で銃撃による死者が出たのは実に約半世紀ぶり、しかも両国が国交を回復してからは初めてのことだったのだ。事件は貝殻島の近辺、まさに北方領土と目と鼻の先の海域で起こった。二〇〇六年八月一六日未明、日本漁船〈第三十一吉進丸《きっしんまる》〉はロシア国境警備艇に銃撃され、乗組員盛田《もりた》光広《みつひろ》さん（三五歳）が頭部に被弾して死亡、坂下《さかした》登《のぼる》船長（五九歳）と残りの乗組員二名は拿捕され国後島に連行された。

　漁師が銃撃されるというこの事件を機会に僕は吹っ切れ、最北端をめざすということにこだわらなくなった。いまの北方領土の状況をこの目で確かめるために、もう一度、国後島に足を運んでみようと思ったのだ。

　サハリンの旅行会社には、目的地を国後島と、前回上陸できなかった色丹島の二島にすることを伝えた。今回は二人の同行者がいた。ジャーナリストで友人の村上《むらかみ》和巳《かずみ》と先輩カメラマンの飯田《いいだ》勇《いさむ》さんである。二人とも紛争地など海外取材の経験は豊富だが、北方領土は初めてだという。

　一〇月一日、羽田《はねだ》空港から新千歳《しんちとせ》空港へ飛び、そこからユジノサハリンスクへと飛行機を乗り継いだ。サハリン航空が使用する機体は前回のようなプロペラ機ではなく、B737という小振りなジェット機だった。近年めざましいロシアの経済力上昇に比例するように、機体もサービスも三年前よりはレベルが上がったような気がした。その一方、写真撮影についての厳格さは以前よりも増していて、まるでソ連時代のようだった。安定飛行中に窓の外や機内を撮影していると、男性の乗務員がやってきて、大きな手で僕の手を握り強引に撮影を阻止された。

ユジノサハリンスクに到着した翌日には、コルサコフ港から貨客船に乗り北方領土をめざした。僕らが乗り込んだのは定期船〈イゴーリ・ファルフトジノフ号〉だった。三年前に乗った〈マリーナ・ツベターエワ号〉と同じようにすべて個室のゆったりした船である。前回と違っていたのは乗船から一時間もかからずに出航したことだ。ガイドを含めた僕ら四人は左右に二段ベッドがある船室で思い思いの時間を過ごした。

この旅で通訳兼ガイドをつとめてくれるのは、文花春《ムンファーチュン》さん（六六歳）という朝鮮系の元気な女性だった。彼女はロシア語さえ話さなければ外見は日本からやってきた普通のおばさんにしか見えない。彼女がサハリンに住んでいるのは、戦前に父親が朝鮮半島から樺太にやってきて定住、そこで彼女が生まれたからだ。幼少期に日本統治時代の樺太で育った彼女は流暢に日本語を操る。彼女の日本語は北海道訛《なま》りが強いがとてもわかりやすく、込み入った話も丁寧に訳してくれた。

そんな文さんは僕ら三人の日本人をまるで自分の息子のように扱った。黒パンや生ハムを切ってくれたり、持ってきたキムチを「食べなさい。おいしいですよ」とすすめてくれたり、旅行中、細々《こまごま》と世話を焼いてくれた。それでいて僕らのだらしない態度を叱る、毅然《きぜん》とした一面も持っていた。

出航後、船内で時間を持てあました僕と村上は、夕食を終えると狭いロビー前のシートに座り乗客を観察した。船内にはいかにも海の男という風貌の屈強そうな男たちが目立った。テーブルを挟んで向かい側にある隣のシートに、太った中年のロシア人男性が座った。ロシア語で話しかけてくるのかと思って身構えていたら、彼は僕らを見るなり、カタコトの日本語を話した。

「ウニ、タコ、イクラ……マスノスケ……」

すべて海産物を表す日本語の単語だった。ロシア人は普段ウニを口にしないというから、日本語名など普通の島民なら知らないはずだ。彼は日本語はわからないようだった。にもかかわらず海産物の日本語名がすらすら出てくる。もしや、と思った僕は片言のロシア語とジェスチャーで「職業は何か?」とたずねた。すると、「国後島からボートで歯舞群島へ行き、海に潜ってウニなどを獲ってくる仕事をしている」と言っていることがなんとか理解できた。男性は獲った海産物を通じて日本人と交流する機会が多いのだろう。

船内には僕ら以外にも日本人がいた。その男ともロビー前のシートに座っていたときに言葉を交わす機会があった。パンチパーマのヘアスタイルがいかつい還暦ぐらいの年齢の痩せた男だった。いったい何をしに来ているのだろう。そう思っていると、こちらがたずねる前に向こうからベラベラと少し自慢げな態度で話し始めた。北海道訛りのあるその男は、函館から来て水産関係の仕事で島へ行くのだという。

「島の海は宝の山だ。なんでも金次第だけどな」

男はうそぶいた。企業やビジネスマンが北方領土で経済活動を行うことを日本政府は容認できないとしている。そうした意味合いの文章が外務省ホームページの「北方領土の概要」という項に掲載されているのだ。しかし実際のところは、こうして建前を無視して活動している人間がいる。

上●艀の上で国後島への上陸を待つ人びと。人種はさまざまだ。
下●ユジノクリリスク(古釜布)にある友好の家(ムネオハウス)。ビザなし交流などに使われている。

今回の旅の行程はあらかじめすべて決められていた。サハリンへ向かう直前に旅行会社から送られてきた予定表によると行程は次のとおりである。

一〇月二日、サハリンのコルサコフ港を出航／一〇月四日〜七日、国後島着。ホテルに滞在しながらユジノクリリスク（古釜布）やゴロブニノ（泊）など国後島内を見学／一〇月七日、船で国後島を出て、その日のうちに色丹島に到着／一〇月七日〜一一日、ホテルに滞在し、クラバザボーツク（穴澗《あなま》）やマロクリリスク（斜古丹）など色丹島内をまわる／一〇月一一日、船で色丹島を離れる／一〇月一二日、コルサコフ港に到着。

択捉島と色丹島を経由していく予定だったため、国後島到着は出航翌々日の一〇月四日になるはずだった。しかし、なぜか船は国後島に直行してしまったらしい。コルサコフ港出航翌日である一〇月三日の午後、突如「国後島に到着する」というアナウンスが船内に流れた。半信半疑でデッキに出てみると、見覚えのあるユジノクリリスクの岬が見えてきた。

船に横付けされた艀の〈希望丸〉に乗るため、弱い雨のなかタラップを降りる。艀には食料などの物資が降ろされ、甲板は荷物と人であふれ返った。艀の上は相変わらず人種が入り乱れている。スラブ系の白人はもちろん、朝鮮系の人たち、僕らや函館の水産関係者などの日本人、中央アジア系らしき迷彩服姿の黄色人種などがいた。「ウニ・タコ・イクラ」と話しかけてきた男性は「SCUBA　PRO」とペイントされた酸素ボンベ数本に寄り添っていた。島近くの海で仕事に励むらしい。

上陸したのは四年前と同じ栈橋である。かつては鉄くずで埋め尽くされ「船の墓場」のようだった栈橋付近は、鉄くずがずいぶん片づけられた様子だった。栈橋の前にあった掘っ立て小屋の出入域管理事務所は窓のついた二階建てのプレハブに変わっていた。

僕らが宿泊することになっていたのは、桟橋から徒歩数分の距離にある「フラグマン」という二階建てプレハブ作りの新しいホテルだった。冷暖房の完備した部屋には清潔なベッドが二つ置かれ、テレビや室内電話といった備品がひととおり揃っていた。シャワーとトイレは部屋のなかにあり、いつでも好きな時間に利用できた。

荷物を置いて「友好の家」（ムネオハウス）方面へと散歩すると、相変わらずの光景が広がっていた。道は舗装されておらず、老朽化した団地やダーチャ（家庭菜園がついた別荘風の平屋）が渾然一体《こんぜんいったい》となって存在している。「友好の家」がある町の中心の広場にはペンキが付着したレーニンの胸像がまだそのままになっており、南クリル行政府庁舎跡も廃墟のまま残っていた。

行政府庁舎跡には高校生ぐらいの少年少女たちがたむろしていた。彼らのなかには以前この島では誰も持っていなかった携帯電話を片手に通話を楽しんでいる者がいた。この三年の間にロシアの携帯電話会社がユジノクリリスクにアンテナを立て、通話を可能にしたということらしい。

商店に入ると前回訪ねたときよりも扱う商品の種類が増えていた。缶詰や袋菓子、瓶入りオリーブといった食料品や、タバコやビールなどの嗜好品があるのは以前と同様だったが、一メートルほどもある大きなヌイグルミなど以前にはなかった娯楽品が置かれるようになっていた。エリツィン時代の初期、島の物不足は深刻だったが、近年、扱われる商品がだんだんと増えているのだ。

桟橋前の出入域管理事務所や宿泊先のホテルなど新しい建物が徐々に建ち始めていることや、商店に品物が増えていること、島の人たちが携帯電話を使って話していることなど、ロシア国内の好景気が及ぼす極東の島への影響を感じずにはいられなかった。

北海道に最も近い集落へ

滞在二日目。この日はゴロブニノの集落を再訪する予定だった。

ユジノクリリスクから舗装されていないアップダウンの激しい道を約六〇キロ、車で走り抜ける、そのちょうど真ん中あたりでメンデレーエフ空港の前を通りかかった。三年前はこの空港からプロペラ機に乗りサハリンへ戻ったのだが、いまは工事中で使われていないという。

日本に返還される可能性を考慮し、ロシアはこれまで北方領土のインフラを整えてこなかった。しかし二〇〇六年八月、ウラジーミル・プーチン政権は北方領土を含む千島列島に関する経済発展プログラムを決定した。「クリル諸島社会経済発展連邦計画２００７〜２０１５年」と題されたこのプログラムは、空港や道路の整備、発電所の能力向上など各種インフラを実に約一七九億ルーブル（約七八八億円）を投資して整えようというもので、メンデレーエフ空港もその計画に先立って整備が始まっていたのだった。

一時間ほどで北海道に面する海沿いの一帯に位置するゴロブニノに到着した。ユジノクリリスクからの道を海まで出ると、国境警備隊の基地が広がっているのが見えてくる。基地には火《ひ》の見櫓《みやぐら》のような監視塔があり、中間ライン付近を航行する漁船の様子を二四時間態勢で監視している。

この場所は島で日本に一番近い場所で、だからこそ戦前に千島列島最大の町があった。島を管轄する官庁や神社などが置かれ、人口は約四八〇〇人を数えた。しかし、ソ連の領土とされサハリン州の一部とされてしまうと、ここはロシアの果ての僻地となってしまった。あらゆる権限が集中する首都のモスクワは、国の東端にあるクリルの島々に住む人びとの面倒を見る気は端《はな》からなかった。

その一方、「国境地帯」であるこの地は重要な軍事拠点であり、基地としては十分な整備がなされた。現在、島の中心地はユジノクリリスクになり、ゴロブニノは数百人しか人が住んでいない寒村である。この集落にいるかぎり人びとは物質的な不便を強いられる。集落の商店に商品の種類は少なく、選択の余地はない。しかも輸送コストがかかるためユジノクリリスクよりもさらに物価が高いのだ。

ゴロブニノでは、文さんが以前この島を訪ねたときにお世話になったという、集落の図書館を運営しているラリサさん（六四歳）を訪ねた。図書館の建物のなかに入ると、藍色地《あいいろじ》のベストに黒いスラックスという地味な服装に、栗色の髪を後ろでまとめたラリサさんがいた。

彼女はロシアの田舎に典型的なホスピタリティにあふれた人物のようで、突然現れた僕たちのために日本人が住んでいた時代の遺物を披露してくれた。それは茶碗《ちゃわん》のかけらや布袋尊《ほていそん》の置物だった。子供たちがあちこちで拾ってくるのだという。図書館には日本の文化を紹介する展示があり、風景を描いた浮世絵がいくつか飾られていた。

「ユジノクリリスク六〇周年」とキリル文字で書かれた展示もあった。町の施政六〇周年を祝う式典が九月にあったらしく、式典に関しての写真がいくつか飾られていた。展示には、日本人との友好を深めようとしながらも、ロシアが統治している現状に誇りを持っている現島民の心理が垣間見えた。

昼食のためラリサさんはすぐ近くにある自宅へ戻るというので、僕らは彼女の家にお邪魔させてもらうことにした。彼女は３ＬＤＫほどの平屋の一軒家に娘夫婦や孫たちと一緒に暮らしている。生活は質素そのものだった。ビニールハウスで野菜を育て、肉は育てたニワトリ、主食のパンは自宅で焼く。そうした自給自足の生活をしている。

彼女は新旧混在する「日本」を間近に生活していた。この集落から一番近い野付半島の付け根近くに位置する対岸の街、標津までは三〇キロ少ししか離れておらず、対岸を走る自動車のヘッドライトの明かりが届くことがある。孫が泥遊びをすれば日本人が使った茶碗のかけらが出てくるし、テレビのリモコンでチャンネルを変えれば、日本のテレビ番組が砂嵐混じりながら映る。僕らが訪れたときは日本時間の昼どきで（島は日本と二時間の時差がある）、NHKやフジテレビといった全国ネットのテレビ局が放映する昼の番組がブラウン管に映っていた。人気番組の司会をつとめるタモリの笑顔を国後島で見ることになるとは思わなかった。

そうして日本を間近にして暮らしているからなのか、彼女は日本人と共存することにためらいがない。

「日本人と一緒に住んでもいい。私はどんな人とでも優しく接して一緒に住むことができる性格なんです。どうぞ来て住んでください。部屋を貸してあげます」

そんな彼女はここで生まれ育った人間ではない。ソ連時代、政府の命令でこの地に配置されたのだ。彼女はモスクワから約四〇〇キロ東にあるゴーリキー（現在のニジニ・ノブゴロド）からこの島にやってきた。大陸にいたころは、北方領土にかつて日本人が住んでいたということはもちろん、領土問題の存在すら知らなかった。しかし、その後、彼女は四〇年以上三代にわたりこの地に根を下ろしてきた。彼女はもはやこの地から離れられない。

「ここが日本に戻ったらそれは悲劇です。かつてこの集落に住んでいた日本人に会ったことがあります。私と同じぐらいの年代の女性で、『トマリ』『トマリ』と私を撫《な》でながら言うんです。彼女は故郷を奪われたのです。私とその女性は民族が違いますが気持ちはわかります。もしここが日本になると私も同じ悲しさを味わうことになります。私は大陸からやってきましたが、子供たちや孫はここが故郷です。私はほかのどこにも行きたくないのです」

現在島に暮らす人びとにも、当然のことながら、彼らの生きてきた重い歴史がある。

ゴロブニノ（泊）に住むラリサさん。お宅を訪問すると、テレビにタモリが映っていた。

ラリサさんの家で昼食をとったあと、僕らは車で数分移動し、海沿いにある「拿捕船の墓場」と呼ばれる船のスクラップ場のようなところへやってきた。前回も見た〈第八十二妙見丸〉が三年たってもそのままの状態で置かれていた。廃船となった〈第八十二妙見丸〉に近づいて写真を撮っていると、近くに係留されていた表面が錆びている廃船同然の船から船員が二人出てきた。船の浮き輪や舳先《へさき》にはキリル文字で「第八ショウリョウ丸」と書かれていた。よく見ると後方にはプラスチック製の燃料タンクや各種アンテナなど廃船にはない新しい装備が付け加えられていた。日本で中古船を買って塗り直し、漁船として再利用しているのだ。

「獲ったものは花咲《はなさき》へ持っていくんです」

男の一人が言った。花咲とは根室の南部にある外港、花咲港のことだ。

これについては多少説明が必要だろう。一九九一年ミハイル・ゴルバチョフ大統領（当時）が来日し、日ソ両国は一気に融和が進んだ。オホーツク海沿岸の日本の港へのソ連船（ロシア船）の入港が許可されたのも、ゴルバチョフの来日に合わせてである。来日直前にはカニを積んだソ連船が早くも花咲港に入港し、その年にソ連が崩壊すると本格的にロシア船が入港するようになる。そしていまやロシア船は花咲港ほか北海道各地の港を利用し、海産物を日本に水揚げしているのだ。

日本の港へのロシア船の入港が禁じられていた時代には、日本側からの密漁が続き、そうして水揚げされる海産物が根室など道東の経済を支えていたようなところがあった。密漁せざるを得なかったのは、ソ連に北方領土と周辺海域を不法占拠されているためである。

本田良一《ほんだりょういち》氏の著作『密漁の海で』（凱風社《がいふうしゃ》）によると、戦後の北方領土近海での日本船の密漁、及びソ連が解体されるころから現在までのロシアの業者による密漁・密輸出の経緯は以下のとおりだ。

戦後まもなくから一九八〇年代前半にかけてはレポ船が暗躍した。ソ連に情報を提供することと引き替えに漁の許可を得て密漁を行ったのである。一九八〇年代に入ると高出力のエンジンをつけてロシアの警備艇から素早く逃げる特攻船がレポ船にとってかわった。レポ船も特攻船も全盛期は年間数十億円の水揚げを誇り、密漁ではあるが地域経済に欠かせない産業となっていた（特に特攻船の場合、観光や水産加工など周辺の産業を含めると一〇〇億円規模の一大産業を形成していた）。

その特攻船もゴルバチョフ大統領の来日にあわせて前年秋から日本側の壊滅作戦が行われ、実質的に消滅した。しかし取り締まりを強化したことで、皮肉にも道東の市場ではカニが不足し業者は困り果てた。そうしたときにやってきたのがカニを積んだロシア船だった。

もっとも、解禁されたとはいえ、ロシアの一般水産業者や漁師にとってカニを正式のルートで日本に輸出するのはかなり難しいことだった。ソ連解体後、経済難にあえいでいた彼らは一九九二年に設定された高額な輸出税の支払い義務を果たすことができなかったのだ。しかも翌一九九三年には政府が指定した特別輸出業者を通しての輸出を義務づけられてしまった。こうした一連の規制により北方領土の水産業者や漁師たちは実入りのいい密輸出・密漁に流れていくことになる（なおここで言う密漁とはロシア政府の許可を得ない非合法の操業のことである）。

ロシアからの運搬船はサハリンで登録しているものが多いが、実際は北方領土から来る船が大半を占めている。ロシア漁船が収獲した海産物は海上で日本船に積み替えられることもあれば、ロシアの運搬船が正規の輸出の体裁を整えて日本へ運ぶこともある。ただし前者は摘発などの危険が伴うため、もっぱら後者の方法が用いられるようになる。

僕自身も、ロシアから花咲港へやってきた運搬船を日本側の水産業者が出迎える様子を花咲港で目撃したことがある。毛ガニやタラバガニ、バフンウニといった高級魚介類がスクラップ同然の古びた運搬船から次から次へと降ろされていた。海保と税関の検査を受けたあと、漁船が持ってきた海産物は日本側の業者の手に慣れた様子で渡っていく。作業の合間を見計らってロシア人乗組員の一人に話しかけると「国後島から来た」ことを認めたが、写真を撮ろうとすると日本人業者もロシア人乗組員も顔をそむけた。何かやましいことに心当たりがあったらしい。方法はともかく、このように日露の業者が連携することで北方領土と根室の経済が潤うシステムができあがっているのである。

乱獲ぶりに業を煮やしたロシア政府は、資源保護、つまり密漁の防止のため、自国の密漁船を積極的に取り締まるようになっている。決められた漁獲高以上を密漁船に荒稼ぎされては漁業資源が枯渇する。それに正規の通関を通さない密輸出ではロシア政府には税収が入らない。密漁船を減らせばおのずと密輸出も減る。そうしたことが密漁船取り締まりの背景にあるのだろう。

ゴロブニノの集落を移動しているうちに先ほどとは別の漁師に会った。髪の短いスリムな体つきの男で、名はニコライ、年齢は二九歳だという。仲間のダイバーとともに海産物を獲り日本へ卸す仕事をしているという彼は、たまたま通りかかっただけの僕らを歓迎してくれた。

「三〇分前に海から上がってきたばかりなんです。ホタテを獲ってきたので食べてください」

仲間の運転するトヨタ製トラックが僕らの目の前に現れると、ニコライさんはトラックの荷台に飛び乗り、シシャモらしき小魚やホタテ、シマエビ、毛ガニといった獲れたての魚介類の入ったかごのなかからホタテを拾い上げ、ナイフで器用に貝柱を取り出して僕たちにすすめてくれた。

彼は日本語こそ話せなかったが、ずいぶん日本人慣れしている様子がうかがえた。というのも花咲港近くにある一般家庭にホームステイしたことがあり、ビザなし交流でも数回日本へ行ったこと

上●ゴロブニノ（泊）で会った青年に獲れたてのホタテをいただいた。
下●同地。密漁者が陸に上がってきていた。

があるのだという。

「去年、ビザなし交流で富山と東京に行ってきました。とても面白かった。また一週間後に日本へ（ビザなし交流で）行くんです。日本は素晴らしい国です。経済が発展しているし、豊かです。国民も素晴らしい人たちです」

そんな親日家の彼も、領土問題のことをたずねるとラリサさんと同じようなことを言った。

「政治のことは自分には関係がありません。私はロシアを愛していますからここに住み続けます。だけど昔ここに住んでいた人たちと一緒に住んでもいいですよ」

色丹島と国後島で育ったというから、彼の故郷は北方領土ということになる。故郷の島を外国に渡すという発想は彼にはない。それでいて、「国境」を越えることにはなんのためらいもない。

「買い物は根室が近いですから、もし国境がなかったらみんな花咲に買い物に行くでしょう」

この島から根室の花咲港へ行く漁師たちは島から海産物を持っていき、電化製品などの品物を買って帰ってくるのが実情である。こうしてニコライさんや国後島の漁師たちが水揚げしたカニやホタテなど、日本人に馴染みの海産物が「ロシア産」というラベルを貼られて出荷され、日本の食卓に並んでいく。特にタラバガニは九五％がロシア産で、その主要な産地は北方領土海域なのだ。

突然の予定変更

滞在三日目は、ユジノクリリスクより北にある奇岩を見に行ったり、知床半島が見える海辺へハイキングしたりと、三年前と同じような観光コースをトレースし、その後は現地の新聞記者の自宅を訪問した。奇岩を見たあと知床半島が見える海岸へ向かう途中、三年前にも来たユジノクリリスクの旧市街を通りがかった。

戦前、日本人が集落を作っていたこの地に住む人は現在ほとんどいない。戦後、ロシア人が高台に町の中心を移したうえ、一九九四年の北海道東方沖地震による津波によって壊滅的な被害を受けたからだ。車を降りて集落跡を歩くと、集落の端に「１９４５」という数字が記された、兵士の顔の彫像がついた戦勝記念碑があり、いかめしい表情で集落跡ににらみをきかせるように立っていた。三年前にも見ていた風景だった。赤い星が一つ入ったヘルメットをかぶり、勇ましい表情をしたソ連軍兵士の彫像と数字の下にはロシア語の碑文がある。

「１９４5年9月、ソ連軍はこの島に上陸した。日本から永久的にクリル諸島を取り戻し、ここは歴史的にロシアの領土となった」

その後、現地の老ドライバーが戦勝記念碑から一〇〇メートルほど離れたところにある日本家屋へ案内してくれた。この地域の日本家屋は津波によってほとんどが失われてしまったそうで、この一軒だけが残ったのだという。近づいて観察すると切り妻造りの木造平屋の住宅で、人は住んでいないように見えた。屋根はトタンが葺かれ、窓にはアルミサッシがはまっていたから、戦後も修復されながら現地の人びとによって最近まで使われ続けたらしい。

戦勝記念碑はこの日本家屋とまるで対峙しているように見える。その構図は国土地理院の地図同様、二つの時代が二重写しになっているようだった。日本に返還されないかぎりロシアの戦勝記念碑は今後も存在し続けるに違いない。一方、廃屋となった日本家屋は遅かれ早かれ取り壊されるだろう。静かにたたずむ戦勝記念碑と日本家屋は、この島での日露の力関係を象徴しているようだった。

滞在四日目には「友好の家」を訪れた。僕にとっては二度目の訪問だったが、村上と飯田さんにとってはもちろん初めての訪問だった。

「友好の家」では気になることがあった。施設の責任者が僕らを入り口まで案内しているとき、こう言ったのだ。

「日本の政府から昨日、電話で問い合わせがありました。『三人がどういうビザで来たか教えてほしい』と。自分は『わからない』と答えました」

ロシアのビザを得たうえで北方領土へ行くことを自粛するようにと日本政府は国民に要請している。政府の意図は僕らの動向を把握することなのか、それとも「友好の家」に照会することで僕らにプレッシャーを与えることなのだろうか。そもそも政府といっても外務省なのかそれともサハリンの日本領事館なのかわからない。それに今回の北方領土行きは仕事関係者や家族以外には特に公言していなかったのに、どうやって僕らの情報を入手したのだろうか（この出来事の真相は帰国後もわからずじまいだった）。


「友好の家」を見学していると、突然、文さんの携帯電話が鳴った。その日、僕たちの車の運転をしてくれていた現地のドライバーからだった。文さんは部屋の外に行って会話を交わしたあと、あわてた様子で戻ってきて僕らに言った。

「色丹には今日行くんですと。色丹に行くんならすぐホテルに戻ってください。行きましょう。あと三〇分ほどしかありません」

僕は気がつかなかったのだが、窓の外には確かに大きな船が沖に停泊しているのが見えた。三年前に乗った〈マリーナ・ツベターエワ号〉だった。もう一日国後島に泊まる予定だったのだが、予定は急遽一日繰り上げられることになった。

色丹島に上陸する

色丹島は北海道の最東端、納沙布岬の北東約七五キロに位置している。島には標高二〇〇～三〇〇メートルの丘陵が多く、平地は少ない。東西の幅は約二八キロ、南北の幅は約一〇キロ、面積は約二五〇平方キロと大阪市よりもやや大きい程度だ。島名はアイヌ語で、「大きな集落のある土地」を意味している。

東北や北陸からの出稼ぎの人びとが色丹島へとやってくるようになったのは一八八七年（明治二〇年）ごろのことだ。明治末期には本格的に日本人が住みつき、漁などで栄えるようになった。春のタラ漁だけをやればあとは寝て暮らせたというほど水産資源に恵まれていた。斜古丹（いまのマロクリリスク）には東洋一といわれる捕鯨場があり、島民の生活を支えていた。その証拠として戦前の色丹神社の写真を見ると鳥居の前にクジラの顎骨《がくこつ》が置かれているのがわかる。当時島にはほとんど電気はなくランプの生活だったが、食生活は豊かだった。島内の交通は馬に頼っていたが、根室と島の間には年間に約三〇回行き来する航路があった。なお終戦当時の人口は一〇四一人（二〇六世帯）だった。

戦後、ソ連に占領されてからは国境警備隊が常駐し、実質的な「国境」の最前線となっている。中間ライン付近で拿捕される北海道の漁民は、以前はこの島にある拿捕船漁民収容所に収容された。島には国境警備隊の基地の町マロクリリスクとソ連有数の缶詰工場があったクラバザボーツクという二つの集落がある。択捉島、国後島はカムチャツカまで続く千島列島の一部だが、色丹島は歯舞群島とともに納沙布岬から続いていて、色丹島の東には島はない。ロシア人からしてみれば、この島はまさに「世界の果て」ともいえる島なのだ。

出航から四時間後の午後六時半ごろ、〈マリーナ・ツベターエワ号〉は三年前と同じようにマロクリリスクの桟橋に着岸した。外はすでに日が暮れかかっていた。なかなか上陸させてくれないので港の様子を写真やビデオで撮影した。今回は最初から下のデッキに目立たないように陣取って撮ったせいか、制止されることはなかった。前回停泊していた武装タグボートのかわりに立派にペイントされた警備艇が二隻停泊しているのが見えた。その外観はどちらも小型のイージス艦のようで、ブリッジ後方にはレーダーが各種揃えてあった。プーチン時代になり、ロシアが国力を盛り返しているのを示すように、極東の果ての国防面にも予算が注ぎ込まれていることが見てとれた。

午後七時ごろ上陸すると、桟橋も新しくなっていることに気がついた。二〇〇三年のときのように桟橋の上に石はない。車が乗り入れできるぐらいのしっかりした桟橋だった。

迎えにきたロシア製の軍用ワンボックスに乗り、国境警備隊基地を通り抜ける。フェンスが張られていて基地の様子は外から見えないようになっていた。

基地を出た車はマロクリリスク市街を通り過ぎ、ほとんどけもの道といった様子の真っ暗な森の道を突き進んだ。約三〇分後、着いたところは島のもう一つの町であるクラバザボーツクだった。マロクリリスクは国境警備隊の根拠地なので、日本からのビザなし交流の船はマロクリリスクの港には入らず、もう一つの集落、クラバザボーツクの港に入港している。僕たちもビザなし交流の人たちと同じようにクラバザボーツクに泊まるらしい。

宿泊は「エンペラー」というディスコと食堂を兼ねた四部屋しかない平屋のホテルだった。色丹島に四泊し、クラバザボーツクやマロクリリスク、ディミトロワ湾（イネモシリ）という島の東南端などへ行くことになっていた。国後島での予定表には「新聞社訪問」「友好の家訪問」などと具体的な目的地が記されていたのに対し、色丹島では具体的な目的地がほとんど書かれていなかった。

色丹島では天候に恵まれなかった。到着し、投宿した日の夜半あたりから猛烈に天気が崩れ、翌日の朝には暴風雨になっていた。そこでクラバザボーツクの町にある屋内施設を案内してもらうことになった。連れていかれたところはクラバザボーツクの小・中学校だった。校舎はカラフルで新しく、ペンキの臭いが気分が悪くなるほどに強い。前月、ロシアの連邦政府の援助によって建てられたものだという。一〇〇人が勉強できる二階建ての校舎にはコンピュータ・ルーム、工作機械の実習部屋、バスケットボールの試合ができる体育館などが備わっていた。男子は旋盤、女子は洋裁や料理などを習うという。体育館のボール、フラフープ、跳び箱などの運動具、日本語の教材や工作機械は日本から贈られたものだ、と文さんが説明してくれた。

ソ連が解体され、経済が破綻していた色丹島に、一九九四年、北海道東方沖地震が追い打ちをかけた。家屋は崩壊し、もともと貧弱だったインフラが壊滅的打撃を受け、島の半数以上の人びとが大陸やサハリンへ移住していった。この学校は地震前、生徒が六〇〇人、教師が五〇人ほどいたが、地震の被害で多くの者が島を去り、現在は生徒九六名、教師一二名となっている。島の総人口も地震前は約六〇〇〇人だったものが一時的に約二〇〇〇人にまで減り、二〇〇六年時点ではおよそ約三〇〇〇人となっている。ソ連時代は極東最大の水産コンビナート、オストロブノイがあり、忙しい季節には出稼ぎ労働者が一〇〇〇人ほどもやってきていたという。しかし地震で工場の操業が停止すると、出稼ぎ労働者が島にやってくることはなくなった。文さんは二〇〇〇年一月に取材目的の日本人と色丹島を訪れている。当時はまだマロクリリスクの桟橋はなく、インフラは壊滅状態だったという。

「以前に来たとき、停電していたから暖房がなくて寒くて。みんな動物抱いて寝たよ。わっち（私）も猫抱いて靴はいたまんま、オーバー着たまんま寝た。布団三枚かぶっても寒かった。

そのときは、『こんな生活はできないから早く日本に返してほしい』という意見ばかりでした」

『北海道新聞』が二〇〇〇年一二月中旬に北方領土の各島で行ったアンケートがある。色丹島住民一〇〇人の回答を見ると、確かに文さんが言っていたことを裏付けるような回答だった。当時、色丹島と歯舞諸島の引き渡しに賛成する人は四六パーセント、反対が二六パーセントで、島には返還を望む人たちが多数を占めていたことがわかる。

地震のあと、日本政府は島の惨状に手をさしのべた。物資の援助のほか、クラバザボーツクに小学校を、マロクリリスクに病院を建てた。新しい校舎の横に立つ平屋のプレハブがそのとき建てられた校舎だった。

「友好の家」もそうだが、色丹島の施設がプレハブになったのには理由がある。恒久的な施設を作ってしまうとロシアの占拠を助長することになると日本政府が懸念したためだ。一方、最近になってロシア政府が建設した新しい校舎はプレハブではなく、見るからに立派だった。僕はこの校舎の差に北方領土交渉の現状を見るような思いがした。

二〇〇二年に鈴木宗男議員が失脚し、北方領土と日本政府のパイプが細くなった。領土交渉の進捗状況は一気に後退し、新しいプロジェクトが途絶えた。そうしたなか二〇〇六年八月、ロシア政府は前述の千島列島に関する経済発展プログラムについてゴーサインを出した。それを受けてさっそく建設が実現し運用が開始されたのがこの学校なのだ。

僕たちが宿泊するホテルの近くには新しい二階建ての工場棟が四つほど固まっていた。色丹島の水産コンビナートである。一九九四年の地震の際、オストロブノイの水産加工工場が壊滅したものの、近年、択捉島の水産会社ギドロストロイの子会社がこの島にコンビナートを作ったのだ。以後、再び色丹島の人口は増加に転じているという。この島にも国後島にもアメリカやドイツなどの企業が経済進出を果たしている。一方、政経不可分という日本政府の方針により日本企業は進出ができ

上●色丹島のクラバザボーツク(穴澗)にあるロシアが建てた小学校。
日本の援助に頼っていた時代は2006年時点で過去になったと感じた。
下●マロクリリスク(斜古丹)にある国境警備隊基地はとても厳重な警備だった。

ないでいる。

日本政府が四島一括返還という原則論に戻り、ハコモノの人道援助をすべてストップしてしまったことで、島での日本の影響力は急速に低下している印象を受ける。かつて若くしてオストロブノイの社長をつとめたこともあるクラバザボーツク村の村長、セディフ氏に島の開発について現状を聞くと、次のような答えが返ってきた。

「三年前に比べて連邦からの援助は六割増えました。プーチンがクリルの経済を立て直そうとしているためです。来年はもっと多くなるでしょう。道路を舗装し、学校、港、燃料貯蔵所などを作る計画です。マロクリリスクでは魚の孵化場《ふかじょう》を作ります。すでに入札を受け付けています」

こうした状況のなか、島民の半数近くを占めていた返還に賛成する人たちは、意見を公に表明することが難しくなってきている。

領土問題について意見の表明を求められても、「自分は関係がない」と言って話題に触れないようにする人が多くなった。一〇年前は生活が苦しかったが、プーチン時代になって経済が上向き、島に援助が入るようになり、島民の考えがだんだん変わってきていることが背景にあるのだろう。

「正直言うと、ここは日本の領土です。島を日本に返すべきです」

学校で週一回行われる日本語教室に参加していた島民に話を聞いてまわったとき、七十代の親日家男性はそう話してくれた。ただし、そう言って意見の核心を表明するとき、彼はまわりの人たちに気づかれないように声を潜めたのだった。

現地ドライバーとの確執

色丹島に到着してから四日目にあたる一〇月九日、まず僕らは島の南東部にあるディミトロワ湾へ向かった。猛烈な雨だった前日、前々日に比べると風雨は確実に弱くなっていて、傘がなくても歩ける程度だった。クラバザボーツクから南東へ、目的地のディミトロワ湾めざしてなだらかなアップダウンの続く森の道をトヨタの4WD車が行く。ディミトロワ湾は島に住むロシア人が海水浴に出かけるという島の名勝で、そこにある日本人墓地を見に行く予定が組まれていたのだ。

ドライバーは俳優のポール・ニューマンに似た白人男性だった。彼は歯舞まで船で何度も行っているそうで、なかでも色丹に近いポロンスキー島（多楽島）へは数え切れないぐらい行っているという。

「三年前、ボートでタンフィーリェフ島（水晶島）へ行ったら、モーターの調子が悪くてうっかり中間ラインを越えてしまった。日本の海上保安庁の船に捕まるかと怖い思いをした」

北方領土の島々は政治的に難しいスポットだ。だからこの土地にかかわる人は誰でも両国の政治問題に無関係でいられなくなってしまう。それは旅行者も居住者も変わらない。

車は一時間弱走ってディミトロワ湾に着いたものの、天候が急変し、海岸に出た途端に強い風雨にさらされ、名勝を見て楽しむどころの話ではなかった。海岸を見下ろす日本人墓地に移動すると、墓石の一つに「昭和十四年六月　当主〇坂尻十二建立」（〇は判読不能）という文字が判読できた。かつてここには日本人の集落があり、約二〇世帯が住んでいたという。

ディミトロワ湾をあとにした僕たちは、続いてマロクリリスクの高台にある墓地を訪れた。その小さな墓地には日本人が建てたという二つの碑があり、それぞれ「斜古丹墓地」「クリル人墓地」と書かれていた。また「神僕ストロゾフイヤコフ酋長《しゅうちょう》墓」と彫られた古い大きな墓石があるのを見つけた。墓石に彫られた名前の上には十字架が彫られていた。

墓はパラムシルアイヌのものだ。「パラムシル」とは、かつて日本の領土だった千島列島北部にある幌筵島《パラムシルとう》のことをさす。彼らはそのパラムシル島や隣接する占守島などで平等な共同生活を営んでいた。酋長の墓に彫られた名前の上に十字架があるのは、彼らがロシア正教を信仰していたからである。ロシアの脅威に対する不安を背景に、明治政府は一八八〇年代に管理の合理化という名目で、彼ら九七人を強制的に色丹島へ移住させる。それは日本本土から色丹への出稼ぎが増え始めた時代のことだった。しかしアイヌの人たちは環境に適応できず、困窮を極め、壊血病《かいけつびょう》や結核などにより亡くなっていった。「クリル人墓地」と書かれた碑や酋長の墓は、北方領土にアイヌが住んでいた証しなのだ。

高台の墓地からは市街地や国境警備隊の基地を一望できた。基地のある海側は撮影を禁じられているらしく、何気なく町並みを撮ろうとしたら、ドライバーが口笛を鳴らし人差し指を横に振って僕らに注意した。基地そのものを俯瞰で撮ったからといって、これといった機密情報を知ることができるとはとても思えないのだが、ドライバーの態度は穏やかながらも強硬だった。

墓地での撮影を終え、車に戻っても、マロクリリスクの市街はまったく撮影させてもらえなかった。基地のある海側に背を向けて、色丹島にゆかりのある探検家の碑を車内から撮ろうとしたが、やはり断られた。彼は以前、国境警備隊から厳重注意を受けたことがあるらしく、こんなことを言った。

「君たちは撮ったあと島を去るけれども、私はこの島に住んでいるんだ。だから、なるべく目をつけられるようなことはしたくないんだ」

気持ちはわからないわけでもない。しかし市街地の撮影はおろか散策すら許してくれなかった。それでは僕らの行動を妨害しているようなものだ。

「国境地帯」である北方領土は管理態勢が厳しい。国境警備隊の大きな基地があるマロクリリスクはなかでもその傾向が特に強い。

ソ連時代この国は窮屈だった。秘密警察であるＫＧＢは密告者網を利用し国民の発言や行動を監視し反政府的勢力を押さえつけた。ソ連崩壊後ＫＧＢは解体され自由がもたらされたが、二〇〇〇年に大統領になったプーチンは国家の立て直しの一環としてかつてを彷彿させる厳しい監視態勢を復活させた。この旅でも宿の前に張り込まれたり行く先々で監視されたり、ついには国境警備隊にホテルの部屋に踏み込まれるということもあった。とはいえ取材という目的で来ているのだから少々無理をしても動かざるを得ないのも事実である。


結局、クラバザボーツクのホテルまで戻ってドライバーと別れ、文さんと僕らは一日数本しかない乗り合いタクシーでマロクリリスクへと繰り出した。僕以外の三人は監視の厳しさを感知していた。いつもなら僕や村上よりも被写体に近寄っていく飯田さんも、このときばかりはかなり慎重になっていた。

「三〇分ぐらいが限度かもね。さっと行ってさっと帰りましょう」

四人は適当に散らばってマロクリリスクを歩いた。商店や銀行などが連なっている海岸沿いのメインストリートはこぢんまりしたロシアの町という雰囲気で、日本との「国境」に面した国境警備隊の最前線基地の町たる緊張感は特にないように思えた。しかし、村上も飯田さんもカメラをぶらさげてはいるが決して構えない。マークされないように立ち止まらず流している。僕も二人の態度にならい、カメラを構えずほとんど立ち止まらずにさっさと撮っていった。


色丹島に入って五日がたった最終日、ようやく晴れ間がのぞいた。まだ行きたい場所もあったが、船の出航時間がはっきり決まっていないこともあり、ほとんどの時間をホテルで待機して過ごした。

現地スタッフにマロクリリスクまで車で送ってもらい、〈イゴーリ・ファルフトジノフ号〉に乗り込んだのは午後六時だった。船室に荷物を置きデッキに出ると、一〇日の間に夏から冬へと季節は移り変わっているらしく、風は刺すように冷たかった。

『ナ・ルベージュ』の編集長であるタチアナさんの話によると、〈吉進丸〉はこの港に置かれているはずだった。夕闇のなか、マロクリリスクの国境警備隊基地を目を凝らして見ていると、拿捕され没収された〈吉進丸〉らしき船体が偶然目に入った。

あたりは国境警備隊の警備艇や古い漁船など大小の船が縦横バラバラに折り重なるように置かれ、その間を縫うように桟橋らしきものが見える。警備艇の奥には艦首が盛り上がった形をしている数十トンクラスの錆びた漁船があり、さらにその背後に〈吉進丸〉らしきひときわ小振りな船体が見えた。白い操舵室の側面上部には黒いガラス部分があり、その下部中央には青いドアがある。あらかじめ確認していた特徴と一致した。ＹＡＭＡＨＡ製の小型漁船というこのタイプの船はまわりには一隻もない。この船に間違いないだろう。

一度船室に戻り、カメラを持って出直した。望遠レンズでなければはっきりと捉えることは不可能な遠さだった。とはいえ、偶然ということで言い逃れできる余地はなさそうだった。デッキに立つ僕らのまわりには若いロシア人の乗客が数人いた。彼らがデッキから立ち去ってくれればまだ撮影できる可能性はあったが、彼らはいつまでも僕らのそばで騒いでいた。村上と飯田さんもカメラを持ってきてはいたが構えることはできず、じっとチャンスをうかがっていた。

そのうち〈吉進丸〉を隠している船のそばに停泊していた別の船が僕らのほうをサーチライトの

ような強力な光で照らし始めた。後部デッキ全体が照らされていたようで、僕らだけを警戒しているのかどうかはよくわからなかった。彼らの意図はともかくとして、このあたりが潮時だ、という思いはこのとき確信に変わった。

故郷の島の思い出

帰国すると、その足で飯田さんと二人根室へと向かった。JR根室本線はバスのように車両一つだけのローカル線で、釧路から二時間あまりかかって到着した根室駅は平屋建ての小さな駅だった。時刻表を見ると一日に片道八本しか通っていない。駅前には広い道が駅からまっすぐのびていた。道の両側には小さな商店が並んでおり、なかにはカニを専門に扱う店もあった。そうした駅前や郊外の花咲港にあるカニを売る店で、僕らは何人かの業者に話を聞いてみた。

「このへんの水産業者のほとんどはロシアの船が入らなかったら困るよ。浜の人たちはロシア人がいて成り立ってるから。こっちの漁師にしてもそこ（拿捕される危険のある海域）に行かないとはっきり言って漁がない。この近辺は花咲ガニは大していないから」

「ロシアの運搬船がどうやって持ってこようが問題ない。ロシアにも日本にも会社があって協力し合ってるから、一種の合弁事業だね」

前述のとおり、ロシア側で獲られたカニは運搬船が「貨物関税申告書」を提示しさえすれば日本の港に入港できる。日本側の税関はそれが密漁されたものなのか否か、さらには密輸出されたものなのか否か、書類が整っていれば見分けのつけようがない。日本側の受け入れ業者はロシア側の海産物の多くが密漁によってもたらされることをうすうすは知っているはずだが、生活していくために背に腹はかえられず受け入れているのだろう。そうしてロシア側の漁師と日本側の水産業者は共存するのだ。

「北方領土返還」と書かれた看板があちこちに設置されている根室は、北方領土返還運動の拠点である。同時に、業者の話からも明らかなとおり、その根室という町の経済は北方領土を不法占拠するロシア人がもたらす海産物によって支えられている側面もある。

その日、僕たちが宿泊した宿は、二〇〇〇年に根室を訪ねたときお世話になった、旧島民とその家族がやっている民宿だった
案内された二階の部屋の窓からは知床も国後もよく見えた。僕が海のほうを眺めているのを見たオーナーの北田耕一《きただこういち》さん（仮名・四五歳）は気をきかせて、双眼鏡を持ってきて説明してくれた。

「平べったい山が泊山《とまりやま》、その隣のこんもりしたのが羅臼山だね」

羅臼山というのは国後島のメンデレーエフ山のことだ。車でユジノクリリスクから島の果てにあるゴロブニノの集落に行くときは車窓にあの山が見える。島に行くたびに僕はあの山を見ていたのだ。

「向こうからもよく見えましたよ」

僕が国後島を訪れたときのことを思い出し、そう言うと、耕一さんは気色ばんだ。

「島にはどうやって行ったんだ！」

僕が消え入るような声でロシアのビザで行ったという真相を打ち明けると、彼は「見えるのに行けないからむかつくんだよ」と吐き捨てるように言った。ロシア側に既成事実を与えてしまうという理由から、ロシアビザで北方領土へ行くことを自粛するように政府が国民に要請している以上、一刻も早い北方領土返還を願っている耕一さんを含む旧島民とその家族にとって、ビザをとっての僕の渡航は「領土問題の解決を妨げる行為」として映る。だからこそ彼は僕に対して声を荒らげた

のだった。

耕一さんは旧島民の二世だった。根室は北方領土を追われた旧島民が大勢住みついた町だ。耕一さんのような人は珍しくない。根室やその郊外に住んでいる旧島民や家族たちは根室という町でなかなか行けない故郷を目の前に、もどかしい思いで暮らしているのだ。

耕一さんの母、菊江《きくえ》さん（仮名・七二歳）は歯舞群島の水晶島の出身である。彼女の故郷、歯舞群島は郊外の納沙布岬周辺まで足をのばさないと見えない。とはいえ目の前にあるソ連に奪われた島ということでは歯舞も国後もかわりがないのだろう。


菊江さんの両親は一九二九年（昭和四年）ごろ水晶島に住み始め、菊江さんはその三年後である一九三三年（昭和八年）、七人きょうだいの六番目に生まれている。根室から船で三〇分の距離にある水晶島での生活に不便はあまりなかった。平坦な水晶島では野菜の自給自足が可能であり、島のまわりには魚介類が豊富だったからだ。板張りの平屋に住む家族の暮らしは、簡素だけれども自然に恵まれたものだった。歩いて片道一時間以上かかったが、もちろん学校もあった。船の定期航路があり、彼女は年に四、五回、根室へ渡った。冬は氷に閉ざされるため、その前に根室でしっかりと食料を買い込んで冬を越していた。そして彼女自身、島ではスケートやカルタとりなどをして遊んでいた。

終戦直後、ソ連軍の侵攻により島の生活が暗転する。菊江さんが一二歳のときだった。

ロシア兵に暴力を振るわれることはなかった。それどころかキャラメルをくれる兵士すらいた。しかし一兵士がいくら優しくても、侵略者に故郷を奪われたという事実は揺るがなかった。

菊江さん一家は家財道具を叔父の住む（納沙布岬手前の）歯舞という集落へ徐々に持ち出した。叔父が船を出し、持ち出しは母親が手伝った。叔父の船は島からロシア人がいなくなるタイミングを見計らって何度もやってきた。そして終戦翌年の冬、長女、三番目の兄、菊江さんと妹の四人が、叔父の船で歯舞集落へ引き揚げることになった。

「最後に逃げてきたのは昭和二一年（筆者注・一九四六年）の二月。小さな船に馬を三頭のっけてきた。馬が流氷を陸だと思って足をバタバタさせるの。落ちるかと思って怖かったけど、目をつぶって帰ってきた」

菊江さんは歯舞集落に住む叔父の家に身を寄せた。父母と次女は島でロシア兵に連行された。母はその後まもなく引き揚げることができたが、父と次女は隣の志発島に連行され、一九四九年（昭和二四年）ごろまで引き揚げることができなかった。

「お父さんはカニを獲る金網を作る監督をやらされた。水晶島の人みんな志発島に行って、それの監督やってたみたいだね」

一方、樺太と満州《まんしゅう》に出征していた二人の兄は、それぞれ終戦の数年後に帰還している。

その後、九州出身の男性と結婚した菊江さんは、小さいころ島から年に何度も遊びに来ていた根室に住まいを定めた。郵便局員や大工として働いていたご主人とともに民宿を始めてから二十数年になる。二年前にご主人は亡くなったが、民宿の経営は息子の耕一さんに引き継がれている。

菊江さんは旧島民なのでビザなし交流などの手段で島へ渡航する資格がある。しかしビザなし交流の時期は宿の繁忙期のため手が空かない。それは息子の耕一さんも同様だ。だから二人ともビザなし交流に参加したことはない。そのせいもあってか、返還への思いは二人とも人一倍強い。

「納沙布に行けば、あー、あそこにいたなー、こういう遊びしたなーって、昔の思い出がたくさんよみがえってくるわけよ。行ったらなかなか帰ってこないよ。あっという間に時間が過ぎる」

菊江さんは平和の塔にのぼり、島をしばらく見続けるという。その時間は一～二時間ではきかない。連れていく耕一さんも、最後には菊江さんに帰るよう促すのだという。

「（いまも）私の思いは変わらない。親がどんな思いをしたのかっていろいろ考えるでしょ。苦労して自分のものにしたのに、ロスケが入ってきて逃げてこなきゃいけなくなったわけでしょ。だからやっぱり返してほしい。私はいつまでもあきらめないよ。返ってきたら最初に行ってみたい。なんとかして長生きさせねばってね」

ゆっくり思い出しながらしみじみと語る菊江さんだが、このときばかりは自らを奮い立たせるようにぐっと言葉に力を込めたのだった。

民宿に荷物を置いた僕たちは、根室駅前から納沙布岬までの約三〇キロをバスに乗った。四〇分ほどでバスを降り、崖になっている納沙布岬の先に立つと、歯舞群島や国後島がくっきりと見えた。ロシアが占拠している貝殻島までは約三・七キロしかなく、島の上に立っている灯台は、肉眼でもそれが灯台だとわかるぐらいに近い。八月一六日未明に坂下登船長の船〈第三十一吉進丸〉が撃たれたのは貝殻島と納沙布岬の間とのことだから、岬からは二キロもない。もし明るいうちに銃撃があったのなら、その一部始終がここからでも手にとるようにわかったはずだ。

国後島からの引き揚げ

数日後、飯田さんと別れた僕はレンタカーで北上し、知床半島の中心地である羅臼《らうす》を訪ねた。羅臼町役場の北方領土対策係は大森安夫《おおもりやすお》さん（六二歳）という国後の旧島民を紹介してくれた。彼は千島歯舞諸島居住者連盟羅臼支部事務局長をつとめている人物だ。

大雨のなか、根室・標津方向へ十数キロ戻った地点にある大森さんの自宅を訪ねると、スラッとした知的な雰囲気の男性が迎えてくれた。「もっと適当な方がいたんだけど、急に来られたから……」と言いながら、僕を家に招き入れてくれた。

一九四四年（昭和一九年）、大森さんは国後島に生まれている。終戦時、彼はまだ赤ん坊だったため島に関しての記憶は少ないものの、家族から伝え聞いたことは多い。

戦前、国後島には二つの村があった。現在のゴロブニノやユジノクリリスクを含む南部の泊村と爺々岳《ちゃちゃだけ》などを含む留夜別村である。大森さんが生まれたのは島北部の留夜別村のほうで、彼の家は乳呑道という爺々岳のふもとにあった（現在、留夜別村は無人地帯になっている）。

「親は馬を飼い、漁をしていました。どの家も馬の放牧をしていたね。馬は軍馬等に利用されたそうです。自然放牧です。漁はコンブ漁が盛んでした。あとはカニの缶詰工場がたくさんありました。保存がきかないから。タラバや花咲です。車のない時代だから動力は馬しかないわけです。コンブ獲ってそれを陸に揚げるのも馬車。道っていっても車が走るわけでないから、馬車が通れるぐらい。集落と集落の間もね、けもの道に毛の生えたような道でした。電気もない、ランプ生活。電話は郵便局。

小川があってサケがすごい遡上するんですよ。川に竿立てても倒れないっていうぐらいサケがびっしり。川は真っ黒でした。売りさばく場所がないから食べる分しか獲らない。乳呑道は留夜別村の市街地だからけっこうな人口あったと思いますよ。店ったって日用品ぐらいであとは船だけが頼りです。冬場は交通が途絶えますから、根室でどっさり食料を仕入れます」

一九四八年九月ごろ、大森さん一家七人は樺太（サハリン）経由で函館に引き揚げることになった。風呂敷一つで着の身着のままだった。大森さんの家では十数頭の馬を飼っていたが、一緒には帰れないので引き揚げのとき島に置き去りにした。

引き揚げるときの様子を、当時四歳とちょっとだった大森さんは事情がわからないながらも「なんてそわそわして忙しいんだ」と感じたという。島から樺太までは一万トンクラスのロシアの石炭運搬船に約三〇〇人が同乗した。船に乗るときの扱いはひどかった。貨物を船に積むときに使うモッコというロープで編んだ網に荷物と人間が一緒くたにされ、クレーンで吊り上げられた。

「すごく暗くて。しかも呼吸困難になって泣いた覚えがあります」

クレーンで吊り上げられた網は小舟へと下ろされた。小舟は沖合に停泊していた石炭運搬船へと彼ら引き揚げ者を運んだという。そうしてようやく乗り込んだ船だったが、船内の環境は劣悪だった。大時化のため大半の者が吐いた。大森さんの役目は粉ミルクの空き缶を持って歩くこと。家族がそこに吐くためだ。

船が着いたところは樺太の真岡《まおか》（ホルムスク）だった。一家はほかの引き揚げ者とともに引き揚げ船が出るまでの半月ほどを収容所で待機させられた。収容所では昼夜の温度差や劣悪な衛生状態などから亡くなってしまう老人や子供が相次いだ。そして一一月中ごろ、ようやく日本の旅客船に乗り函館へと出航することができた。

「函館の港を見たときは、（みんな）『帰って来れた』と感激したそうだよ」

しかし、今後どうやって生活していったらいいのか、新しい問題が家族を悩ませた。引き揚げ者はとりあえず親戚を頼って道東、道南、そして本州へと方々に散らばっていった。戦後の混乱に大森家も巻き込まれていった。嫁いでいた姉の一人を頼って父母とともに羅臼の姉の嫁ぎ先へと身を寄せた。しかし大人数だったためいづらくなり、母の実家のある道南の木古内《きこない》という町へ移った。そこは函館から南西へ約三〇キロの地点にある津軽《つがる》海峡にほど近い地である。その木古内では粗末な茅葺《かやぶ》きの物置小屋で数カ月暮らした。

「夜になるとネズミが綱渡りしているのが見えました」

その後、木古内の外れにできた引き揚げ者住宅に移ると生活はましになった。大森さんは高校を卒業するまで引き揚げ者住宅に暮らし、卒業後は羅臼の役場に就職、父母とともに羅臼の公営住宅に暮らした。羅臼に引っ越したのは故郷である国後島に少しでも近いところで暮らしたかったからだ。

大森さんもほかの旧島民と同じく、ずっと返還を期待しながら生きてきた。一九六〇年に現在所属している返還団体の羅臼支部が設立されて以来のメンバーであり、長らく普段の仕事をこなしながら、団体の活動に参加してきた。

「(旧島民は) みんなそうだけど、節目節目には返還を期待しているんです」

現在、大森さんは支部の事務局長として返還を願い、日夜活動に励んでいる。

僕はたまたま大森さんの話に出てくる棄てられた馬たちの消息を国後島で聞いていた。「北部の爺々岳のふもとに野生の馬が生息している」のだと、国後島の泊集落へ連れていってくれたドライバーが教えてくれたのだ。また、前出『ナ・ルベージュ』の副編集長であるゲンナージさんはその馬たちを爺々岳のふもとで目撃し、撮影に成功している。自然放牧で飼われていた馬たちは、その後、完全に野生化し、生きながらえた。そして約六〇年の間、子孫を繁栄させたのだ。

馬が生き残って子孫を繁栄させていることを大森さんに伝えると、「珍しいなあ、その話初めて聞くよ。いまはもう集落がありませんからね」と感慨にふけるようにしみじみと言った。

止まってしまった時間

北方領土問題は、元をたどれば終戦直前のヤルタ会談（一九四五年二月）という連合国の首脳会談に端を発している。この会議の協定でソ連はヨーロッパ戦争終結後九〇日以内の対日参戦を約束する一方で、樺太の南部、千島列島のソ連帰属を認められた。日ソ中立条約よりもヤルタ協定を重視したソ連は、八月九日、日ソ中立条約を一方的に破棄し、日本に対して攻撃を始めた。そして樺太南部と北方領土を含む千島列島全土の占領を完了したのだった。

一九五二年にサンフランシスコ講和条約が発効し、日本はGHQの占領下から脱し主権を取り戻した。条約を設計した中心人物、アメリカのジョン・フォスター・ダレス全権代表は日本の対米追随を確かなものにするため、領土問題が残り続けるような戦略をとった。日本は条約によって樺太南部、千島列島を放棄させられたのだが、千島列島がどこまでなのかという定義付けは行われず、その帰属先がどこになるのかも意図的に曖昧にされた。なお、日本を西側に取り込むために行われた一九五一年のサンフランシスコ講和会議に、ソ連は参加したが、自国の意見が通らないことを不服として条約に調印していなかった。

一九五五年から日本とソ連は国交正常化に向けての交渉を始めた。一年以上にわたる交渉の末、北方領土について日本はソ連の案を飲み、歯舞と色丹二島返還で合意することでまとまりかけた。しかしここでもダレスの「横ヤリ」が入る。二島返還で解決した場合、沖縄の返還はあり得ないぞ、と。結局、一九五六年、日ソの国交は領土問題と平和条約を棚上げした状態で結ばれることになる。

日本とアメリカは一九六〇年に日米安保条約を改定し、同盟として結束する。東側と西側の冷戦状態が激化するなか、アメリカは日本の全面的な依存を欲していて、ソ連との間で北方領土問題を解決し、「敵」であるソ連との関係が改善されることは望んでいなかった。つまりアメリカにとっては北方領土問題が未解決のままのほうが都合がよかったのである。

長年、膠着していた問題交渉の歯車がまわり始めたのは一九九一年末にソ連が崩壊し、エリツィンが国の元首として就任してからのことだ。九七年一一月のクラスノヤルスク合意で当時の橋本龍太郎首相とエリツィンは「二〇〇〇年までの平和条約締結」というプランを示し、問題解決の機運が一気に高まった。当時、島々では人道援助という形で友好の家や艀の提供等による島の日本化が進められていた。二〇〇〇年に大統領になったプーチンと日本の森喜朗《もりよしろう》首相の間でも解決の機運は続いていた。しかし小泉純一郎《じゅんいちろう》が首相になると、解決の機運は一気に遠のいてしまう。領土問題解決の鍵を握る主要人物が姿を消したからだ。鈴木宗男議員や外務省の佐藤優《さとうまさる》などが逮捕されたりして失脚する。それを機に日本政府は四島一括返還でまとまるようになった。

道東で会った旧島民の返還についての意見は、どこの島出身なのかによって割れていた。

僕らが根室で民宿に泊まったとき、菊江さんや耕一さんとともに民宿で働いている女性がいた。歯舞群島の志発島の出身だというその女性（七六歳）に返還について聞くと、彼女は菊江さん同様の二島返還論者だった。ただし彼女は残りの二島までは求めていない。

「返るもんだったら二島だけ返してほしい。（二島返っていれば）密漁しなくても漁に行けるし、（銃撃事件も）起きなかった。国後は大きいから返ってきませんよ。だから二島だけね、返してもらえばいい。（向こうが）二島返すって言ってきたときに、お願いしますって言えばすんだのさ」

一方、やはりこの旅の途中、道東の某所で会った六十代の国後島出身者はこう言った。

「旧島民の考えとしては、四島でなくても三島ぐらいでも決着できるなら、そっちのほう（がいい）っていう考えもあると思う。いつまでも平行線のままなのは不安です。まず返還される前に財産権を補償していただきたい。そうしちゃったら、旧島民の返還に対する意欲がなくなってしまうから、（政府は）やりたくないのかもしれないけど」

このように出身島ごとに意見が割れることについて、前出の大森さんが説明してくれた。

「二島返還というのでは、そこで幕引きが図られて国後島と択捉島は返ってきません。最近、学者で三島返還案を主張する人がいますが、この案や二島返還案でロシアと妥協すると、択捉島の人が『とんでもない』と思うでしょう。二島先行返還という主張は目先の得しか考えていないからね。あんまり長くなってくるとしびれを切らしてそういうことになる。政府や連盟（千島歯舞諸島居住者連盟）の統一見解はあくまで四島返還を求め、それを曲げないということです」

旧島民は政府から補償ももらえず、返還運動を盛り上げることばかりをいまだに期待されている。しかし返還交渉は進まず、高齢ゆえに時間との戦いになっているのが実情なのだ。

旧島民のなかに補償を求める声がなかったわけではないが、それはあくまで稀《まれ》なケースだった。返還運動に水を差すことが懸念されたからだ。旧島民が声を上げた場合も、政府は「ソ連側が補償すべき問題であり、いまはどうすることもできない」などと回答し、まともに取り合ってはいない。

しびれを切らした千島歯舞諸島居住者連盟は、一九九四年、政府に対し「北方領土返還のめどが立たないのなら、国は旧島民の補償に取り組んでほしい」と要望を出したが、政府は補償に消極的な態度を崩さなかった。北方領土問題は解決済みというサインをロシアに送ってしまうことを懸念したからだ。そうして戦後六〇年以上たったいまも、旧島民は補償を受けることができないまま、返還運動の先頭に立たされ続けている。

景気がよくなり、ソ連崩壊直後の惨状から経済状態が立ち直りつつあるロシア政府は、僕が見てきたとおり、近年、島へのテコ入れを積極的に行っている。二〇〇六年に択捉・国後では老朽化した滑走路の改装工事が始まり、色丹では新しい学校校舎が使用され始めるなど、現地をまわってみて実際のところ返還が遠のきつつある印象を受けた。

二〇〇六年八月に国家特別プロジェクトとして実施が決定された「クリル諸島社会経済発展連邦計画2007~2015年」によって北方領土はどのように変わっていくのだろうか。

北方領土について、日本に返還することになるかもしれない土地だからインフラ開発をしても仕方がない、とみなしていたロシアが、約七八八億円もの費用をかけてインフラ開発をするというのは、名実ともに自国の領土として北方領土を整備しようという、相当の決意の表れであるように思える。

もしかすると、北方領土問題は越えてはならない分水嶺《ぶんすいれい》をすでに越えてしまったのかもしれない。

十　尖閣諸島Ⅰ

政治的な秘境となった島

島へ行く方法を探して

「タクシーの場合と同じですよ。営業用の二種ナンバーがついていない車が客を乗せて報酬をもらったら白タク行為でしょ。それと同じ理屈です」

漁船で尖閣諸島へ行ったことがあるというフリーのジャーナリスト、芦川淳《あしかわじゅん》さん（三八歳）は尖閣行きの顛末を淡々と語った。芦川さんたちを尖閣諸島まで連れていった漁船の船長は、島から帰ったあと起訴され、二十数万円の罰金を科された（その罰金は船長に船を出すように依頼した芦川さんたちが一部を肩代わりした）。ここでいう「理屈」とは、その漁船の船長が起訴された理由のことだ。

尖閣諸島は東シナ海の南部に点在する群島である。八重山諸島の北、台湾の東に位置している。魚釣島《うおつりしま》、北小島《きたこじま》、南小島《みなみこじま》、久場島《くばしま》、大正島《たいしょうとう》という五つの島と三つの岩礁が諸島を構成する。現在はすべて無人島になっているが、戦前は魚釣島などの島に人が住んでいた。周辺海域の海底に眠っている資源が目当てなのか、一九七〇年代に入って以降、中国や台湾も領有権を主張している。

尖閣諸島は竹島や北方領土と違って日本が実効支配している。しかし、だからこそ行くことが困難になっているといえるかもしれない。竹島のように他国から観光船が出ているわけではないし、もちろん日本からそうした船が出ているわけでもない。漁労活動のため漁船が諸島の周辺海域へ行くことはできるが、一般人が漁船などの船舶をチャーターして行くのはかなり難しい。出航や接近を海上保安庁に阻止されることもあり、近寄れたとしても現場海域では海上保安庁の巡視船が見張っている以上、漁労活動をしていない船は帰ってきたあとで海上保安庁からお咎めを受けることはまず間違いない。もちろん中国や台湾から船で島のすぐ近くまで接近すれば、領海侵犯となる。しかもどのような手段で尖閣諸島に近づいたとしても上陸すれば不法侵入として罪に問われる。大正島を除く四島は民間人の土地（私有地）で、地主は基本的に上陸を認めていないからだ。

二〇〇四年六月下旬、芦川さんは取材のため担当編集者と二人、沖縄の石垣島へ向かった。そこで尖閣諸島へ行ってくれる漁師を見つけ、漁船を二十数万円でチャーターした。船はマグロ延縄《はえなわ》漁船〈M丸〉（約一一トン）、操縦するのはT船長という県外出身の若い漁師だった。

芦川さんたちは周辺海域が一番穏やかになる時期を選んでいたが、それでも海は荒れた。午後五時四〇分過ぎ、出航した〈M丸〉はこの海域特有のうねりに激しく翻弄され続けた。波浪の影響で芦川さんは何度も激しく嘔吐《おうと》した。

出航から約一二時間後の午前五時四〇分過ぎ、芦川さんたちは尖閣諸島の北小島、南小島の島影を目撃。そして十数分後、続いて魚釣島の島影を正面に捉えた。地主の意向を知っていたから上陸することはなく、午前一〇時過ぎに現場海域を離れるまで、〈M丸〉は尖閣諸島の周囲をまわった。現場海域を航行中、〈M丸〉は海上保安庁の巡視船二隻に遭遇した。巡視船と〈M丸〉はすぐ近くまで接近したが、巡視船は〈M丸〉に停船命令などを出すことはなく沈黙していた。〈M丸〉は巡視船から離れ、再び一二時間かけて無事石垣港に戻った。

東京に戻った芦川さんは、八月、『奪われる日本！』（宝島社《たからじましゃ》）という出版物に尖閣諸島への航海記を掲載した。芦川さんの記事を海上保安庁サイドが確認したのか、同月、〈M丸〉のT船長は石垣にある海上保安部に呼び出される。船長は数度の事情聴取の末、船舶安全法違反等で起訴・書類送検された。そして同年一〇月、担当編集者と芦川さんは別々の日時に東京の海上保安本部から呼び出され、個別に事情聴取を受けた。

問題になったのは燃料代だった。〈M丸〉は漁を目的として航海する一般の漁船であり、釣り客を乗せる遊漁船ではない。自動車の車検証にあたる〈M丸〉の書類に「客〇人《ゼロ》」と明記されている以上、本来、〈M丸〉は報酬をもらって船を出すことはできない。ただし、そうした理由での取り締まりは徹底されているわけではない。取り締まりが徹底されていたらテレビのロケで漁船を利用することが難しくなってしまうだろう。〈M丸〉は尖閣諸島へ向かったからこそ厳しく取り締まられたのだ。

では、ほかの海域なら漁船に一般人を乗せることを大目に見るのに、日本政府はなぜ尖閣諸島へ行く場合のみ厳しく対処するのだろうか。

芦川さんの場合、漁船であっても客を乗せてもよい遊漁船（釣り船）登録をしてある船に乗っていたのなら言い逃れができたのかもしれない。しかし過去の事例を見ると、海上保安庁は重箱の隅をつつくような細かい指摘によって尖閣へ向かう者に対して「邪魔」をすることが珍しくないのがわかる。芦川さんが万全だと思う態勢で行ったとしても、海上保安庁は何らかの理由を見つけてきて出航を阻止したり、帰ってきたあとに罰金の支払いを命じたりしたのかもしれない。

仮に漁船ではなくダイビング船など一般の船舶で行こうとした場合、航行区域が漁船よりも厳しく設定されているので、要件をクリアするのは漁船よりもずっと難しい。漁船の場合は大した装備のない二〇トン未満の小さな船でも一〇〇海里以内が航行可能だから、尖閣諸島へは十分行って帰ってこられる。しかし一般船舶の場合、二〇トン未満の小型船舶では、船の長さが一〇メートル以上で、近海（東西は東経一七五度〜九四度、南北は南緯一一度〜北緯六三度に囲まれた水域。北はアリューシャン列島やカムチャツカ半島、南はインドネシアやニューギニア、ミクロネシア）を航行可能な船でなければ尖閣諸島へ行く要件を満たさない。その場合、もちろんそうした船を航行させるのにふさわしい免許（小型船舶の場合は一級小型船舶操縦士）を持った操縦士などそれ相応の人員が必要である。

そうした事情のせいなのか、石垣や与那国にいる漁船やダイビング業者で尖閣諸島に連れていってもいい、という船主はなかなか見あたらないだろうと芦川さんは言う。

「船を出してくれる船主を探そうと思ったら、石垣に半年住んで、飲み屋のつきあいから始めて人間関係を作らないと無理でしょう」

話を聞いて、僕は独自に船をチャーターして行くという方法をそのときあきらめた。

島へ行くほかの方法を調べると、つい最近まで日本青年社という政治団体が、灯台の保守・点検のため年に数回、島へ行っていたことがわかった。

「尖閣諸島魚釣島に昭和53年（筆者注・一九七八年）8月12日、自費で灯台を建設して実効支配を開始、同63年（筆者注・一九八八年）6月9日、灯台建設10周年を記念して新灯台を建設、平成8年（筆者注・一九九六年）7月15日には北小島に第二灯台を建設（中略）、日本青年社は今日まで23年間、祖国日本の灯を守り続けています」（日本青年社のウェブサイトより）

一九七八年、日本青年社はポールの高さ約六メートルの木製灯台を魚釣島に建てた。一九八八年には高さ五・六メートルのアルミ合金製の新灯台に建て替えている。一方、一九九六年に建てた北小島の第二灯台は二度の台風のため大きく傾き、その後、倒壊している。残った魚釣島の灯台は形式上の所有者である石垣の漁師が高齢で所有権を放棄したため、二〇〇五年二月九日、国有化された。灯台は「魚釣島灯台」と命名され、海図に記載されることになった。国有化が発表された翌日、日本青年社は記者会見を開き、「今後は私たちが行くことはないと思います」と明言した。以降、灯台の保守・管理は日本青年社にかわって海上保安庁が行うようになった。つまりこの団体に同行を依頼しても無理だということになる。

僕は発想を転換することにした。芦川さんたちが「お世話」になった海上保安庁の巡視船に乗船できないか試そうと思ったのである。あわよくば尖閣諸島へ巡視船で同行してみたい。

尖閣諸島は第十一管区石垣海上保安部の管轄域に入っている。その石垣海上保安部は宮古諸島から与那国島までという広い海域を担当している。彼らの任務は尖閣諸島の哨戒だけではない。中国海洋調査船の監視・警戒、中台からの密輸・密航の取り締まり、日中台の漁業秩序の維持、離島島民の安全確保、灯台の保守・整備などと多岐にわたっている。日本南西部の国境の海は彼らがいるからこそなんとか秩序が保たれているといっていい。

しかし、僕の取材申し込みに対して、海上保安庁の本部広報はとりつく島もない対応ぶりだった。ほとんど門前払いである。巡視船がどこにいるのかが万人にわかってしまうと活動に支障を来すということらしい。

「現場で活動する海上保安官に巡視船の上ではなく陸で、話だけでも聞かせてほしい。記事を発表する前にすべてチェックしてもらっても構いません」

そんなふうに譲歩してみたが、結局、ＯＫはもらえなかった。

政治的な秘境の過去と現在

尖閣諸島は古くから知られている存在だった。というのも明治以前、琉球の使節と明《みん》・清《しん》の使節が船で行き交うときのルートに尖閣があたっていたからだ。

一三七二年というから日本では室町時代、中国では明の時代のころだ。明から琉球王国に冊封使《さっぽうし》（使節）が派遣され、琉球は明の冊封体制に組み込まれる。それは明と主従関係を結び従属国になるということを意味していた。

冊封体制が機能していた期間、明・清から琉球へは二十数回、琉球から明・清へは約五〇〇回もの使節が海を渡っている。航路の水先案内には航路を熟知した琉球人があたることが多かった。『冊封使録』という当時の航海記録には、たびたび尖閣諸島が登場している。

だが、近代までは尖閣諸島に人が定住することはなく、どの国も領有しようとはしなかった。住むには環境が過酷すぎたし、領有するにはちっぽけすぎたからだ。島にはほとんど平地がなく水の調達にも苦労する。しかも一帯の海域は海の難所である。

明治になって日本中の離島が開拓されていったとき、新しい産業を興そうとそれまで顧みられなかった無人島の開拓に乗り出す冒険的な実業家が次々と登場した。大正島を除く尖閣諸島を開拓した古賀辰四郎《こがたつしろう》もそうした人物の一人だった。明治初期の一八七〇年代、明治政府は四五〇年間続いた琉球王国を解体し沖縄県とした。いわゆる「琉球処分」である。福岡出身の古賀は琉球処分が下された一八七九年（明治一二年）、二十代前半で那覇に移り住んでいる。夜光貝《やこうがい》やお茶などを商い、数年で石垣に支店を出すまでに商売で成功していた。彼は尖閣諸島に生息するアホウドリに着目する。「アホウドリは人が近づいても逃げず、棒で殴れば簡単に捕まえられる」という地元漁師の噂話に心動かされたのだ。古賀は一八八四年（明治一七年）、尖閣諸島に調査団を送り込み、アホウドリの羽毛や貝類の採取を行っている。「儲かる」という感触を得たのか、翌一八八五年（明治一八年）には沖縄県に開拓の許可を求めている。しかし政府は古賀の開拓についてすぐには許可を与えなかった。

明治政府は当初、古賀の開拓に許可を与えることはおろか、日本の島だという宣言すらしなかった。

琉球処分で清との関係を悪化させてしまった日本は、尖閣諸島の帰属に対して慎重になっていた。清がすでに尖閣諸島を支配していた場合、「日本の領土」だと宣言してしまうとさらなる関係悪化は免れないからだ。

その後、政府は尖閣諸島の調査を何度も行った。そして尖閣諸島がどの国にも領有されていない無主地《むしゅち》（国際法上の無主地先占）だと結論づけ、日清戦争が終結する三カ月前の一八九五年（明治二八年）一月、明治政府は尖閣諸島の沖縄県への編入を閣議決定し、正式に日本領とした。尖閣諸島の編入がその時期に行われたのは、明治政府が前年末に日清戦争勝利を確信していたからなのだろう。そして一八九六年（明治二九年）、明治政府は尖閣諸島を沖縄県八重山郡に編入、古賀の開拓願に対し、大正島を除く四島について三〇年の無償貸し付けを許可した。

古賀は許可を受け、本格的に開拓に乗り出す。当初は島に移住する者が集まらず、事業は難航した。しかし彼は粘り強く取り組み、時代の流れを味方にして成功を勝ち取っていった。古賀は数十人単位で移住者を島へ送り込み、事業を拡大した。アホウドリの羽毛採取や剝製の製作、そして鳥のフンを原料としたリン鉱石の採掘、鰹節生産、鼈甲《べっこう》の加工などに取り組んだ。特に収益が上がったのはアホウドリ関係の事業だった。

日露戦争の特需が島の景気を大きく後押しし、ドイツなどへ島の物産が輸出されるまでに事業は発展した。移住者の集落は古賀村《こがむら》と呼ばれ、住宅や事務所だけでなく、浴場、食堂などが設けられた。また掘割の船着き場や排水溝といった生活に必要なインフラも整えられた。島での事業が最盛期を迎えた明治末期には、九九戸二四八人が尖閣の島々に住んでいた。

だが、その最盛期は短かった。乱獲のためアホウドリは激減、一九一二年（明治四五〜大正元年）には創業者である古賀辰四郎が亡くなり、息子の善次《ぜんじ》が跡を継ぐが、事業は下降線をたどっていく。一九三二年（昭和七年）には大正島を除く四島が善次に払い下げられ、私有地になったが、それでも流れを変えることはできなかった。パラオなど南洋群島（ミクロネシア）の安い製品に押され、島の鰹節工場が閉鎖に追い込まれた。太平洋戦争開戦直前の一九四〇年（昭和一五年）には船の燃料が配給制となって渡島が困難となった。善次はこれをきっかけにこの年島での事業を断念、島々は以後、再び無人島となってしまう。

戦後、尖閣諸島を含む沖縄はアメリカの統治下に置かれていた。与那国島などの漁民は尖閣諸島やその海域を利用した。周辺海域でカツオ漁をしたり、島に上陸し海鳥の卵やビロウ（クバ）の葉を採取したりしていた。しかし、一九五一年（昭和二六年）に久場島と大正島が米軍の特別演習地域（永久危険区域）となってからは、日本人（沖縄の人びと）で尖閣諸島に近づく者はいなくなっていった。その一方で、日本領の時代から日本人とともに操業していた台湾漁民が尖閣周辺海域に急増した。彼らは尖閣諸島近海で操業し、魚釣島に上陸して海鳥の卵を採取するなどした。

一九六八年、ＥＣＡＦＥ（国連アジア極東経済委員会）の調査団が黄海《こうかい》や東シナ海を調査、翌一九六九年に調査結果を発表してから尖閣諸島は一躍注目を浴びるようになる。尖閣諸島周辺海域の大陸棚に豊富な石油や天然ガスが埋蔵されている可能性が示唆されたからである。その量は日本の石油消費量の四〇年分相当である一兆ドル分以上に及ぶと予想された。

沖縄の日本返還を二年後に控えた一九七〇年九月、アメリカ政府は公式表明を行う。それは「ア

十

メリカが施政権を有する南西諸島は北緯二九度以南のすべての島をさすこと。それには尖閣列島が含まれ、一九七二年中にその施政権を日本に返還すること。この問題に主張の対立があるときは関係当事者の間で解決されるべき」という内容だった。

そして一九七一年六月一七日に沖縄返還協定が調印される。協定には、アメリカが日本に琉球諸島と大東《だいとう》諸島の施政権を返還するかわりに、米軍基地の維持、日本の対米賠償請求の放棄などが条件として明記された。ところが、協定が調印される前後、尖閣諸島をめぐって台湾（中華民国）と中国（中華人民共和国）が抗議の意思を表明した。

台湾は、協定が調印される六日前の六月一一日に次のような声明を発表した。

「釣魚台列嶼《ちゅうぎょだいれっしょ》（引用者注・尖閣諸島のこと）は、台湾省に付属して中華民国の領土の一部を構成している。（中略）アメリカは管理を終結したときは、中華民国に返還すべきである」

また中国は、その年の一二月三〇日に次のような声明を発表した。

「釣魚島《ちょうぎょとう》（引用者注・魚釣島のこと）、黄尾嶼《こうびしょ》（引用者注・久場島）、赤尾嶼《せきびしょ》（引用者注・大正島）、南小島、北小島などの島嶼は台湾の付属島嶼である。これらの島嶼は台湾と同様、昔から中国領土の不可分の一部である。米日政府が沖縄『返還』協定のなかで、我が国の釣魚島などの島嶼を『返還区域』に組み入れることは、まったく不法なものであり、それは、釣魚島などの島嶼に対する中華人民共和国の領土の主権をいささかもかえ得るものではないのである」

どちらも「台湾の一部だから、沖縄返還の際、日本には返還するな」と主張しているのである。しかし、この海域に豊富な資源があるとの発表がなければ、両政府の声明はもっと融和的なものになっていたのではないだろうか。両政府の主張は（その時々の政権によって強弱はあるものの）、基本的には現在にいたるまで変わっていない。

一九七二年五月一五日に協定が発効し、沖縄の日本復帰が実現した。その後も尖閣諸島をめぐって各国の攻防が続く。香港や台湾、中国の団体が船で尖閣諸島へ接近・上陸すると、日本の政治団体は灯台や神社（小さな社）を建設したり、岩にペンキで日の丸を描いたりなどの行為で対抗している。

日中平和友好条約締結を前にした一九七八年、一〇〇隻あまりの中国漁船が周辺海域に集結、操業や領有権のアピールを行った。その行動に危機感を覚えた前出の政治団体、日本青年社は魚釣島に灯台を建設したのだ。

日本がＥＥＺを設定した一九九六年は尖閣諸島でさまざまなことが相次いだ。七月一五日、日本青年社が北小島に灯台を建て、五日後の二〇日に政府がＥＥＺを設定すると、香港や台湾側の抗議行動が起こった。九月には香港の抗議船が接近し乗組員一人が溺死、翌一〇月には台湾やマカオ、香港の活動家が約五〇隻、総勢約三〇〇人の船団で尖閣海域に接近、四人が魚釣島に上陸している。

また一九九七年五月には石原慎太郎元運輸相が借り上げたクルーザー船や西村眞悟《にしむらしんご》衆議院議員らを乗せた漁船が尖閣諸島に接近、後者が上陸を果たしている。

そのころから香港や台湾、大陸の中国人活動家たちは毎年のように日本の領海を侵犯している。二〇〇四年三月二四日には大陸の活動家が七人上陸、沖縄県警が活動家たちの身柄を確保、不法入国（出入国管理法違反）の現行犯として逮捕するという事件が起きている。

長くなるが、日中間の尖閣諸島をめぐる状況についてもう少し詳しく触れておこう。

沖縄諸島に沿って北側に広がる、沖縄トラフという東シナ海で一番深い海域がある。中国大陸から続く大陸棚はこの海域で終わっていることから、中国はその境目までが自国の海域だと主張している。その主張によれば、沖縄トラフの中国側にある尖閣諸島は、中国にとっては自国の島だということになる。なおこの大陸棚をめぐる中国の主張は一九九四年に発効された国連海洋法条約よりも古い時代の国際法に基づいている。一方、日本は国連海洋法条約に基づいて中国との地理的な中間となる付近を境界と主張している。もちろんその主張には尖閣諸島が日本の実効支配下に置かれていることが裏付けとしてある。そうして両国の主張が食い違っているため、日中間の海の国境線は定まっていない。

中国政府は尖閣諸島を含む海域を自国のものとするため着々と準備を進めている。尖閣諸島の周辺海域での海洋調査を繰り返し、一九九二年には領海法を制定のうえ尖閣諸島の領土編入措置を一方的に行った。さらに一九九〇年代後半には資源開発を本格化させている。現在までに中国は日本の主張する中間ライン付近に六つのガス田を建設していて、なかにはすでにパイプラインによって大陸へ石油と天然ガスを輸送しているものもある。またプラントのうち白樺《しらかば》ガス田(中国名「春暁《チュンシャオ》」)と楠《くすのき》ガス田(中国名「断橋《ドゥアンチャオ》」)は中間ラインギリギリの海域にあるため、それらのプラントが本格的に稼働すればラインよりも日本側にある資源が吸い尽くされてしまうことが懸念されている。一方、日本側の資源開発は遅れていて、試掘にまでいたっていないのが実情だ。

地権者との交渉

尖閣諸島への上陸許可をもらえないか、ダメを承知で僕は地主に掛け合ってみることにした。地主本人から許可をもらえばなんの問題もなく島に上陸できるはずだからだ。

尖閣諸島の所有権はどうなっているのかを、まずは調べてみることにした。芦川さんが書いた記事には各島の住所が掲載されていた。それをもとに各島の土地登記簿の写しを取り寄せてみた。

最大の島である魚釣島、その近辺に浮かんでいる北小島と南小島、久場島、そして魚釣島から一一〇キロあまり離れた大正島。これらの五つの島の住所は、南小島、北小島、魚釣島、久場島、大正島の順に石垣《いしがき》市字登野城《とのしろ》二三九〇から二三九四となっていた。登野城は石垣市役所がすぐ近くにある市街地の地名である。つまり尖閣諸島は石垣の中心部と町名と番地でつながっているのだ（ただしその後の二〇二〇年、混同を避けるために「登野城尖閣」と地名が改名された）。

南小島と北小島、魚釣島の所有者には埼玉県さいたま市の「栗原國起《くりはらくにおき》」という名前があった。平成一四年（二〇〇二年）一〇月に賃借権が設定されていて賃借権者は総務省とある。それぞれの地目（土地の種類）は「原野」、つまり人の手の入っていない土地である。これら三島の直近一年分（平成一八年四月一日から同一九年三月三一日まで）の賃借料を合計すると合計二二五六万円となり、固定資産税がかかるのを考慮に入れても栗原氏のもとには国から大金が入ってくることになる。

久場島の所有者は同県大宮《おおみや》市の「栗原和子《かずこ》」となっていた。大宮市は合併してさいたま市となっているが、三島の所有者と彼女の住所はまったく同じだった。また大正島の所有者は大蔵省《おおくらしょう》つまり現在の財務省となっていた。これらも地目は「原野」と記載されていた。

「栗原國起」または「栗原国起」という名前をネットで検索すると、菱屋《ひしや》会館という会社が浮かび上がってきた。そこで僕は再び登記簿の写しをとることにした。こんどは菱屋会館の登記簿である。

商号は「菱屋興産オート株式会社」「菱屋会館株式会社」が並記されていた。会社の設立は昭和四五年（一九七〇年）九月八日。目的は自動車販売・修理、自動車保険代理業、不動産の売買、タイル類の販売・工事、鉄鋼その他の建築材料及び絵画、彫刻類の販売、喫茶飲食店及びレストランの経営、結婚式場の経営などで、資本金は二〇〇〇万円。取締役に栗原國起のほか栗原和子ら五人、代表取締役は栗原國起と記載されていた。

栗原氏に島を所有する真意を聞くため、そして上陸の許可を得るため、まずは電話で問い合わせてみることにした。ところが電話に出た年配の女性は丁寧ながらもつれなかった。察してくださいというニュアンスで、「取材は受けていません。内閣府に一任しています」と言った。いままでにあちこちのメディアから取材要請をされて、困っているようだった。

栗原國起氏やその関係者のコメントが以前何度か雑誌に掲載されたことがある。なかでも『週刊現代』（一九九六年一〇月一二日号）には詳しいコメントが掲載されている。

記事によると島を買ったのは一九七三〜一九七四年、前の所有者（古賀善次）と栗原家が知り合いであったからだという。所有者が売りに出したとき、いろいろな人が名乗り出たが、結局は栗原氏が選ばれた。彼が島の自然を保護してくれると信用されたからだ。しかし島へ行くのは大変不便なので一度しか行ったことがなく、管理は何もしていない。政治結《ママ》社による灯台建設は無許可で行われた。外国（台湾や香港）が騒ぎ出したことには当惑している。

そんなことを國起氏の母（当時八五歳）は記事のなかで語っている。そして彼女は島の譲渡については次のようにきっぱりと答えている。

「売ってほしいという話は一度もきておりませんし、仮に大金を積まれても、誰にも譲るつもりはありません。島を永久に自然のまま残すというのが、前の所有者との約束でしたから」（同前）

管理を何もしていないというのに島の自然を守ることができるのだろうか、という疑問がわいたが、取材を拒否されたからにはそれ以上のことは闇のなかだ。栗原家の真意はわからなかった。直接取材することもかなわない。だが、電話に出た女性は、かわりに「一任している」という政府の担当部署の連絡先を教えてくれた。それは内閣官房副長官補室の電話番号だった。

担当者である内閣参事官、加藤隆司氏のところに電話をすると、「ＦＡＸで回答する」との返答だった。そこで僕は質問事項を用意し、ＦＡＸを送信、後日回答をもらったのだった。

――栗原氏が尖閣諸島の所有にいたった経緯は？

私有財産ということで個人情報にあたることから、当方としてはコメントを差し控えさせて頂く。

――国が栗原氏から借りる経緯はどうなっていますか？
・我が国の政治団体等が尖閣諸島に上陸し同諸島の領有権を主張する
・台湾又は香港の抗議船が領海を侵犯し抗議活動を行う
といった事態がたびたび発生したことから、関係省庁間で検討を行い、尖閣諸島を平穏かつ安定的な状態に保つことを目的として、平成14年度から魚釣島、北小島及び南小島の三島を国が賃借し、維持・管理することとなった。（引用者注・このような）状況に鑑み、所有者と協議の上、国として検討した結果である。

――取材のため島に上陸する許可をいただけませんか？

上陸については、所有者の意向も踏まえ、また、賃借の目的に照らして、原則として、第三者の上陸は認めていない。


上陸の許可を得ることはできなかった。上陸を許可するかどうかの決定権が、実際には栗原氏と国のどちらにあるのかもわからない。いずれにせよ、政治的な波風を立てないように過剰な配慮をしていることがこのやりとりからも感じ取れた。

香港の団体との接触

海上保安庁の巡視船やそれ以外の船に同乗して尖閣へ行くことはかなり難しい。それに上陸の許可もとれない。残されたのは、空から見るという方法だけなのだろう。実際、作家では有吉佐和子《ありよしさわこ》が一九八〇年一〇月にヘリコプターで、ジャーナリストの櫻井《さくらい》よしこは二〇〇四年一二月に自衛隊機で、尖閣諸島上空を飛んでいる。また政治家だと二〇〇六年三月、自民党の新人議員一五人が自衛隊機で島を視察している。

尖閣諸島は那覇から約四二〇キロ、石垣島からは約一七〇キロ離れている。那覇から魚釣島までは東京から直線で神戸《こうべ》までとほぼ同じ距離、石垣から魚釣島までは東京から静岡中部または長野県の松本ぐらいまでの距離になる。チャーター代は距離、つまり飛行時間に比例するから、飛行時間が長ければ長いほどチャーター代がかさむのだ。だとすれば那覇よりも石垣島から出発したい。日本最西端の与那国島からならもっと近いが、与那国島では翼を確保できる可能性はないだろう。

結局、石垣島でも与那国島でも飛行手段の確保は不可能だということがわかった。尖閣へのフライトが可能だと答えた会社は那覇にあるチャーター・フライトを扱う会社だけだった。プロペラ機をチャーターすることが可能で、担当者は「何度も現地へ飛んだことがある」と慣れた様子で答えた。

通常、飛行の際は飛行計画（フライトプラン）を、航空管制などからなる航空官署に通報し、承認を受けることになっている（航空法第九七条）。何度も上空を飛んでいるということは尖閣諸島上空の飛行を国が認めているということになる。

往復で七〜八時間。現地では魚釣島上空を約三〇分間旋回する。帰りに宮古島か石垣島で給油してから那覇に戻ってくる。フライト距離は約一〇〇〇キロである。

「上空一五〇〜二〇〇メートルぐらいまで下降します。天気がよければきれいにすみずみまで見えますよ。人がいれば確認できるでしょう」

電話口で現地での飛行について質問すると、そう明快な答えが返ってきた。天候が曇りでも飛行は可能だというから、欠航率は低そうだ。しかしフライト料金が問題だった。通称スカイホークという最大三人乗り（パイロット除く）の飛行機が五六万〜六二万円、通称アイランダという最大九人乗り（同）の飛行機が一一四万〜一二五万円と車が買えるほどもするのだ。

経費を抑えるため、それぞれの飛行機に定員ギリギリまで搭乗した場合、一人あたり一四万〜一九万円と現実的な金額となる。しかし、それだけの人数で乗り込んだ場合、各参加者が満足のいく眺めを得られるかどうかが不安であり、欠航した場合にもう一度参加者の予定をすりあわせるのがやっかいだ。

結局、すぐには決断ができず、ひとまずは先送りすることにした。

二〇〇六年の初夏のある日、香港の団体「保釣《ほちょう》行動委員会」が尖閣諸島をめざすという予告を彼らのウェブサイトに見つけた。「小泉首相（当時）の靖国神社参拝に抗議する」などの目的で抗議船を出すのだという。

彼ら活動家グループは老朽化した漁船を購入、広東《カントン》省汕尾《せんび》市の馬公鎮《マーゴンジェン》というところで修理・改装・整備を行い、八月一二日の出航に向けて着々と準備を進めていた（尖閣諸島の領有権を主張する運動のことは中国でも台湾でも「保釣運動」と呼ばれている）。予定ではアメリカやカナダ、台湾やマカオなどから華僑《かきょう》が香港と台湾に集結、香港以外に台湾からも漁船などで尖閣諸島をめざすという。到着予定日は小泉首相が靖国に参拝をする予定の八月一五日である。これが実現すれば一九九六年一〇月のような大規模な領海侵犯行動となるはずだった。

彼らの行動計画に興味を持った僕は、英文のEメールを送ってみた。

「日本人でもあなたたちの船に乗せてくれますか？」と。

もちろんその船で行こうと本気で考えていたわけではなかった。形としては「不法入国者と行動をともにする」ことになるわけだから、モラル的なことを考えると現実的ではない。それに彼らからすれば日本人は自分たちの領土を不法に占拠している由々しき存在なのだ。もし乗せてくれたとしても、海保に阻止された場合、日本人の僕がその場で彼らの槍玉《やりだま》に挙げられる危険性も捨てきれない。ただ、船には乗らなくても、彼らに直接会って尖閣諸島についての考えを聞いてみたいと思っていた。そのきっかけになれば、と思ってメールを送ったのだ。

驚いたことに、彼らの返事はその日のうちに届いた。そして、その内容は予想外のものだった。

「Let's Join Us!（我々に加わってください）」

短くも明確な答えだった。

海上保安庁のつれない態度やチャーター機の高額なフライト代に意気消沈していたときだったので、僕の気持ちは大きく乗船に傾いた。彼らが領海侵犯する航程に同行し、彼ら活動家の素顔を内側から、そして海上保安庁の防備態勢を反対側から見るのも面白いかもしれないと思った。

そのころちょうど香港付近には台風が近づいていた。「本当に出航するのですか？」と保釣行動委員会の担当者に返信を送ると、こんどは「まだ香港に来ないでください。出航できるようになったらこちらから連絡します」という内容のメールが来た。台風が通過すれば出航するのだろうかと思い、連絡を待つことにした。しかし、それ以後はメールが来なくなった。そして何事も起こらないまま出航予定の八月一二日を迎えた。

結局、船は出なかった。出航できなかったのは台風のためだと思っていたが、台風が通り過ぎたあとも出航の予告が出ることはなかった。その後、「船の補修工事が遅れている」という理由から出航を延期する、との発表があったが、はっきりとした日程はいつになるかわからない状況だった。

ところが、一〇月初旬に二度目の北方領土行きのため東京を離れ、二週間ほどで戻ってくると状況が一変していた。一〇月下旬、香港の保釣行動委員会が尖閣諸島をめざして香港を出航するというのだ。出航までそのときすでに一週間を切っていた。八月の時点では「出航する際は連絡する」と返事をくれていたのに、人員に余裕がないのか、やはり日本人を乗せるのはまずいと思ったのか、こちらが本気だとは思っていなかったのか、連絡は一切なかった。

チャーター会社のほうも状況が変化していた。三人乗りのスカイホークが長距離用途でのチャーターから外れていたのだ。九人乗りのアイランダならチャーターが可能だという。しかし原油の高騰が原因なのか、チャーター代は約二〇万円アップの一四五万八〇〇〇円と跳ね上がっていた。これではとても一人では乗れない。

やはり同行者を集めるしかない――そう決心して、先延ばしにしていたチャーター機での尖閣諸島行きを決めた。さっそく僕は同行者を集めるための行動を開始した。

興味を持っていそうな知り合いに声をかけ、領土問題を扱ういくつもの掲示板やウェブサイトに「同行者募集」の書き込みをした。けれど、領土問題に興味を示すことと、僕のように現地へ足をのばすことはまったく次元が違うことらしく、関心を寄せ質問をしてきたのは四人、参加を希望したのは二人だけだった。大金を払ってでも行きたいという者がセスナの定員を埋めるぐらいはいるはずだと思っていたから、参加希望者がたった二人という現実は予想外だった（しかもその二人も最終的にはキャンセルした）。

十

結局、新たに参加することになったのは三人だけで、すべて僕の知り合いだった。各参加希望者の予定を調整しているうちに年が明け、出発日は二月二五日に決定した。

保釣行動委員会の活動家たち

二〇〇七年二月二五日に那覇から尖閣諸島行きのフライトを体験して、翌二六日には那覇から保釣行動委員会の本拠地香港に渡る。それが僕の考えていたプランだった。

保釣行動委員会はすでに前年の一〇月に尖閣諸島めざして船を出し、上陸できずに引き返してきていた。彼らが出航したのは、釣魚島の領土権主張、小泉首相（当時）の靖国参拝への抗議、日本の右傾化への警鐘といった目的以外に、一〇年前の「殉死者」に対しての追悼という意味合いもあった。というのも、彼らの仲間である活動家が一九九六年九月、尖閣の沖合で船から飛び込み、一人が溺死したという事件があったからだ（翌一〇月には大船団で尖閣諸島へと向かい、四人が上陸した）。

僕は再びEメールで彼らと連絡をとり、二月末、彼ら保釣行動委員会のメンバーにインタビューのうえ、抗議船のなかを見せてもらうという約束をとりつけていた。

二月二五日の朝、那覇の朝はどんよりと曇っていた。台風でも来ないかぎり飛べるのではないかと気軽に考えていたのだが、小型のプロペラ機は思っていたよりもずっと繊細な乗り物だということがわかった。尖閣諸島上空にはべったりと前線が張りついていて、雲を抜けられないというのだ。そういうわけでフライトはあっさり中止となってしまった。

本来なら尖閣諸島へ行くという体験を経たあとで香港へ渡り、活動家つまり保釣行動委員会の人たちと話してみたかった。しかし天候には逆らえない。フライトのことはまたあとで参加者たちとプランを練ることにして、まずは香港へと向かうことにした。

翌二六日、那覇空港から台北を経由して香港へと降り立った。
メールでやりとりしていた感触からは、保釣行動委員会のメンバーは友好的だという印象を持っていたが、不安はぬぐえなかった。日本軍国主義の象徴として旭日旗《きょくじつき》を燃やしたり、抗議の手紙をカメラをにらみつけるような表情で渡したり、といった抗議船以外の活動の様子を伝える写真を彼らのウェブサイトで見て、いったいどんな強面《こわもて》の人間が出てくるのだろうと、会う前は少し身構えていたのだ。

午後、チェックインした宿の部屋から、教えてもらっていた携帯電話の番号に電話をかけてみた。電話に出た男性は広東語訛りのある英語を話したが、僕のつたない英語でも十分に通じた。彼は僕の宿まで出向いてくるという。

約束の午後七時よりも三〇分早く、団体の秘書である莫子傑《モーズージェ》さんは僕の宿泊する安宿の部屋までやってきてくれた。彼に英語で部屋の番号を告げてはいた。しかし本当にわざわざ部屋まで来てくれるとは思ってもみなかった。

莫さんはジーンズにトレーナーというラフな格好だった。角刈りに近い髪型に黒縁のメガネという顔立ちは若々しく生真面目な印象で、活動家としての迫力は感じられなかった。彼は二八歳、イギリスの大学に一年間留学した経験があり、当時、日本人と部屋をシェアしていたという。そのせいか、意思疎通の不便さは感じなかった。

僕らは宿を出て、外の繁華街をそぞろ歩いた。

雑踏のなかを歩きながら、莫さんは日本にまつわることから話し始めた。

「僕は日本に行ったことがあるんです」

莫さんは嬉しそうな表情で言う。もしかすると反日デモの類いだろうか、と僕は勘ぐった。

「靖国にデモをしに行ったんですか？」

少し緊張しながら質問すると、莫さんは無邪気に笑った。

「観光です。名古屋、大阪などに行きました。楽しかったです。日本の友達もよくしてくれました」

彼は団体の事務所に専従として詰めているわけではなく（固定の事務所もない）、普段はビル関係のエンジニアをしているという。ますます保釣行動委員会という組織の過激なイメージとは違う。その後は自然と彼が属している団体の話になった。

「組織はボランティアで運営されています。メンバーは約六〇人。専従のスタッフはいません」

ボランティアといえ、組織に名を連ねている人間の肩書を見ると社会的な地位のある人間が少なくない。保釣行動委員会を初期から引っ張っているグループの中心人物、何俊仁《ヘージュンレン》は香港の有力政党である民主党の党首（二〇〇六年一二月〜）であり、前主席である柯華《ケーファ》は貿易会社を経営している。また保釣行動委員会を一九九六年に結成した阿牛《アーニュウ》こと曽健成《フィジエンチェン》も民主党の議員をつとめたことがあり、現在はFMラジオ局の代表をしているという。台湾の最大政党である国民党を代表する政治家、馬英九《ばえいきゅう》は保釣運動を振り出しとして政治の世界へと入っている。保釣運動というものが社会から忌み嫌われ、活動家たちが社会の隅に追いやられているのなら、保釣運動にかかわる人たちがそれぞれ社会的な成功を得ることはできなかったはずだ。とすると日本人の僕が思っている以上に、保釣運動というものが彼らの社会で市民権を得ているのかもしれない。

そのうち莫さんの連絡により保釣行動委員会のトップである陳多偉《チェンドゥオウォイ》主席と通訳の女性が急遽駆けつけてくれて、カフェで話を聞かせてもらうことになった。

上●香港の保釣行動委員会の陳多偉主席。行動船を背景に。
下●海上保安庁の阻止行動を批判する莫子傑さん。

陳主席は四四歳、左手の中指が第二関節からなかったが、ジャンパーにジーンズというラフな服装で、こうした団体のトップだとはとても思えない。スマートな顔つきと時折見せるシャイで気の弱そうな表情は団体のトップというより、どこにでもいそうな気のいいお兄さんという雰囲気だった。彼は二〇〇七年初頭から主席をつとめているというが、莫さん同様、彼も普段は仕事をしている。

「みんな仕事を持っていますので、会議の時間は相談したうえで決めています。僕自身は普段アクセサリーのデコレーションをする会社のマネージャーをしています。アメリカにも輸出してるんです」

陳主席も莫さんも、外見からは活動家らしさはまるで感じられなかった。しかし、彼らに「組織での活動目的」を聞くと、二人ともガラッと顔つきを変えた。

「小さいときは自分がどこの人間かわかりませんでした。でも小学生のとき先生が『香港は中国に返還される』と言いました。そのとき初めて自分が中国人だということを意識し、歴史について学ぶようになりました。そして自分が中国人だということを次第に意識するようになりました。釣魚島は中国のものです。僕らは中国人なので自分たちの島へ行く。民族的なアイデンティティを尖閣に行くことで表現したいんです」

特に「釣魚島は〜」以下の部分は真剣そのものだった。韓国人は獨島（竹島）へ行くことで民族的なアイデンティティを確認し満足する。香港人である彼らも尖閣諸島へ行くことで中国人としての自分を確認しようとしているのだ。二人は続ける。

「私たちは日本に抗議します。戦後、日本は中国に賠償していません。やはり一番問題なのは日本の軍国主義、右傾化です。それは日本と中国、アジアにとってよくないことです。だから私たちは日本政府に警告します。日本は毎年八月一五日に追悼をしていますね。もし私たちなどが日本へ警告をしなければ、日本は被害者（意識）だけの国になってしまいます」

彼らの活動の目的は、釣魚島の返還だけにとどまるものではない。保釣行動委員会の実力者である阿牛こと曽健成は「釣魚島にこだわるのは、日本政府が戦後、具体的な謝罪や賠償を中国に対して行っていないからだ。具体的に立法化して施行されるまで、われわれは釣魚島の領有権を主張し、堅持していく」（『世界日報』二〇〇六年九月六日付）と言ってはばからないし、二〇〇六年末まで主席だった柯華は「釣魚島の領土問題は、第二次世界大戦後も未解決で残っている歴史問題の一つだと理解している。島は本来中国に返還されるべき領土だ」（水谷尚子《みずたになおこ》『「反日」解剖』文藝春秋《ぶんげいしゅんじゅう》）と語っていて、島へ行くことと日本への謝罪・賠償要求が彼らのなかでは結びついている。

彼ら香港人活動家の思想背景には中華思想が透けて見える。

中華思想とは「中国こそが世界の中心である」と考える自己優越思想である。そうした思想をもとにした世界観を背景に、中国は国力が強大な時期は周辺地域を軍事的・政治的・文化的に従属させ、勢力圏に置いている。しかし逆に中国の国力が弱くなるとこれらの地域は中国に従属することをやめ、勢力圏から離脱していく。こうして中国の国土は歴史的に風船のように膨張・収縮を繰り返してきた。

一九世紀末当時、国力が弱っていた中国は、日清戦争に負け台湾などを日本に割譲することになる。尖閣諸島はそうした時期に日本が発見し開拓した島である。中国と日本の間という地理的に微妙な地点に位置することは事実だが、日本が先占したことは間違いない。

しかし、中国の思いは別のところにある。琉球王国成立以前からの約五〇〇年間、中国（明・清）

十

は琉球を冊封体制下に置いてきた。一八七九年（明治一二年）に明治政府が琉球処分によって琉球を沖縄県としたあとも、明治政府と清との間で沖縄の帰属は決まっていなかった。だが、一八九五年（明治二八年）四月に日本は日清戦争で清に勝利し、清と沖縄との関係を完全に断ち切ってしまった。なお、沖縄の一部とみなされていた尖閣諸島の領有を明治政府が宣言したのは、日清戦争が終結する三カ月前の一八九五年（明治二八年）一月のことである。韓国が竹島を日本に占領された最初の犠牲地とみなすのと同様に、中国は尖閣諸島を日清戦争のどさくさにまぎれて日本に奪われた島だと思っているのだ。

香港人活動家たちは香港という民主的な都市で生まれ育った人たちだ。しかし「自分は中国人」という意識に目覚めた人たちでもある。彼らが尖閣諸島のことを「奪い取られた島」だと認識するのは中国人としては自然なことなのかもしれない。

とはいえ、尖閣諸島の領有権と、満州事変から日中戦争にいたる大日本帝国の行為とを関連づける彼らの主張は理解しがたい。さらにいえば、尖閣諸島の周辺海域に資源が埋蔵されている可能性が示唆されなかったとしたら、はたして彼らはいまのような活動をしていたかどうか、疑わしいところだと僕は思っている。

その後、逆に彼らから質問が飛んできた。それは日本国内でも話題を巻き起こした『新しい歴史教科書』についての質問だった。

「私たちは日本が中国を侵略した歴史等について、いろいろと深く研究し発表しています。『新しい歴史教科書』が発表されましたが、あの教科書についてあなたは問題だとは思いませんか？」

彼らは原文にせよ、翻訳にせよ、ちゃんと読んでからそれが問題だと考えているのだろうか。そんな疑問が頭をよぎった。そして僕はこう質問を返してみた。

「ほとんどの学校ではあの教科書は使われていないということは知っていますか？　あなたたちは、その『新しい歴史教科書』を全部読んだのですか？」

彼らは一つ目の質問には答えず、陳主席が読んだかどうかだけを答えた。

「日本語がわからないから読んでいません。まだ持っていないので送ってくれませんか」

予想外の質問に痛いところをつかれたということなのか、陳主席は支離滅裂なことを言った。僕の質問を受けて、陳主席はシャイで気の弱そうな表情に戻り、ちょっと照れくさそうな顔をした。

二時間ほどでカフェは閉店となったので、外に出て、地下鉄の入り口まで三人と歩いた。僕は時間をとってくれた彼らに礼を言い、抗議船を見せてもらう翌日の予定を確認して別れた。そのとき、莫さんも陳主席も元の穏やかな表情に戻っていた。「反日」という一種の〝魔物〟のようなものにとりつかれていなければ、彼らもごく普通の人たちなのだ。

十

尖閣諸島へ行くのに使った彼らの船を見せてもらうため、翌日の正午過ぎ、もう一度莫さんと会った。僕が泊まっている宿のある九龍《クーロン》の先端に位置する繁華街、尖沙咀《チムサーチョイ》から地下鉄に乗り二〇分弱、筲箕灣《サウケイワン》という駅で降りる。改札を出て階段をのぼっていくと、そこには尖沙咀とは違う、人びとの生活感があふれている下町の風景が広がっていた。莫さんに案内され、五分ぐらい歩くと潮の香りのする海の近くまで来ていた。そこから渡し船で目的の船をめざした。

中古船を買い取り修理した〈保釣二号〉（一四二トン・全長三〇メートル）は、湾のなかに船同士数珠つなぎにロープでつながれて係留されていた。尖閣諸島への航海のあと香港へ戻り、そのまま係留されているらしい。〈保釣二号〉には前日話を聞かせてもらった陳主席など数人のメンバーが集まっていたが、特に僕と接触しようとはせず、説明するのはもっぱら莫さんだけだった。

隣にはきちんと塗装された同型船が係留してあった。使い込まれた〈保釣二号〉に比べて同型船の新しさが映える。本来なら〈保釣二号〉と隣の同型船〈釣魚台二号〉の二隻が出航する予定だったが、大陸からの乗船予定者は中国政府に足止めされて香港入りできず、〈保釣二号〉のみが出航したのだ。

保釣活動家のことを「中国政府の手先」だと類推する説もあるが、実際のところ何度も当局に行動を「邪魔」されている。保釣行動委員会の実力者の一人、曾健成は出港が遅れた理由を「修理完了後も中国当局の出港許可が出なかったため」（『世界日報』二〇〇六年九月六日付）とインタビューで明かしているし、航海の途中、修理のため立ち寄ろうとした台湾では当初入港許可が出なかったのだ。

保釣行動委員会のメンバーが乗り込んだ〈保釣二号〉は、二〇〇六年一〇月二二日午後二時、集まってきた市民に見送られ香港を出発した。彼らの報告書によると参加者は三〇人。何俊仁こそは直前暴徒に襲われ参加を見合わせたが、それ以外は香港保釣の主要メンバーが勢揃いしていた。当時のトップ柯華に曾健成、今回の香港訪問で話を聞かせてくれた莫さんや現在のトップである陳多偉主席もいた。

台湾までの航海はずいぶんと揺れた。乗組員の大多数が嘔吐し、転倒し、負傷者が出た。そのときの様子を「食事はできず水を飲むのがやっとでした」と莫さんは振り返った。

そんなひどい揺れなので何も作業ができず、船にもダメージを受ける。エンジンが故障したのだ。船の修理と乗組員の手当てのため、台湾の基隆港への入港を申し出るが台湾当局に拒否された。その後、修理のための寄港だけは許可されたが、乗組員の上陸は許されなかった。さらには漁船をチャーターし台湾から合流するつもりだった活動家たちは出航できなかった。台湾当局の圧力と悪天候のため漁師たちに協力を断られたのだ。

結局、〈保釣二号〉のみが尖閣をめざすことになった。日本の海上保安庁は領海に侵入するのを阻止すべく各本部から援軍を要請し、盤石な態勢で待ち構えていた。〈保釣二号〉が尖閣諸島付近で確認したのは、海上保安庁の巡視船が一四隻、ヘリコプター二機、固定翼機一機だった。

まずは午前五時前、魚釣島から五〇海里あまりの地点でサーチライトが甲板に照らされた。六時過ぎ、メンバーは活動に備えて早い朝食をとった。そして午前七時五一分、日本の当局が法令違反などに対しての未然防止措置をとることができる接続水域（二四海里以内）まで接近すると、巡視船から拡声器と電光掲示板で警告を受ける。

風速一五メートル前後の風と三メートルのうねりのなか、〈保釣二号〉は警告を無視し魚釣島に接近、九時一〇分すぎに一〇年前の九月に抗議の水死をしたメンバーの追悼式を船上で行った。その後、九時二一分に日本の領海内、魚釣島の西南西一二海里（約二二キロ）内に抗議船が侵入する。〈保釣二号〉が引き返さなかったため、巡視船は高圧水砲を浴びせかける。それでも引き返さなかった〈保釣二号〉は巡視船に体当たりされ、領海外への退去を求められた。一〇時五分には島の西南西一三キロまで接近、〈保釣二号〉はようやく停まった。そのとき〈保釣二号〉は左右の手すりが破損、船倉に穴が空くという重大なダメージを負っていたため、船内での協議の結果、引き返すことを決め、約三〇分後に西方向へと方向転換、領海外へ出た。

実際に見せてもらった〈保釣二号〉はみすぼらしいの一言に尽きた。船全体が錆びていて、ベトナムのボートピープルが乗っていた船を彷彿させた。転落防止用の手すりは報告書のとおり、巡視船の体当たりにより左右とも破損していた。右舷のものは斜めに折れ曲がり、左舷のものはポッキリと折れてとれてしまっていた（僕がカメラを構えると莫さんは手すりが折れた部分を指さしてくれた）。

十

操舵室の斜め下に八〜一〇畳ほどの部屋があり、そこに二〇人ほどが雑魚寝したという。低い天井には洗濯物を干すためなのかロープが数本吊り下げられていた。日本の領海付近に達し、巡視船に体当たりされたとき、そのロープが思わぬ役に立った。

「ものすごい衝撃でした。とっさに天井に吊るしてあるロープにしがみつきました。操舵室には大勢の人がいたのですが、〝ジャパニーズ・マリン〟は容赦ありません。操舵室を目がけて体当たりしてきました。我々は武器も何も持っていません。丸腰の我々を殺そうとしたんです」

莫さんは海上保安庁のことを軍隊だと勘違いしているのか（あるいは意図的にか）、「JAPANESE MARINE」と呼んでいた。「JAPANESE MARINE」では〝日本の海兵隊〟である。日本に海上自衛隊はあるが、もちろん海兵隊はない。海上保安庁は英語で「JAPAN COAST GUARD」、ちなみに海上自衛隊は「MARITIME SELF-DEFENSE FORCE」である。

船内の様子をひととおり見せてもらったあと、〈保釣二号〉をバックにして陳主席のポートレートを撮らせてもらった。陳主席の表情は前日のように急激に引き締まり、たちまち活動家にふさわしい顔つきになった。莫さんにもフレームのなかに加わってもらうと、僕と二人で話していたときに比べると好戦的な表情を見せた。しかし、見学を終えて駅まで送ってもらうころには、莫さんの顔つきは元の生真面目で若々しいものに戻っていた。

島を守ってきた人びと

日本の最西端である与那国島。この島には、日本青年社という政治団体が魚釣島に灯台を建てたときのメンバーである、日本青年社の与那国支局長、新嵩《あらたけ》喜八郎《きはちろう》さん（五九歳）が住んでいる。

彼は、与那国の観光名所である海底遺跡を発見したという海のスペシャリストで、地元有数の実業家である。祖納にある事務所で話を聞かせてくれた彼は、ヒゲをたくわえた逞しい風貌とは裏腹に穏やかな語り口で、子供に話して聞かせるようなわかりやすい話し方が印象的だった。

日本青年社は一九六九年に結成された政治団体で、構成員の数は約三〇〇〇人、本部を東京に置き、日本各地に支部を持っている。北方領土や竹島など日本の領土についての運動を長年続けてきた。時にはそれらの海域に船を出し、領有権をアピールすることもある。尖閣諸島については、日本政府にかわって二七年にわたり独自の実効支配を続けていた。

当初、団体は北方領土に関しての行動が先行し、尖閣諸島については立ち遅れていた。

「まず領土保全。個人の皆さんもそうでしょうけど、自分の財産というのは自分の手で守らなきゃならない。沖縄の民族派が、自分の目の上の問題を解決しようとせず、なんで『北方領土』『北方領土』となるのかと。私、歯がゆいところがございましてね。そういった関係から国際武道大学理事の大平光洋《おおひらみつひろ》先生や石原先生たちと懇意になりました」

「石原先生というのは石原慎太郎都知事ですね」

「最初に尖閣列島というのに火をつけたのが大平光洋先生、石原慎太郎先生なんですね。日本の民族派に呼びかけ宮古島から渡ったわけですよ。もう三〇年ぐらい前ですね。そのあとすぐ日本青年社独自で灯台を建てたんですよ。魚釣島に最初に住民登録をしたのが萩野谷輝男《はぎのやてるお》(筆者注・元尖閣諸島領有問題対策委員長)という日本青年社の大先輩です。その大先輩になりかわって石垣市役所で初めて住民登録をしたのが私なんですよ。それから私の家族がそれにあわせて本籍地を向こう、魚釣島に移したんですね。住所を与那国に置いたままで。私たちの団体は郵便物を向こうに届けさせようという一つの目的があったんですよ。それがまあ配達困難地域ということで、送った郵便物が石垣中央郵便局に集められました。計画はいまだ思うままにならずですね」

実際に人が住まないまでも自ら住民票を移すことで、尖閣諸島の実効支配を少しでも強化しようとしているのだ。灯台の建設や岩に日の丸を描くという行為も意図は同じである。

では、その日本青年社が建てた灯台とはどういうものだったのだろうか。

「建てた当時は杉の電柱の上に灯台が一つポーンと立つだけで、その電源は空気電池。開けて空気が入ると発電作用があるんですよ。重量が二五キロあるんですね。それを二つ持っていくわけですよ。一つは点滅用、一つは（昼夜の）検知用。昼になれば消えて暗くなればつくと。それでまあ一年に二回か三回は保守・点検に行ったわけですね。切れた電球をかえたり、レンズを磨かなきゃいけませんし。それを魚釣島の向こう、南西海岸かな。南西の虎《とら》の口《くち》というところにね、建ててたわけです」

上陸には手こぎボートまたは船外機をつけたボートを使った。というのも魚釣島には港がないからだ。硬い岩で覆われた遠浅の海岸なので、ゴムボートのような底の浅い小舟でないと海底に船底を擦《こす》ってしまうという。彼はいままで一〇〇回近く尖閣諸島へ出かけている。灯台の建設に保守・点検、緊急用の食料の持ち込みに小さな社の建設……。活動に従事し物故した先輩の墓標も建てた。そして二〇〇五年には彼らの念願であった灯台の国有化がようやく実現した。

「私たちの念願が達成されたわけです。青年社が建てた灯台をいまは国が守ってくれるのです」

「もともと国に守ってもらいたい気持ちで建てたんですか」

「もちろんです」

彼は満足そうに語った。

しかし、それまでの経緯は平坦ではなかった。

「いろいろあるんだよ。もう三〇年も運動してきたわけだからね。そんな生やさしいものじゃないんだよ。尖閣だけで前科が大変です。航行区域違反をずーっと受けて、裁判所に呼ばれて、罰金を払いながら灯台守ってきたわけだから。もう何回行ったかわからないね。数え切れないね」

新嵩さんたちが尖閣諸島へ行くようになったのはもう三〇年以上前のことだ。当初は〈協栄丸《きょうえいまる》〉という那覇と与那国を結ぶ貨物船（近海船）を利用していた。航路の途中に尖閣へ寄ってもらうわけである。だが、その船は出航が不定期であるため計画が立てられなかった。利用料も高かった。そこで新嵩さん自身が所有し操縦する漁船（一九トン）を利用するようになった。ところが、漁船で行き島に上陸したことが船舶安全法の航行区域外使用にあたったという。単に操業するだけなら構わないが、それ以外の目的で漁船を使うな、ということである。

当時、彼は海事の違反を交通違反と同等に考えていた。罰金は当時二万〜三万円ほどにしかならなかったのだ。しかし、調べてみると海事違反が前科になることがわかり、一九八〇年代半ばに一般船舶（一九トン）を建造した。それは一五人用のベッド、膨張式いかだ、レーダー、衛星船舶電話など、装備を近海船仕様にしたものだった。彼はその船を自分で操縦し、尖閣での灯台メンテナンスに利用した。建造費を回収するため、仕事にも使用するようになった。すると、儲けているんじゃないかと勘ぐった者から海上保安庁に連絡が入り、その一般船舶も尖閣行きには使用しないように指導された。海上保安庁によれば、尖閣への航行には船長が足りないというのが理由だった。

その後、彼は石垣や与那国の漁船を利用するようになった。当初は協力してくれた船の船長が罰金を受けたが、二〇年ほど前、灯台の保守・点検だけに限定し、八人（船長含む）という申請定員にかぎる、ということで上陸が許可されるようになった。

先に記した日本青年社のウェブサイトからの抜粋にあるように、新嵩さんを含む日本青年社は一九八八年に魚釣島に新灯台を建設している。その際は灯台を一メートルずつ分割して与那国島から小さな船で運び、手こぎボートに乗り換えて上陸しての設営だった。約一〇人で島に渡り、一～二時間で作業は完了した。

「ここから十何時間もかかって行って、朝着いて、午後ちょっと過ぎにはもう灯台点滅させてたよ。手のひらで（ライトを）隠してね、隠したら（暗くなるので）点灯するわけですよ」

鳥居のない小さな社を建てたこともあったが、尖閣諸島を守る活動を続けた日本青年社の先輩たちの墓標も、小さな社も、すべて海上保安庁に撤去された。彼らの団体が作ったもので残ったのは、灯台と一九八五年に岩に描かれた日の丸だけである。

「墓標は私の字ですよ。ちゃんと建てたのにこれが撤去されちゃったんだよ。海上保安庁に。同じ日本の人間としてハートがないよね。とにかく釘一本板一枚持ち込ませない。ものを建てさせるな、という日本政府からの命令でしょう。ひどくなったのは五、六年前かな」

最近は彼らですら島に行くことはない。灯台の保守をしなくてもよくなったという事情もあるが、理由はそれだけではない。彼の語りには満足よりも落胆、嘆きの言葉がより多く聞こえた。

「最後に行ったのは一昨年（著者注・二〇〇五年）かな。あれから行けないからね。政府がちゃんとやってくれてるからね。だけど自分の国の島に行くのにさ、あーじゃないこーじゃないっておかしいよ。だから竹島だってとられたってしょうがないんだよ。僕はもう違反起こしたくないから。まもなく還暦だからね。これだけやってきてね、もう違反違反というのは嫌なんですよ」

国のこと、領土のこと、そして沖縄のことを思うがゆえに取り締まられるという皮肉を味わっている新嵩さんの言葉が重かった。

取り締まられる皮肉を味わっているのは、島を行政区域とする石垣市の仲間《なかま》均《ひとし》市議会議員（五七歳）も同じだった。彼は島の調査・保全のため、一九九五年以来通算で一三回、大正島を除く四島に上陸し、視察を行っている。ところが、彼も行くたびに取り調べを受け罰金を科されている。西村眞悟衆議院議員が一九九七年五月に魚釣島に上陸した際、同行・案内したのが仲間さんだった。

与那国島を離れ石垣島へとやってきた僕は、その足で仲間議員の事務所を訪ねた。彼は沖縄空手道の師範で、事務所は道場を兼ねていた。仲間さんは武道の師範らしい落ち着いた物腰で冷静に話してくれた。

「南小島、北小島、魚釣島、それから久場島ね、大正島以外はすべて上陸してます。大正島は岩石の塊ですから上陸できませんよね。

これ、プレゼントしようと思いましてね。魚釣島に上陸して山から撮ったものです」

そう言って渡されたのは、高台から撮られた魚釣島の写真だった。A３サイズでラミネートされた写真は、上三分の二が海で、下三分の一に陸地が写っていた。遠くに海上保安庁の巡視船が浮かび、岸の近くにライフジャケットを着た海上保安官が四人ほど乗ったボートが写っている。陸の左隅には古賀辰四郎の時代に作られた掘割の船着き場跡があり、その周囲こそ岩場になっているが、陸の右側半分以上は青々としたビロウ（クバ）の葉に覆われている。

仲間さんは、海に浮かんでいる船について写真の説明を続けた。

「ボートは海上保安庁のものです。ずっと警備しているんですね」

毎回のように海上保安庁の「お世話」になるというのに、彼はなぜそれほど尖閣諸島にこだわるのだろうか。

「やる人がいないとダメなんですよ。日本の外交というのは弱腰外交です。中国とやりあうには一人でも過激な行動をしないとまずいと思うんです。やっぱりこれは既成事実ですからね。上陸するという既成事実は年に一回は作らんといかん。行くたびにこの罰金がとられるんですよ。一〇万円。船長と誰かと一緒に行くと三〇万円。それでも行きます」

略式裁判で一〇万円の罰金、船長と同行者の分も合わせると三〇万円になる。理由はやはり船舶安全法の航行区域外使用だという。

二〇〇五年四月二三日未明、例年通り、仲間さんらが石垣港から尖閣諸島方面へ出航しようとしたところ、海上保安庁はそれまでにない強い態度に出た。「上陸は軽犯罪法に違反する疑いがあるとして、乗船予定の小型船舶をロープで岸壁に固定するなど出港差し止めの措置をとった」(『朝日新聞』二〇〇五年四月二四日付朝刊)というのだ。

それまでも、「行かないように」と海保に警告を受けても、彼は尖閣諸島へ行き続けていた。しかし、灯台の保守・点検を政府が行うようになったことで島の管理がいっそう厳しくなった。それで海上保安庁は見せしめ的に彼を阻止、つまりスケープゴートにしたのかもしれない。

出発前、海上保安官に「断念するように」と説得されるも、振り切って港へ向かった仲間さんは愕然《がくぜん》とさせられる。使用するべくチャーターしていた漁船〈みつ丸〉(四・五トン)がロープで固定され、四〇人もの海上保安官が警戒態勢をとっていたのだ。そうした実力行使により仲間さんは出航を断念せざるを得なかった。海上保安官は仲間さんにその場で内閣府参事官の通達を次のように示した。

「政府としては、あらかじめ認める場合を除き、同諸島への上陸等を行うことを禁ずる」

これまでは船舶安全法により一人あたり一〇万円の罰金が船長に科されていたが、それに加えて不法侵入を理由に罪に問われることになったのである。この通達を受けて仲間さんは対抗手段をとる。その年の六月に石垣市議会が上陸を賛成多数で決議し、上陸費用を予算に計上したのだ。

「去年は私の改選がありました。市議会議員の選挙がありましたから去年（著者注・二〇〇四年）は行ってないんですよね。しかしまた行きますよ」

仲間さんは僕にそう言った。そして実際、仲間さんはその年の七月、再び尖閣諸島へと出航した。しかし、海上保安庁の巡視船に島の手前約五キロの地点で停船させられ（海上で約五時間拘束された）、上陸を阻止されている。


自国民の島への接近を阻止するということを、海上保安庁はどう思っているのだろうか。取り締まりながらも違和感を抱くことはないのだろうか。日本人が日本の島へ行くのを阻止することに、心のなかでは忸怩《じくじ》たる思いがあるのではないだろうか。

尖閣諸島を管轄する第十一管区石垣海上保安部に、後日、電話でたずねてみた。尖閣諸島周辺海域の管理・保全のため二四時間態勢で領海警備にあたっているのは警備救難課というセクションである。できればその現場の声を聞きたいと思った。以下は電話に出た二十代とおぼしき若い男性とのやりとりだ。

「尖閣諸島周辺での警備態勢について知りたいので、警備救難課をお願いします」

「那覇にある本部総務課に電話してください」

「現場の話を聞きたいんですよ。ここから出動しているんですよね」

「それはお答えできません」

事実上のノーコメントだった。

内閣府の回答とつきあわせると、諸外国（特に中国）との関係を気にする政府が、問題を避けるために海上保安庁に厳正な警備を要請しているという構図が浮かび上がってくる。外国からの抗議船についてに領海に侵入しないようにするだけで、実質は手足を縛られて警備活動を行っているようなものだという。二〇〇四年に魚釣島に上陸した大陸の人間は沖縄県警がヘリコプターで乗りつけて逮捕したが、拘留はせず、取り調べのあとですぐに強制送還している。

待ちに待ったフライト

悪天候のため中止となったフライトから一カ月後の三月二四日、僕は再び那覇へやってきた。メンバーは一人が別の人にかわっていた。参加者四人で朝食をすませたあと、那覇空港へ行き、一階到着フロアにあるチャーター会社の受付へと出向いた。

チャーター会社は予備に二五日も押さえてくれていた。しかし予備日は役に立ちそうになかった。那覇に着いた午前一〇時時点で天気は晴れであった。しかし予報は天気は下り坂で明日は崩れる模様だという。今日を逃せばまた仕切り直しとなることが明白だった。

有視界飛行で飛ぶ機種なので、視界のよさがフライトの生命線である。霧が出て視界が失われれば中止となる可能性もあると前日、チャーター会社から念を押されていた。ところが事務所に出向いた途端、不安は取り除かれた。我々が着くと、担当パイロットがフライトに関するレクチャーを始めたからだ。それによると、那覇から尖閣までは通常約三時間半かかるが、今回は新型機を使用するので約二時間で到着、現地で三〇分ほど旋回し、石垣空港で給油して戻ってくるという。慣れた調子なので「行ったことはありますか」とたずねてみるとなんと「一一回行っています」とのことであった。いやはやなんとも心強い。

名前などを書類に記載し、カウンターに提出する。体重を記入させられるのは機体が小さいために席順を調整する必要があるからだ。

チャーター会社のワンボックスに一〇分ほど乗って滑走路を回り込み、飛行機の前に出た。セスナ社のグランドキャラバン。パイロットを除く九人乗り。パイロットと整備士が乗り込んでくる。なんだろうと思ったらテストフライトなのだという。営業用の飛行にはまだフライト時間が足りないらしい。そのため僕らは運よく無料で飛べることになった。

旋回の都合上、四人は通路の左側に座った。そして六、七分後、ジャンボ機が着陸したあとでゆっくりと滑走路に入った。離陸はあっけなかった。午前一一時に離陸開始し、ものの三〇秒で機体は空に浮かんでいた。五分後には慶良間《けらま》諸島の上空に出た。碧《あお》い海は島に近づくと鮮やかな水色に変わる。海に浮かぶ定置網らしきものや島の集落、そしてクジラの潮吹きといったものまではっきりと肉眼で確認できた。

視界の悪い進行方向へと機体は進んでいく。晴れているが水平線は霞んで見えない。引き返さないだろうかと心配になる。雲はちぎれているが、予断を許さない。

一二時一五分、パイロットが甲高い声で「赤尾嶼ですよ」と叫ぶ。窓の外には大正島（赤尾嶼）の厳しい山肌が目に飛び込んでくる。白波が立っている。諸島では唯一、国が所有しているこの島は米軍の射爆場として利用されてきたため、山肌には無数の弾痕があるらしいが、飛行機からは確認できない。島の高さは七五メートル。すべてが断崖なので人が住むのは難しい。

分厚い雲を横切り、一二時四〇分ごろに魚釣島近辺の海域に出た。セスナはここで急降下。たちまち警報装置が作動した。

「プルアップ　プルアップ」（操縦桿《そうじゅうかん》を引いて上昇しろ）

警告の言葉が止まらなくなる。パイロットが居眠りしていると勘違いしたようだ。

雲を抜けると島々が眼前に現れた。魚釣島・北小島・南小島である。魚釣島は遠く霞んで見え、手前にある北小島、南小島ははっきりと見えた。北小島はギザギザとした複雑な形、南小島は亀の甲羅のような丸みが特徴的だ。それぞれ周囲は約三キロ、標高は一〇〇メートル以上ある。

気がつけばセスナはすでに北小島から五キロ先の地点にある魚釣島の真上に達していた。プロペラ機だとはいえ実に速い。魚釣島は周囲約一一キロ、最高地点三六二メートル、見るからに険しく、峰が背骨のように島の中央を貫いている。

反時計回りで旋回すると、パイロットは甲高く、よく通る声で叫んだ。

「以前に比べるとだいぶ崩れていますね」

ビロウ（クバ）などの亜熱帯植物に覆われているかと思いきや、パイロットの言うとおり、表土がところどころあらわになっているし、ふもとには岩が積み重なっているではないか。島は南側が崩壊が厳しい。これは日本青年社がつがいの山羊を持ち込んだために起こったことである。新嵩さんによれば「緊急用の食料（遭難者の非常食）として与那国島の有志がプレゼントした山羊」なのだという。つがいだけだった山羊はその後、みるみる繁殖し、現在は五〇〇〜六〇〇頭いるという。本当にいるのか確かめようとしたが、時速一五〇キロと飛行スピードが速すぎるために、緑のなかにちらほら浮かぶ白い斑点ぐらいしか見えなかった。

南側の中央部付近には岩というには大きすぎる、ロッククライミングに向いていそうな岩山が島の岸辺にくっついていた。パイロットによるとこれは「中国人が上陸した岩」なのだという。どうやら、一九九六年一〇月に保釣の活動家四人が上陸を成功させたポイントのことらしい。

西海岸に回り込むと、外壁が残る戦前の鰹節工場の跡や二〇メートルの掘割の船着き場が見えた。これこそが日本人がこの島に定着していた生活の跡である。付近には、日本青年社によって建てられた魚釣島灯台（高さ五・六メートル）とペンキで岩に描かれた日の丸、そのほかには慰霊碑や島の

上●沖縄本島から魚釣島へ向かう途中に大正島（赤尾嶼）を見た。
この島と魚釣島は約110キロも離れている。
下●尖閣へ飛ぶ前日、使用機はアイランダからグランドキャラバンに急遽変更となった。

開拓を推し進めた功労者である古賀辰四郎の顕彰碑などが確認できた。このうちデジカメの確認画面ではなく、肉眼で確認できたのは船着き場と灯台ぐらいのものである。というのも繰り返すがセスナの飛行スピードが速すぎるのだ。

魚釣島は七回、北小島を一回、時間にして約二五分間旋回したところで、島を離れることになった。と、そのとき、パイロットがまた叫んだ。

「海上保安庁の巡視船です。島に接近するという情報をキャッチしてやってきたんです。我々がものを落とすんじゃないかと監視してるの。フライトプランが海保に渡っていますから日本の飛行機だと向こうはわかっていますよ。飛行機を降下するときも、『いまから行動します』と無線で伝えていますし」

目を凝らすと確かに水平線のあたり、はるか向こうに霧に霞む船体がうっすらと見えた。

——結局、肉薄したが上陸はしていない。

竹島や北方領土のように他国に奪われているという状態ではないというのに、自由には行けない。その事実が改めて身にしみて、なんともいえないもどかしさが残った。

那覇空港に到着したのは、出発から約六時間後の午後四時半すぎであった。夕暮れ近くの那覇の空はすっかり雲に覆われていて、翌日天気が崩れる予兆を示していた。

こうして尖閣へのフライトは終わった。

そして同時に、五年という長きにわたった「国境の島」をめぐる僕の旅も、幕を閉じた。

初版エピローグ――日本の中心から遠く離れて

沖縄本島。硫黄島と同じくあの戦争で激しい地上戦が行われ、民間人を含む犠牲者数一八万人以上を数えた国境の島。その中心都市である沖縄県那覇市は、沖縄戦によって徹底的に破壊されたが、戦後六〇年以上を経たいまや観光都市として名高い。那覇市の中心にある国際通りには観光客向けの店が並び、年中観光客であふれている。

四月の那覇の日差しはすでに強く、半袖シャツに薄手のズボンという夏服でも寒くなかった。国際通りから三～四キロ東に、沖縄を代表する歴史的建造物、再建された首里城《しゅりじょう》がある。那覇市街からモノレールで終点の首里まで行き、そこから歩いて首里城へ向かった。モノレールを降りてから城の入り口の門まで通常なら歩いて一五分ぐらいの道のりだ。首里城は那覇市内を見下ろす小高い丘の上に建てられている。この旅のなかでもすでに何度か立ち寄っていた沖縄本島にまたやってきたのは、この首里城を見るためだった。

歩行者専用の坂道をのぼると、首里城公園の入り口に立つ有名な門構えが見えてきた。二千円札に描かれている守礼門《しゅれいもん》である。七メートルあまりの高さを持つ四本の赤い柱と二重の瓦屋根から構成されるこの門は典型的な琉球建築だと思っていた。しかし実際に門構えを目のあたりにすると、中国各地でよく見かける（日本では中華街の入り口にある）牌楼《ぱいろう》という中華風の門に似ていることに気がつくのだ。

修学旅行の高校生たちや団体旅行の中年男女、若いカップルなど観光客が門のまわりに鈴なりになっている。彼ら観光客は記念撮影を終えるとすぐに門をくぐり奥をめざして進んでいく。首里城の正殿《せいでん》を見るため先を急いでいるらしい。典型的な観光地の風情だった。もちろんここは近年増加する隣国中国や台湾からの観光客たちも訪れる場所である。


かつて沖縄に存在した琉球王国、その国王の居城が首里城だった。琉球王国の政治や儀式などが行われた首里城は、明治時代初期、日本政府によって城から国王が追放され約四五〇年にわたる琉球王国の歴史に幕が下ろされるまで、沖縄史の表舞台としての役割を常に担ってきた。その後、主《あるじ》を失った城は軍の駐屯地や沖縄神社、小学校などに利用されるが荒廃し、沖縄戦で跡形もなく破壊され尽くされてしまった。

沖縄の人たちにとって首里城は沖縄を象徴する特別な場所である。戦後、アメリカの手によって城の跡地に琉球大学が建てられたあとも、首里城再建の願いがやむことはなかった。

「町は復興したのに首里城だけは再建されていない」

「首里城の復元なくして沖縄の戦後は終わらない」

などと語られ続けたのだ。一九七二年の本土復帰後、ようやく琉球大学の移転が始まり、首里城の再建が開始された。そして正殿など首里城の主要施設の復元工事が完了するのは復帰から二〇年後の一九九二年のことだ。

日本と中国の間という微妙な位置にある沖縄は、政治と戦争に翻弄され続け、日中両国への両属状態、日本の領土の一部、アメリカの統治下、そして本土復帰と帰属を一方的に決められてきた。

その激動の歴史に寄り添ってきた首里城を、日本の「国境」と「領土」をめぐるこの旅の最後に見ておきたいと思った。

守礼門をくぐり一〇〇メートルほど進むと、歓会門《かんかいもん》という城郭への入り口があり、かつて王が居住していた城郭内側へと入っていく。長い上り坂をさらに奥へと進み、日本の城郭でよく見かける木造の建物が門になっている櫓門《やぐらもん》や琉球石灰岩の城壁にアーチ型の出入り口のある門などいくつもの門をくぐり抜け、ようやく券売所のある広場にたどり着く。入場券を買い、正殿への入り口となっている奉神門《ほうしんもん》を抜けると、首里城の中心部である正殿が目の前に現れた。

正殿は不思議な造りになっていた。赤瓦で覆われた二層三階建ての木造建築であるこの建物の下の屋根の正面中央には東大寺《とうだいじ》の大仏殿《だいぶつでん》で見るような唐破風《からはふ》がついていて、優美な弓形の弧を描いた独特の形状が印象的だ（唐破風は日本の伝統建築から生まれたという説が有力である）。一方、建物自体は石の土台の上に乗り、屋根の両端などいたるところに龍の造形がある。こうした特徴には守礼門と同じく中国からの影響が色濃く見てとれる。日中の建築様式がミックスされた首里城の外観は、両国に翻弄されたこの土地の歴史をよく物語っていた。

しかし一方で、きれいに作り込まれテーマパークのように観光地化された施設からは、例えば広島の原爆ドームの偉容を目の前にしたときに感じるような歴史の重さ、畏《おそ》ろしさのようなものは感じることができなかった。できることなら、生《なま》の記憶を伝える戦争当時の遺構を目にしてみたかった。

そんなふうに思いながら、僕は正殿をあとにし、園比屋武御嶽石門《そのひゃんうたきいしもん》と呼ばれる石造りの門をめざした。その場所には戦争の遺構が残されていると観光案内所で聞いていたからだ。

先ほど来た道を戻り守礼門のほうへと向かっていく。すると、歓会門から守礼門までの途中、右手にその石門はあった。近づいてみると琉球石灰岩でできた門の右脇には下へと続く階段があった。そのまま何かに誘われるように、僕はその階段を下りてみた。

階段下の左手には人気のない薄暗い藪《やぶ》があり、藪の奥にまわりをコンクリートで固められた壕らしきものの入り口が二つ見えた。何か触れてはいけないものを封印するかのように、一つは金網でふさがれ、もう一つは鉄の棒でふさがれていた。それぞれの入り口は人がかがまずに入れるくらいの大きさだ。鉄の棒でふさがれたほうの入り口をストロボを焚いて撮影し、写真をその場で確認すると、鉄筋が天井から垂れ下がっていて、四〜五メートル奥にはコンクリートの壁があった。どうやらさらに左右に穴が続いているようだった。

この壕は、地下要塞の跡だった——。

太平洋戦争末期、ここ首里城には沖縄守備軍（第三二軍）の司令部が置かれていた。米軍が本土に上陸するのを一日でも遅らせ、本土決戦までの時間をできるだけ稼ぐために、硫黄島や小笠原同様に地下要塞が構築され、米軍相手の持久戦が行われたのだ。首里城の下に日本軍の要塞が築かれたのは、そこが那覇を見渡せる高台という軍事的に有利な場所だったからだ。

沖縄戦の火蓋が切って落とされた一九四五年（昭和二〇年）三月二六日から二カ月後の五月下旬、第三十二軍司令部は首里を占領される前に南部へと退却、首里城は艦砲射撃など米軍の攻撃を数日間受けたのち、五月二七日に焼失する。

南部へ司令部を移すということは、いよいよ民間人にも本格的に持久戦を強いることを意味した。というのも軍司令部が逃げ込んだ島の南端部には先に逃げてきた十数万人もの民間人がいたのだ。組織的な戦闘が終了する六月二三日まで、民間人を巻き込んださらに壮絶な戦闘が繰り広げられた。実際、軍人が南部に退却したあとの六月以降に亡くなった民間人の数は、沖縄戦全体で犠牲となった民間人約九万四〇〇〇人のうち四万六八三三人と半数近くにものぼるという。なお沖縄戦全体における日本側総死者数は一八万八一三六人、アメリカ側の総死者数は一万二五二〇人とされている（沖縄県援護課発表・一九五〇年）。

日本本土、もっといえば大日本帝国の国家体制維持のために、沖縄は軍民もろとも消費された。しかし、硫黄島や沖縄での戦いがあったからこそ、さらに甚大な犠牲者が出ることを懸念した米軍は本土決戦へと踏み切れなかったと指摘する研究者もいる。もし本土決戦に突入していたら、戦後の日本という国のかたちは現在とはまるで違うものになっていたに違いない。そう考えると、日本の中心からは遠く離れたこの沖縄も、この地下要塞の跡も、僕たちが生きる平和な「現在」につながっている〝特別な場所〟なのだ。

沖縄戦のなか、米軍は沖縄本島全土を軍用地・民有地関係なく占領した。そして戦後、米軍は基地建設を進めるとともに不要な土地だけを島民に開放した。当初はあまり重要視されていなかった沖縄の米軍基地は、朝鮮戦争の勃発などによって「太平洋の要石《かなめいし》」と呼ばれるほどに重要視され、基地としての機能が強化されていった。一九七二年に沖縄を日本に返還したのちも、米軍は撤退することなく駐留し続けた。現在、在日米軍の基地のうち約七五パーセントが沖縄に集中している。その規模は沖縄県の約一〇パーセント、沖縄本島の約一九パーセントの面積を占めている。基地となっている場所に戦前住んでいた人たちは、もちろんいまもその土地に戻れないままである。

言うまでもなく、日本とアメリカの関係はこうして沖縄を犠牲にすることで成り立っている。人は、意識しようとしなければ、いともたやすく他者の痛みを無視できる。けれど人は、意識することで、他者の痛みを想像することができる。ならば僕は、「国境の島」が押しつけられた痛みを想像したい。「国境の島」の不自然なありようが、この国にとって当たり前のものとみなされ、さらに戦争の記憶が風化していくその前に。

——薄暗い藪のなか、封鎖された壕の入り口の前に立ち、僕はそんなことを考えていた。

*

二〇〇二年に初めて竹島を訪れたのは、サハリン（樺太）の南半分、台湾、韓国、北朝鮮、ミクロネシア（旧南洋群島）、中国東北部（旧満州）という、かつて「大日本帝国」と称していた日本の統治下に置かれた地域に、日本統治時代の痕跡を探して旅をしている途中だった（その記録は二〇〇五年に『僕の見た「大日本帝国」』としてまとめた）。

二〇〇〇年から二〇〇四年にかけてのその旅は、明治以降の日本が国家として領土を拡大させていった歴史を、いまに残る当時の痕跡を手がかりに、僕なりに確かめる旅でもあった。アジアや太平洋の各地に膨張していった日本は、そこでいったい何をしたのか、現地の人びとは日本についてどう感じているのか、それを知りたかった。

そして、かつて日本の領土だったアジア太平洋の各地をめぐる旅を続けながら、竹島での奇妙な体験を経て、いまの日本の周縁に位置する島々——「大日本帝国」が「日本」へと変わるとき、直接に最も影響を受けた「国境の島」——を訪ねる旅を始めていた。膨張しきった日本が敗戦によって収縮したとき（つまり戦後の日本が文字通り形作られるとき）、何が起こったのかを知りたかったからだ。「大日本帝国」への旅が終わってからも「国境の島」への旅は続き、最終的には五年という年月を費やすことになった。

今回、僕がこの旅でやろうとしたことは、「国境」や「領土」というものを通して日本という国の姿を見つめ直すことだった。「愛国心」や「ナショナリズム」といった尖《とが》った言葉とともに語られることの多い「国境」や「領土」の最前線を、生身の現場としてこの目で見てみようと思った。「大日本帝国」からいまの「日本」へといたる、この国の膨張の歴史と収縮の歴史、その両方を目のあたりにすることで、日本をめぐる一つの大きな旅が完結するのではないかという思いがあった。その根底にくすぶっていたのは、自分が生きるこの日本という国の過去と現在、歴史と事実をもっと知りたい、という単純な好奇心である。

僕の単純な好奇心とは裏腹に、今回の旅で訪ねた「国境の島」には実にさまざまで複雑な現実があった。歴史、文化、自然、国際関係、行政的課題、そしてその土地をめぐる人びとの営み・思い……、いわば、まさにそこはヒトとクニの歴史が現在へとつながる場所だった。

ヒトとクニの歴史が戦争という出来事を契機に交差するとき、さらに否応なく政治が人を翻弄し蹂躙《じゅうりん》する。「国境の島」の歴史とは、そうして政治に翻弄され続けている歴史でもある。

特にいくつかの島では、歴史の表舞台で語られることの少ない、あの戦争とその後の日本をめぐる戦後処理の残した深い爪痕が、不自然な現実として存在し続けているのだということを、この目で確かめることができた。そして人はそれでも、時には歴史や政治のうねりに抗しながら、時にはそのうねりに飲み込まれながら、それぞれの仕方で逞しく生きていく。辺境の地とされてしまった「国境の島」で生きる人びと、「国境の島」にかかわる人びとの姿から、僕はそのことを強く感じた。

この本で訪れた島々が抱えるそれぞれの問題が、そう遠くない未来に全面的に解決されることは残念ながらないだろう。正直そのことに砂を嚙むような思いを抱くこともある。版図《はんと》の拡大に破滅的に邁進したあの戦争への反省からなのか、「国境の島」の現実は遠く、六十数年前の戦争の記憶はさらに遠い。つまるところ、それは戦後一貫して「国境の島」の現実に手をこまねいてきた、もしくは目を逸《そ》らし続けてきた、この国のリアルである。

けれど——自分が生まれ生きる国の「領土」や「国境」について、過去をタブー視せずに知ること、考えることは、決して「愛国心」や「ナショナリズム」という言葉にのみ集約されてしまうことではないはずだ。知らなくて当たり前と開き直るのが時代の趨勢《すうせい》だとしても、「国境の島」を直視することで見えるもう一つの日本の姿に、僕はそう感じずにはいられなかった。

地理的にも心理的にも遠いそれらの現実は、国というくくりのなかで、歴史という流れのなかで、間違いなく僕たちが生きる平和な日常と地続きだ。そして、国境や領土をめぐる国家間の対立を戦争という方法で解決することがほぼ不可能となり、さまざまな局面でボーダーレス化が進むこの世界で、東アジアの一角に位置する日本という国が、真に「自立した」「独立の」国家としてその未来を構築しようとするとき、「国境の島」のいくつかは隣国との避けられない接点として、必ずや重要な役割を果たすことになるに違いない。そのとき、「国境の島」は、また新たな歴史の波に揉まれることになる。

だからこそ僕は、一人の日本人として、「国境の島」の未来が、その土地に関係するすべての人びとにとって最良のものとなることを願ってやまない。

*

地下要塞の跡を離れた僕は、もう一度首里城の正殿へと向かった。

正殿の前では、ひっきりなしにやってくる観光客たちが、相変わらず記念写真を撮るだけで通り過ぎていく。そんななか、僕は一人、さっきとは違った少し厳粛な気持ちで、しばらくの間首里城の正殿を眺めていた。

解説　日本の国境

東海大学海洋学部教授 博士（経済学） 山田吉彦

二〇〇二年の竹島クルーズから始まった国境の旅は、二〇〇七年春、尖閣まで続き、さらに二〇〇八年春、那覇の首里城にたどり着くことで一旦、終わりを見せた。そしてその年の秋、単行本として刊行した。

二〇〇八年秋に出た旧版とこの令和版の決定的な違い。それは、二〇一二年〜二〇二二年の年末までに再訪したルポや最新状況などを含んだ新章を加筆したことだ。

その新章に入る前に、日本の国境とは何か——というその解説を、幕間《まくあい》に記すことにする。解説を執筆してくださったのは、海洋問題研究家で日本の国境問題に詳しい山田吉彦《やまだよしひこ》先生である。この解説を読んだあとに加筆分のパートを読んでいただくことで、国境についての理解がより深まると思う。それでは僕が敬愛する山田先生の解説をどうぞ。

＊

日本は四方を海に囲まれた海洋国家である。古事記、日本書紀などの書物には、日本の国土が神々により作られた島により形成されていることがつづられている。

現代の日本は、海に依存した社会が形成されている。多くの日本国民は、そのことに気付いていないだろう。日本の経済は、海外との貿易に依存していると言っても過言ではない。石油をはじめとしたエネルギー資源や鉄鉱石などの鉱物資源、穀物や肉類など多くの食品は海外からの輸入に頼り、自動車などの工業製品の輸出は産業界を支えている。その貿易量の約九九・六パーセントは船を使った海上輸送に依存しているのだ。

長い歴史の中で海とともに発展してきた国である。日本の周辺海域の海底には多くの海底資源が眠る。メタンハイドレートや海底熱水鉱床、レアアース泥など、エネルギー資源、鉱物資源などがふんだんに存在することが知られている。また、日本の近海には多くの魚介類が生息し、古くから日本人の食を支えてきた。寿司などの和食の食材の中心は魚介類であり、日本人にとって海の恵みは欠かせない存在なのだ。

さて、この日本人を支える海、「日本の海」の範囲は、どこまでなのだろうか。国際海洋法と言われる「海洋法に関する国際連合条約（国連海洋法条約）」では、沿岸国は沿岸から一二海里（約二二・二キロ）までの領海と二〇〇海里（約三七〇キロ）までの排他的経済水域を管轄海域として主張できることになった。このことにより、海上に管轄海域の境界線、いうならば「国境線」が引かれることになったのだ。そのため島嶼により形成された日本の国境は、すべて海上に存在しているのである。

日本において国境が意識されたのは比較的新しいことだ。四方を海に囲まれ、ごく一部の期間を除き隣国との境界が海上に存在したため、日本人にとって国境は目に見えず意識しない存在だった。

第二次世界大戦後、米国をはじめとして海洋利用、深海開発の機運が高まり、一九五八年、国連海洋法会議が開かれ、国際海洋法の制定が求められた。この中で、領海と公海の制度化が進められた。しかし、各国の思惑が対立し、結局、この動きが実を結んだのは一九八二年の第三次国連海洋法会議において、国連海洋法条約が採択されるまで待たなければならなかった。さらに、この条約が発効したのは、一九九四年である。国連海洋法条約は、人類共通の財産と考えられていた「海」を各国に分割した。それによって、排他的経済水域から得ることができる漁業権益や海底資源の存在が、海洋における国境紛争を生み出すことになったのだ。

日本近海においても、中国が海洋強国を目指して海洋進出を始めると、中国艦船の尖閣諸島へ侵入するなど海洋安全保障に関わる問題が発生するようになった。政府は国連海洋法条約に合わせて国際法を整備するために、二〇〇七年に海洋基本法を定め、日本においても海洋に関わる政策を進めることとした。

海洋基本法の制定に当たり、政府は海洋立国の実現により経済社会の健全な発展及び国民生活の安定向上を図ることを目指した。その中で、五年ごとに海洋基本計画を策定し、海洋に関する基本的な方針、海洋に関し、政府が総合的かつ計画的に講ずべき施策等を規定することとした。

海洋基本法では、六項目の基本理念を示している。「海洋の開発及び利用と海洋環境の保全との調和」「海洋の安全の確保」「海洋に関する科学的知見の充実」「海洋産業の健全な発展」「海洋の総合的管理」「海洋に関する国際的協調」である。この基本理念を実践するための施策が海洋基本計画で示される。しかし、具体的な施策を実行するためには、日本の管轄海域が安定し、平穏でなければならない。まずは日本の海の平和と安定を確保することが重要だ。そのため、緻密《ちみつ》な海洋管理を進める必要がある。

また、他国による侵略行為や妨害行為を警戒し、その危険な行為を未然に防ぐ必要がある。

国民、国土を守る海洋安全保障体制の充実が、すべての海洋政策を支える。他国により領土、領海を脅かされている状況では、海洋政策を推進することはできず、海洋立国としての発展どころか、国民の生活を守ることもできないだろう。海洋立国を目指す日本の海洋政策を実践するためには、海洋安全保障を国家の最重要施策の一つとして確立しなければならず、さらに、実践することが不可欠だ。

二〇二三年、政府は第四期海洋基本計画の策定に着手した。その計画には、「我が国の領海等における国益はこれまでになく深刻な脅威・リスクにさらされている」という現状認識を記載している。北朝鮮のミサイル発射、中国海警局の警備船（中国海警船）による領海侵入、中国調査艦による不法な海洋調査、中露軍艦が連携した示威活動などを具体的に指摘し、迫りくる危機に対する警戒の必要を説いた。中国、ロシア、北朝鮮などの隣国の脅威を、国民に対して警告しているものである。さらに、防衛力や海上法執行能力等の向上を目指し、我が国自身の努力によって、抑止力・対処力を強化することを目指す意向だ。

海洋基本法では、国は基本理念にのっとり、海洋に関する施策を策定し、実施する責務を有する。地方公共団体は、その区域内の自然的社会的条件に応じた政策を制定し実施する責務を持つことが規定されている。国及び地方公共団体は、海洋施策を実践するために領土、領海を守る義務を負い、具体的な行動を起こさなければならないのだ。

その象徴的な存在は、尖閣諸島に関する政策だ。中国は領土的野心を隠さず、同諸島における日本の主権を脅かしている。準軍隊化した中国海警局は、重武装の海警船を投入し、日本漁船を追うなど脅威を与えている。政府としての対応が不可欠だ。しかし、政府の腰は重い。

二〇二二年一月、尖閣諸島を区域内に持つ沖縄県石垣市は、市の責務を果たすべく実現可能な施策として尖閣諸島周辺海域における海洋調査を実施した。それは海洋基本法に示された自然的社会的条件に応じた海洋環境及び水産資源の調査であった。政府はこの調査にあたり、国際法、国内法を遵守した自治体の活動であることを求めた。市からの連絡を受けた海上保安庁及び海上自衛隊は調査船の安全確保を行った。この調査の実施は、事前に石垣市長から台湾にも連絡していた。

調査の実施後、積極的に施政権を示す行動として、国内外からの高い評価を得た。

石垣市は、海洋環境の維持管理のために、二〇二三年一月にも尖閣海域の海洋調査を実施した。二〇二三年の調査の実施は、事前に市議会でも議論され、告知され、実施された。中国当局にも情報が伝わっていたと考える。

石垣市は、海保との綿密な調整のもと、海洋調査を実施した。この調査ではドローンを使って島の現状を撮影し、魚釣島の南側において、草木の減少と土壌の崩壊が進み、水流も枯渇していることが判明した。原因は、山羊による食害等と考えられ、早急に手を打たければ島の生態系が崩壊し、魚釣島に人が暮らすなどの活用が今後、不能となることが危惧される。

魚釣島にはセンカクモグラ、センカクサワガニ、センカクツツジなど固有の動植物が存在しているが、自然が崩壊する状況の中、その生存が危惧されている。早く島に上陸し、生態系の調査を行う必要がある。そして、環境保全策を打ち出さなければならない。しかし、政府は上陸しての調査を一切認めていないのである。

また、魚釣島には第二次世界大戦の終戦直前に、石垣島から台湾に疎開する人々を乗せた船が、米軍機による機銃掃射を受けて航行不能となり、この島に漂着している。その時、ケガや飢えで命を失った方の遺骨が今も眠っている。石垣市は、この方々の慰霊と遺骨の収集のために、魚釣島への上陸を国に申請しているが、国は上陸を拒んでいる。環境保護施策や人道的な行為すら行えないほど、尖閣諸島問題において中国に配慮する必要があるのだろうか。多くの国民は疑問に感じているようだ。

石垣市の調査は、尖閣調査を前提とした「ふるさと納税」による資金で行われた。ふるさと納税は、日本全国から寄せられている。国民は領土領海を守る活動へ期待しているのだ。

政府は、海洋基本計画の柱に「総合的な海洋の安全保障」を掲げている。海洋安全保障では、海保、海自による海上警戒だけではなく、離島を管理し、活用する施策を進めるべきだ。まず、尖閣における総合的な海洋の安全保障施策の実践が、日本の海洋政策の成否を分かつものとなる。そして、海洋国家として、周辺海域の海洋環境の保全、水産資源の保護を進める必要がある。さらに、国際的な視野に立ち、公海上における海洋環境の保全、水産資源の保護のために貢献していくべきである。特に環境という言葉は、国際社会の理解を得やすい。尖閣諸島海域は、日本の管理下において、海洋保護区を設定し、軍事的な緊張を近づけない海域とすることが一案である。

現在の日本は、尖閣諸島において中国の脅威に直面しているが、第二次世界大戦後、領土の侵略を受け、北方領土問題と竹島問題の二つの領土問題を抱えている。北方領土問題は過去に数度、改善に向けて動き出すかに思える時期もあったが、現在のロシアは態度を硬化し、返還交渉にすら応じていない。ロシアにおいては、北方領土問題は、クリミア半島の併合と連動し、領有権の譲歩はあり得ないのである。

竹島問題は、韓国の武力占領と徹底した領有権の主張に対し、日本政府はなす術《すべ》もないありさまだ。韓国では竹島を「獨島」と呼び、韓国の領土であることを教育においても徹底し、多くの韓国人は竹島を韓国の領土と信じ込んでいる。早急に国際社会に問題提起すべきである。国際司法裁判所は、問題を持つ両国の合意がなければ審議を行わないが、訴えを起こすだけでも国際社会の関心を得ることができる。日本は平和な国ではなく、北方領土のように侵略によって土地を奪われた人や竹島周辺の漁場を失った人々の苦悩に、目をつぶってきただけである。

ようやく日本政府は、総合的な海洋管理に目を向け始めている。特に広大な管轄海域の管理に重要な離島の管理に動き出している。まずは日本の島の数を正確に把握する調査を行った。

二〇二三年一月、国土地理院は日本の島の数を「一万四一二五島」と発表した。これは島の外周が一〇〇メートル以上の島の数である。このような基準で島の数を発表している国はほかにない。一九八七年、海上保安庁が同様に周囲一〇〇メートル以上の島の数を六八五二島と公表した前例に従ったものである。島の数が急に増えたのは、航空写真の利用やITの活用など、計測技術が進化したからである。国連海洋法条約における島の基準は、「常に水に囲まれ高潮時に陸地が存在するもの」である。日本においてこの基準に当てはまる島は数えきれない。国土地理院が確認している地図上に記載された島だけでも一二万〇七二九島である。この島々を基点として、広大な領海と排他的経済水域が広がる。その面積は、約四四七万平方キロメートルに上り、世界六位の広さである。この領海と排他的経済水域では、その中に存在する海底資源や水産資源などの経済的権益を享受することができるのである。それらの権益は、日本の未来を支える柱となり得るのである。

日本の島の中で、離島ではない島は北海道、本州、四国、九州、沖縄本島の五島だけである。この五つの島が離島ではないのは、地方における行政機関の中心が置かれている都道府県庁所在地であるからだ。離島の数は一万四一二〇島ということになる。この離島に暮らす人の数は、約七〇万人である。この約七〇万の人々により、広大な海域の基点となる島が維持されているのである。

さらに一二海里の領海の大本になる領海基線を有する島を国境離島というが、二〇二三年現在、その数は四七三島である。特に二九地域一四八島を有人国境離島地域に指定し、地域社会を維持するため、観光振興や地元産品の拡大などに取り組んでいる。離島の管理の第一は、人が安心して暮らせる社会作りである。そもそも日本全体がその延長線上にあり、海洋国家である日本が存在しているのだ。

日本の隣国では、北朝鮮と韓国、中国と台湾など紛争の火種がくすぶっている。いつ火がついてもおかしくない。その時、国境離島には難民が押し寄せて来るだろう。国際情勢を見極め、離島の管理を推し進める必要がある。国境離島は、日本の守りにとって極めて重要なのだ。離島政策は総合的な海洋管理の根幹である。

*

この解説で特に注目したいのは、最新の『海洋基本計画』に記された、自国に対する現状認識ではないだろうか。「我が国の領海等におけるる国益はこれまでになく深刻な脅威・リスクにさらされている」と記したうえで、抑止力・対処力の強化を目指す意向が記されているのだ。

では、ここで言う、日本政府が認識し、備えようとしている近隣国の脅威とは何か。僕が加筆した新章で、脅威が生じていく過程や現状、そして未来についてじっくり（山田先生の解説と一部重複するが）記していく。

日　本　の　国　境

2 0 1 2 ～ 2 0 2 3

十一　尖閣諸島Ⅱ

尖閣ツアーと国有化

暗闇下の出港

そこは暗転した舞台のようだった。人の気配は確実にある。とはいえ、暗いので何人いるのかわからない。近くにいるのか、それとも遠くにいるのか、どこにどんなものが配置してあるのか。

二〇一二年八月一八日午後八時ごろ、地元で新川《あらかわ》漁港と呼ばれる石垣漁港に僕は来ていた。尖閣諸島へ行くためだ。香港の活動家たちが上陸して三日後のことだ。小さな漁船がすぐ近くにぼんやりと見える。一〇トンあるかないかという小さな船だ。大きな日の丸と団体名の書かれた緑色の幟《のぼり》がはためいている。漁船は一隻ではなく、連なっているようだ。しかし何隻連なっているのかは暗すぎて把握できない。

あちこちで光が点灯したり明滅したりしている。棹《さお》の先につけられているフワフワの毛でできたマイク用の風防や肩に載せられた重そうなプロ用のビデオカメラ、ハンディマイクを片手に質問を投げかける女性とそれに答える人が煌々《こうこう》と照らされる。別の場所では、ストロボの光がパッと明滅し、メモしている人と話す人が一瞬浮かび上がる。テレビ局や新聞社が取材を行っているのだ。

たくさんの人が横を通り過ぎる気配がする。割り当てられた船にそれぞれ乗り込もうとしているのだろう。高々と日の丸を掲げながら船へ向かう人の後ろ姿がやけに目立つ。

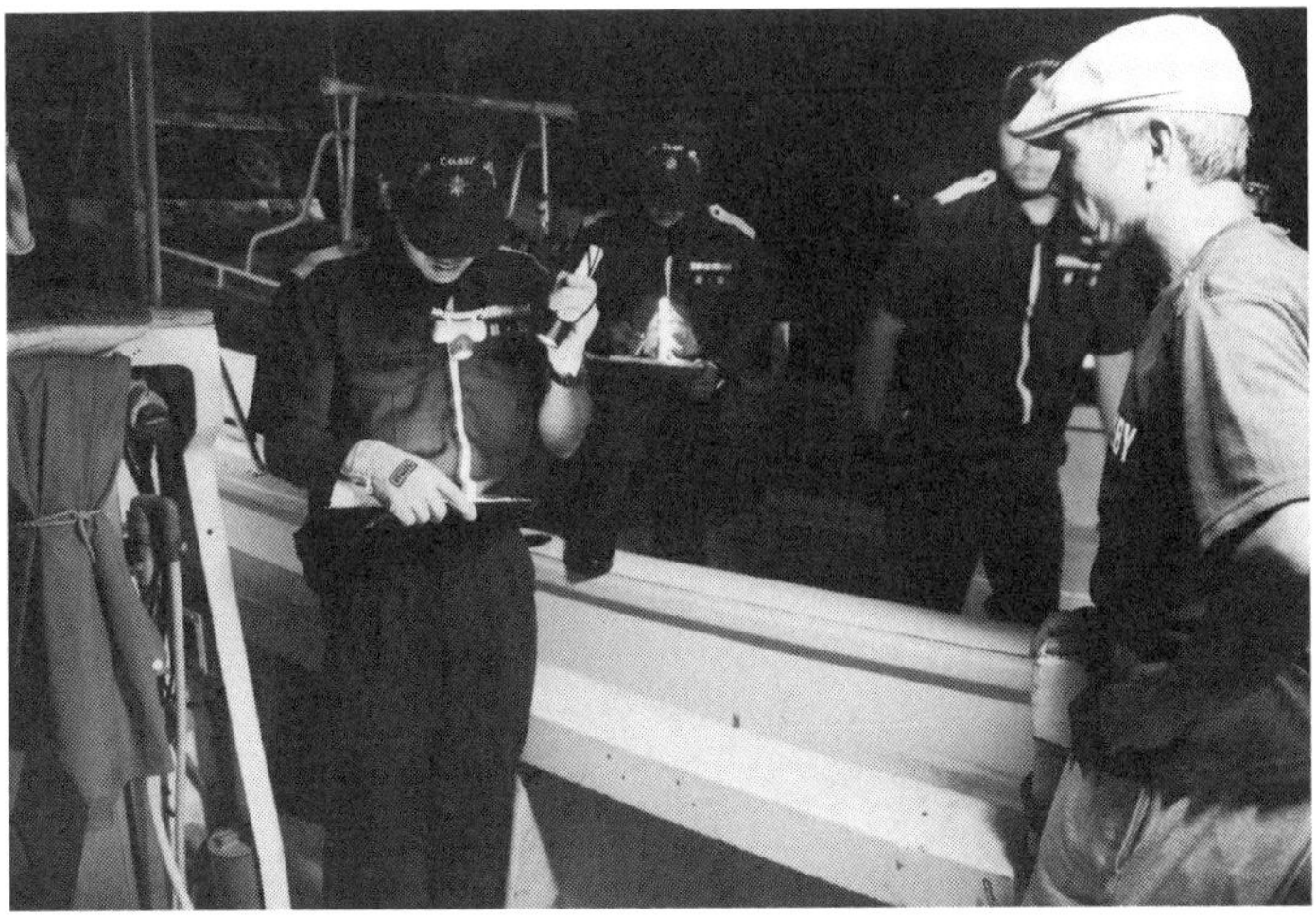

2012年8月18日の夜、石垣島の新川港。尖閣へ出港する前、海上保安官の臨検を受ける。

午後八時半の出航までは時間にまだ余裕があったので、荷物を置いて漁港をぶらついてみた。総勢一四隻。すべてが一〇トン前後の小型漁船だった。そうこうしているうちに時間切れとなり、急いで暗闇のなかを歩く羽目になった。荷物の入ったクーラーボックスと浮き輪と同じ材質のエアマットを抱えながらなので早足では歩きづらい。クーラーボックスには一眼レフ三台と交換レンズ、ゼリーやカロリーメイトなどの非常食を入れていた。

五〇～六〇メートル離れた岸壁の一番端に、僕が乗る予定の勇漁丸《ゆうぎょまる》はあった。船の大きさはほかの漁船と同じく一〇トン足らずと小さい。岸壁沿いに連なっている別の船の奥に、勇漁丸は船縁《ふなべり》を密着させている。因幡《いなば》の白ウサギのごとく、船から船へ漁船をまたいで歩く。シーソーのように左右に揺れる甲板をつまずきそうになりながらも注意深く、なんとか無事に勇漁丸までたどり着き、そして乗り込んだ。

八畳ほどの後方デッキは腰を下ろすことができないほどに混み合っていた。船長と助手、今回の乗船予定者、そのほか揃いの制服を着た二十代とおぼしき若い海上保安官が三人乗り込んでいたからだ。海上保安官は三人とも精悍な顔つきをしていた。海の安全を守るために日々鍛え上げ、現場で修羅場をくぐっているのか、迫力が静かににじみ出ている。表情に険はなく、冷静だが柔和な表情を浮かべている。

「船長と助手含めて総員八名。船長さん、救命胴衣を着るよう徹底してください。乗り降りのときは面倒見てやってね」

保安官の一人が船長に向かって親しそうな様子で注意事項を伝えている。その様子に合点がいった。八重山漁協が全面的に協力しなければ、総勢一四隻もの漁船は出せないだろう（ほかには宮古島から二隻、与那国島から三隻の合計一九隻）。海上保安庁が事前に認めなければ、こんなに堂々と出航できるはずがない。

取り締まられることはないとわかっていても、胸の鼓動を抑えられない。漁船をロープでグルグル巻きにされ出航を阻止された仲間均さんや、ルポを公表したことで足がつき事情聴取され罰金をとられた芦川淳さん（本書「十　尖閣諸島Ⅰ」参照）の話が突然頭に浮かんできて、不安な気持ちが抑えきれなくなった。

「全員揃っていますか」

名簿を手に、規定の人数が乗り込んでいるか、保安官がチェックし始めた。

「これはニシムタとお読みするのですか？」

「はい、そうです」

努めて冷静に言った。厳しいといわれているロンドンの入国審査並みかそれ以上に厳しい質問をされると思い身構えていた。ところがだ。意外なことに質問は何もなく、次の人の点呼に移った。そしてすぐに全員の名前が読み上げられた。

「全員揃っていますね。ではこれで引き揚げます。現場海域は波の高さ一・五メートルとべた凪《なぎ》のようですが、くれぐれも気をつけて行ってきてください。安全な航海をお祈りしています」

保安官は岸壁へと引き揚げていく。少なくとも、荷物の検査ぐらいはやると踏んでいたので、拍子抜けした。

僕ら参加者を尖閣まで乗せてくれるのは六十代とおぼしき二人の漁師《ウミンチュ》である。やせ形で背の高い船長と、小柄で筋肉の塊のような助手。体型は対照的だが、二人とも赤銅色《しゃくどういろ》に日焼けし、贅肉《ぜいにく》はないという点で共通している。おそらく海の仕事が二人の体を作ったのだろう。共通しているのはそれだけではない。二人とも素っ気ない口調でぽつりぽつりと話すのだ。

「寝るところは適当に。出航したら下船はできません。パンと弁当、ミネラルウォーターを用意していますからご自由に。トイレはこの扉の奥です」

船長はぶっきらぼうな口調だが、今回の航海が満足のいくものになるように、という心遣いは伝わってきた。

「現場まで八時間ぐらいですか。寝られなくて大変ですね」

「助手と交互に眠るさ。それより、あんた、出航したらなるべく早く寝たほうがいい。これ枕にして眠ったらいいさ」

船長は全員分の救命胴衣を取り出して、行き渡るようにまわした。

クーラーボックスを後部の船縁に置き、椅子代わりに座ると、参加者同士の自己紹介が始まった。船長と助手のほかに僕を含め六人の乗客が乗り込んでいた。下は三十代、上は六十代、男性ばかりという構成であった。保守的な団体が主催するツアーだけに、若いころヤンチャだったイカツい人たちが乗り込んでいるのだと思い、乗り込む前、僕は内心ドキドキしていた。しかし、実際、乗り込んでみると、参加者にそういった人は一人もいなかった。むしろ、立派な社会人といった人ばかりだった。僕は自分の浅い考え方、そして先入観を抱いていたことを恥じた。

体格のよい四十歳前後の会社経営者Uさんは言う。

「他国の領土を狙ってくる中国や韓国はけしからんと思っています。抗議活動にも参加していましたが、尖閣にはぜひ一度行きたいと思い、応募しました」

中国への怒りと日本への愛国心、そして島への好奇心が参加の理由らしい。

華奢な外見の三十代前半のシステムエンジニアKさんは言う。

「他国の侵略を不安に思ってました。自身、どうしたらいいのか。この問題をどう考えたらいいのかわからず、実際に島を見ることで何かわかることがあるかもしれないと思い参加しました」

怒りというよりも、憂国と自分探しという目的が心のなかでないまぜになっているらしかった。「領土問題」において、人びとが重きを置くのは発生の原因ではなく、自国に有利な「神話」ではないか。人びとはそれらを真実だと信じた上で、他国からのアプローチに対し怒ったり不安に思ったりするのだろう。似たような感情は、日清・日露戦争のころから個々の日本人が持っているものだと思う。ただし、怒りや不安という感情の受け皿としてネットが活用されたり、尖閣諸島行きのツアーに参加してしまったりという現象は、いかにも二一世紀的な現象で、なんだか面白い。


エンジン音で会話の声がかき消され、亜熱帯の潮風が肌に触れる。生暖かいが不快ではない。どちらかというと心地がよい。腕時計に目をやると午後八時半を指していた。予定通りの出航だった。海流が複雑な波の厳しい海なのだ。外海に出た途端、漁船は風に舞う木の葉のようにひらひら揺れるに違いない。そうなれば船酔いでほとんど何も口にできず、嘔吐を繰り返すのだろう。そんなことを想定していたので、用意した食事はカロリーメイトやゼリー飲料などの非常食のみ。それらを外海に出る前に急いで口にした。船で用意してある弁当やパンは遠慮しておいた。というのも、気分が悪くなったとき吐くものが多いと大変だからだ。

出航して一時間あまりで外海に出ると、自分の船や同行の漁船が発している以外、光がなくなった。船は揺れず、船縁にいても波飛沫《なみしぶき》ひとつかからない。とはいえエンジン音がうるさいので、会話することもままならない。だったら、さっさと寝たほうがいい。操舵室の横にある通路を兼ねた狭い甲板にビニールマットを膨らませて敷き、横になった。

漆黒の闇に満天の星がまたたき、同行船の明かりが灯籠流しのように点々と離れて見えた。落ちてくるんじゃないかと錯覚する満天の星を見ながら、吐瀉物《としゃぶつ》入れである牛乳パックが枕元に置いてあることを確認した。

尖閣に最接近するツアー

尖閣諸島を巡る環境は激変している。二〇一〇年（平成二二年）九月に発生した尖閣沖中国漁船衝突事件によって、民主党政権に「弱腰」だというレッテルが貼られ、反中意識が多くの国民に芽生えた。そうした感情に引きずられるように、渦中の島である尖閣諸島への関心はぐっと高まりを見せた。さらに二〇一二年（平成二四年）四月、石原慎太郎東京都知事が尖閣諸島のうち三島を購入したいという内容の発言をした。東京都は購入資金として広く寄付を募り、最終的に一五億円近い寄付金を集めた。このようにして、国境の離島は政局になってしまうほどの関心を集めるようになった。

僕の参加したツアーは前述の衝突事件をきっかけに、保守系団体「頑張れ日本！ 全国行動委員会」（以下「頑張れ日本」）が二〇一一年（平成二三年）の夏ごろに始めたものだ。頻繁に行われていて、一年あまりで実に一〇回（そのうち一回は嵐で引き返した）も尖閣へ出かけている。政治家も一般人も漁師見習いという立場で乗船することで、海上保安庁から船舶安全法などでお咎めを受けることなく、合法的に、しかもたくさんの人が尖閣に行けるようになった。ただし、上陸はしない。海上保安庁と地元の八重山漁協とにそれぞれ「上陸しない」と約束することで、ツアーが許可されたという経緯があるからだ。

政治的な秘境であった尖閣諸島へのツアーの目的は何なのか。どうやって軌道に乗せたのか。ツアー主催者で「頑張れ日本」幹事長の水島総《みずしまさとる》氏は次のように語っている。

上●魚釣島の灯台はしっかり動いていた。この灯台の存在こそが日本の実効支配の証拠。
下●早朝、洋上慰霊祭が行われた。

「きちんと尖閣の周辺で漁業活動をしよう。石垣の漁師の皆さんが生活の場として積極的に利用し、日本の実効支配を世界に知らせよう。海上保安庁や漁協や中山《なかやま》（引用者注・義隆《よしたか》）市長らと連携しオール石垣でやっていこう。石垣の漁師を我々は応援するし、漁業活動を安心して行えるように、尖閣の周りで漁をしよう（尖閣諸島集団漁業活動）というのがツアーの主旨です」（二〇一一年六月　言論チャンネル「日本文化チャンネル桜《さくら》」の番組にて）。尖閣を実効支配したいという団体の政治的な主張は漁業活動という形をとって続けられてきたというわけだ。

行動的な保守系民間団体「頑張れ日本」と言論チャンネル「日本文化チャンネル桜」（以下「チャンネル桜」）はどちらも水島氏が中心になって運営している。ことあるごとに中国や韓国の大使館などを「頑張れ日本」の呼びかけに応えた有志が取り囲んで抗議活動を展開すると、チャンネル桜が放映する。二つの団体はいわば車の両輪のような存在として機能しているのである。

水島氏が「第一桜丸《さくらまる》」という行動船を手に入れ、定期的に尖閣へ向かうようになったのは二〇一一年である。超党派の議員から構成される「領土議連」（日本の領土を守るため行動する議員連盟総会）会長の山谷《やまたに》えり子《こ》参議院議員は同年六月、参議院内閣委員会で尖閣海域での漁業操業への海上保安庁の協力を求めている。そうした議員サイドからの明確な後押しもあって、水島氏は尖閣ツアーの規模の拡張を図った。有志を集めて主張する場を作るという、これまでやってきた手法を尖閣にも応用したということなのだろう。一般人の参加が可能になっていき、政治家たちも乗り込むようになった。地方議員にかぎらず、国会議員も毎回、相当数含まれている。今回のツアーに参加する国会議員は八人（「領土議連」の山谷えり子、長尾敬《ながおたかし》、新藤義孝《しんどうよしたか》など）、地方議員一六人のほかに山田宏《やまだひろし》や中田宏《なかだひろし》という地方政界のスター的な人間、元航空幕僚長で保守の論客であり、「頑張れ日本」の会長でもある田母神敏雄《たもがみとしお》氏なども乗り込んでいた。その顔ぶれは保守が中心で、革新系の議員は一人もいなかった。国会議員や田母神氏、山田と中田の二人の宏は、それ相応の立場に立っているということなのか、このあと起こる大事件には参加していない。責任の重さが地方議員と彼らとでは違うということなのだろう。

一般参加者である僕からすれば、団体の政治的な意図はともかく、行けるということが重要だった。これまでも、自前で漁船を用立てようとしたり、香港の抗議船に乗り込もうとしたりしたのだ。主義・主張や心情が一致しなくても、先方が参加してもいいというなら、参加しない手はなかった。船で近づくからには、あわよくば上陸してみたい。


朝五時頃、目を覚ますと船は停泊していた。潮の香りがほんのり漂っているが空気は澄んでいる。目を凝らすと、魚釣島の島影がうっすらと見え、尖閣唯一の魚釣島灯台の光が点滅している。わざわざ暗いうちに着くように石垣島を出航したのは、灯台が機能しているという事実を参加者に見せたかったかららしい。主催者側の心憎い演出に感心した。

漆黒の闇が紺碧《こんぺき》、そして赤みを増した朝焼けとめまぐるしく変わっていく。明るくなり、魚釣島の山肌があらわになればなるほど、来たんだという実感がじわじわとわいてきた。

日差しが出てくると標高三六二メートルもある島の最高峰の厳しい稜線が浮かび上がる。島の表面は、南国に特有なビロウ（カバ）の林で覆われていたり、断崖絶壁が続いていたり、絶壁の上に岩があったりした。尖閣（尖った御殿）と呼ぶのにふさわしい造形美だ。参加している一九隻がそれぞれに巨大な日の丸を掲げている様子も次第にあらわになった。前夜、闇のなかから出航した船はどれも無事たどり着き、一堂に会していた。積極的に愛国心を持つ人であれば、感動的なシーンとして胸に刻むのかもしれない。やや引いた状態で、傍観していた僕ですら、なけなしの愛国心をく

十一

すぐられ、なんだか誇らしく思えた。

一一回目の今回は、慰霊祭を兼ねていた。戦争末期である一九四五年（昭和二〇年）七月、石垣島から台湾へ向かう疎開船が出航した。その船が航行中に米軍機の攻撃を受けて死傷者を出すほどのダメージを食らってしまう。命からがら一行は尖閣諸島へ避難する。無人島になっていた尖閣で避難生活を送り、救援を待ったのだが、間に合わず餓死する者もいた。彼らを慰霊することが今回のツアーの目的でもあった。「領土議連」が、慰霊目的での上陸を国に申し出たが却下され、洋上での慰霊祭が行われることになっていた。

午前六時一五分ごろ、慰霊祭は始まった。灯台前、つまり旧集落前に国会議員および地方議員が合計で五人乗り込んでいる船（議員船）を中心にして、各船が灯台前に集まってきた。議員船の舳先《へさき》には、神に捧げるお供えの品々が置かれ、乗り込んでいた五人の神職が祈禱する議員をお祓いしている様子が見える。議員船以外は各船や各参加者の判断によって慰霊のスタイルはまちまちであった。なお、この洋上慰霊祭に肝心の遺族は参加していなかった。今回のツアーのように慰霊祭を政治利用されるのを嫌がった、ということらしい。

目の前の尖閣上陸

午前七時ごろ、各船は自由行動に入った。僕の乗った船は漁業活動を開始した。灯台や集落跡のある島の北西部からまずは南下し、北東へと針路をとる。灯台から見て島の裏側に回り込むと、断崖絶壁を山羊が歩いているのが見えた。親子なのか大小二頭いる。三〇年ほど前に、日本青年社がつがいの山羊を時化たときの緊急用の食料として放ったところ大繁殖し、現在五〇〇〜六〇〇頭、一説には約一〇〇〇頭いるという話もある。

❶

❷

❸

❶漁師見習い体験。漁師が高級魚ミーバイらしき魚を釣り上げた。
❷海上から魚釣島に接近すると、稜線の荒々しさに圧倒された。
❸急峻な崖に目を凝らすと山羊がいた。

助手が疑似餌《ぎじえ》を三〇メートルほどの海底に落とし、リズミカルにリールを巻いていく。するとほどなく強い引きがあり、五〇センチほどの斑点のある赤い魚が釣れた。助手の強面が崩れ、ほくほく顔になる。それもそのはずで、釣れたのはアカジンミーバイ（スジアラ）という八重山で一番の高級魚だった。高いものだとキロ一万円を超えるという。続いてやはり五〇センチほどのガーラ（シマアジ）が釣れた。一時間でアカジンミーバイが三匹、シマアジという釣果である。ほかの船は一メートルを超すサワラが釣れたという。

魚釣島南東海上の、北小島との海峡にたどり着き、しばらく停泊したあとの午前八時半ごろ、灯台のある島の西部へ、釣りをしながら折り返し始めた。そして午前九時前、まもなく灯台という地点にさしかかったころ、船長は自動操縦にして、デッキに降りてきた。

「刺身にしましょうね」と言うや慣れた手つきでガーラの片面をおろし、発泡スチロールの寿司パックに入れていった。パックはたちまち山盛りになった。

「どうぞ食べてください」

船長のサービスに感謝しながら、割り箸でつつく。さすが釣りたて。新鮮で、とてもおいしかった。

口のなかがガーラのうまみで満たされていた九時一〇分すぎ、勇漁丸は灯台前に戻ってきた。僕は目を疑った。灯台やそのまわりに日の丸が四つ、きれいに張られていたのだ。レンズを望遠にしてカメラのファインダーをのぞくと、灯台の前に七、八人の人影があった。日の丸を振る者、上陸した満足感に浸っている者、言葉を交わしている男女、座ってくつろぐ者。日の丸の設置と慰霊を済ませたあとは思い思いの過ごし方をしているように見えた。なかには主催者の水島総氏もいる。

上陸しないのが航海の条件だったと認識していた僕は目を疑った。

あたりは騒然としていた。海上保安庁の巡視船は三隻に増え、モーター付きゴムボートが気ぜわしく、漁船を縫うようにして航行している。海上しか取り締まれないため、さじを投げているのか。無論、上陸して取り押さえるという強硬手段には出ない。このとき我が船は岸から三〇〇メートルほど離れたところにいた。救命胴衣を着ていても泳ぐには遠すぎる。海上保安庁のボートが出ている以上、五〇メートル以内の至近距離からでなければ、船から飛び込んだとしても保護されるに決まっている。悔しいが、どうしようもなかった。一方、Uさんの反応は違っていた。

「えっ、水島さん、上陸したの。やった！」

愛国心を強く持つ彼からすると、香港人に上陸された雪辱を晴らしてくれてありがとう。これで鬱憤が晴れてすっとした、ということらしい。

同乗の友人、森元修一《もりもとしゅういち》はこのとき、船長にお願いを繰り返していた。

「船長、船を近づけてくださいよ」

せめて写真だけでも撮りたいと思っていたので、僕もすぐに加勢したが、船長は聞こえないふりをした。二人して五回ほど言うと、船長はようやく口を開いた。相変わらずのぶっきらぼうな口調だが、いままでとは声色が違っている。

「あんたら、写真撮りに来たんじゃなくて、釣りに来たんでしょ」

船長は明らかに怒っていた。主催者が上陸したことに約束を破られた、と思っているらしい。彼は僕たちの上陸を警戒しているようでもあった。結局、近づけてくれはしたが、一〇〇メートル地点より近くには、頑として船を動かしてくれなかった。

上陸した者たちは九時半ごろ、船に戻った。僕は遠巻きに、その光景を見た。上陸者のいる船に

十一

海上保安官が数人ずつ先乗りしていて、上陸者が戻るとすぐに軽い取り調べが行われていた。洋上で見るかぎり穏やかなムードで調べは進められているように見えた。小嶋吉浩《こじまよしひろ》氏（取手《とりで》市議会議員）のように、上陸達成の高揚感からか、海上保安官の前で左手を突き上げる者すらいたが、その行為を諫《いさ》める動きはなかった。よくぞやってくれたと海上保安官たちも内心思っていたのかもしれない。

全員が船に引き揚げたのを確認した午前一〇時、まだ取り調べが続いているというのに、船長は「戻るぞ」と言うと、参加者の同意を得ないまま、石垣島へ引き返し始めた。

帰りの航海中、船長は終始無言だった。そして、午後四時半ごろ、新川港に到着すると船長は乗船者を船から追い出しにかかった。

「さあ、下りた下りた」

そういって感謝のあいさつも受け付けず、乗船者全員が船から下り、すべての荷物を岸壁に引き揚げたとたん、すぐに船を岸壁から引き離し、そのまま去って行ってしまった。上陸したことに対してカンカンになるあまり、乗船者からお礼を聞く余裕を失っていたのかもしれない。

岸壁のそばには八重山漁協の建物があり、一階のセリ会場で、一〇人ぐらいが後片付けをしていた。手前の岸壁には人だかりができていて、マスコミ各社が上陸者に取材を試みている。記者たちは岸壁にしゃがんで、何かを凝視している小坂英二《こさかえいじ》荒川《あらかわ》区議を取り囲んだ。ブログに寄せられたり、メールで送られてきたりしたコメントを彼はスマートフォンを使って一つひとつ読み、上陸に対する反応の手応えを確認しているようだった。しかし取材となれば話は違うようだ。スマートフォンをしまうと、取材陣の質問一つひとつに丁寧に答え始めた。

「上陸したいのは山々でした。敵が侵略をしているのですから。しかし集団漁業活動に差し障りが

漁が終わり、灯台前に戻ると、参加者が10人ほど上陸していた。

あってはならないと思い自制していました。ところが、水島幹事長が率先して飛び込みました。漁業活動を続けるよりも、上陸して日本人の姿勢を示すことのほうがはるかに重要だと水島氏は認識されたのでしょう。そうなれば私自身、飛び込むのになんの躊躇もありませんでした」

小坂区議は、四日前の香港の団体の上陸を「敵の侵略」と見なしていた。ちょっと大げさすぎると思ったが、彼の表情は真剣そのものであった。熱弁を振るう小坂区議が取り囲まれ、取材を受けている様子を、漁協の人たちは白けた眼で見つめていた。そのまなざしは「余計なことをしやがって」と言わんばかりだった。

翌日の午前一一時、上陸した一〇人は事情聴取のために八重山警察署に出向いていた。地方議員が五人、水島氏ら「頑張れ日本／チャンネル桜」の関係者が三人、一般人が二人であった。一番早くに上陸した元自衛隊員、伊藤祐靖《いとうすけやす》は早朝四時に行動を開始、三〇〇メートル潜水して上陸し、灯台や島の頂上付近に日の丸をくくりつけていた。その次が水島氏で、水島氏が飛び込むのを見た残りの人たちが続いたということらしい。だいたいは四〇分ほど、長い人でも一二時半には船に戻った。香港の活動家たちの上陸を立件せずに強制送還した直後だけあって、日本人の不法上陸事件は立件されず、この騒動は幕引きとなった。

同じ日に僕は八重山漁協や漁港、そして海上保安庁へ上陸の感想を聞いて回った。「俺たちの気持ちを上陸することで代弁してくれてスカッとしました」と話す漁師もいたが、そうした声は少数だった。事実、八重山漁協の組合長は、「もう協力したくないですね。始めるときは賛同したのですが上陸したからね」と言ってあきれていた。また、石垣海上保安署の幹部は、「上陸はしないという約束があって、このツアーを許可したんです。上陸は違反です。違反をさせないようにするためには未然に防ぐことです。とはいえ上陸の意思があるかどうかなんて、見極めることができないのですが」と曖昧な言い方をしつつも批判的なトーンであった。

一方、水島氏の弁明は次のとおりだ。

「島を見たとき、私は思いました。自分一人だけでも飛び込んで上陸し、慰霊祭を行うべきだ、日本人としての意思を示すべきだと」

政治的な意図に忠実な彼の決意はUさんをはじめとするシンパや、ネット上で愛国的な発言を繰り返す若者たちを感動させた。しかし一方、せっかくたくさんの人が簡単に尖閣へ行けるようになったのに、海上保安庁や漁協からの信用を失い、その方法を自ら閉ざしてしまったのだ。上陸できず悔しい思いをしたが、それでも今回、すんでのところで船で尖閣へ行けた、とあとで振り返ることになるかもしれない。主催者が上陸することで、尖閣への道は再び遠いものになってしまった。

急転直下の国有化

東京に戻った僕は一〇月に行われるという、石原知事の尖閣視察にダメ元で参加を申し込むつもりでいた。参加することができれば石原氏に同行することで島への上陸が可能になるかもしれない。八月下旬の時点では、栗原氏所有の三島は都に売ることが既定路線だと思えたし、石原知事の視察も行われる可能性が高いとにらんでいた。石原知事は、寄付金約一五億円を集めたことで、都による尖閣購入にさらに自信を得たのだろう。このころの会見で彼は毎回のように尖閣のことに触れていた。

九月に入るとすぐ、都の調査船が現場海域を詳細に調べた。視察の模様がテレビや新聞で詳細に報道され、都と栗原家の契約が成立するのはもはや時間の問題というムードで、国がとやかく言っても、割り込むことは不可能だろうと思われていた。

ところが、とんだどんでん返しが待っていた。九月一一日に尖閣諸島のうちの三島（魚釣島、北小島、南小島）の国有化が突然決まり、地権者である栗原國起氏に二〇億五〇〇〇万円という大金が支払われることになったのである。この件を受けて石原知事は尖閣視察の延期を発表、寄付金の使い道が宙に浮くことになった。

代理人の弁護士を通じてという形であったが、國起氏もコメントを発表した。

「国が購入するのが本来の姿なので売却を決めた。（中略）心ある方々に譲渡先を相談し、国が購入するのがあるべき姿だとのアドバイスを受けた。石原知事も同じ考えだ。モグラなど貴重な固有種が存在していることもあり、豊かな自然環境が保存されることを一貫して希望している。（中国が反発を強めていることについては）平穏な事態を望んでいる」

国有化という民主党政権の決断は、思わぬ事態を招くことになった。野田佳彦《のだよしひこ》首相（当時）ら政権中枢の政治家たちからすると、国有化の決断は当初、石原知事の動きを封じるための布石であったはずだ。事態の沈静化を図り、これまでどおり問題を棚上げしようと意図していたのだろう。しかし中国政府はそのようには受け取らなかった。国有化という事実を、一九七〇年代後半以後、日中間で続けてきた棚上げの合意を破棄するサインとして解釈したのだ。

中国政府は対抗手段に出た。反日デモをあえて容認すると、デモは燎原《りょうげん》の火《ひ》のように全国的に広がっていった。全国一〇〇カ所以上で実施され、日系の工場やスーパーが破壊され、九月二九日に予定されていた日中国交正常化四〇周年の式典が中止となってしまった。

この一連の流れで、腑《ふ》に落ちないものがあった。そもそも二〇〇二年（平成一四年）に魚釣島、北小島、南小島の三島の賃借権を栗原國起氏と国との間で設定したとき、なぜ国有化しなかったのかということだ（久場島については栗原家購入以前から国との間で賃借権が存在し、購入後も引き継がれた）。国の言う「平穏かつ無事」を実現したかったのであれば、この契約が明るみに出たのは翌年だから、秘密裏に国有化を済ませることができたはずなのだ。ちなみに栗原國起氏のもとには、三島で年間二〇〇〇万円以上（平成二三＝二〇一一年度は約二四五〇万円）の賃料が毎年入っている。九月一一日に売却するまでの一〇年半の賃料を合計すると実に約二億四八二六万円にもなる。

栗原家はかつて埼玉一円に広大な土地を保有していた素封家《そほうか》である。戦中は軍用地に、戦後は都市開発のための区画整理に、国や市にたくさんの土地を接収されたが、いまもなお地元有数の大地主である。三島を所有していた長男の國起氏は一九四二年（昭和一七年）生まれの七〇歳、スポークスマンをつとめる三男の弘行氏は一九四七年（昭和二二年）生まれの六五歳、久場島を今も所有する次女の和子氏は一九四八年（昭和二三年）生まれの六四歳で戸籍上は國起氏の養女となっている。

国有化直後に出した國起氏のコメントを読み、僕は首をかしげていた。国への売却を石原知事が了承しているのであれば、国が三島の購入を希望すると表明した七月の時点で、なぜ石原知事は手を引こうとしなかったのか。

國起氏が平穏な事態を望むのであれば、そもそも売らずに所有し続けたほうが平穏を保てたのではないか。売却せず現状を維持するという選択肢は本当になかったのだろうか。

國起氏の本音を知りたくなり、以前かけたことのある電話番号を五年ぶりにプッシュしてみた。誰も出ない。あまりにも取材が殺到しているのか。それとも国に売ったということで抗議の電話が相次いでいるのだろうか。数日後に電話したがやはり出なかった。

地主一族が話した国有化の顚末

そこで九月某日、一家のスポークスマンである三男の弘行氏に国有化の真相を聞くことにした。

六月以降、取材が相次いでいるようでずいぶん取材慣れしている様子がやりとりからうかがえた。メールで取材の依頼をすると取材の留意点が書かれた返信があった。それを読んでから改めて依頼のメールを送ると、すぐに許可が下りた。「港区《みなと》の事務所に来てください」とのことであった。

弘行氏は上品で論理的な話し方をする人であった。どんな質問にも忌憚《きたん》なく誠意をもって答えてくれた。国有化の真相をぶつけてみた。

「(石原知事が買い取りの意向を表明した)当初、国は買い取り額を五億円と見積もっていました。都の一四億円という金額にしても寄付がそれだけ集まった結果でしかありません。国と都の差は栗原家からすると、はした金です。金額が決め手にはなりません」

七月末、都は「上限二〇億円」として國起氏に了解をとったとしている。都がその額をそのまま支払うつもりだったのであれば、国との差額は五〇〇〇万円ということになる。

では、金額が問題でないのだとしたら、何が決め手になったのだろうか。

「土壇場で兄は国に恫喝《どうかつ》されたんでしょう。土地収用法というのは栗原家にとって禁句です。私たち家族はかつて都市計画の一環で当時の大宮市から自宅の立ち退きを要求されたことがあります。提示された補償額があまりに低かったため父は拒否したのですが、代執行にかけられ、昭和三六年(筆者注・一九六一年)、自宅を失ってしまったんです。

九月六、七日に参議院で『無人国境離島の適切な管理の推進に関する法律案』が審議され継続審議となりました。この第一六条に『国が当該島の土地等(中略)を取得することが適正かつ合理的であると認められるときは、この法律の定めるところにより、当該土地等を収用することができる』とあります。この法案が通れば、栗原家の意思に関係なく尖閣を買いとることができる。そのときの値段はあってないようなものになるでしょう。父の代に栗原家が経験した苦い思い出が尖閣を舞台に再び繰り返されようとしているのです」

国有化がきっかけで発生した中国の反日デモについて責任を感じたりしないのだろうか。

「反日デモと売る、売らないは関係がありません。あの国は経済発展によって格差は拡大し、不満は蓄積されています。国有化が問題にならなくても別のことが原因となって、(全国的なデモは)遅かれ早かれ起こっていたはずです」

二〇〇二年に国に売却をしなかった理由は何だろうか。

「海上保安庁の予算の事情によるのでしょう。警備体制を強化したり、海上保安法を改定するには栗原家が売却するよりも、賃貸借契約のほうが予算をつけるには都合がよかったわけです」

弘行氏はこの日、じっくりと三時間にもわたって話に付き合ってくれた。その上、帰りの際は事務所の外にあるエレベーターの前まで見送ってくれた。丁寧な対応に僕は感謝した。

しかし、対応の丁寧さとコメントの内容の評価は別である。以下、弘行氏のコメントについて、頭のなかで反芻《はんすう》した結果、導き出した評価である。

都と国の買い取り提示額の差額は最小で五〇〇〇万円、募金の額をそのまま提示額とすると約六億円となる。いずれにせよ庶民からすれば途方もない金額である。そうした大金を「はした金」と表現したことについては引っかかるものがあった。億単位のお金をそのように表現するのは、普段から日常的にそうした金額を使っている、ということなのだろうか。だとすれば、庶民の及びもつかないずいぶんと華やかな生活を送っているということなのかもしれない。

国を選んだ理由については法案や過去の事件など証拠が揃っていて、なるほどと思わせた。しかし二〇〇二年に国有化しなかったことや反日デモの発生についてのコメントに関してはそれぞれ首をかしげた。

前者は、海上保安庁の事情と言われればそのとおりかもしれない。予算が足りず、装備を更新できないという問題があるのは確かなのだ。しかし何か栗原家側に別の思惑があった気もするのだが、それが何かはいまだにわからない。

特に後者に関しては腑に落ちなかった。不祥事の際の企業の会見のように、日本人であれば形の上だけでも謝ったり、反省したりするものだが、弘行氏の口からは一切そういった言葉が出てこなかったのである。もちろん日本の会社は謝りすぎだとは思うが、彼の態度はそうしたマナーからはかけ離れている。まるで他人事《ひとごと》なのだ。

そもそも彼の言うことを栗原家の総意として受け取ってしまうのは危険なことなのかもしれない。というのも弘行氏の事務所を訪ねたとき、秘書役をしている男性が弘行氏と國起氏は「とっくの昔に縁は切れている」と明かしてくれたのだ。國起氏は國起氏で弘行氏とまったく違うことを考えている可能性が否定できないのだ。

結局のところ、國起氏はなぜ国を売却先として選んだのか。弘行氏の言うとおり国に恫喝されてやむなく売却したのか、それとも買い取り額を吊り上げた挙げ句、買い取り金額が上のほうを選んだのか。真相は依然、闇のなかである。

国有化によってはっきりしたことがないわけではない。それは次のとおりだ。

國起氏が、二〇億以上もの大金を手にする権利を得たことは間違いない。ほかには、国有化によって尖閣諸島が日中関係を大きく損なうほどの問題になってしまったということ、そして久場島に関しては今後も毎年数百万円もの賃料を栗原家が国から受け取り続ける、ということだ。栗原家は今後も尖閣諸島の地権者一族であり続けるのだ。

追記：栗原家から尖閣を購入するために集められた寄付金約一五億円は約八〇〇〇万円のみが使用された。その用途は、二〇一二年九月に実施した現地調査や啓発のための意見広告掲出・ポスター作成などだ。一方、残った約一四・一億円は基金化され、宙に浮いている。東京都は、「この基金を国に託すため、毎年国に対して提案要求を行っています」というが、実際に基金が生かされたという形跡はない（ソースは「東京都尖閣諸島ホームページ」）。

十一

十二　尖閣諸島Ⅲ

漁師たちが見た中国の尖閣侵略

中国船が二七時間も

「昨年（筆者注・二〇二〇年）末に尖閣へ行ったとき、中国海警局の艦船の動きはそれまでと一変していました。我々の船（鶴丸《つるまる》、九・一トン）を追って、なんの躊躇もなく領海侵犯してくるんですよ」

そう話すのは、僕が尖閣の取材を始めて以来、おつきあいさせていただいている仲間均さん（七二歳）だ。彼はいまも石垣市議会議員として活躍する一方、漁業従事者として尖閣にかかわり続けている。

一九九五年に初めて尖閣諸島に上陸して以来、彼がいままでに尖閣に上陸した回数は一六回を数える。また、書類送検が一三回、罰金が一回（一〇万円）になる。

そんな尖閣の番人ともいえる仲間さんだが、尖閣への上陸はもうやっていないという。二〇一四年以降、現場海域での漁労活動に専念しているのだ。

「『漁民と認めますから漁に行ってください。あなたのことは邪魔しません。そのかわり上陸はしないでください』と国に言われ、それ以来、私は上陸をピタッと止めました。『尖閣の魚を高く売ることで漁民の生活や家計も守っていきたい』と思っていましたから。その仕組みを作るために国と和解したんです」

上●1990年代から尖閣諸島に通い続けている仲間均・石垣市議会議員。
下●彼が新たに手に入れた鶴丸。

仲間さんは、尖閣の上陸調査をやめたのだ。八重山の漁民の生活向上のために。

二〇一二年秋の国有化以降、現場海域に常駐するようになった中国海警局の艦船。ほぼ毎年、尖閣へ通っている仲間さんによると、二〇二〇年の末までは、彼らの動きは限定的。そのころまでは、漁の帰りに追われる程度だったという。ところがだ。二〇二〇年末、中国船の動きは激変する。

「午後四時すぎに鶴丸が領海内に入ると、海警局の艦船が現れて躊躇なく領海侵犯して追いかけてきたんです。鶴丸からの距離は二〇〇〜二五〇メートル。一隻は三〇〇〇トン級、もう一隻は四〇〇〇トン級でした。それまでなら追いかけてくるにしても、せいぜい帰るときだけだったのに。このときは約七時間追尾されました。しかもね、彼らは我々を追いかけるとき、動画を撮っている。で、国に戻って、『追い返してるよ』と、実効支配のアピールに使っているんですよ」

仲間さんの話を聞き、「ここまで中国に侵略を許しているのか」と、変わり果てた尖閣の状況に僕は愕然とした。彼が上陸をやめ、漁労活動に専念するようになったという事実も重かった。それだけ中国の尖閣侵略が既成事実化してしまったという事実を突きつけられたような気がした。

その動きはさらに激しさを増している。

「二〇二一年二月半ばに行ったとき、中国艦船の動きは、さらにあからさまになりました。発砲？　ないない。でもね、実にしつこかったですよ。尖閣周辺に着くと、海警局の艦船が二隻待ち構えていて、翌日まで約二七時間、ずっと追尾されたからね」

海上保安庁の巡視艇が多数現れて鶴丸をガードしてくれたこともあり、攻撃されることもなかったし、無事だったのだ。

しかし、取り巻く船の数が多すぎた。

「中国艦船や巡視船で、まわりの海上は船だらけ。四、五〇メートルまで近づいてジェットエンジンを吹かされるから、魚が驚いてしまって、みんな逃げてしまう。漁どころではなかったですよ」

二〇二〇年末からたった二カ月で中国海警局の態度が強硬になってしまった。それまで七時間だったのが二七時間と、仲間さんの船が追跡される時間が激増し、もはや漁どころではないという状況になってしまったのだ。

呆然《ぼうぜん》とするしかない状況に僕は怒りを覚えた。それは中国海警局の行動に対してだけではない。むしろ日本政府に対してだった。二〇一二年時点で東京都が買って尖閣の実効支配を強めておけば、こんな状況にならなかったんじゃないかと。もっと言うと、尖閣への船での接近や上陸を阻止するという、中国に気兼ねする方針をさっさと変更し、実効支配に踏み切っていれば、いまも日本が平穏無事に管理できていたんじゃないか——。そう思えてならなかった。

*

二〇〇七年、二〇一二年に続いて、僕は二〇二〇～二〇二二年と毎年、石垣島や与那国島、宮古諸島の伊良部島《いらぶじま》と尖閣へ漁に出かける漁師や仲間均を取材していた。テーマは同じ尖閣でも、切り口はまったく違っていた。

というのも、尖閣をめぐる事情や僕の問題意識がすっかり変わってしまっていたからだ。

二〇〇七年当時、僕の問題意識は、日本政府の中国への弱腰と、それに伴う海上保安庁の取り締まりの厳しさに向けられていた。そしてその弱腰が国民の尖閣への関心を鈍らせていることに腹を立てていた。

二〇一二年は、漁船で接近できるということで僕は期待に胸を躍らせていた。それは島を間近に、そして長時間にわたり目のあたりにできるのではないかと思っていたし、上陸はできなくても今後継続的に尖閣諸島のまわりを漁船で接近するような取材が可能になるのではないかとも思っていた。また、石原慎太郎知事（当時）による東京都の購入という前代未聞の事態の行く末にも固唾を呑んでいたし、わずかだが期待もあった。東京都が購入することで、尖閣を自国領として開発することに国が本腰を入れるのではないかと諦め交じりだが期待していたのだ。

そして今回（二〇二〇〜二〇二二年）は、海警局の艦船を常駐させることで、中国がじわじわと進めているソフトな侵略について、証言を集めようと思っていたのだ。

侵略される海

二〇二二年現在、尖閣諸島周辺には中国海警局の艦船が数隻常駐し、日本の漁船を追い回したり、領海に侵入したりするということが珍しくなくなっている。そうした状況になったのは、二〇一二年九月、尖閣諸島の主要三島（魚釣島、北小島、南小島）を当時の民主党政権が国有化して以降のことだ。接続水域や領海の内側に、中国の艦船を派遣させるようになったのだ。

翌二〇一三年、中国艦船が接続水域に入域した日数が二〇〇日を超えるようになった。海警局の艦船はその後、ますます尖閣にとどまり続けるようになった。

中国艦船の図々しい態度に対抗するため、海上保安庁も奮闘している。二〇〇〇年代初頭まで巡視艇一隻だけで尖閣を守っていたが、その後、島の周囲に常駐する船は劇的に増えていく。宮古諸島の伊良部島の基地には小型巡視船一〇隻ほどからなる尖閣専従の部隊が新設された。日本の漁船が操業する際は、それらの船が現場に駆けつけ、漁船の周囲を取り囲むようにして守り抜くようになった。その際、巡視船の数は大小あわせて一〇隻ほどにもなる。

船の数を増やす以外に、海保は日本の漁船に現場への出漁を自粛するように求めている。前述のとおり、仲間さんが上陸調査をあきらめたのもその時期だ。

こうした状況なのだ。海保の自粛要請を振り切って操業しても、警備体制が厳しすぎてまともに操業ができない。悪条件が揃った尖閣へ行く漁師は激減した。

さらに一般人はもっと行けなくなった。二〇一二年八月、僕は「漁師見習い」という形で保守系団体のツアーに参加し、漁船で尖閣へ向かったのだが、それももはや不可能となってしまったのだ。

十二

話を戻そう。尖閣の接続水域内に中国海警局の艦船が侵入した日数は二〇一三年に年間二〇〇日を超えた。その後も年々増え続け、二〇二〇年には初めて三〇〇日の大台に乗り、三三三日を記録した。そして二〇二一年、二〇二二年とやはり三三〇日を超えている（海上保安庁HP調べ）。

接続水域内での連続航行が二〇二一年七月一九日に途切れるまで、過去最長の一五七日を記録し、八月三〇日には艦船四隻が領海に侵入するという事態も起こった。もはや台風の時期以外、中国艦船が接続水域内に常駐しているといっていい。

尖閣に常駐する中国艦船は通常二～四隻。その大きさはいまや三〇〇〇～五〇〇〇トンクラス。それに対峙する海上保安庁の巡視船は一八〇トンと一〇〇〇トンクラス、さらに現場で操業する漁船は五トン弱～一〇トンと、大きさがまるで違っている。

艦船の大きさ以上に心配なのが、艦船の武器使用の可能性である。

二〇一八年、海警局は人民武装警察部隊の下に編入され、準軍事組織、実質的な第二海軍とみなされるようになった。そして二〇二一年二月一日、主権等侵害に対する武器使用を含む「中国海警法」が施行された。これにより、現場で操業する日本の漁船や海上保安庁の巡視船が、海警局の艦船に撃たれる可能性が出てきた。

この海警法の第二二条には、次のように書いてある。

「国家の主権、主権的権利及び管轄権が、海上において外国組織及び個人の違法な侵害を受ける又は違法な侵害を受ける緊迫した危険に直面する場合」に「武器使用を含む全ての必要な措置を講じ、現場において侵害行為を制止し、危険を排除する権利を有する」。

中国艦船が尖閣の周囲を自国領海だとみなし、海保の巡視艇や日本の漁船に発砲してくる……という事態も考えられる。

海上保安庁の巡視船はともかく、丸腰の日本漁船が攻撃され、もし沈没でもしたら、漁民が怖さを感じて行かなくなったり、現場海域での漁が禁止されたりして、最悪、操業できなくなってしまうのではないか。そうなれば、中国の支配がさらに強まることになる。海上保安庁の巡視船は、今後も漁船を、そして尖閣を守り抜くことができるだろうか。

尖閣の魚は釣り針を知らない

近年出漁している県内の漁船が少ないことは、統計からも明らかだ。

沖縄県にたずねると、「各漁協に対し、尖閣周辺に漁に行く場合は、事前に連絡してくださいとお願いしています。それによれば、二〇一七年は〇隻、一九八六年は五隻で延べ四日、一年は二隻で延べ五日、二〇二〇年はいままでで七隻、延べ三五日となっています。連絡をせず出している漁船についてでは把握できていませんが」（水産課）といったレベルだそうだ。

これに加え、熊本県や鹿児島県からも出漁する船はあるものの、こちらも近年は非常に少なく、一桁台という。それゆえ、近年では「尖閣の魚は釣り針を知らない」（先の石垣島の漁師）と言われるほど、漁師の姿を目にしない海となっているのである。

尖閣諸島文献資料編纂会の國吉《くによし》まこも氏による論文『尖閣諸島における漁業の歴史と現状』（二〇一一年）によれば、一九七七年に出した漁船は一六四隻にのぼっている。それと比べれば、いまは一桁か、多くて十数隻。実に一〇分の一に激減しているのである。

中国海警局の艦船の常駐だけが、尖閣での漁を難しくしたわけではない。諸島の周囲で操業する船はそれ以前から減っていたのだ。論文によると、

「漁船の小型化と少人数化により1人船長の船が増え日帰り操業が主体になっていること、燃料の高騰と魚価の低迷により（略）余程の大漁では無い限りコストに見合わないこと」と、採算面での問題を挙げている。

そして、尖閣での操業をさらに難しくし、操業する漁船がさらに減少するきっかけを作ったのが、二〇一〇年の〝事件〟である。

二〇一〇年、ここで海保の船が中国漁船の体当たりを受け、船長を逮捕したものの、当時の民主党政権（菅直人総理）は中国への配慮から処分保留で釈放した。また、二〇一二年には当時の野田佳彦政権が、尖閣諸島を国有化している。これ以後、中国はこの海域で動きを活発化させ、艦船の領海への侵入と、接続水域の航行を急増させ、いまにいたるのだ。

以来、漁の状況は変わった。

「出航前、海保から立ち入り検査を受けます」（八重山地域の漁協関係者）

出港、入港の予定日時、乗船者数、乗組員が保有している資格、操業予定などを質問、確認される。保守系の活動家などを乗せて島に上陸したり、中国船を威嚇したりするなど、政治的なアピー

ルをしないように、という策だろう。漁はこれにかなり時間を割かれる。もちろんほかの海での漁のときは、このようなことは求められない。

現場の海域では海保の小型巡視船（一八〇トンクラス）がピタッと追走する。漁船一隻に小型巡視船が（中国艦船が接近すると五隻以上）ついていくそうだ。そして、島の周囲一マイル（海里、一・八五キロ）以内には近づくな、というルールも守らなければいけないという。

漁すらできない海

尖閣の警備体制の厳しさから二〇一四年以降、尖閣での操業をやめてしまった漁師もいる。

与那国島で漁業を営む、真栄田三郎《まえださぶろう》さん（仮名）は言う。

「尖閣に向かうでしょ。中国艦船に絡まれる前に、海上自衛隊の飛行機は、中国の動きを全部見ているんですよ。それで、海保に居場所を知らせる。すると、海保は漁師に『中国船が向かっているから、どこどこに移動してくれ』と言ってくるんです。つまり、自分たちがやりたい漁場で漁ができなくなる。釣れてるときに『移動してください』と言われたら、なんなんだと思う。それに、自分たちが釣っているのは、主に海の底のほうにいるアカマチ。回遊魚じゃないから、目的のポイントで腰を据えて操業するんです。なのに、『中国船が近づいているから、あっちに逃げてくれ』『こっちに逃げてくれ』では釣れません」

同じ与那国島の漁師・我那覇一郎さん（仮名）も言う。

「以前、魚釣島の西まで行ったら、中国艦船が追いかけてきて、海保に『避難してくれ』って言われたわけ。それでグルッと北側を回って島の反対側まで出たら、向こうの船はうちと島の間に入り込んで追いかけてきた。向こうの船は二〇〇〇トンもあるのに入ってるんだよね。で、また南に走

上●2020年6月22日、尖閣諸島の字名が「石垣市字登野城」から「石垣市字登野城尖閣」に変更。
それを受けて製作された標柱を島に置くために、石垣市が国に上陸申請。しかし、却下された。
下●尖閣諸島近海での漁を続ける伊良部島の漢那竜也さん。

ったら追尾してくる。そんなチキンレースみたいなことを五海里（筆者注・九・二五キロ）ほどやっていたら、海保の船が『すまないけど今日は帰ってくれ』と。それで帰ってきたことがあった」

加えて、海保の巡視船はウォータージェットエンジンのものもある。これを近くで噴かされると、魚が逃げてしまうのだという。

我那覇さんが操業をやめたのは、海上保安庁から操業の自粛を求められたからだ。

「漁船が衝突して、日本政府が島を国有化した、そのあとくらいのことです。海保から電話がかかってきましてね。『来年から行けなくなりますよ』と。海保からすれば、中国の船が増えて、漁船に危害を加えてくる可能性もある以上、いまはちょっと行くのを控えてくれということだったんだと思います。彼らもやることが山積していて余裕がないしね。あそこに行きたいけど、お上に逆らうわけにはいかないから……そのとき、俺は大きい船を買う予定だったんだけど、結局、買うのをやめましたよ」

以来、我那覇さんは、尖閣に船を出していないという……。なんとも気の毒なことだ。日中関係に翻弄される彼に僕は同情した。

先祖代々受け継いだ漁場

漁船の小型化や燃料の高騰、それに加えての中国海警局の艦船の出現、それに対抗するための海上保安庁の厳格な警備。こうしたことが絡み合い、ほとんどの漁師たちが尖閣での漁を断念したというのが現状なのだ。

こうした厳しい状況でも、仲間さんのほかに、尖閣に行き操業を続ける漁師たちもいる。宮古諸島伊良部島の漁師たちがそうだ。

「父が現役だった三〇～四〇年前は普通に上陸してたと聞いてます。こないだ亡くなった叔父なんて、大正島（尖閣諸島を構成する島の一つ）の断崖絶壁をロープでよじ登って、アホウドリかカツオドリの卵をとりに行ってましたからね」

伊良部島佐良浜《さらはま》の漁師、漢那竜也《かんなりゅうや》さん（第五喜翁丸《きおうまる》、九・九トン、船長）はそう話す。ちなみに彼は一九五〇年（昭和二十五年）、南小島に仮のカツオ製造工場を造った漢那吉郎氏の親戚であるという。このように彼は親や親戚が通い使い続けた尖閣を引き継ぎ、利用し続けているのだ。では、彼は現在、尖閣でどのような漁をしているのだろうか。

「普段、漁をしてるパヤオ（筆者注・魚を集める漁具の一種。島の南北に二〇～三〇ヵ所存在）に魚が少なくなる冬場（筆者注・一二月半ば～二月ごろ）、尖閣で漁をするよ。大正島だったらマグロを狙っていくし、久場島とか魚釣島の周辺だったらウブシュ（筆者注・スマガツオ）を狙います。生きたグルクンの稚魚をまいたあと、赤い擬似餌をつけた竿で船員が釣っていくさ。ウブシュは脂が乗っていて、かなりおいしいよ」

船の舳先に並んだ船員が、かえしのない竿を使い、大型魚を次々に引き揚げていく映像や写真を見たことのある読者も多いだろう。喜翁丸もそうした方法で、冬場の尖閣でたくさんの魚を釣り上げているのだ。

「生活のために大事だし、よい漁場です。尖閣がないと、冬場の漁は困る。天気次第だからしょっちゅう行けるわけではないけど、行って当たれば稼げるから。後輩にも漁を教えて、尖閣に行かすようにしないとね」

気になるのは、漁に出かけたとき、怖い思いはしないのか、ということだ。

「現場に到着するとね、海警局の艦船が待ち構えてるの。どうやって知ったのか不思議さね。でも、身の危険は感じないよ。海上保安庁がいるから安心さね。中国船が接近するのを阻止するために、海保の船が間に入ってくれたりするから。海保はほんとご苦労さまだよ。今後、中国の海警局の艦船とか漁船が増えたら……という不安はあるよ。やっぱり、自由に行けないとなったら嫌だから。でも、後輩や子供たちのために、大事な漁場を守っていかねばって思うよ。先祖代々受け継いできたよい漁場だから」

漢那さんの力強い言葉に僕は元気づけられた。未来は明るいに違いない。

武器はYouTube?

年々図々しさを増している中国海警局の艦船。その後、変化はないのか。二〇二二年末、仲間均さんに再び話を聞いた。

「中国艦船に機関砲がついてるのを初めて見たのは二〇二一年三月かな。そのときは撮れなかったけど、五月には撮ったから間違いない。向こうが撃ってくるんじゃないか、と楽しみにしてたんですが、機関砲がつくようになってから、逆に遠巻きに動くようになったよね」

というのも、それは意外なところに理由があった。

「三月のはじめ、YouTubeの僕のチャンネル（筆者注・「仲間均ちゃんねる」）に『【尖閣諸島】日本の海で釣りしてみた‐後編』という映像をアップしたんです。それは二月半ばの様子を編集したものなんだけどね、それが約一二〇万回再生されたんです。その影響なのか、海警局の艦船が近寄らなくなったさ。撮られて流されるのを避けてるのさ。七、八月も、そんな感じで近寄ってこなかったね」

上・中●第2海軍化が加速している中国海警局の巨大な艦船が日本の漁船に接近するのを海上保安庁の巡視船が間に入って阻止。
下●海警2202に取り付けられた機関砲（2021年5月。仲間均さん提供）。

YouTube作戦は長続きしなかったようだ。というのも、その後、中国艦船は再び接近するようになってきたのだ。

二〇二二年一一月、オーストラリアの国営放送に依頼され、一一月二四日から翌日にかけて漁に出かけたときのことだ。

「中国海警の公船に鶴丸が追尾されました。三〇メートルまで接近してきたのを、海保の巡視船が割って入ってくれました。海警に拿捕されないようにブロックしてくれたんです」

この航海で海警の公船四隻が相次いで領海に侵入、うち一隻は七六ミリという過去最大の機関砲を搭載しているといわれる「海警二二〇四」だった。仲間さんたち三人を乗せた鶴丸は、一三時間にわたり海警に追い回された。それは尖閣と石垣島の中間線を越えるほどの深追いぶりだったという。

七六ミリという過去最大の機関砲の搭載といい、その深追いぶりといい、中国による尖閣侵略は厳しさの度を増している。

しかも、仲間さん、別の問題も彼の肩にのしかかっている。

「燃料代四〇万、船長一〇万、その他食料や餌代など、一回の航海で六〇万円ほどかかる。行けば行くほど赤字はかさんでいくわけよ。だからといって放置しておくわけにもいかない。国を守るために尖閣に行き続けることが大事なんだよ」

二〇二二年末には、彼の船、鶴丸が差し押さえられる事態に発展したが、仲間さんは金策に走り、年内に解決した。

中国海警局の艦船、そして経済難。度重なる苦難にめげず、仲間均さんは、これからも尖閣へ通い続けることだろう。僕はこれからも個人的に応援したいと思っている。

YouTube放送によって一瞬怯《ひる》んだかに見えた中国海警局の艦船もその後、再び二〇数時間に及ぶ追跡を仲間さんの鶴丸に対して行うようになっている。そして二〇二三年三月以降、中国海警局の艦船はそれまで発してこなかった識別信号を突如、発信するようになった。これは尖閣諸島の実効支配を目指す中国が「釣魚群島（尖閣諸島）は我が国のものだ」と、国際社会にアピールしているのだろう。このように中国は今後、ますますそのアピールと支配の度合いを強めていくことだろう。

もし台湾を中国が「侵略」しようとするならば、もともと台湾が尖閣諸島の領有権を主張しているわけだから、その際は当然、中国は諸島の占領を試みるだろう。中国が台湾本土の侵攻を断念したとしても、ある日、中国側が尖閣に電撃的に上陸し、一気に占領を試みることだって考えられなくもない。実際、そうしたことをシミュレーションする評論家もいたりする。

いずれにしろ、尖閣が中国に占領された場合、自衛隊はどのように島の奪還を図るのだろうか。そして次に僕が尖閣に行く機会があるとすれば、そのとき島はどう変わっているのだろうか。

十二

十三　与那国島Ⅱ

台湾有事に巻き込まれるかもしれない島

冬至の日没

二〇二二年一二月二二日、僕は日本最西端の与那国島にいた。この日は一年のなかで最も日が短い冬至。そんな日なのに午後六時一五分を過ぎてもまだ明るさが残っていた。四時半には暗くなり、五時にはもう真っ暗になる東京との時差は明白だ。僕はこのとき、東京から南西に二〇〇〇キロ以上離れた与那国島がいかに西にあるのか——。そのことを改めて知った。

与那国島は東京から遠い一方で、台湾からはほど近い。島から台湾までは最短一一〇キロしかない。その近さゆえに、この島の歴史は台湾と密接であり続けている。

戦前、人びとは台湾に出稼ぎに行ったり、修学旅行に出かけたりした。台湾が日本の植民地でなくなって以降の戦後直後には巨大な闇市が現れ、日本本土や沖縄本島などから寄せられた物資と中国大陸や台湾から寄せられた物資が持ち寄られて賑わった。そのころ、島には実に二万人もの人が住んでいたという。その闇景気時代が数年で過ぎ去ると島の歴史は一転した。台湾から切り離され、どん詰まりにある絶海の孤島としての歴史を歩んだ。人口はどんどん減っていき、二〇〇七年時点で人口は一七〇〇人を割っていた。

そうした衰退の一途をたどっていた状況を脱するために台湾との交流が復興に欠かせないとして、

冬至の日、与那国島を訪れる。午後6時15分になっても、まだ明るかった。

島はプランを練った。それが二〇〇六年、島復興プランというプロジェクトにつながった。このプロジェクトについて話してくれたのは、当時、町役場の職員だった田里千代基さん。

彼が話してくれた内容を端的に言えば、こういうことだ。

「島と台湾との間に定期航路を作り、観光客を呼び寄せ、島を活性化し、復興につなげよう」と。

僕が二〇〇七年に島を訪れた目的は、突然、国境とされてしまい、衰退した島の歴史と、また復興させようと努力する島の人々の取り組みについて伺うことであった。そのときは中国が武力で台湾を統一しようとするいう話を米中高官が公式に語ることなど想像もしていなかった。

しかしその後、中国をめぐる情勢がすさまじく変化した。それによって国境にある与那国島が大きく翻弄されることになる。「尖閣諸島Ⅲ」の章で記したとおり、二〇一二年秋以降、尖閣に中国海警局の艦船が常駐するようになった。

と同時に、そのころ中国のGDP（国内総生産）は日本を抜いて世界第二位となった。さらには沖縄本島と宮古諸島の間の宮古海峡を中国の軍艦が通過するようになったり、中国とロシアの艦隊が日本を刺激するような形で一周したりするようになった。

二〇二〇年六月、香港では国家安全維持法が制定され、中国に返還後五〇年は維持するとされた「一国二制度」が事実上、瓦解した。さらには二〇二二年、台湾が中国によって武力統一を図る可能性が急に高まった。というのも、第二次大戦当時のやり方を彷彿させるやり方で、二月末、ロシアがウクライナに侵攻したのだ。

それに加えて、その年の八月、中国は軍艦で、台湾を取り囲んで実弾演習を行ったのだ。そして、そのドサクサで、中国は与那国のそばのEEZに五発のミサイルを着弾させた。中国による八月の演習のあと、台湾有事の可能性が専門家やアメリカ軍の高官によって公言されることになった。そこには与那国と尖閣が巻き込まれる可能性を仄《ほの》めかすものもあった。このような中国の極めて高圧的な動きの影響を受けて与那国島は突然、注目を浴びるようになった。

二〇〇七年以後、島のなかでも大きな変化があった。陸上自衛隊の誘致が決定、二〇一六年に駐屯地の運用が開始されたのだ（部隊の主な任務は、レーダーを使い、周辺海域・空域を通行する艦艇や航空機を警戒・監視することだ。今後、ミサイル部隊の配備が計画されているという）。

一方、中国の威嚇的行動に対してのものなのか、一一月には与那国島で在日米軍と自衛隊による日米共同統合訓練（キーン・ソード23）が初めて行われ、輸送機で持ち込まれた16式機動戦闘車（MCV、自衛隊）などが、空港から自衛隊駐屯地までの六キロを走行した。また、同月三〇日には内閣官房が主催しての国民保護訓練が初めて開催された。これはミサイル飛来を想定しての訓練である。

このように国境の島だからこそ、降ってわいた台湾有事という太平洋戦争以来の危機に、始まるかどうか、そして島が巻き込まれるかどうかもわからないのに、島はすでに翻弄されている。こうした状況を島の人たちはどう受け止めているのだろうか。僕が知っている島の人たちはどうしているのか。不安に思ったり、危機感を抱いていたりするのだろうか。それとも何も変わらないのか。

島のことが気になって仕方なくなった僕は、二〇二二年末、時間とお金をやりくりして、日本の最西端の島へと渡ったのだった。

一見、のんびりしている町民たち

石垣島を飛び立ったプロペラ機が与那国島に着陸したのは冬至（一二月二二日）の日の午後四時す

ぎのことだ。荷物を受け取り、建物の外に出ると、出入り口に宿の名前を記した紙を持つ日焼けした男性がいた。彼の父親は「尖閣へ行けなくなったので、船を買うのをやめた」と話した我那覇一郎さん（仮名）。彼が経営しているペンションを予約したところ、その息子さんが迎えに来てくれていたのだ。

彼も普段は漁師。たまたま時間が空いていたので車を回してくれたようだ。島の中央部にある空港から、島の西にある集落、久部良までは車で一〇分ほど。その間に、僕は世間話を兼ねて話を聞いた。

――このところ、中国がミサイル撃ってきたりして大変ですね。島の雰囲気、変わったんじゃないですか？

僕があっけらかんとした様子で聞いたからか、その深刻とも思える質問に対し、彼もまたあっけらかんと答えた。

「いや、何も変わらないですよ」

そこで僕はやや食い下がるように聞いた。

――でも、八月の中国のミサイル発射のせいで、あの時期の五日間、漁師の皆さんは操業を自粛したんですよね。

「守ったのは最初の一日だけ。あとは普通に漁をしていたよ。八月のはじめは漁が忙しい時期。高級魚ミーバイ（筆者注・水深三〇〇～四〇〇メートルの海にいる底魚）が獲れる時期なんで」

といった感じで、全然動じないし、平然としている。もうちょっと深刻に答えてくれてもいいのに。内心、狼狽《ろうばい》した僕は、さらに食い下がった。

――でも避難訓練があったり、日米合同訓練があったり、にわかに緊迫してきたんですよね？

「訓練？　二〇人ぐらいしか集まらなかったそうです。というか、海に出てたから知らなかった。日米共同統合訓練？　機動戦闘車が通ったそうだね。見てなかったけど」

心配して島に駆けつけた僕は彼の答えに、アレッと首をかしげた。


漁協の真向かいにあるペンションに到着。あてがわれた二階の部屋で旅装を解き、ひと息ついたあと、下に降りる。すると、一階の食堂スペースには我那覇一郎さんたち六〇歳前後の男性三人が、カジキの刺身をつまみに泡盛《あわもり》を酌み交わしていた。

「ご無沙汰しています。二年前に取材で伺いました」

挨拶すると、「飲んでいってよ」と我那覇さんに誘われた。

一緒にいるのは、先輩の漁師、そして町議会議員をつとめる漁師の大宜見浩利《おおぎみひろとし》さん（六五歳）だった。

ついでくれた泡盛に口をつけたあと、僕は同じ質問をした。

――八月の中国の演習以降、島の雰囲気が変わったとか、そういうのがあったりしますか？

すると、我那覇さんと大宜見さんは淡々と言った。

我那覇「何も変わらない」

大宜見「何が変わるわけ？」

僕は質問の角度を変えた。

――それは自衛隊の基地があるからですか？

すると自衛隊誘致について島が割れたときの思い出に話題が移った。

我那覇「住民投票で六割あまりが賛成した。自衛隊を呼ぶということで決まったんだから。決まったことに対して、いまさら言うなと」
大宜見「自衛隊の誘致のときは賛成と反対が両方あって、対立したかもわからん。まあ、いざ入れてみたらね、そこまで違和感がなくてね。お互いがね、できるような形になってるもんだから、よかったなって。自衛隊の皆さんも自分らの組織だけじゃなくて、地域の皆さんと溶け込んで、集落の活動にも積極的に参加したり、彼ら隊員たちの子供たちが転校してきたり。島に住む子供たちの数が少し増えました」
自衛隊の誘致を求めたうちのひとりが大宜見さんだったのだ。
大宜見「自衛隊には、こうお願いしました。『島に子供が少ない。家族のいる隊員を選んで島に派遣してほしい。島に三つある集落の学校はどこも複式学級（筆者注・同学級に二学年を収容して統制する学級）。役場のある祖納、久部良、比川と三つある集落に分散して住んでもらいたい』と」
我那覇「人口よりも学校の複式学級解消のほうが目的としては大きかったかな」
実際、自衛隊が駐屯してからというもの、島の人口は一四〇〇人台から一七〇〇人台と増え、三つの集落にある学校はそれぞれ複式学級が解消されたという。

その後、大宜見さんは自宅に招いてくださった。そこで、インタビューを続けた。

自衛隊の話を詳しくしてくださったついでに、僕は日米共同統合訓練について伺った。一一月に日米共同統合訓練が初めて行われましたが、どうでしたか、と。すると大宜見さんは言った。

「キーンソード23の訓練が行われたとき、『日米共同統合訓練反対』と声を上げた人たちが空港前に集まったね」と。

僕は首をかしげた。その訓練は中国軍の攻撃に対して島を守るためのものではないのか。とする

上●2016年に開設された陸上自衛隊与那国駐屯地の正門。
下●島南部のインビ岳にそびえ立っている監視レーダー。
駐屯地内の沿岸監視隊が周辺の海・空の艦艇や航空機を24時間態勢で見張っている。

と、米軍が島に上陸するのはとんでもないと思って反対するのは筋が違うのではないか、と。

僕の疑問に対し、大宜見さんは答えた。

「沖縄戦でたくさんの県民が殺された。ガマ（筆者注・自然洞窟）に避難してた人たちが米軍の火炎放射器や手榴弾の攻撃で大勢犠牲になっている。（筆者注・地上戦がなかった）与那国の島民も被害の歴史を聞いて育ってきたからね。米軍への恨みとか戦争はもうこりごりだという気持ちが強いわけ」

複雑な県民感情が中国による侵攻への備えを押しとどめようとしている事実に、僕はため息が出た。

では、その台湾有事そのものについて、大宜見さんはどう思っているのだろうか。まずは島のインフラの備えについて伺った。

「町長が滑走路の拡張の話をしてるのはね、横風を受けやすく欠航率が高いから。風が吹いても着陸が可能になるように、滑走路の幅を広げてほしいという話をやっているんです。田里議員は、アメリカの軍用機を降ろすために要請しているとか言っているけど、そうではない。東西に長い、狭い島だから、どうしても細い滑走路では横風を受けると危ないもんだから」

――台湾有事が起こったときは、島からどうやって全島避難をさせますか？

「台湾の花蓮市の皆さんと話し合ったときに、『勃発したら台湾から与那国に先に来るよ、必ず』って。台湾の人はよく知ってるんですよ。与那国は親しき仲だから必ず面倒を見てくれると。でも、与那国に受け入れる体制はない」

――島にミサイルが飛んできた場合は？

「中国が島にミサイルを撃ってきたときに備えてシェルターを作って、そこに逃げ込むとかいう前に、与那国にたくさんあるガマを使ったらいいって、議会で言ったんだよ。そこならお金かけて作る必要ないし、水もある。そこに備蓄を置いておけばいいって。そうすれば、戦争のためだけじゃなくて、地震や津波といった災害があったときもそこに逃げて、落ち着いたらまた生活ができる」

――実際、八月にミサイルが中国から与那国のEEZに落ちましたね。

「あのとき、与那国の南に落ちた。私は与那国漁協の人間でもあるので、あとで島にある陸自の基地に抗議したの。漁協から基地まで目と鼻の先なのに、なぜ与那国漁協に連絡が行かなかったのかと。中国からミサイルを飛ばされたよって、なぜ漁民に知らせなかったのかって。ミサイルは三分ぐらいで与那国に飛びますよ。連絡が遅れれば取り返しのつかないことになるのに」

――一一月の日米共同統合訓練は?

「町長、キーン・ソードのときは出張で島にいなかった。だから県警とか県議とかいろいろなところから私のところに聞きに来た」

――中国のミサイル攻撃は?

「中国がね、台湾との問題があって、ミサイルはEEZに五発落ちてるから。だから、間違いなく威嚇してる。日本は台湾に味方したらいかんよと言わんばかりに落としたと私は思ってる」

前回、二〇〇七年にお会いした大新垣小枝子さんら年配者はお亡くなりになっていたりして、誰もお会いすることができなかった。そこで僕は島で会う人たちに片っ端から台湾有事について尋ねてみることにした。

「台湾有事？　何も変わらない。空港の防災無線が三カ月前に壊れたまま。二カ月前から言ってたのに。それぐらいのんびりしてる」（居酒屋店員、女性）

「避難訓練と日米共同統合訓練も終わってから知りました。島外の人たちからは心配されるけど、島に変化はない」（食堂店主、女性）

「八月のミサイル着弾以降、お客さんが減ることはなかった。日米共同統合訓練のときは米軍や自衛隊の車両がこの前を通っていったよ。反対派が沖縄本島から四〇人ぐらい来るのかと思ったら一〇人しかいなかったね」（民宿経営者、男性）

島の人たちの受け止めは大差がなかった。ただ呑気というのとは違うし、関心がないというのとも違った。というのも、台湾有事という単語そのものは誰もが知っていた。そのうえで、いつもと変わらず平静に振る舞っているようなのだ。

自立ビジョンの行方

対馬のように近隣の外国との行き来を密にして経済的に自立していこうという自立ビジョン。自衛隊基地ができ、台湾有事が起こる可能性が高まるなかで立ち消えになったのだろうか。その構想を聞かせてくれた田里千代基さん（六五歳）には再会することができた。

――二〇〇六年、自立ビジョンを中心に伺いました。台湾との定期航路の開設をめざすという話を、そのとき聞きましたが、実現できたのでしょうか？

「二〇〇七年、滑走路が一五〇〇メートルから二〇〇〇メートルに延伸したり、二〇〇八年、リゾートホテルが開業し、団体客の対応に取り組んだりしました。さらに二〇〇九年には与那国から台湾直行のチャーター便を飛ばし、国境の島の可能性を模索しました。しかし、そこまででした。台湾との交流を軸にした自立ビジョンが淘汰《とうた》されていったんです。与那国は平和な緩衝地帯として自立していくべきだったんですが」

——なぜ、淘汰されたんですか？

「すがってはいけない自衛隊基地を誘致してしまったからです。経緯をお話しします。二〇〇七年六月二四日、米軍佐世保《させぼ》基地の掃海艇が二隻、島に停泊したことがすべての始まりでした。その停泊について、当時のケビン・メア在沖米総領事が『台湾海峡有事の際には掃海活動の拠点となり得る』と発言し、有事の際の利用検討をアメリカ本国に促していたことがウィキリークスで判明しました。そしてその翌二〇〇八年にはさっそく防衛協会が作られました。このようにアメリカは少しずつ既成事実を積み重ねていったんです。二〇一一年の時点で反対のほうが多かった自衛隊誘致でしたが、二〇一五年に基地が建設され始めると、賛成と反対が逆転。住民投票の結果、賛成が多数となりました。それを受けて翌二〇一六年三月二八日、基地の運用が始まりました」

——アメリカの掃海艇が始まりとはどういうことなんですか？

「二〇〇〇年代、アフガンやイラクで戦い続け、経済をすっかり消耗してしまったアメリカは、世界の警察としての力を失っていきました。一方、アジアは経済成長していきました。アメリカは防衛は日本にやらせたい。ということで、台湾有事の利用への地ならしとして、掃海艇を停泊させたんです。そのころから朝鮮のミサイル問題や二〇一〇年の中国漁船の海保巡視船との衝突。こうしたことが起こったことで、もう大変だとあおっていったんです。ミサイル防衛を強化しないとやられるよと。そんなさなかの二〇〇九年、私は町長選挙に出た。当時の外間《ほかま》（筆者注・守吉《しゅきち》）町長が自衛隊誘致に走ったもんだから、止めるために私は出た。自立ビジョンを推進したかったしね。だけど、負けた。一カ月足らずの期間で、すぐ選挙だったからね。その後は町議会議員をつとめています。やるべきことがずっと残っているので辞められないよ（笑）」

——自衛隊誘致は当初こそ島は割れたけど、いまはすっかり馴染んだし、人口も増えてよかったという話を聞きました。結果的にはすがってよかったのでは？

「二〇一五年のときの住民投票では賛成が多数になりましたが、島の住民が分断され、激しい軋轢をもたらしてしまいました。埋めがたい溝と将来への禍根を残してしまったんです」

――どういうことですか？

「与那国の人口約一七〇〇人のうち自衛隊員は一六〇人、その家族は九〇人です。今年（筆者注・二〇二三年四月）二〇人、来年さらに七〇人が加わります。そうなると人口の二〇％を自衛隊員や家族が占めるようになります。このままだと、これまで先人が築いてきた島の自治が崩壊しかねません。民主主義も変わる。選挙も変わる。自衛隊票を集めないと選挙に勝てなくなりますから。伝統文化がどうなっていくのかという問題もあります。島に来るのは三年ほどで交代する、いわゆる転勤族。彼らは島の生活を楽しんで帰るわけですよ。そうすると、文化を引き継げない。運動会にしても運動ができる彼らが選手に選ばれて、もともと住んでいる島の人が選ばれなかったりするでしょ。そうやって地域を壊してるんですよ。収入格差の問題もある。いま、年間所得が四四〇万円くらい。でも、元の島民は二五〇万円もないですから。自衛隊の人たちは駐屯地のある山の上にいるから、イベントじゃないかぎり会わなかったりする。あと、自衛隊に反対してると、商売が成り立たないから黙っているとか。分断の結果、しゃべれなくなってきてるわけさ。この前のキーン・ソード23でも本心は反対だけど言えない。建前と本音を使い分ける悲しい生活をしているというのが現状ですね」

それを聞いて、島民の皆さんの当たり障りのない反応に対しての真意が見えたような気がした。とはいえ、特段警戒している感じもしなかったが。

――台湾有事は起こると思います？

上●与那国町の糸数健一町長。台湾有事の影響をまじめに考えておられた。
下●2006年にお話を伺った田里千代基町議。前回お会いしたときは町役場の職員だった。

「起きないですよ。中国はこれまでの繁栄を無にしたくないですから。だから、そんなバカなことはしない。ただウクライナ侵攻でロシアがあっという間に勝っていたら、中国も台湾に攻め込んでいた可能性はあります。でも、いまのように長期化し、苦戦している状態ですから、中国は慎重になる。もう一つは経済面。台湾のTSMC（筆者注・台湾積体電路製造）という会社は半導体受託生産最大手。この会社をとるか、とらないかで世界の経済市場の一番になるか二番になるかが決まる。それほど重要な会社です。中国がこの会社を壊すことは考えられない。壊したら中国の経済が壊れますから。台湾人も現実的。統一もしないけど独立もしない。ずっと現状維持です。実際、先日の選挙では野党の国民党が勝ちました。そうやって台湾人はバランスをとっているんですよ」

——アメリカはどう考えている？

「戦争が起こると思っていないと思います。でも、アメリカはあおります。だって自衛隊の基地を整備してもらったほうがいいし、日本に防衛費を出してもらいたいから。そうやって二〇一六年に島に基地ができ、日米共同統合訓練が始まり、戦闘車両が走るようになりました。東シナ海、台湾海峡、南シナ海は自衛隊で守りなさいと。それで先日、新聞を見たら『明日にでも台湾有事が起こる』というような記事があって、だからシェルターを作る必要があるとか書いてありました。バカな話するな！　って私は思いました。台湾有事があるから戦車を走らせましょうというのは愚か。そうじゃない。大事なのは人間的安全保障。人もモノも交流させる。これ、本来であれば、国がやるべきですよね。日本はここに立ち位置を持ってASEAN一〇カ国を集めるってことやるべきじゃないのかと。ASEAN一〇カ国、経済成長をしてきているんだから」

——台湾との定期航路はどうなりましたか？

「いまも実現していません。与那国は国境を開くことができなかったんです。というのもCIQ

（筆者注・税関、出入国管理、検疫。出入国の際の必須手続き。日本の主要な港湾、空港のほとんどでその体制が整備）の問題です。これがあることで国際港、国際空港として、入国したり、出国したりすることができます。政府にはずっと与那国側の開港を働きかけているのですが、一向によい回答が得られない。そこにコロナ禍。水を差されました。でも、今後、入出国がクリアできれば台湾から年間四〇万人が来ますよ」

自衛隊の誘致が島にとって劇薬であったということは間違いなさそうだ。だが、習近平国家主席が独裁者である以上、経済が壊れるからという理由で攻撃を思いとどまったりしないのではないか。プーチンの一存でウクライナに攻撃を開始した例が実際にあるのだ。

であれば、世界の警察としてアメリカが世界を守れなくなるなか、与那国島に自衛隊が基地を作り、石垣島や宮古島、奄美大島の自衛隊基地や、沖縄本島や九州や本州の米軍基地と連携して守っていくしかないのではないか。

また、台湾から観光客が大挙してやって来たら来たで、島の土地を購入したり、移住したりして、島の人たちの自治が揺らぐのではないか。田里さんの話を聞いて、僕はそう思わざるを得なかった。

後述するが、与那国島が発展のモデルとして参考にしてきた対馬は、韓国の観光産業が進出しすぎて、経済的にもガバナンス的にも、韓国抜きでは立ち行かないところまで行ってしまった。地元にお金を落とさず雇用にも寄与しない韓国の観光産業の進出は、対馬の人口減少という皮肉な結果をもたらしてしまったのだ。与那国もその二の舞いにならないと断言することは僕にはできない。

覚悟する町長

田里千代基さんとまったく意見が違っていたのが、糸数《いとかず》健一《けんいち》現町長（六九歳）だった。彼こそが大宜見さんたちとともに自衛隊を誘致した一人である。

迫り来る島の危機に対して、島の行政はどのような施策を計画、実施しているのか。

——島に自衛隊の誘致を進めてきたそうですね。

「石垣島までが一二七キロなのに対し、台湾まではわずか一一〇キロしかない。いわば台湾の離島みたいな位置にこの島はある。そしてその台湾を中国が狙いに来ている。それにこうしてミサイルを落として脅すようなことをしてくるわけです。いざ戦争が始まったら無傷ですむとは考えられない。この島には、避けて通れない現実的な脅威があるんです。だからこそ、紛争が起こらないようにするために自衛隊の配備はやらざるを得ないことです」

——有事に対して、どんな備えをされているのか。

「町に権限がないので何もできないですよ。予算もなければ、県の支援も国の支援もない。国や県に『有事の際、どうするんですか?』と質問していますが、答えすらありません」

二〇一七年、町は有事に全町民が島外避難することを念頭に国民保護計画を策定している。しかし町ができるのは空港や港に運ぶところまで。島外への輸送のため、国や県に調整を求めているが、答えが返ってこないのだ。

——一一月には動きがありました。一七日には、自衛隊と在日米軍による日米共同統合訓練、三〇日には弾道ミサイルによる攻撃を想定した国民保護訓練がそれぞれ初めて行われました。

「そうですね。政府と県がやっと本腰を入れてくれました。だけど参加者はたったの二二人。集落の外れにある公民館へ逃げ込んだという想定で行われました。内閣官房ら政府の人たちや彼らが引き連れてきた報道陣は三〇人以上。訓練参加者のほうが多いぐらいでした。町がコロナ前に実施した防災訓練には、自衛隊が協力した規模の大きなものでした。それに比べると中途半端でした。まあ、〝備え〟がやっとスタートしたというところです」

――避難訓練を行ってみて、わかったことは？

「時間との勝負ということ。台風なら来るまでに時間的な猶予があるけど、ミサイルはそうはいかない。発射され、Jアラートが鳴ったら数分以内に身を隠さなければ間に合わない。そのためには、各家庭の地下にシェルターを設置できるよう、国や県に予算措置を求めたい」

――キーン・ソード23のときは？

「特にトラブルもなく無事に終わりました。辺野古《へのこ》みたいな大騒動になったら困るということで、県警の機動隊が四〇名ぐらい来たんですが、反対派は一〇名程度。実際は無事に平穏に進んだと聞いてます。メディアは『すごい反対がある』『島を分断している』といった書き方をしますが、実際はそうではない。なかにはこう言ってくれる方もいますよ。『戦闘車両、たった一台で大丈夫なのか？　たった一台で与那国を守れるのか』『持ってきて、また引き揚げるのか。島に置くんじゃないのか、五〜六台、常駐させろ』といった励ましの意見のほうがよっぽど多いんです。賛成派のほうが圧倒的に多いですよ」

――いざ開戦となって、島外へ避難する段になった場合の足は？

「石垣や那覇を結ぶ飛行機は五〇人乗り。石垣と結ぶフェリーの定員は一二〇人。現状、これだけしかないのに、いざというとき、これでは町民全員の避難は困難です。いま、滑走路の長さは二〇〇〇メートル。滑走路の西側に利用可能な土地がありますから、五〇〇メートル延伸し、有事の際は大型輸送機をチャーターし、町民を避難させたいです」

――港湾については？

「大型船舶が入れるよう港湾を整備しなければと思います。久部良と祖納、二港の岸壁整備は難しい。島の南にある比川に新設を国や県に提案しています」

――玉城《たまき》デニー県知事は与那国の住民保護については話し合われたのですか？

「（筆者注・二〇二二年）九月に行われた知事選挙の遊説で、与那国に来られました。せっかく来られたんだから、さまざまな要請を上げようと思っていました。ところが、こうおっしゃるんです。『今回、公務じゃなくて政務で来ているから要請は受け付けない』と言われました」

――それはひどいですね。九月の知事選前日、玉城デニー氏の会見で質問したことがあるんです。「台湾有事になった場合、どういうふうにして県民を守るつもりですか？」と。僕は避難について聞いたつもりだったんですけど、勘違いされたのか、「国が変なことをしないように抵抗するし、ミサイル防衛は体を張ってでも食い止めます」とおっしゃっていて、とても驚きました。

「抗議する相手が違うんじゃないでしょうか。本来なら中国に抗議すべき。なのに中国に抗議せず、日本政府に抗議していますからね」

――この調子ならば、島の避難態勢を盤石なものにするための滑走路延長や港湾の整備、協議が難航する可能性がありますね。政府が戦闘機や護衛艦の利用を想定していることに対して、玉城デニー県知事が難色を示していますものね。さて、話題を変えますね。島民が避難するときに使う給付金を制定したと聞きます。お金があったとしても足がなかったら困るのでは？

「お話ししたように、町が独自に町民を避難させることに限界があります。町独自でできることはないかということで、危機事象対策基金を提案、九月に町議会で可決されました。本当に危なくなってきたら、各町民がそれぞれ島外に出るしかない。その場合、必要となるのはお金です。お金がなければ、生活が立ち行かなくなりますから。一人あたり一〇〇万円ほど必要になるでしょう。いざというときに給付できるよう、今後、積み立てを進める方針です」

――今後、台湾有事が起こる可能性があるなかで、国に望むことは?

「国がシェルターを設置するならば歓迎します。しかし私はウクライナの二の舞いにはしたくない。町民をシェルターのなかに閉じ込めたままの状況は避けなければいけない。そうした事態になる前に、島外避難の道筋をつけなければ、と思います」

――戦争の抑止については?

「戦争が起こらないように、政府は中国に対し、間違ったメッセージを送ったり、曖昧な態度をとったりせず、毅然とした態度でもって意思表示を明確にしていただきたい。あと、できればアメリカと台湾との間で、台湾関係法みたいなものをね、それで似たようなものを日本の法律としても制定してもらいたい。また、台湾軍も入れて日米台、三者での訓練することが何よりの抑止力になると思います」

台湾有事なんてどうせ起こらない、だから自衛隊はいらないし、シェルターもいらない。というよりは、やはりまさかのときのために備えておくべきではないか。自衛隊基地が、島にとって自治を崩壊させる劇薬であったとしても、それしか生きる道がないのならば、島の自治の形を変えながらやっていくしかないのではないか。さまざまな意見を聞いて、僕はそう思った。

台湾有事で攻撃される島

与那国島から石垣島に戻った日の夜、石垣島に住む八重山防衛協会の事務局長、山森陽平《やまもりようへい》さんに話を聞いた。

――台湾有事が起こると、日本ではどこが攻められると思いますか?

「在日米軍基地と自衛隊基地。中国の艦船が周辺海域に常駐している尖閣諸島。もう一つは台湾から一一〇キロの距離にある与那国島です」

台湾の占領をスムーズに行うため、台湾のそばにある与那国島をあらかじめ占領する可能性があるというのだ。

「もし、ここに一〇〇～二〇〇発の弾道ミサイルを撃たれたら占領され、一大ミサイル基地を作られるかもしれません。自衛隊の駐屯地にパトリオットミサイルなどで撃退体制を整えたとしても役に立ちません。与那国にいる一六〇人規模の通信隊にあまり火力はないはずなので、中国側に一個中隊があれば、無力化は可能でしょう。もし占領されたら、西表《いりおもて》との中間に戦艦を派遣され、そこが最前線となる可能性があります。島民が事前に避難できていなければ島民は中国軍の人質となるでしょう」

——中国軍が攻めてくる前に、与那国の人たちが全員退避することは可能なんでしょうか？

「上陸船団が近づいているとわかれば、到着するまでに逃げる猶予があります。上海とかの沿岸から台湾を迂回《うかい》する形で約四〇〇キロ。貨物船なら直線で一三時間ぐらい。もしくは空挺《くうてい》部隊で島を急襲するということも考えられます。それなら一時間半で来てしまいます」

——もし事前に逃げられるとしたら、どのぐらいで完了する？

「大きな揚陸艦が横付けできれば、自衛隊関係者を除く島民一五〇〇人を乗せることができるでしょう。もし横付けできないなら、沖に泊めて、岸壁と船の間をボートでピストン輸送することになる。五〇人ずつで三〇往復。空路の場合、ジェットが飛べば一五〇人。四回飛ばせば六〇〇人。海路と空路、さらには漁船やクルーザーを組み合わせれば、一日あれば運べます」

——避難するとすれば、どこへ？

「九州か沖縄本島しかないです。遠いですが、行かざるを得ないでしょう。石垣に新しく来た一五〇〇人を食べさせる力があるかということです。例えば鹿児島から入れて、どこか国民休暇村みたいなところに、何百人か体制で入れるとか。どこかの市民体育館とか。あちらは地震だとかのときのストックがある。ベッドだとか。そういったときのシステムが構築しやすいはずなので。炊き出しのほうは自治会とか、もしくは風呂は自衛隊とか。その住環境を整えなきゃいけないはず」

山森さんの解説に僕は愕然とした。

一〇月の共産党大会で習近平国家主席は異例の三期目続投を決めた。その際、彼は台湾統一について「決して武力行使の放棄を約束しない」「祖国の完全統一は必ず実現しなければならないし、必ず実現できる」と発言、台湾統一を公約としているのだ。とはいえ、体制の違う台湾が平和的な統一に従う可能性はゼロ。となれば、武力を行使して併合しようとする可能性は十分考えられるのだ。その際、山森さんの言うとおり、基地や尖閣、与那国が攻撃される可能性が考えられるのだ。

十三

彼の話に驚愕しながら、僕は島で話を聞かせてくれた、三〇代とおぼしき女性の話を思い出した。

「自分が行動することで、戦争を止められるわけでもない。だったら、いつもどおりの生活を送るしかないなと思っています」

止められないのなら、深刻に考えるのはやめて生活を丁寧に淡々と送るしかない――そう覚悟を決めて、おのおのの島民たちは生きているのかもしれない。

十四　国境の島々がたどった一五年

尖閣諸島と与那国島以外の島が、その後、どうなったのかをここに記しておこう。一五年が経過し、それぞれの島はどう変化してきたのか――。

北方領土

二〇一二年、安倍晋三《あべしんぞう》議員が首相に返り咲いたことで事態は動いた。安倍氏はロシアのプーチン大統領と実に二七回もの日露首脳会談を行い、領土問題の解決と平和条約の締結を目指したのだ。しかしだ。安倍氏が本気で領土返還に邁進すればするほど、プーチンはそれを見透かした。島の返還とは関係のない平和条約締結を先に求めてきたり、正式にロシア領になったことを認めるよう求めてきたり、島へ在日米軍基地を展開させないという保障を日本に求めたり――無理筋の要求を連発し、結局はまとまらなかった。

多額の経済協力を行い、最後は二島返還にまで条件を下げてもなおプーチンは合意をしなかった。「親日家で北方領土問題に熱心なプーチン」「対中牽制《けんせい》という点で一致できる」「プーチン政権が盤石」といった日本側の分析は、領土返還にのめり込んだがゆえに日本が抱いた幻想だったのかもしれない。

二〇二二年二月にウクライナ戦争が始まると、ロシアは平和条約締結交渉の停止を発表、同年七月には憲法を改正、領土の割譲禁止をうたうにいたった。もはや返還の目はなくなったと見ていい。そんな状況なのだ。島の交流についても、もはや絶望的だ。二〇二〇年初頭に世界中に蔓延《まんえん》した新型コロナウイルスにより、ソ連末期のゴルバチョフ時代から続けられていたビザなし交流などの取り組みは中断、さらに二〇二二年二月末にロシアはウクライナへ侵攻、その年の九月には枠組み自体の破棄を日本に通告したのだ。

一方で島の開発は順調に進んでいる。キヤノングローバル戦略研究所のサイトに掲載の論考『北方領土開発にブレーキか―島々の近況とウクライナ戦争―』（吉岡《よしおか》明子《あきこ》研究員）に最近の様子が詳しく掲載されているので拾ってみたい。

ロシアはその後、ますます北方領土に大金を投じ、開発するようになった。「クリル諸島社会経済発展連邦計画」は僕が島に渡った翌年の二〇〇七年に動き始めた。エネルギー価格の高騰で財政が潤ったロシアは「同２００７－２０１５年」「同２０１６－２０２５年」を定め、空港、道路、港湾などの輸送インフラや燃料、電気、水道などのライフライン、教育、病院、通信などの社会インフラの整備を着々と進めてきた。ネットは整備され、国内の観光客は増えた結果、ＳＮＳ（ソーシャル・ネットワーキング・サービス）に旅行の様子を投稿するロシア人が増えているのだという。

島の主要産業である水産加工業は成長し、極東最大規模の漁業・水産加工会社となり、建設や観光、金融なども手掛けるコングロマリットへと成長を遂げたという。こんななか、島の人口はここ数年増加するようになったという。インフラ整備は十分ではなく、停電は多く、船や航空機は欠航がちだというものの、僕が出かけたころに比べると見違えるように生活環境がよくなったことがわかる。

しかし、そうした開発もここでブレーキがかかるかもしれない。二〇二二年に勃発したウクライナ戦争に対するロシアへの経済制裁によって開発にまわす予算が不足する可能性があるからだ。そんななか、気になるのが中国の動きだ。ウクライナ戦争でロシアは国力をおびただしく消耗させた。西側の企業が軒並み撤退した分を中国がカバーした。国内は中国製品であふれ、資源は中国に安値で買ってもらうしかない状況となった。こんな状況なのだ。北方領土を含むロシア極東地域に中国の企業が今後、ますます進出し、実質的に乗っ取られる可能性もなくはない。

沖ノ鳥島

島のサンゴを産卵・増殖させて島に戻して陸地を増やすという計画はどうなったのか。調べてみると、久米島の研究施設で産卵に成功していたことが判明した。とはいえ、サンゴが三〇～五〇センチ積み上がるのに約一〇〇年かかるという。なので、まだ当然、成果は聞こえてこない。そうそう簡単に増えるわけではないということなのだ。

人工物については着々と建設されている。二〇〇七年に沖ノ鳥島灯台が設置され、運用が開始されたり、二〇一〇年に国土交通省が七五〇億円を投じ、港湾設備、岸壁、泊地、臨港道路などインフラストラクチャーを建設したり、輸送や補給が可能な活動拠点を作ることを決定、二〇一一年には着工するも、二〇一四年に設置作業中の桟橋が転覆、作業員七人が死亡する事故が発生した。一九一九年には北側桟橋、中央桟橋、南側桟橋と荷捌《にさば》き施設が建設されている。

周辺海域に目を転じると、二〇二〇年、二〇二一年と中国の調査船が現れていることがわかる。日本政府が外交ルートを通じて直ちに中止することを求めたところ、「沖ノ鳥島は島ではなく、EEZや大陸棚を主張することができない岩礁であり、日本の一方的主張は法的根拠がなく、従って科学的調査を実施するのに日本の許可は必要ないと、従来の主張を繰り返した」（『尖閣諸島の次は沖ノ鳥島、中国船が違法調査』二〇二〇年七月二二日、JBpress）。

こうした動きは本州から東に一八〇〇キロ離れた日本の最東端、南鳥島の周囲でも見られている。島の近くの公海に中国の調査船が現れた形跡がある。二〇二一年六月、北側が弓なりになった航跡は、南鳥島のEEZの南側の境界線ぎりぎりを沿うように走っていた。EEZの外側は公海なので、日本に気兼ねすることなく自由に調査することができる。この付近の海底には、最新技術に欠かせない大量のレアアースが埋蔵されているとされる。中国はそれを狙っている可能性がある（『追跡 謎の中国船〜〝海底覇権〟をめぐる攻防〜』二〇二二年六月二六日の放送の「NHKスペシャル」より）。

竹島

残念ながら韓国の違法な占拠状態が続いている。尖閣が国有化された翌月の二〇一二年一〇月には当時の李明博《イミョンバク》大統領が竹島に上陸、日韓関係が一気に冷え切った。二〇一七年に就任した文在寅《ムンジェイン》大統領は、二年前に合意し、確認した慰安婦問題の「最終的かつ不可逆的な解決」を一方的に反故《ほご》にしたりして日韓関係を破壊するようなことを繰り返した。そのため、両国関係は戦後最悪なものになり、竹島について話し合うどころではなかった。

二〇二二年には親日派の尹錫悦《ユンソンニョル》氏が大統領に就任した。それでも今後、いくら彼が日韓関係を改善させようと努力したとしても、竹島に関して大幅に状況が変わることはないだろう。

〝獨島（竹島）は韓民族の日本占領の犠牲となった象徴的な場所〟という韓国内での位置付けが今後変わるとは思えないのだ。民兵が上陸して暴力的に占領した罪を、韓国が認め、謝罪して日本に返すということは天地が引っくり返ったとしてもあり得ない。この島は今後も二国間の喉元に刺さったトゲとして存在することは間違いない。

なお、島に上陸する定期航路はいまも続いている。

対馬

夜になると釜山のネオンが見えるほど韓国に近いこの島は一九九九年以降、対馬と釜山をつなぐ航路を新設。それ以降、韓国との交流によって島おこしをしてきた。こうした韓国との交流急拡大について、僕は二〇〇七年時点で両国国民のマナーの違いによる軋轢や密漁問題といった問題について挙げてはいた。しかし、そうした韓国頼みの島おこし自体を肯定的に捉えていた。

その後、こうした島おこしはいったい対馬に何をもたらしたのか。

まずはその経緯について、前《まえ》田《だ》陽《よう》次《じ》郎《ろう》『研究ノート　長崎県対馬市における韓国人観光客数の動向と地域経済』(二〇二一年六七巻二号)をもとに記してみる。

韓国からの観光客は二〇一〇年まで年間五～六万人と落ち着いていた。二〇一一年の原発事故以後、博多・釜山間を運航していたビートル号が対馬へと航路を振り替えたところ、入国者が急増、二〇一八年には四〇万人を超えた。それに伴い、観光関連事業への投資が活発になった。ところが翌年、日本政府による韓国への輸出規制厳格化を受け、韓国内でボイコットジャパン運動が起こり、入国者が急減、さらには翌二〇二〇年の新型コロナウイルスの感染拡大を受けて、韓国からの入国が禁止となった。そして二〇二三年春、航路が再開された。

次に、韓国との交流の急拡大がもたらした問題について記してみる。

これに関しては、軋轢が頻発しているというのが実情のようだ。両国国民のマナーの違いによる軋轢や密漁問題といった問題のほかに、お寺から仏像を窃盗するなどの文化財窃盗事件が頻発するようになったのだ。しかも、そうした犯罪に対し、韓国政府が肩を持つのだからタチが悪い。二〇一二年に対馬のお寺から盗まれた仏像は、韓国側の裁判所が「もともと韓国にあったもの。返す必要はない」と一旦は認定。対馬のお寺にはいまも戻されていない。

では、次に産業構造や人の流れという点ではどうか。平野秀樹《ひらのひでき》『日本はすでに侵略されている』（新潮《しんちょう》新書）を参考に記してみる。

海上自衛隊対馬防備隊本部に隣接する土地が買われたことが、国会で質問がされたりして二〇〇八年に話題になった。そのころは韓国人に土地を売ることが島で周囲に非難されていた。

しかし、いまは逆に売り渋っていると、周囲に責められたり、珍しがられたりするのだという。そうして先祖代々の不動産を売り、福岡あたりに住む子供たちのもとで住む人が相継いでいる。そうした状況なのだ。対馬防備隊本部を囲む浜はその後、すべて韓国資本に買収されている。

「韓国人が所有する土地と建物は、特定できるだけでも八〇件を超え、その所在は街の中心部や望遠施設周辺にとどまらず、小さな過疎の集落であっても、必ず韓国系の民宿か別荘地ができています」

対馬経済は、もはや韓国抜きでは成り立たず、地元住民が島で生き抜くには韓国資本に雇ってもらうしかない状態となった。そしてその後、コロナ禍となった。

こうしたひどいありさまなのだ。

二〇〇〇年当時には四万人を超えていた人口は二〇二〇年三月時点で三万人を割ってしまった。結局、島おこしは事実上、隣国に島を乗っ取られ、日本なのか韓国なのか、どちらか言いがたい末期的な状態にある。元寇を乗り越えた対馬は、平和的かつ合法的な方法でじわりじわりと外国化しているのだ。

小笠原

小笠原の変化といえば、二〇一一年六月に世界自然遺産になり、年間の観光客数は一・三万人から二・一万人超と増えたことが挙げられる。二〇一六年には三代目〈おがさわら丸〉が就航し、所要時間が二五・五時間から二四時間に短縮された。

その後、年間観光客数は二万人前後と安定するが、二〇二〇年は新型コロナウイルスの流行により、その数は約九四〇〇人と激減。医療資源が乏しい島なので、ロックアウトが続くことになったのだ。その後、一万三〇〇〇人弱と回復傾向にある。

硫黄島

この島が最も変化したのは地形である。年間一メートルという隆起により、僕が訪れた二〇〇五年と現在を比較すると、丸みを帯びた形になっていて、その傾向は北西の浜が顕著だ。上陸する際、島にはなぜ港がないのだろうと首をかしげたが、一八年ですっかり地形が変わるほど隆起してしまったのだ。浚渫して港湾施設を作っても、その意味がない。

一方、遺骨収集に関しては、民主党の菅直人政権のとき、成果が上がった。菅直人元首相のオフィシャルサイトによると、補佐官を渡米させ、四〇万ページに及ぶ資料を調査した結果、集団埋葬地の場所を特定、記録に基づいて調査したところ、二〇〇九年度が五一柱だったのが、翌二〇一〇年には八二二柱の遺骨を収集することに成功、翌々年の一一年度も三三四柱を収容することができたという成果が記されていた。

その後の安倍政権下でも熱心な遺骨収集の方針は受け継がれた。これまで探されることがなかった自衛隊の滑走路を移設し、掘削～遺骨収集を実施したあとは、年度ごとに外周道路を区分けし、順次、作業を計画的に進めていった。その方法にはレーダーを使用して反応があった箇所を掘削するという方法がとられた。

このように依然、積極的な遺骨収集が続けられている。しかし、近年は年に一〇柱しか見つかっていない。なお、一九五二年度からこれまでの間に見つかった遺骨は合計一万五四〇柱（二〇二一年三月現在）。これは島で亡くなった戦没者約二万一九〇〇人の半分にも満たず、約一万一〇〇〇柱の遺骨が未帰還である。

その意味で、この島で戦争は終わっていないのだ。

最後に、初版エピローグに記した那覇の首里城について記しておこう。

二〇〇八年に訪れた首里城だが、もはやなくなっている。というのも、二〇一九年に焼失してしまったのだ。

一〇月三一日未明、正殿内部に火災が発生、見るみる延焼し、消火までに一一時間を要した。幸いにして人的な被害はなかった。しかし、正殿をはじめとする九施設が焼失してしまった。そして現在、再建中であり、その再建している様子を安い入場料で公開していたりもする。転んでもただでは起きない、とは、まさにこのことだ。

こうしたへこたれなさこそが、島を焦土にした沖縄戦（沖縄本島、属島人口の四人に一人が命を失った）のあと、街を復興させることができた一番の理由ではないか――。そう思えてならない。

令和版あとがき

二〇〇五年、石原慎太郎都知事（当時）は、沖ノ鳥島を視察した。

沖ノ鳥島に上陸したのち、石原氏は船へ帰投、その日のうちに船内で記者会見を開いた。彼はそのとき散々中国に対してアジり、挑発するような言葉を連発した。

「シナの連中が沖ノ鳥島周辺の海域をウロウロするのは潜水艦の戦略行動のための調査をしているからだ。ついでにシナの潜水艦が浮上してくれたらよかったのにな。やっぱり領土は自分たちで守らないと。尖閣諸島だって自衛隊送らないとダメだ。嫌いだな、中国は。彼らは市民社会を経験したことがないんだから。言論の自由もないし、すごい経済格差がある。こんなの国じゃない。そのうちマグマが爆発するよ。こういう国は軍人が支配するしかない」

石原氏の言葉を当時、僕は「乱暴すぎる！」と内心あきれながら聞いていた。

と同時に感心もしていた。というのも、石原氏はそのとき、当時まだ聞き慣れない、第一列島線（南西諸島から台湾、フィリピン、インドネシア）、第二列島線（伊豆諸島から小笠原、マリアナ諸島［サイパン、グアム］）という言葉を使い、今後起こり得る、中国艦船の太平洋進出について、警鐘を鳴らしていたのだ。

そして今回、令和版を出すにあたり、石原氏の発言を読み返し、僕は改めて感心した。彼がいかに先を読んでいたかが、やっとわかったからだ。

視察から二年がたった二〇〇七年、アメリカ太平洋軍司令官ティモシー・キーティングが訪中したときのことだ。キーティングに対峙した中国海軍幹部は次のように大胆な提案をした。

「ハワイを基点として太平洋を二分し、あなた方アメリカがハワイ以東を、我々中国がハワイ以西をとる」と。

そして二〇二三年現在、その大言壮語と思えた当時の中国軍幹部の提案に事態はかなり近づいている。中国は第一列島線を越え、太平洋へとどんどん艦船を進出させるようになってきた。こうした中国の軍事的な野心は、尖閣周辺での海警局の艦船の常駐や与那国島のＥＥＺへのミサイル発射による威嚇という行為ともつながっている。恐ろしいことだ。


冷戦時代、ソ連による北海道侵略が想定されていた。ソ連軍対日米連合軍の全面対決というシナリオを想定し、自衛隊は北の守りを重視していた。しかしソ連崩壊後、極東の軍備を大幅に削減した。いまのロシアにもソ連時代のころのような攻撃力はない。ウクライナ戦争で大いに国力を削《そ》いでしまったのだから、なおさらだ。

その一方、経済成長を遂げた中国が脅威となってきた。日本を脅かす中国の態度。その行動原理は何か。そして今後どのような行動を示すのか。以下、かいつまんで記してみたい。

発端は二〇一二年一一月、国家主席に就任した直後の習近平氏の発言だった。

「私は中華民族の偉大な復興の実現が、近代以降の中華民族の最も偉大な夢だと思う。この夢には数世代の中国人の宿願が凝集され、中華民族と中国人民全体の利益が具体的に表れており、中華民族一人ひとりが共通して待ち望んでいる」

ここで習氏は人民全員がかなえることができるチャイニーズドリームを語ってみせたのだ。

それは、かつて列強や日本に領土を蚕食され、どん底に落とされた中国を、アメリカに肩を並べる超大国にしよう――という壮大な夢であった。

一九九二年以降の三〇年間で中国のGDPは実に四一倍にまで膨れ上がり、世界第二位の経済大国となった。その経済力に見合う国際的な影響力を持ち、世界の覇権を握る超大国になることを望んだのだ。

習近平国家主席の発言以後、中国は天安門《てんあんもん》事件以降続けられていた穏健外交の時代に終わりを告げ、自国の利益を追求する〝戦狼《せんろう》外交〟の時代へとシフトしていく。

〝戦狼外交〟でなされたことは次のとおり。

中央アジア、中東、ヨーロッパ、アフリカなど世界各国に融資を積極的に行って中国を中心とした国際協調体制を構築する一方、中国の思惑に従わない国に対しては経済制裁を加えたり、中国にいるその国の人間を拘束したりして圧力をかける――というアメとムチを使い分けている。

近隣国に対して中国は領土的な野心をあらわにしている。

南シナ海の一〇近くの地点で環礁を埋め立てて滑走路を持つ基地を建設し、ミサイルなどを配備したり、フィリピンのEEZで石油を掘削したり、南シナ海に漁業監視団を送り込み、他国の漁民を拿捕したりと、高圧的な態度に終始しているのだ。

攻撃的な中国の方針は、日本に対しても貫かれている。

二〇一二年秋以降、尖閣諸島に中国海警局の艦船が常駐するようになった。翌二〇一三年には東シナ海防空識別区を一方的に設定、日本の航空機が尖閣などの上空を飛べなくなった。沖縄本島と宮古島の間の宮古海峡を中国艦隊がしばしば通過したり、屋久島《やくしま》や沖ノ鳥島、南鳥島といった島々の近くに調査船を派遣したりしている。

日本は中国と東シナ海や日本海を隔てて隣り合っており、中国にフタをするように日本が位置している。それだけに、覇権を急拡大しようとする中国にとって大変邪魔な存在であり、とかく衝突しがちなのだ。

そんな攻撃的な中国も二〇三〇年代には超高齢社会となり、経済成長が鈍化していくと予想されている。アフリカなどに貸した債権が返済時期となるが、その大半が焦げ付いてしまうだろう。手をこまねいていると、待っているのは長期にわたる経済の低迷である。

その対策として中国が手を打とうとしている手段は二つあるといわれている。一つは、ビッグデータを世界中から集積する仕組みの構築、そしてもう一つは建国以来の悲願である台湾の併合だ。

後者の台湾併合を軍事的な手段を使っても成し遂げる——その備えは整いつつある。装備にしろ、戦う意思にしろだ。

例えば、公開されている国防予算の金額や軍の装備を確認しただけでも、その変化がわかったりする。一九九二年から二〇二三年までの三〇年で約三九倍にまで膨れ上がっており、その予算規模はいまやアメリカに次いで世界二位だ。世界最大の常備軍のほか世界最大の海軍を有しており、射程五〇〇キロ以上のミサイルは約二〇〇〇発を保有している。

しかも、だ。トップである習近平国家主席は二〇二二年一〇月、「(台湾との祖国統一のため)武力行使の放棄を約束せず、あらゆる必要な措置をとる選択肢を残す」と話したのだ。

中国による台湾併合がもし成功すれば、それは日本にとって悪夢だ。日本のそばに軍事独裁国家が出現し、日本の輸入の九九％を占める海上輸送は中国のさじ加減次第。いくらでも嫌がらせをされ、石油を輸送することすら困難になるかもしれない。また、先に示したとおり、武力行使の範囲に台湾も領有権を主張する尖閣諸島は当然含まれる。また、台湾から約一一〇キロしか離れていない与那国島も戦禍に見舞われるかもしれない。

台湾有事と並んで、もうひとつ気になるのは、国境だけにかぎらないこの日本という国のかたちについてである。

先述のとおり、対馬は韓国に頼った島おこしに頼ったところ、少なくともコロナ禍前は、島の経済が韓国抜きでは成り立たない状態になった。地元住民は韓国などの外国資本に雇ってもらわないと生計を立てることが難しくなったのだ。

こうした状況は対馬のような国境の島々にかぎらない。ご承知のとおり、過疎化は日本の地方ならどこでも見られる現象だ。その地域から都市へ人が出て行ったり、高齢化し住民が亡くなったりして、どんどん過疎化、なかには無人化してしまった集落もある。

そうした集落は外国人にとってお値打ちだ。インフラが整っていて、外国人でも簡単に不動産を入手できる日本の土地は外国人からすると穴場なのだ。

実際、北海道や沖縄の離島のように、外国資本である謎の不動産ブローカーが買い取るということがすでに起きている。とすると、対馬のように経済が乗っ取られ、地方自治体のガバナンスに影響を及ぼすようなケースは今後増えていくのではないか。それこそ戦前の上海の外国人租界や、旧満州にあった租借地のような、日本の統治が行き届かない場所がどんどんと増えていくだろう。事実、そうした傾向はすでに始まっている。日本人がこうしたことに鈍感なのは、これまで誰も国境を知らず、興味を持ってこなかった代償なのかもしれない。

ではなぜ日本人は自分の国の国境のことを知らないのか――。

そのことは僕自身、ずっと疑問に思っていたことだ。国境の島々を訪れるという、ほかの人がなかなかやらない稀有《けう》な経験をしたうえで、それを力業でまとめ上げたのだ。世の中の脚光をそれなりに浴びるだろうし、評価もされるだろうと思っていた。しかしそうはならなかった。本はベストセラーにならなかったし、賞という形で評価されることは一切なかった。自惚《うぬぼ》れるなとのお叱りの声をいただくのを覚悟して吐露すると、そのとき僕はかなり落胆した。なぜ日本人はこんなに国境に興味がないのか。僕はその理由がまったくわからなかった。そして、その疑問の答えを僕はつい最近までずっと解けずにいた。

転機となったのは、二〇二二年二月に勃発したウクライナ戦争と、八月に行われた台湾有事を想定した中国の軍事演習だった。そのとき護憲派と言われる人たちは、ウクライナが抗戦しているなか、即時停戦を求めたり、沖縄に自衛力を置くことに「刺激をするから」と言って反対したりしたのだ。攻め込む側の中国やロシアを利するようなことを彼らが言っているのを見て、これは違うと僕はいよいよ気がついた。そのとき手にとったのが、国際政治学者で平和学者である篠田英朗《しのだひであき》さんが記している憲法学に関する本であった。僕は彼の著作を読みふけるなかで、その原因に行きあたった気がした。日本人が国境や領土のことを何も知らないのは、日本の憲法学者の主流派が戦後に流布してきた憲法解釈にこそ原因があるのだと僕は確信した。

篠田氏によると、大学教員人事、司法試験や公務員試験などで彼らの憲法解釈が日本社会に確立しており、憲法学者は日本社会に絶大な影響力を持ってきたという。彼らは、在日米軍の存在自体を認めず、「徹底して戦争を放棄する日本国憲法は世界最先端を行く素晴らしい憲法だ」という独善的な思想を振りまいてきた。戦争＝日本の侵略とみなし、自衛隊や日米安保を否定し、安全保障を語ってはいけない裏事情であるかのように扱ってきたのだ。そして日本のマスコミも彼ら憲法学者たちの思想を持ち上げ、日本人が他国からの侵略への備えや、国境や領土について考えることをしないように仕向けてきた。日本人が国境や安全保障に疎いのは当然のことだ。

とはいえ、日本を取り巻く安全保障環境は、戦後まもなくのころとは、まったく違ったものになってしまった。前述のとおり、二〇二二年八月、中国は台湾有事を想定した実弾軍事演習を実施、そのなかで与那国島のEEZにミサイル五発を着弾させて威嚇するにいたった。さらに翌二〇二三年四月二八日、呉江浩《ウージャンハオ》駐日中国大使は着任後初の記者会見で次のように語った。

「台湾有事は日本有事という言い方は荒唐無稽で、中国の純内政問題を日本の安全保障と結び付けることは非論理的であり極めて有害だ。日本の民衆が火中に連れ込まれることになる」と。

憲法学者たちの憲法第九条に対する空想めいた長年の主張はもはや限界ではないか。彼らが権威に任せて喧伝《けんでん》してきた俗説を現実が凌駕《りょうが》しようとしているように思えてならない。

ただし、日本政府が何もしていないわけではない。山田吉彦先生が紹介してくださった『海洋基本計画』(第四期)によると、前述のとおり中国、ロシア、北朝鮮などの隣国の脅威に対し、日本が警戒し、備えることの必要性を、そこでうたっているのだ。

「○国際関係において対立と協力の様相が複雑に絡み合う時代において、我が国及びその周辺における有事、一方的な現状変更の試み等の発生を抑止し、法の支配に基づく「開かれ安定した海洋」を強化することが必要。／〇関係機関が連携して防衛力や海上法執行能力等の向上に取り組み、ハード面及びソフト面から、まず我が国自身の努力により、抑止力・対処力を不断に強化することが必要」と。

警戒すべきは軍事的な野心をあらわにする中国だけではない。ミサイル発射を繰り返す北朝鮮は、二〇二三年六月、それをついに日本のEEZ内に着弾させた。鳥取県のカニかご漁船が二十数キロ離れた位置から花火のような大きな音を聞いたというのだ。そのうち日本海の漁船が爆発に巻き込まれて被害に遭ったり、それこそ沖縄本島や与那国島のような離島、そのほかの日本のどこかに着弾し、大きな被害をもたらすことがあるかもしれない。そうなった場合、日本は北朝鮮とどのように対峙するのか。ウクライナ戦争で国力を大きく疲弊させたといえ、軍事大国ロシアも恐ろしい。ロシアはウクライナ侵攻後、中国と軍事的連携という態度をあらわにしてきたのだ。

このように日本は力による現状変更を辞さない独裁国家に囲まれている。北方領土や竹島といった、すでに奪われている島々の領有権を国際的にアピールすることや、その交渉は、もちろん大事だ。それとともに、日本の周囲を取り囲む独裁国家による脅威に対し、日本政府は法の支配でもって正々堂々と対峙し、負けないでいてほしいと、僕は切望している。

とはいえ、日本一カ国では対応は不可能だ。中国の軍事力は年々強大化しており、自衛隊のみで対応するのは難しい。同盟を組むアメリカのほか、それ以外のG7加盟国、クアッド（日米豪印戦略対話）に加盟しているオーストラリアとインドといった諸外国の助けが必要だろう。自由や民主主義、法の支配といった基本的価値観を共有するそれらの国が助け合うことで、力による現状変更を企《くわだ》てる中国やロシア、北朝鮮といった国による暴挙に歯止めを食い止められるはずだ。そうした動きは、無論、日本を含めた諸外国が台湾を共同で守っていくということにもつながっていく。

この国は中国よりも先に少子高齢化社会が到来している。人口はどんどん減っていき、それによって国力はどんどん下がっていき、現在の世界三位どころか、いつまで先進国でいられ続けるかすらわからない。もっと言えば、アメリカがいつまで日本を守り続けるのかも不透明だ。

台湾有事が避けられたとしても、こうした不透明な未来が到来することは間違いない。だからこそ、今後、日本が安全で平和な国でい続けるためにも、今後の若い人たちには、戦後ずっと続いた日本国憲法の内向きで間違った解釈に拘泥などせず、もっと広い視野で日本の国境や安全保障、そしてこの国の平和について考えてほしいし、よく考えて行動してほしいと思う。そのためにもぜひ本書を役立ててほしい。

僕自身は今後も、日本の危機について、嘘をつかず、正しいことは正しいと言い続ける言論活動を続けていきたいと思っている。それは何より未来の日本を担う次の世代のためだ。

本書を書くにあたっては、数えきれない方々からご協力をいただきました。貴重な体験談をお話ししてくださった方、通訳や翻訳をしてくださった方、資料を提供してくださった方、訪島のためのアドバイスをしてくださった方など、ご協力いただいたすべての方々に感謝します。

僕の企画意図を理解し、記事として掲載してくれた「週刊プレイボーイ」「実話GON!ナックルズ」(現在は「実話ナックルズ」)「中央公論」「夕刊フジ」「オーマイニュース(日本版)」の担当編集者たち、そして今年の尖閣ルポを掲載してくれた「週刊朝日」「ブラック・ザ・タブー」「日刊ゲンダイ」の編集者ならびに記者の皆様にはお世話になりました。単行本刊行のチャンスをくださった情報センター出版局、いつも厳しく指導してくださった編集者、田代靖久《たしろやすひさ》さんにも感謝の言葉を伝えたいと思っています。

文庫版出版の機会を与えてくださった朝日新聞出版、そして文庫版の担当編集者の上坊真果《うえぼうまどか》さん。二〇〇六年に北方領土取材に同行し、電子版の編集を担当してくれた村上和巳さん、そして家族にも感謝したい。

令和版の発刊に際し、お世話になった人たちにも感謝を述べたいと思います。清談社Publicoの岡崎雅史代表、尖閣で漁をし続ける仲間均さんや漁師の皆さん、八重山防衛協会の山森陽平さん、糸数健一町長ほか与那国島の人々にもお世話になった。

文中の敬称は一部省略させていただきました。

最後に、この令和版をお読みくださった読者の皆様に厚く御礼申し上げます。ありがとうございました。

二〇二三年六月

西牟田　靖

参考文献

北方領土関連

・ピースボート北方四島取材班＝編『北方四島ガイドブック』第三書館
・本田良一『密漁の海で 正史に残らない北方領土』凱風社
・オレグ・ボンダレンコ／木村汎＝監修／上月豊汎、赤地活喜＝訳『北方領土返還のすすめ 在住ジャーナリストの提言』ＮＨＫ出版
・岩下明裕『北方領土問題 4でも0でも、2でもなく』中公新書
・岩下明裕＝編『「スラブ・ユーラシア学の構築」研究報告集 第15号』北海道大学スラブ研究センター
・北海道大学探検部エトロフ島北部地域踏査隊『北方四島エトロフ島北部地域踏査隊報告書１９９８』サッポロ堂書店
・廣岡正久『ロシアを読み解く』講談社現代新書
・廣岡正久『ロシア・ナショナリズムの政治文化「双頭の鷲」とイコン』創文社
・植田樹『コサックのロシア 戦う民族主義の先兵』中央公論新社
・上坂冬子『「北方領土」上陸記』文春文庫
・下斗米伸夫『北方領土Q&A80』小学館文庫
・佐藤優『国家の罠 外務省のラスプーチンと呼ばれて』新潮社
・鈴木宗男、佐藤優『北方領土「特命交渉」』講談社
・浅井淳子『たったひとりでクリルの島へ ホームステイでサハリン、北方領土を行く』山と渓谷社
・岸本葉子『禁じられた島へ 国後・色丹の旅』凱風社
・木村汎『新版 日露国境交渉史 北方領土返還への道』角川選書
・ドミニク・リーベン／袴田茂樹＝監修／松井秀和＝訳『帝国の興亡・下』日本経済新聞社
・今尾恵介『日本地図のたのしみ』角川書店

・『われらの北方領土 二〇〇五年版』外務省
・木村汎、グラハム・T・アリソン、コンスタンチン・O・サルキソフ『日・米・ロ新時代へのシナリオ「北方領土」ジレンマからの脱出』ダイヤモンド社
・M・S・ヴィソーコフほか／板橋政樹＝訳／日本ユーラシア協会北海道連合会［サハリン研究会］＝監修『サハリンの歴史 サハリンとクリル諸島の先史から現代まで』北海道撮影社
・『観考 北方領土編』根室商工会議所婦人会
・『АТЛАС САХАЛИНСКОЙ ОБЛАСТИ ЧАСТИ КУРИЛЬСКИЕ ОСТРОВА』САХАЛИН ТЕЛЕКОМ
・斉藤勉『日露外交』角川書店
・北海道水産林務部総務課＝編『北海道の水産（平成18年4月）』北海道水産林務部
・『ГРАНИЦА РОССИИ И ЯПОНИИ: ИСТОРИЯ ВОПРОСА』
・『北方領土ガイド』北方領土問題対策協会

沖ノ鳥島関連

・平松茂雄『沖ノ鳥島をめぐる日本と中国の紛争』（雑誌『問題と研究』二〇〇四年七月号掲載の論文）問題と研究出版
・田山利三郎『水路部報告第11巻』海上保安庁水路部
・『沖ノ鳥島について 平成17年5月』東京都
・『日本最南端の島 沖ノ鳥島の保全 直轄海岸管理』国土交通省
・高橋康雄、林英一郎、木下和宏ほか『「沖ノ鳥島」におけるチタン製防護構造物』（雑誌『チタン』二〇〇三年一月号）日本チタン協会
・土木学会日本土木史編集委員会＝編『日本土木史 大正元年～昭和15年』土木学会
・『沖ノ鳥島視察の概要 平成17年5月』産業労働局
・沖ノ鳥島災害復旧工事誌編集委員会＝編『沖ノ鳥島災害復旧工事誌』建設省関東地方建設局京浜工事事務所

竹島関連

- 下條正男『「竹島」その歴史と領土問題』竹島・北方領土返還要求運動島根県民会議
- 下條正男『竹島は日韓どちらのものか』文春新書
- 奥原碧雲『竹島及鬱陵島』ハーベスト出版
- 田村清三郎『島根県竹島の新研究』島根県総務部総務課
- 朴裕河／佐藤久＝訳『和解のために　教科書・慰安婦・靖国・独島』平凡社
- 八幡才太郎『竹島日誌』
- 『竹島　かえれ島と海』竹島・北方領土返還要求運動島根県民会議
- 玄大松『領土ナショナリズムの誕生「独島／竹島問題」の政治学』ミネルヴァ書房

対馬関連

- 長崎県＝編『長崎県文化百選1　みなと編』長崎新聞社
- 司馬遼太郎『街道をゆく13　壱岐・対馬の道』朝日文庫
- 宮本常一『忘れられた日本人』岩波文庫
- 小松津代志『辺要　対馬　壱岐　防人史』対馬警備隊
- 小松津代志『宮本常一の足跡　壱岐・対馬を巡る』
- 小松津代志『対馬のこころ　日露・対馬沖日本海領域』
- 『つしま百科』長崎県対馬振興局
- 嶋村初吉＝編著『対馬新考　日韓交流「宝の島」を開く』梓書院

与那国島関連

- 大浦太郎『密貿易島　わが再生の回想』沖縄タイムス社
- 石原昌家『空白の沖縄社会史　戦果と密貿易の時代』晩聲社

・奥野修司『ナツコ　沖縄密貿易の女王』文藝春秋
・与那国町史編纂委員会事務局＝編『町史第一巻　交響する島宇宙　日本最西端　どぅなんちまの地名と風土』与那国町
・与那国町史編纂委員会事務局＝編『町史別巻Ⅰ　記録写真集　与那国　沈黙の怒涛　どぅなんの100年』与那国町
・『与那国町「姉妹都市花蓮との国境交流と多様な観光交流を通じた新しいまちづくり」』内閣府沖縄総合事務局
・『基隆市志　巻一　土地志　地理篇』基隆市政府
・『基隆漁業史』基隆市政府

硫黄島関連
・ジェイムス・ブラッドリー、ロン・パワーズ／島田三蔵＝訳『硫黄島の星条旗』文春文庫
・堀江芳孝『闘魂　硫黄島　小笠原兵団参謀の回想』光人社NF文庫
・R・F・ニューカム／田中至＝訳『硫黄島　太平洋戦争死闘記』光人社NF文庫
・加納克己『硫黄島訪島記　硫黄島は戦争を忘れていない1　平和発信の島に』社会主義協会
・梯久美子『散るぞ悲しき　硫黄島総指揮官・栗林忠道』新潮社
・長田幸男『硫黄島の思い出　硫黄島墓参資料』
・中村栄寿『戦前の硫黄島・現在の硫黄島　思い出の記・思い出のアルバム・墓参記録報告記より　硫黄島同窓会（旧硫黄島の人びと）会報2号』
・上坂冬子『硫黄島いまだ玉砕せず』文春文庫

小笠原諸島関連
・山口遼子『小笠原クロニクル　国境の揺れた島』中公新書ラクレ
・倉田洋二＝編『小笠原　寫眞帳　発見から戦前まで』アボック社出版局
・ダニエル・ロング＝編著『小笠原学ことはじめ　小笠原シリーズ1』南方新社
・ダニエル・ロング、稲葉慎＝編著『小笠原ハンドブック　歴史、文化、海の生物、陸の生物　小笠原シリーズ2』南方新社

・東京農大小笠原100の素顔編集委員会＝編『小笠原100の素顔Ⅰ　ボニン　もうひとつのガイドブック』東京農業大学出版会
・東京農大小笠原100の素顔編集委員会＝編『小笠原100の素顔Ⅱ　ドンガラ　もうひとつのガイドブック』東京農業大学出版会
・松木一雅『長期滞在者のための小笠原観光ガイド　父島の昔と今』やまもぐら
・『ひらけゆく小笠原』小笠原村教育委員会
・『ペリー提督とナサニヨル・セーボレーとの土地売買契約書』小笠原村教育委員会

尖閣諸島関連

・渡辺尚武『網走五郎伝　もうひとつの天井桟敷』河出書房新社
・牧野清、仲間均『尖閣諸島尖閣上陸　日本領有の正当性』尖閣諸島を衛る会
・緑間栄『尖閣列島』ひるぎ社・おきなわ文庫
・井上清『「尖閣」列島　釣魚諸島の史的解明』現代評論社
・村田忠禧『尖閣列島・釣魚島問題をどう見るか　試される二十一世紀に生きるわれわれの英知』日本僑報社・隣人新書
・浦野起央『【増補版】尖閣諸島・琉球・中国【分析・資料・文献】日中国際関係史』三和書籍
・仲間均／日高宗敏＝監修『危機迫る尖閣諸島の現状』
・水谷尚子『「反日」解剖　歪んだ中国の「愛国」』文藝春秋

沖縄関連

・首里城公園友の会＝編『首里城の復元　正殿復元の考え方・根拠を中心に』海洋博覧会記念公園管理財団
・首里城研究グループ＝編『首里城入門　その建築と歴史』ひるぎ社・おきなわ文庫
・『県史47　沖縄県の歴史』山川出版社
・『写真で見る　首里城』海洋博覧会記念公園管理財団

・高良倉吉『琉球王国』岩波新書
・高良倉吉、田名真之＝編『図説 琉球王国』河出書房新社

全般、その他

・ベネディクト・アンダーソン／白石隆、白石さや＝訳『定本 想像の共同体 ナショナリズムの起源と流行』書籍工房早山
・岸本葉子『異国の見える旅 与那国、舞鶴、そして…』小学館文庫
・小熊英二『単一民族神話の起源〈日本人〉の自画像の系譜』新曜社
・小熊英二『〈日本人〉の境界 沖縄・アイヌ・台湾・朝鮮 植民地支配から復帰運動まで』新曜社
・有吉佐和子『日本の島々、昔と今。』中公文庫
・鎌田慧『日本列島を往く（1） 国境の島々』岩波現代文庫
・山本皓一『日本人が行けない「日本領土」 北方領土・竹島・尖閣諸島・南鳥島・沖ノ鳥島上陸記』小学館
・山田吉彦『日本の国境』新潮新書
・下條正男、照屋健吉、田中弘之、児玉泰子『知っていますか、日本の島』自由国民社
・別冊宝島編集部＝編『決定版「中国・韓国の歴史教科書」に書かれた日本』宝島社
・別冊宝島編集部＝編『ニッポン人なら読んでおきたい 竹島 尖閣諸島の本』宝島社
・中澤孝之、日暮高則、下條正男『図解 島国ニッポンの領土問題』東洋経済新報社
・『海上保安レポート2005』海上保安庁
・『日本の島ガイド SHIMADAS』日本離島センター
・松井芳郎、佐分晴夫、坂元茂樹、小畑郁、松田竹男、田中則夫、岡田泉、薬師寺公夫『国際法〔第五版〕』有斐閣
・横山宏章『中華思想と現代中国』集英社新書
・平松茂雄『中国は日本を併合する』講談社インターナショナル
・平松茂雄『中国の海洋戦略』勁草書房
・安岡昭男『明治維新と領土問題』教育社歴史新書

・別冊宝島編集部＝編『奪われる日本！　これが日本の領土・領海だ！』宝島社
・村田良平『海が日本の将来を決める』成山堂書店
・小野直樹『戦後日米関係の国際政治経済分析』慶應義塾大学出版会
・ブルース・バートン『日本の「境界」前近代の国家・民族・文化』青木書店
・ブルース・バートン『国境の誕生　大宰府から見た日本の原形』日本放送出版協会

令和版で参考にした資料

・前田陽次郎『研究ノート　長崎県対馬市における韓国人観光客数の動向と地域経済』（『経済地理学年報』二〇二一年六七巻二号）
・平野秀樹『日本はすでに侵略されている』（新潮新書）二〇一九年
・『令和4年版防衛白書』
・ハル・フランス、マイケル・ベックリー／奥山真司＝訳『デンジャー・ゾーン　迫る中国との衝突』飛鳥新社
・岩田清文、武居智久、尾上定正、兼原信克『自衛隊最高幹部が語る　台湾有事』新潮新書
・豊島晋作『ウクライナ戦争は世界をどう変えたか「独裁者の論理」と試される「日本の論理」』ＫＡＤＯＫＡＷＡ
・篠田英朗『ほんとうの憲法　戦後日本憲法学批判』ちくま新書
・篠田英朗『集団的自衛権で日本は守られる　なぜ「合憲」なのか』ＰＨＰ研究所

＊ウェブサイトや雑誌記事も参考にしましたが一部を除いて割愛させていただきます。

本書は、二〇〇八年に情報センター出版局から刊行された書籍を一部改訂のうえ、「日本の国境２０１２～２０２３」と山田吉彦氏の解説を増補したものです。

誰《だれ》も国境《こっきょう》を知《し》らない 令《れい》和《わ》版《ばん》
揺《ゆ》れ動《うご》いた「日本《にっぽん》のかたち」をたどる旅《たび》

2023年 7 月20日　第1刷発行
2023年12月25日　第2刷発行

著　者　西《にし》牟《む》田《た》 靖《やすし》

ブックデザイン　鈴木成一デザイン室
本文DTP　サカヨリトモヒコ
編集担当　長谷川美季

発行人　岡﨑雅史
発行所　株式会社 清談社Publico
〒102-0073
東京都千代田区九段北1-2-2　グランドメゾン九段803
Tel. 03-6265-6185　Fax. 03-6265-6186

印刷所　中央精版印刷株式会社

ISBN 978-4-909979-48-3 C0095

清談社
Publico

http://seidansha.com/publico
Twitter @seidansha_p
Facebook http://www.facebook.com/seidansha.publico